REGARDS

*

Collection historique dirigée par

Gilbert CHARLES-PICARD
PROFESSEUR ÉMÉRITE A LA SORBONNE

pour l'Histoire Ancienne

Jean FAVIER
PROFESSEUR A LA SORBONNE
DIRECTEUR GÉNÉRAL
DES ARCHIVES DE FRANCE

pour l'Histoire Médiévale

André CORVISIER
PROFESSEUR ÉMÉRITE A LA SORBONNE

pour l'Histoire Moderne

Jacques VALETTE
PROFESSEUR A L'UNIVERSITÉ
DE POITIERS

pour l'Histoire Contemporaine

OUVRAGES PARUS DANS LA COLLECTION

1. FOHLEN (CL.) et SURRATEAU (J.-R.), *Textes d'Histoire Contemporaine.*
2. DEVÈZE (M.) et MARX (R.), *Textes et Documents d'Histoire Moderne.*
3. MIÈGE (J.-L.), *L'impérialisme colonial italien de 1870 à nos jours.*
4. LIGOU (D.), *Le Protestantisme en France de 1598 à 1715.*
5. LÉON (P.), *Économies et Sociétés de l'Amérique latine. Essai sur les problèmes du développement à l'époque contemporaine 1815-1967.*
6. CHARLES-PICARD (G.) et ROUGÉ (J.), *Textes et documents relatifs à la vie économique et sociale dans l'Empire Romain (31 avant J.-C.-225 après J.-C.).*
7. BOUVIER (J.), *Initiation au vocabulaire et aux mécanismes économiques contemporains (XIXe et XXe s.). (5e édition).*
8-9. RENOUARD (Y.), *Les Villes d'Italie de la fin du Xe s. au début du XIVe s. (n^{elle} édition par Ph. Braunstein). Tomes 1 et 2.*
10. VIDALENC (J.), *Le Second Conflit Mondial — Mai 1939-Mai 1945.*
11-12. DEVÈZE (M.), *L'Espagne de Philippe IV (1621-1665). Tomes 1 et 2.*
13. ZELLER (G.), *La Réforme — De Luther au Concile de Trente* (épuisé).
14. GLÉNISSON (J.) et DAY (J.), *Textes et documents d'Histoire du Moyen Age, XIVe-XVe s.-I. Perspectives d'ensemble : les « crises » et leur cadre.*
15. FAVIER (J.), *Finance et Fiscalité au Bas Moyen Age.*
16. RICHÉ (P.) et TATE (G.), *Textes et documents d'Histoire du Moyen Age, V^e-Xe s.-I. V^e-milieu VIIIe s.*
17. RICHÉ (P.) et TATE (G.), *Textes et documents d'Histoire du Moyen Age, V^e-Xe s.-II. milieu VIIIe-Xe s.*
18. BORDES (M.), *L'administration provinciale et municipale en France au XVIIIe s.*
19-20. CHAUNU (P.), *L'Espagne de Charles Quint. Tomes 1 et 2.*
21. PERROY (E.), *La terre et les paysans en France aux XIIe et XIIIe s.*
22. LE GALL (J.), *La religion romaine de l'époque de Caton l'Ancien au règne de l'empereur Commode* (épuisé).
23. BOUARD (M. de), *Manuel d'archéologie médiévale. De la fouille à l'histoire* (épuisé).
24. ARMENGAUD (A.), *La famille et l'enfant en France et en Angleterre du XVIe au XVIIIe s.* (épuisé).
25. DELORME (J.)., *Le monde hellénistique (323-133 av. J.-C.). Événements et institutions.*

26. VALETTE (J.), *Vie économique et sociale des grands pays de l'Europe occidentale et des États-Unis (début du XXe s.-1939)*.
27. VALETTE (J.), *État et vie économique dans les grands pays industriels, en U.R.S.S. et en Italie (début du XXe s.-1939)*.
28. MAURO (F.), *Le Brésil du XVe siècle à la fin du XVIIIe s.*
29. DEVÈZE (M.), *Antilles, Guyanes, la mer des Caraïbes de 1492 à 1789*.
30. GLÉNISSON (J.) et DAY (J.), *Textes et documents d'Histoire du Moyen Age, XIVe-XVe s-II. Les structures agraires et la vie rurale*.
31. CROUZET (F.), *L'économie de la Grande-Bretagne victorienne*.
32. CHARLES-PICARD (G.), *Rome et les villes d'Italie, des Gracques à la mort d'Auguste*.
33. CORVISIER (A.), *La France de Louis XIV (1643-1715). Ordre intérieur et place en Europe. (3e édition)*.
34-35. TAVENEAUX (R.), *Le catholicisme dans la France classique (1610-1715). Tomes I et II (épuisé)*.
36. VALETTE (J.), *Problèmes des relations internationales (1918-1949) (épuisé)*.
37. PICARD (O.), *Les Grecs devant la menace perse (épuisé)*.
38. CORVISIER (A.), *Sources et méthodes en histoire sociale*.
39. CHAUNU (P.), *Église, culture et société. Essai sur Réforme et Contre-Réforme (1517-1620) (2e édition)*.
40-41. VOGLER (B.), *Le Monde germanique et helvétique à l'époque des Réformes (1517-1618). Tome I (épuisé). Tome II*.
42. NOUAILHAT (Y.-H.), *Évolution économique des États-Unis du milieu du XIXe s. à 1914*.
43. PIETRI (Mme N.), *Évolution économique de l'Allemagne du milieu du XIXe s. à 1914*.
44. ROWLEY (A.), *Évolution économique de la France du milieu du XIXe s. à 1914 (épuisé)*.
45. ROWLEY (A.), *Évolution économique de la Russie du milieu du XIXe s. à 1914 (épuisé)*.
46. GUILLAUME (P.), *Individus, familles, nations. Essai d'histoire démographique - XIXe-XXe siècles*.
47. CHASTAGNOL (A.), *L'évolution politique, sociale et économique du Monde Romain, de Dioclétien à Julien. (2e édition)*.
48. MEYER (J.), *Les villes en Europe occidentale (milieu du XVIIe s. à la veille de la Révolution française). Tome I — Généralités - La France (épuisé). Tome II — France (épuisé)*.
49. POUSSOU (J.-P.), LOTTIN (A.), VAN DER WOUDE (Ad.), SOLY (H.) et VOGLER (B.), *Les villes en Europe occidentale (milieu du XVIIe s. à la veille de la Révolution française). Tome II — Angleterre, Pays-Bas et Provinces Unies et Allemagne rhénane*.

50. BARDET (J.-P.), *Rouen aux XVIIe et XVIIIe s. : les mutations d'un espace social (2 volumes)*.
51. PIETRI (Mme N.), *L'Allemagne de l'Ouest (1945-1969). Naissance et développement d'une démocratie*.
52. MOUGEL (F.-Ch.), *Vie politique en Grande-Bretagne (1945-1970)*.
53. VATIN (C.), *Citoyens et non-citoyens dans le monde grec. Début VIe s-336 av. J.-C.* (épuisé).
54. LORCIN (Mme M.-Th.), *Société et cadre de vie (1050-1250) en France, Angleterre et Bourgogne*.
55. BÉRENGER (J.), BUTEL (P.), CORVISIER (A.), MEYER (J.), POUSSOU (J.-P.), RABREAU (D.), SCHNAPPER (A.), TULARD (J.), WEBER (Mlle E.), *L'Europe à la fin du XVIIIe s. (vers 1780 à 1802)* (épuisé).
56. LOUPÈS (Ph.), *L'Espagne de 1780 à 1802*.
57. LABOURDETTE (J.-F.), *Le Portugal de 1780 à 1802*.
58-60. VALETTE (J.) et WAHL (A.), *Les Français et la France (1859-1889). Tomes I et II*.
59. LE GLAY (M.), *Villes, temples et sanctuaires de l'Orient romain*.
61. PERNOT (M.), *Les guerres de religion (1559-1598)*.
62. BUICAN (D.), *Génétique et pensée évolutionniste*.
63. GEORGELIN (J.), *L'Italie au XVIIIe s.*
64. WAHL (A.), *Cultures et mentalités en Allemagne (1918-1960)* (épuisé).
65. CABANES (P.), *Les Illyriens de Bardylis à Genthios. IVe-IIe s. av. J.-C.* (2e édition).
66. COINTET (Mme M.), *Histoire culturelle de la France (1918-1959)*. (2e édition).
67. MOUGEL (F.-Ch.), *Histoire culturelle du Royaume-Uni (1919-1959)*.
68. BERCÉ (Y.-M.), DELILLE (G.), SALLMANN (J.-M.), WAQUET (J.-C.), *L'Italie au XVIIe s.*
69. HERMANN (Ch.), MARCADÉ (J.), *La Péninsule ibérique au XVIIe s.*
70. RICHÉ (P.), *L'Europe barbare de 476 à 774*.
71. LEROY (Mme B.), *Pouvoirs et sociétés politiques en péninsule ibérique (XIVe-XVe siècles)*.
72. LADOUS (R.), *De l'État russe à l'État soviétique de 1825 à 1941*.
73. MARTIN (J.-P.), *Les provinces romaines d'Europe centrale et occidentale (31 av. J.-C.-235 ap. J.-C.)*.
74. BENSIDOUN (S.), *Alexandre III*.
75. COQUIN (F.-X.), *Des pères du peuple au Père des peuples. La Russie de 1825 à 1929*.

ASPECTS DE LA VIE RELIGIEUSE EN GRÈCE DU DÉBUT DU Vᵉ SIÈCLE A LA FIN DU IIIᵉ SIÈCLE AVANT J.-C.

76. MARTIN (J.-P.), *Société et religions dans les provinces romaines d'Europe centrale et occidentale (31 av. J.-C.-235 ap. J.-C.)*.
77. BÉLY (L.), BÉRENGER (J.) et CORVISIER (A.), *Guerre et paix dans l'Europe du XVIIe siècle (1618-1721), tome I*.
78. BÉLY (L.), BERCÉ (Y.-M.), MEYER (J.) et QUATREFAGES (R.), *Guerre et paix dans l'Europe du XVIIe siècle (1618-1721), tome II*.
79. BÉRENGER (J.), LOUPÈS (Ph.) et ZINTZ (J.-P.), *Guerre et paix dans l'Europe du XVIIe siècle (1618-1721) — Textes et documents, tome III*.
80. LOUPÈS (Ph.) et DEDIEU (J.-P.), *La Péninsule Ibérique à l'époque des Habsbourg — Textes et documents*.
81. POUSSOU (J.-P.), *La croissance des villes au XIXe siècle (France, Royaume-Uni, États-Unis et Pays germaniques)*.
82. WEIL (Fr.), *Naissance de l'Amérique urbaine (1820-1920)*.
83. PIETRI (Mme N.), BUFFET (C.) et MICHEL (B.), *Villes et sociétés urbaines dans les pays germaniques (1815-1914)*.

REGARDS SUR L'HISTOIRE

HISTOIRE ANCIENNE
Sous la direction de Gilbert CHARLES-PICARD

ASPECTS DE LA VIE RELIGIEUSE EN GRÈCE

DU DÉBUT DU Ve SIÈCLE
A LA FIN DU IIIe SIÈCLE
AVANT J.-C.

par

Madeleine JOST
Professeur à l'Université de Lille III

*2e édition, revue
et corrigée*

SEDES
88, boulevard Saint-Germain
PARIS V^e

La loi du 11 mars 1957 n'autorisant, aux termes des alinéas 2 et 3 de l'Article 41, d'une part, que les « copies ou reproduction strictement réservées à l'usage privé du copiste et non destinées à une utilisation collective » et, d'autre part, que les analyses et les courtes citations dans le but d'exemple ou d'illustration, « toute représentation ou reproduction intégrale, ou partielle, faite sans le consentement de l'auteur ou de ses ayants droit ou ayants cause, est illicite (alinéa 1er de l'Article 40).
Cette représentation ou reproduction, par quelque procédé que ce soit, constituerait donc une contrefaçon sanctionnée par les Articles 425 et suivants du Code pénal.

© 1992 C.D.U. ET SEDES
ISBN 2-7181-3206-X (2e édition)
ISBN 2-7181-3784-4 (1re édition)
ISSN 0768-1283

ἈΑγαθῷ Δαίμονι

AVANT−PROPOS

Parler de la vie religieuse en Grèce (1), c'est étudier les rapports entre les hommes et le monde des puissances divines et héroïques dans les différents domaines de la vie humaine (car il n'y a pas en Grèce de coupure nette entre le domaine religieux, le domaine civique et le domaine social, collectif, individuel ou personnel). C'est donc en premier lieu prendre une idée des divinités multiples qui sont l'objet de la dévotion des fidèles ; la religion grecque est en effet, comme on y a insisté depuis longtemps, « polythéiste » : ses dieux sont nombreux ; ils sont aussi divers, non seulement selon les régions, mais aussi selon qu'on les regarde par les yeux des imagiers, par l'imagination des « créateurs » littéraires ou sur le lieu où un culte leur est rendu. En face des dieux et des héros, les hommes, et leurs pratiques cultuelles qui constituent la partie visible de la vie religieuse : ces pratiques cultuelles sont aux yeux des Grecs essentielles dans l'idée qu'ils ont de l'homme pieux. Après les avoir définies, il conviendra d'étudier leur mise en oeuvre dans les différents cadres de la vie du citoyen, de l'individu, voire de la personne. Peut−on, pour finir, au−delà des pratiques, comprendre le sentiment religieux du païen grec ? La question doit en tout cas être posée.

La période chronologique retenue, du début du Ve siècle à la fin du IIIe av. J.−C., invite à analyser la vie religieuse à partir du moment où les principales institutions et habitudes religieuses, héritières de pratiques accumulées au cours des siècles qui précèdent, sont en place. C'est aussi le moment où les Guerres médiques donnent l'occasion aux Grecs de mesurer l'importance qu'ils accordent à leurs dieux, responsables et bénéficiaires de la victoire, non seulement à l'échelon local, mais aussi à l'échelle de la Grèce entière ; cela dit, chaque cité retourne ensuite à *ses* dieux, modelant et enrichissant au gré des circonstances locales son panthéon et ses lieux de culte et ne se confrontant aux autres Grecs, dans le domaine religieux, que lors des concours « sacrés » communs à tous. Les bouleversements de tous ordres qui marquent le début de l'époque hellénistique donnent à examiner de quelle manière évolue la religion : à la survie des cités correspond un recours attentif et systématique aux dieux des ancêtres, dont l'existence n'est pourtant pas une entrave à l'introduction de nouvelles divinités et du culte monarchique dans les cités grecques ; la vie religieuse évolue, mais lentement, et les nouveautés ne doivent pas occulter les phénomènes de permanence. L'aire géographique envisagée (Grèce continentale et insulaire, côte de l'Asie Mineure) correspond à la « vieille Grèce », dont l'unité religieuse est assurée par les concours de la *périodos,* mais pour laquelle il importe de rester sensible aux diversités régionales. Si la richesse des données concernant l'Attique porte à privilégier les exemples pris dans cette région, elle ne doit pas faire négliger les autres.

Les sources dont dispose l'historien de la vie religieuse ont souvent un caractère lacunaire ou allusif qui invite à la prudence aussi bien dans l'établissement des faits que, *a fortiori,* dans leur interprétation. Mais leur nombre et leur diversité, qui sont liés à la multiplicité des domaines où intervient la religion, sont favorables pour appréhender par des recoupements la complexité des phénomènes.

Les *sources littéraires* sont abondantes et de nature très variée (2). Peu de textes ont pour objet propre la religion. L'*Euthyphron* de Platon livre la réflexion d'un philosophe sur la piété ; le plaidoyer *Sur les mystères* d'Andocide se rapporte à l'accusation dont l'orateur fut l'objet en 415 av. J.-C. Pour le reste, il s'agit surtout d'oeuvres écrites en relation avec des cérémonies religieuses, comme les *Epinicies* (ou *Odes*) de Pindare composées au Ve siècle pour les vainqueurs aux grands concours d'Olympie, de Delphes, de l'Isthme et de Némée, ou, au IIIe siècle, les *Hymnes* de Callimaque dont plusieurs furent chantés à l'occasion de fêtes. Les courts poèmes regroupés dans l'*Anthologie Palatine* — un bon nombre datent du IIIe siècle —, en particulier les épigrammes votives du livre VI, concernent des offrandes personnelles.

En revanche, la religion apparaît dans tous les genres littéraires. Certes il s'agit le plus souvent de références à des choses bien connues des lecteurs et donc brièvement évoquées, mais l'accumulation les rend parlantes. Chez les poètes tragiques, qui tirent généralement leurs sujets des grands mythes, les allusions aux principaux rites du culte célébrés par les héros — voire quelques descriptions détaillées — ont pour nous un intérêt documentaire ; en même temps s'exprime chez chacun des poètes une conception personnelle des dieux dont il vaut la peine de prendre une idée d'ensemble (sans oublier qu'une critique adressée à un dieu n'a pas la même portée selon qu'elle suit un grand malheur ou qu'elle est formulée de sang-froid). Chez les poètes comiques la vie religieuse apparaît sous un jour plus quotidien, mais le genre comique autorise la satire des dieux.

Chez les historiens, les événements rapportés sont toujours environnés de religion ; la personnalité de l'historien intervient dans la place qu'il fait à leur récit : les songes, les présages, les oracles ont plus d'importance chez Hérodote ou Plutarque que chez Thucydide par exemple. Les pratiques religieuses sont souvent mentionnées ; tel épisode est relaté, comme la mutilation des *hermès* avec ses conséquences ; en revanche les éléments qui permettraient d'étudier une évolution de la vie religieuse sont rares. Une place privilégiée doit être faite au traité d'Aristote (ou Pseudo—Aristote), sur *la Constitution des Athéniens,* essentiel pour apercevoir combien le domaine religieux relève de l'autorité publique.

Les orateurs sont une mine de renseignements. Les uns sont engagés dans la politique : Eschine (*Contre Ctésiphon*) et Démosthène (*Sur la couronne*) renseignent sur l'importance d'un sanctuaire panhellénique comme Delphes dans les conflits internationaux ; Lycurgue, dans la fin du IVe siècle, illustre la place de la religion dans le patriotisme de l'époque. Dans les plaidoyers civils les questions religieuses interviennent souvent en relation avec la citoyenneté : ainsi dans le *Contre Nééra* du Pseudo—Démosthène — en fait Apollodore —, Nééra est accusée d'avoir épousé un Athénien en étant étrangère ; sa fille Phano, qui a célébré les Anthestéries comme femme de l'archonte-roi, a de ce fait agi en violation de la loi ; dans les discours relatifs à des successions écrits par Isée on saisit l'importance des cultes domestiques pour la définition du citoyen, etc.

Des penseurs et des philosophes on utilisera les oeuvres à la fois en tant que témoignages d'une réflexion personnelle et comme un miroir des réalités de leur temps (la religion dans la cité idéale de Platon par exemple doit beaucoup aux usages du IVe siècle).

Enfin, on ne peut négliger des auteurs nettement postérieurs à la période envisagée, mais qui s'y réfèrent constamment : la *Périégèse* de Pausanias décrit la Grèce du IIe siècle de notre ère en y cherchant la Grèce classique ; les scholiastes des auteurs de la période envisagée, les lexicographes des anciens siècles de notre ère disposaient souvent de documents antérieurs qui ont été perdus depuis, pour rédiger leurs notices : leur maniement demande de la prudence, mais leurs renseignements sont souvent précieux. L'idéal est d'arriver à les recouper avec une autre source.

Les *sources épigraphiques* (3) sont essentielles surtout lorsque l'on cherche à appréhender la spécificité de chaque sanctuaire. Qu'il s'agisse de documents émanant d'organismes officiels (publics ou associatifs) ou de simples particuliers, ces textes gravés dans la pierre concernent un culte ou un ensemble de cultes définis ; ils donnent donc de la vie religieuse une image concrète : chaque fois il s'agit de dispositions datées concernant un sanctuaire précis. Ce sont des calendriers sacrificiels, des lois sacrées réglementant l'accès au sanctuaire (pureté, restrictions pour un sexe ou l'autre, etc.) ou les victimes à offrir ; ce sont des textes relatifs à l'entretien du sanctuaire (inventaire des ex−voto, protection des lieux, réfection des bâtiments, utilisation des terres sacrées) ; ce sont des listes de sacerdoces, des décrets sur les droits et les devoirs des prêtres, etc. Quant aux fidèles, on apprend à les connaître avec leur psychologie et leur personnalité à travers les textes de consultations oraculaires, les récits de guérisons miraculeuses, les listes de vainqueurs aux concours, les dédicaces, enfin les décrets qui honorent tel ou tel bienfaiteur d'un culte.

L'*archéologie* est également à plus d'un titre une source privilégiée pour la connaissance de la vie religieuse. La localisation des sanctuaires, qu'ils soient d'avance connus par les textes, ou identifiés grâce aux trouvailles archéologiques, voire même anonymes, laisse entrevoir la répartition des lieux de culte entre la ville et son territoire (*chôra*). La mise au jour des vestiges dans chaque sanctuaire permet de restituer le cadre matériel du culte et, éventuellement, d'en déceler les particularités (caractères spécifiques de la statue de culte et de ses attributs, présence de monuments révélateurs comme les édifices fermés destinés aux initiations des cultes à mystères). L'histoire du sanctuaire se déchiffre aussi dans l'étude de ses constructions : l'histoire légendaire et l'environnement politique ont souvent inspiré la décoration des grands temples ; on y lit parfois aussi le développement et l'histoire du culte.

Les ex—voto livrés par la fouille sont du plus grand intérêt : leur nombre et leur qualité renseignent sur la fréquentation du sanctuaire ; leurs sujets, quand il s'agit de représentations divines ou d'offrandes significatives du pouvoir exercé par tel ou tel dieu, nous instruisent sur le panthéon local ; les fidèles dédient parfois leur image et des actes du culte peuvent être représentés sur des stèles réunissant hommes et dieux. L'authenticité de ces documents, témoignages de reconnaissance ou sollicitation de la faveur divine, leur confère une valeur insigne. D'autres documents iconographiques, surtout fréquents dans la fouille des villes et des nécropoles, méritent considération. Ainsi les monnaies : la présence d'une divinité au droit atteste généralement l'existence d'un culte et donne l'image divine « officielle ». Ainsi le décor des vases : il reflète plutôt la vision « commune » dans la représentation des dieux et des héros, mais il arrive aussi qu'il apporte sur les rites une attestation exceptionnelle (comme à Brauron par exemple), plus explicite que les autres sources pour tel ou tel détail.

La diversité des sources prend tout son intérêt dans la mesure où on les utilise en les complétant les unes par les autres et en confrontant les données issues des différents domaines. Ce volume s'efforcera de le montrer.

L'intention de l'auteur n'est ni de bâtir un système, ni d'entrer dans le détail des controverses érudites. Nous entendons plutôt, à partir des bases les mieux assurées, documents antiques ou déductions vraisemblables, nous efforcer de « mettre en perspective » les principaux aspects de la vie religieuse en Grèce et d'articuler à leur propos les principaux thèmes de réflexion, tout en évoquant pour chacun, au fur et à mesure, l'évolution qui s'effectue entre le Ve et le IIIe siècle.

Madeleine Jost
Paris, le 1er mars 1992.

N.B. — Pour la concordance entre les noms des mois en grec et en français, étant donné les chevauchements et les variations qui existaient d'une année à l'autre, j'ai adopté le système simplifié proposé par le dictionnaire grec—français d'A. Bailly.

NOTES

1. Cet ouvrage fait suite à un cours destiné aux étudiants du CAPES et de l'agrégation d'histoire. Je suis très réconnaissante à Catherine Grandjean qui a bien voulu m'aider dans la relecture des épreuves.

2. Elles sont le plus souvent citées d'après la Collection des Universités de France. Les fragments des historiens sont cités avec l'abréviation *FGrH* qui renvoie à F. Jacoby, *Die Fragmente der griechischen Historiker*, Leyde, 1924—1958.

3. Citées selon les abréviations suivantes :

IG = *Inscriptiones graecae*.

$Syll^3$ = W. Dittenberger, *Sylloge inscriptionum graecarum, 3e éd.*, 1915—1924.

OGIS = W. Dittenberger, *Orientis graeci inscriptiones selectae*, 1903—1905.

LSA = F. Sokolowsky, *Lois sacrées d'Asie Mineure*, 1955.

LSS = F. Sokolowsky, *Lois sacrées des cités grecques, Supplément*, 1962.

LSC = F. Sokolowsky, *Lois sacrées des cités grecques*, 1969.

Pour les choix d'inscriptions de F. Durrbach, J. Pouilloux et B. Le Guen, ci—dessous, pp. 303—309.

CHAPITRE I

LE MONDE DES DIEUX ET DES HÉROS

La vie religieuse des Grecs entre le Ve et le IIIe siècle s'organise en relation avec un monde des dieux et des héros dont il importe d'abord de cerner la complexité. Car il n'y a pas de dogme : à côté de l'imagerie « commune », largement tributaire du passé, les personnalités divines honorées dans le culte sont différentes d'un lieu à l'autre et parfois d'une époque à l'autre ; poètes et penseurs ont de leur côté une vision des dieux qui les intègre à leur propre conception de l'univers. Ce sont donc des approches diverses des dieux et des héros qu'il faut confronter si l'on veut dépasser l'image stéréotypée d'un panthéon simple et cohérent.

Unité et diversité — Certes, aux yeux d'Hérodote (II,53), la religion de son époque vit sur l'héritage d'Homère et d'Hésiode : « Ce sont eux, écrit–il, qui, dans leurs poèmes, ont fixé pour les Grecs une théogonie, qui ont attribué aux dieux leurs qualificatifs, partagé entre eux les honneurs et les compétences, dessiné leurs figures ». De fait, le polythéisme grec de l'époque classique comporte une multiplicité de puissances divines organisées en un panthéon et agissant dans le fonctionnement de l'ordre social et politique des hommes selon des modalités qui renvoient souvent à la conception de ces deux poètes. Leur oeuvre fait d'ailleurs référence : l'importance accordée à Homère dans l'éducation n'est plus à prouver ; elle transparaît chez Aristophane : dans les *Oiseaux* le poète cite la comparaison homérique de Niké à la « colombe craintive » (v.575), puis pour faire la genèse des oiseaux, il emprunte à quelque théogonie hésiodique le modèle de sa parodie (v.692−707). Sans être figé dans une littérature religieuse ou des écritures saintes, le monde des dieux apparaît comme un héritage du passé, propre par là à définir un cadre de vie communautaire.

Il serait pourtant fallacieux de croire qu'il y a *un* panthéon valable pour toute la Grèce. Lors même que les poètes parlent des Douze dieux ou qu'un culte commun leur est adressé (à Athènes, Thasos, Délos, Cos ou Olympie), l'accord ne se fait pas sur les noms des divinités concernées. La liste « canonique », définie par Eudoxe de Cnide au IVe siècle et retenue par les Romains, comprend Zeus, Héra, Poseidon, Déméter, Apollon, Artémis, Arès, Aphrodite, Hermès, Athéna, Héphaïstos et Hestia. Mais on n'est pas sûr que ce groupement soit celui de l'Athènes classique (le culte des Douze dieux est cité sans plus de précision par Hérodote, II,7,1−2, et Thucydide, VI,54,6−7) ; et il est certain que les Douze dieux d'Olympie étaient constitués très différemment : ils regroupaient Zeus Olympien, Poseidon, Héra, Athéna, Hermès, Apollon, les Charites, Dionysos, Artémis, l'Alphée, Kronos et Rhéa (Long, 1987). Autres encore étaient les Douze de Délos ou de Cos. La croyance dans la primauté de Douze dieux sur les autres, déjà affirmée dans l'*Hymne homérique à Hermès,* ne s'accompagne donc pas du sentiment de la nécessité d'en uniformiser la liste.

Le cas des Douze dieux est exemplaire. De la même façon, il n'y a pas de panthéon des dieux grecs dont on puisse dresser une liste valable pour toutes les communautés de la Grèce ; il y a *des* panthéons régionaux, voire locaux, c'est−à−dire des groupements de divinités propres à chaque cité et incluant éventuellement des figures divines particulières. La diversité porte à la fois sur la manière dont les dieux sont associés et sur leur individualité (nom, apparence, légende, fonction) : telle divinité comme Déméter, épouse de Zeus et mère de Coré en Attique, s'unit à Poseidon Hippios en Arcadie et enfante Despoina et le cheval Arion.

Ces particularismes régionaux entraînent des contradictions entre les différentes traditions locales qui ne choquent pas un poète érudit comme Callimaque. Dans l'*Hymne à Zeus,* composé dans les dernières années du IVe s. av. J.−C. ou dans le premier quart du IIIe siècle, il se fait l'écho du conflit qui opposait les Crétois et les Arcadiens qui prétendaient les uns et les autres avoir vu naître Zeus : « Mais sous quel nom te chanter ?, demande-t-il, dieu du Dikté ? dieu du Lycée ? ». Et il présente une sorte de compromis entre des versions contradictoires : optant pour une naissance en Arcadie, il place l'enfance secrète de Zeus dans un antre de Crète : « Dans la Parrhasie, au lieu le plus touffu des fourrés de la montagne, Rhé(i)a t'enfanta, lieu maintenant sacré » ; mais une fois lavé dans un flot vigoureux jailli en Arcadie, le bébé est confié à la nymphe du Lycée Néda pour être transporté en Crète. Ainsi la conception « générale » des dieux doit toujours être nuancée par la prise en considération de l'infinie diversité régionale. Ces précautions indiquées, « l'imagerie commune » des dieux vaut qu'on s'y arrête plus longuement, car elle a connu une large diffusion.

I – QU'EST-CE QU'UNE DIVINITÉ ? L'IMAGERIE « COMMUNE »

Par imagerie « commune » j'entends ce « conglomérat hérité », selon l'expression de R.E. Dodds (1959), que véhiculent aussi bien les poètes, indépendamment de leur façon propre de concevoir le divin (ci-dessous, pp. 52-57), que les artisans, peintres de vases ou décorateurs de stèles votives : leur audience est large et c'est chez eux surtout que se marque, du début du Ve à la fin du IIIe siècle, le maintien de la tradition homérique relative à la nature des dieux et à leurs caractères essentiels.

1 – TRAITS COMMUNS

Les dieux sont des personnes – rarement des abstractions ou des concepts : chacun a un nom et une image. Mais ils sont surhumains : leur particularité essentielle est d'être immortels (*athanatoi*). Ils ont dû naître, et le récit des nativités divines est un thème favori des chants en l'honneur des dieux : le péan d'Isyllos, gravé sur la pierre au IVe/IIIe siècle et exposé dans le sanctuaire d'Epidaure, raconte la naissance dans ces lieux d'Asklépios, fils d'Apollon et d'Aigla-Coronis ; à la fin du IVe et au IIIe siècle, Callimaque célèbre dans ses *Hymnes* la venue au monde de Zeus, d'Artémis et d'Apollon : ainsi Léto enfante Apollon sur l'île de Délos, « près du flot de [son] lac arrondi » ; des phénomènes surnaturels accompagnent cette naissance, comme il sied pour un dieu : l'île toute entière se couvre d'or et Délos, jusque là errante, prend sa place définitive parmi les Cyclades. Exceptionnellement, un dieu peut mourir, mais il ne s'agit que d'un avatar : on montrait un tombeau de Dionysos dans le temple de Delphes, et la « passion » du jeune dieu, déchiré par les Titans, avant de renaître grâce à Zeus, était au centre de la doctrine orphique (ci—dessous, chap.V).

Les dieux se présentent physiquement comme des humains (ils apparaissent sous cette forme dans plusieurs pièces du théâtre classique) (1) ; mais ils sont plus grands que les hommes. Dans l'*Hymne* VI de Callimaque, Déméter, qui avait pris l'apparence de la prêtresse Nikippa, « saisie d'un indicible courroux » devant le crime d'Erysichthon qui ose abattre les arbres de son sanctuaire près de Cnide et prononce des paroles impies, « redevient la déesse ; ses pas touchaient la terre et sa tête l'Olympe » (v.57—58). Comme dans l'*Hymne homérique à Déméter* lorsque la déesse reprend sa forme divine, les mortels sont saisis de peur et les gens d'Erysichthon s'enfuient en hâte. L'apparence physique des dieux varie de l'un à l'autre : à la jeunesse d'Apollon, Artémis ou Athéna répond l'âge mûr de Zeus ou Déméter. Mais, comme le note Antigone (Sophocle, *Antigone*, v.608 — 10) en s'adressant à Zeus : « Insensible à l'âge et au temps, tu restes le maître absolu de l'Olympe à l'éblouissante clarté » ; figés dans un âge qui correspond à leur place dans la famille des dieux et ses générations, les dieux ne vieillissent plus. Nourris, comme dans Homère, du nectar et de l'ambroisie, nourritures d'immortalité qu'évoque Pindare (*Olympiques*, I, v.62), et de la fumée des sacrifices des hommes (Aristophane, *Oiseaux*, v.190—93), ils ont en commun une sorte d'éclat surhumain que les hommes craignent de regarder ; lorsqu'Athéna apparaît au—dessus du temple à Delphes, elle doit retenir Ion de fuir à la vue de ce « visage éclatant de lumière » qui a surgi tout à coup et qu'il ne sait à quelle divinité attribuer (Euripide, *Ion*, v.1549—1550).

Habitant le mont Olympe (2) en Thessalie, les dieux ne sont pas omniprésents : au début des *Euménides* d'Eschyle, Athéna, qui était au bord du Scamandre, est venue jusqu'à Delphes en volant « d'une course infatigable, agitant, au lieu d'ailes [sa] creuse égide, comme un char attelé de vigoureux poulains » (v.403—405). De même Apollon partage son temps entre Delphes et les Hyperboréens. En revanche ces divinités possèdent un ensemble de pouvoirs extraordinaires qui en font une race à part, au-dessus des hommes. La force et la puissance d'abord : « ils sont, écrit Pindare, à l'abri des maladies ; ils ne connaissent pas l'effort, ... seuls ils sont invulnérables » ; l'invisibilité — ils peuvent apparaître aux hommes, mais ils ne sont pas immédiatement visibles (ainsi Athéna dans *Philoctète* de Sophocle) — ; la vitesse aussi (Niké quant à elle porte des ailes). Cependant, vivant comme les hommes dans une famille soigneusement hiérarchisée, ils ne sont pas non plus à l'abri des sentiments les plus humains (crainte de Zeus pour son pouvoir dans *Prométhée enchaîné* d'Eschyle, jalousie d'Aphrodite dans *Hippolyte* d'Euripide, amour pour une divinité ou une mortelle : les amours des dieux et la vie de leur progéniture sont un thème littéraire fréquent).

Enfin les dieux, loin de rester entre eux, sont des puissances qui interviennent dans la vie des hommes. Ils n'ont pas créé l'homme, mais leurs connaissances dépassent celles des hommes et ils ont chacun une compétence, un pouvoir — limité, car les dieux sont des êtres finis, mais réel —, et un mode d'action. Ceux-ci sont symbolisés par des attributs divins hérités de l'épopée : Zeus est « le maître de l'éclair enflammé » (Sophocle, *Oedipe roi*, v.202), Athéna « brandit son écu à tête de Gorgone » (Euripide, *Ion*, v.210), Apollon est le « tireur à l'arc » (*ibid.*, v.162) — « j'ai coutume de le porter toujours avec moi », dit-il dans *Alceste* d'Euripide (v.41) —, Artémis porte des « torches ardentes » (*Ion*, v.200), Dionysos tient le « thyrse aux festons de lierre » (*ibid.*, v.217), Poseidon « règne avec le trident » (Eschyle, *Sept contre Thèbes*, 131) ; on retrouvera cette imagerie chez les décorateurs de vases.

Possédant le rayonnement, la pérennité, la puissance, tantôt redoutés — car l'ambivalence de leur pouvoir est redoutable — et tantôt espérés, les dieux inspirent aux hommes une crainte mêlée de respect, le *thambos* ; ce sentiment s'exprime aussi bien chez Eschyle qu'au IIIe siècle dans la poésie d'Apollonios de Rhodes quand l'apparition d'Apollon suscite encore une manière de stupeur ; c'est la manifestation de la distance qui sépare hommes et dieux et la raison qui explique les honneurs rendus aux dieux par les hommes.

A côté de ces entités anthropomorphiques à la personnalité bien affirmée, il faut noter l'existence très ancienne d'abstractions divinisées. Leur nombre est surtout considérable dans la poésie (Thémis, Mètis, Phobos, Eros, Himéros, Peithô, Ploutos), mais certaines ont des cultes anciens (Eros à Thespies, Némésis — la « Vengeance divine » — et Thémis — « la Justice » — à Rhamnonte), et leur prolifération est remarquable à partir du IVe siècle (Eirénè — la « Paix », Homonoia — la « Concorde » —, Tyché, — la « Fortune », etc.).

Les dieux grecs offrent, on l'a vu, un ensemble de caractères communs. Mais ils ont aussi chacun une personnalité individuelle qui apparaît chez les poètes, et dont les peintres de vases donnent une représentation particulièrement frappante.

2 – L'INDIVIDUALISATION DES DIEUX

Il ne saurait être question ici d'étudier successivement l'image de chaque divinité ; on s'attachera plutôt à un épisode mythologique qui regroupe la plupart d'entre eux, la gigantomachie, pour examiner la manière dont chacun est doté d'une personnalité propre que traduisent ses attributs.

La gigantomachie, c'est-à-dire le combat victorieux des dieux olympiens contre les géants, fils de la Terre, qui avaient entrepris de les détrôner, est fréquemment illustrée dès l'époque archaïque ; le thème est bien connu de tous, comme en témoigne l'évocation qu'en donne Euripide dans *Ion* (v.205–219) ; il décrit le fronton Ouest du temple des Alcméonides à Delphes : « Vois le combat des géants... La vois–tu, [Athéna] contre Encélade, brandissant son écu à tête de Gorgone ? ... — Je vois Pallas, notre déesse. — Et la foudre au double tranchant de flamme, la foudre terrible que lance au loin le bras de Zeus ? — Je le vois : il embrase, il réduit en cendres le farouche Mimas. — Et Bromios, Bromios le bacchant avec son arme guerrière, son thyrse aux festons de lierre, abat sur le sol un autre géant ! ».

Regardons le décor extérieur d'une coupe du peintre de Brygos, décorée selon la technique de la figure rouge vers 490–480 (fig.1 et 2). La représentation de la gigantomachie est traitée en frise continue autour de la vasque dont elle occupe toute la hauteur ; sous les anses le décorateur a habilement placé des guerriers blessés. La composition est équilibrée. La scène se déroule de la gauche vers la droite, selon le principe de dextéralité qui annonce la victoire des dieux ; un seul groupe est en sens contraire, pour rompre la monotonie. Les personnages sont répartis par groupes de deux où s'affrontent une divinité, identifiable grâce à ses attributs, et un géant, figuré l'épée au côté, nu, casqué, armé d'une lance et portant un bouclier. Une exception : le quadrige de Zeus attire l'attention sur la majesté du roi des dieux. Les groupes se chevauchent partiellement pour assurer l'unité de la composition et suggérer la profondeur de la mêlée ; au demeurant, le nombre des divinités est limité à cinq. Dans la partie gauche de la face principale, on reconnaît Zeus, barbu, qui lève le foudre dans la main droite (il est le dieu des phénomènes atmosphériques), tout en montant sur la caisse d'un char ; de la main gauche il tient le sceptre, insigne du pouvoir, en même temps que les rênes de l'attelage ; une colonne dorique fait référence au palais du roi des dieux. Au second plan apparaît Héraklès, dont l'intervention aux côtés des dieux devait assurer la victoire ; la tête couverte de la dépouille du lion de Némée, il est vêtu d'un costume oriental rayé ; il s'apprête à décocher une flèche. Auprès de ces deux personnages, la fille de Zeus, Athéna, la déesse guerrière, est casquée, vêtue d'un himation, et porte l'égide frangée de serpents tendue sur son bras gauche en guise de bouclier ; d'un geste ample, elle transperce avec sa lance un géant écroulé à ses pieds dont le corps se convulse. Sur la face secondaire, on voit à gauche Héphaïstos, le dieu forgeron, qui porte casque, cuirasse, tunique et cnémides ; il utilise comme arme des brandons incandescents qu'il tient avec des pinces ; un géant s'enfuit. Poseidon, le dieu marin, armé de son trident, vient à bout d'un adversaire qui s'affaisse ; sur son bras gauche, il porte un quartier de roc arraché à l'île de Nisyros, sur lequel on voit un renard ou un chien. Enfin le fougueux Hermès, coiffé du pétase, le chapeau des voyageurs qu'il protège, se précipite sur un géant à terre.

Une coupe d'Erginos, décorée vers 425 av. J.−C. par Aristophanès, figure elle aussi une gigantomachie et permet de compléter cette rapide présentation de l'imagerie divine (fig.3 et 4). Le style est différent (on est loin de la netteté du dessin, du contour rigoureux des figures, de la minutie dans la notation des détails à l'intérieur des silhouettes, qui caractérisent le « style sévère » et le peintre de Brygos ; le style est plus « libre », voire théâtral et emphatique) ; mais la conception des dieux reste la même. Les noms des personnages sont inscrits dans le champ. Le fond de la coupe représente Poseidon et le géant Polybotès devant Gè, la Terre, dont le torse seul émerge du sol ; elle assiste, l'air douloureux, à la défaite de ses enfants. Sur la panse on retrouve Zeus, qui frappe Porphyrion avec le foudre, et Athéna, qui perce de sa lance Encelade (notons le *gorgoneion* ou masque de Gorgone sur son égide). A gauche, Artémis, déesse du monde sauvage, attaque Aegéon avec deux torches ; elle n'a pas son arc, mais porte un carquois. Au revers figure Apollon, au centre : le dieu archer s'élance sur Ephialte, l'épée brandie d'une main, l'arc dans l'autre. A droite Héra, la déesse du mariage, reconnaissable au diadème et au voile qui la coiffent, frappe Rhoitos d'une longue lance. A gauche, Arès, le dieu de la guerre, dont le bouclier porte en épisème un serpent, égorge de sa lance un géant. Trois des divinités les plus courantes n'apparaissent sur aucun des deux vases étudiés : Déméter, la déesse du blé, qui tient souvent le sceptre et un épi, Aphrodite, la déesse de l'amour, parfois accompagnée d'une colombe, et Dionysos, dieu de la végétation et de la vigne, généralement représenté le thyrse dans une main et un vase à boire dans l'autre.

Les types divins que permet de dégager le décor des vases sont, pour les attributs, d'une remarquable stabilité dans toute la période qui nous intéresse. Une évolution est notable pour Dionysos : au dieu barbu, d'âge mûr, vêtu d'un long chiton, tend à se substituer une image imberbe et juvénile dont le cratère en bronze de Dervéni offrira vers 330 av. J.−C. un des exemples les plus achevés (fig.19) ; pourtant sur les vases à figures rouges ses attributs restent les mêmes ; le changement concerne l'idée que l'on se fait du dieu, moins noble et plus proche des hommes (ci−dessous, p.43) ; il n'altère pas les caractères individuels qui permettent de reconnaître l'image du dieu.

Produits de l'artisanat, et donc fortement marqués par « l'imagerie commune », mais aussi offrandes cultuelles destinées à une divinité particulière, les reliefs offerts en ex−voto feront la transition entre le monde des dieux comme patrimoine culturel commun et la diversité des personnalités divines dans le culte. Sur ces plaques sculptées où l'on voit généralement une ou plusieurs divinités dans un édifice encadré de pilastres accueillant un groupe de fidèles, l'image divine est en effet stéréotypée. Sur un relief de Brauron du IVe siècle Artémis est assise sur un rocher, un cerf à côté d'elle pour rappeler ses affinités avec la nature sauvage ; sur une autre stèle du même sanctuaire elle figure debout, l'arc dans la main gauche, une patère dans la main droite (un autel la sépare des adorants qui viennent vers elle) (fig.7) ; sur un relief dédié aux Nymphes dans une grotte du Pentélique voici, à côté des Nymphes, Hermès au caducée et Pan, le dieu des bergers, à demi homme et à demi bouc jouant de la syrinx ; ailleurs, Asklépios debout, appuyé sur un bâton calé sous son aisselle et drapé dans un himation qui s'enroule sur une épaule mais laisse le torse nu, apparaît entre Déméter, majestueusement assise sur la ciste (panier sacré), et Coré qui tient un flambeau : c'est un relief de l'Asklépieion d'Athènes (fig.8). Des fidèles s'avancent vers les divinités : Artémis, sur le premier relief cité, et Déméter sur le dernier les saluent de la main, et ce geste traduit un accueil bienveillant ; les humains sont d'échelle réduite par rapport aux dieux, pour bien marquer leur différence de nature ; le premier de la file lève la main droite en signe de prière déférente. Des particularités éventuelles du culte local rien n'apparaît dans l'image divine ; en revanche la présence d'enfants dans le groupe qui amène des animaux pour le sacrifice à Artémis Brauronia peut être une allusion au rôle et à la place qui leur sont dévolus dans le rite d'initiation des petites filles lors des Brauronies ; une personnalité cultuelle particulière se devine pour l'Artémis de Brauron au delà de l'image de la déesse des animaux. Cela nous invite à examiner les personnalités divines dans le culte.

II – LES PERSONNALITÉS DIVINES DANS LE CULTE

Une des spécificités du polythéisme grec est la multiplicité des puissances divines, chacune individualisée avec une appellation propre, auxquelles s'attachent des légendes particulières et dont la statue de culte et les rites revêtent une forme personnalisée : ces différents éléments définissent chaque fois une divinité à laquelle est attachée une fonction propre. Ainsi « l'image commune » de la

Déméter attique n'a que peu de rapports avec la Déméter Kidaria de Phénéos liée à la danse, ou avec la Déméter Mélaina à tête de cheval de Phigalie ; en bref, il n'y a pas *une*, mais *des* Déméter. Il convient donc de s'arrêter sur les notions de personnalité divine et de fonction divine.

1 – LA NOTION DE PERSONNALITÉ DIVINE

Désignation – Sa désignation est le premier élément constitutif d'une divinité : elle porte un nom, qui se retrouve généralement dans toute la Grèce, et une épiclèse (ou « appellation cultuelle ») dont le caractère local est plus marqué. La désignation de la divinité est essentielle : c'est par elle que commence, on le verra, toute prière.

Les noms des divinités, dont on a cité les principaux à propos de la gigantomachie (ci–dessus, pp.20–22), servent à les distinguer ; seuls quelques noms concernent un groupe de divinités indissociables comme les Charites, les Maniai, les Nymphes. L'étymologie de ces dénominations est rarement connue. Dans certains cas, le nom réel d'une divinité pouvait faire l'objet d'une initiation et être tenu caché de la foule : par exemple à Lykosoura, en Arcadie, on surnomme Despoina, « jeune fille », la déesse locale qui est fille de Déméter ; « son nom vulgaire est Despoina, indique Pausanias (VIII,37,9), de même que l'on donne à la fille de Zeus celui de Coré (« jeune fille »), alors qu'elle a un nom qui lui appartient en propre, celui de Perséphone, que lui attribuent dans leurs vers Homère et avant lui Pamphos ; mais pour celui de Despoina je n'ai pas osé le divulguer aux non–initiés ». Il en allait de même pour un autre culte à mystères, celui des Grands Dieux de Samothrace, désignés eux aussi d'une appellation générale. Rappelons que dès le Ve siècle plusieurs noms concernent des notions divinisées (Ploutos, etc.).

Il est rare que dans le culte le nom de la divinité ne soit pas accompagné d'une épiclèse qui en privilégie un aspect particulier : ainsi la seule Athéna peut être Polias (« protectrice de la cité »), Niké (« garante de la victoire »), Phratria (« protectrice de la phratrie »), Koria (« déesse des jeunes filles »), Ergané (« industrieuse »), Hygieia (« protectrice de la santé »), Héphaistia (« associée à Héphaistos »), etc. ; l'épiclèse désigne une spécialisation de la fonction à laquelle est rendu plus particulièrement hommage. A la différence des épithètes poétiques, comme Tritogéneia (« la vraie fille de Zeus ») qui caractérise la déesse en général et ne sert qu'exceptionnellement d'appellation cultuelle, les épiclèses sont des épithètes liées à un sanctuaire particulier et qui définissent un aspect de la personnalité cultuelle de la divinité.

Les épiclèses fournissent des indications diverses. Les unes sont toponymiques ; elles indiquent dans quelle localité est honorée une divinité (Artémis Brauronia à Brauron, Artémis Stymphalia à Stymphale) ; elles peuvent désigner un quartier précis (Zeus Agoraios est honoré sur l'agora, Artémis Mésopolitis à Orchomène d'Arcadie est « établie au milieu de la cité »). D'autres épiclèses sont descriptives : Dionysos Limnaios ou Artémis Limnatis sont liés « au marais » ; Artémis Kédréatis, à Orchomène d'Arcadie, a son image cultuelle dans un cèdre. L'origine géographique d'un culte importé peut se refléter dans l'épiclèse : à Athènes, Artémis Brauronia vient de Brauron, Dionysos Eleuthéreus d'Eleuthères ; en Arcadie, Artémis Ephésia a pu être apportée d'Ephèse par des mercenaires. Certaines épiclèses renseignent sur la genèse d'un culte : à Tégée, l'appellation d'Athéna Aléa renvoie à l'existence d'une déesse Aléa, encore indépendante d'Athéna à la fin du VIe s. av. J.—C. ; peu à peu les deux déesses, Aléa et Athéna, furent associées dans le culte sous les traits d'une seule divinité figurée en armes comme l'Athéna « commune » et officiellement appelée Aléa Athéna jusqu'au IIe siècle de notre ère (plusieurs textes littéraires, dont la *Périégèse* de Pausanias, la nomment Athéna Aléa, voire Athéna, sous l'influence d'Athènes). De même Enyalios Arès, garant du serment dans une convention territoriale arcadienne du IVe siècle, résulte de l'association de deux divinités guerrières qui sont restées indépendantes dans le serment des éphèbes à Athènes (ci—dessous, p.133). L'association d'un dieu avec un héros est également attestée : le cas de Poseidon—Erechthée à Athènes en est un exemple. Quelques épiclèses renvoient à la vie légendaire de la divinité, comme Asklépios Pais (« Enfant ») ou témoignent d'une association cultuelle (Athéna Héphaistia).

Le plus souvent néanmoins, les épiclèses des dieux sont liées à leur fonction. Maître des phénomènes atmosphériques, Zeus est Kéraunobolos ou Astrapaios (« qui lance la foudre » ou « qui lance l'éclair »), tandis que les secousses telluriques dépendent de Poseidon Gaièochos (« qui secoue la terre ») ou Asphaleios (« stable », par euphémisme). Lorsqu'elles sont attachées à la cité et à son territoire, les divinités « poliades » (protectrices de la cité) sont appelées Polias (Athéna à Athènes), Polieus (Zeus à Athènes), Poliatis (Athéna à Tégée) ou Poliouchos (Athéna à Sparte) ; elles protègent le territoire en « apportant la victoire » (Athéna Niké ou Niképhoros), en « secourant les guerriers » (Apollon Epikourios à Bassai d'Arcadie), en « domptant par les armes » (Zeus Hoplosmios en Arcadie). Ce sont aussi des divinités du salut (Zeus Sôter, « Sauveur », Artémis ou Athéna Sôteira). La vie politique dépend de divinités comme Zeus Boulaios (« du Conseil »), la vie de la phratrie dépend de Zeus Phratrios et Athéna Phratria, celle de la maison de Zeus Ktésios (« protecteur des biens »). Les activités humaines comme le savoir des techniques suscitent des épiclèses d'Athéna comme Erganè (« Industrieuse ») ou Chalinitis (« Inventrice du mors »). Mais un des domaines auxquels se réfèrent le plus souvent les épiclèses est celui de la sphère « fertilité—fécondité » : à la nature sauvage correspond l'appellation Agrôtéra (« Chasseresse ») portée par Artémis, qui est aussi, par une ambivalence caractéristique du pouvoir des dieux, Elaphia (« qui protège les cerfs ») ; la végétation et les produits cultivés relèvent de nombreuses divinités comme Aphrodite Antheia (« des fleurs »), Déméter Chloé (« de la verdure »), Déméter Karpophoros (« qui apporte les fruits »), Dionysos Dendritès (« des arbres »), etc. Quant au bon développement des humains, Artémis entre autres y veille avec l'appellation de Kourotrophos (« qui nourrit et élève les jeunes garçons ») ou de Paidotrophos (« qui élève les enfants »).

Certaines épiclèses enfin sont d'interprétation moins immédiate ; une légende étiologique (qui indique la cause de l'appellation) y est généralement associée, et elle éclaire la personnalité de la divinité. Ainsi l'épiclèse de Déméter Mélaina (« Noire ») à Phigalie désigne une déesse marquée de la dominante noire qui caractérise l'espace souterrain, le domaine du sombre : elle renvoie à la nature chthonienne de la déesse ; mais cette relation n'étant plus comprise, les Phigaliens forgèrent une légende apparentée au mythe éleusinien, selon laquelle la déesse aurait revêtu des vêtements noirs (d'où son appellation), à cause de la douleur que lui causait le rapt de sa fille et en raison de sa colère contre Poseidon qui l'avait violée (Pausanias, VIII,42,2). Pour Artémis Apanchomènè (« Pendue »), on donnait à Kaphyai l'explication suivante : « Des enfants qui jouaient près du sanctuaire (on ne se rappelle pas combien ils étaient) trouvèrent une cordelette et, l'ayant attachée au cou de la statue, ils se mirent à dire qu'Artémis était pendue. Les gens de Kaphyai, quand ils découvrirent ce que les enfants avaient fait, les lapidèrent. Là—dessus, une maladie s'abattit sur les femmes : elles mettaient au monde des morts—nés. Cela dura jusqu'à ce que la Pythie leur eut enjoint de donner la sépulture aux enfants et de leur offrir un sacrifice expiatoire tous les ans, vu qu'ils avaient été tués injustement. Les gens de Kaphyai... appellent depuis cette époque la déesse de Kondyléa la Pendue (Apanchomènè) ; on dit que l'oracle en donnait l'injonction » (Pausanias, VIII,23,6—7). Le recours à l'oracle sert à masquer l'ignorance où l'on était de l'origine de l'épiclèse ; en fait, Artémis Apanchomènè est sans doute une déesse agraire en l'honneur de qui on suspendait aux arbres, selon un rite archaïque, des statuettes divines ; elle protégeait également la naissance comme le suggère l'épisode des enfants morts—nés.

Les épiclèses et les légendes étiologiques qui y sont attachées donnent de la divinité une image qui appartient en propre à un sanctuaire précis. Tel est aussi le cas des traditions légendaires locales qui, mieux que les légendes « communes » mises en ordre par les mythographes, témoignent des particularismes régionaux.

Traditions légendaires locales — Mis à part l'origine des épiclèses, les légendes locales servent le plus souvent à expliquer l'importance particulière d'une divinité et à en préciser le domaine d'action propre. Une série de mythes s'attachent par exemple à rendre compte de la prépondérance comme divinité poliade d'une divinité sur une autre : ils mettent aux prises deux divinités pour la protection d'une région. En Attique, la querelle oppose Athéna et Poseidon ; l'arbitrage est donné à Cécrops et à sa famille ; chacun des dieux produit les marques de son pouvoir : Poseidon frappe de son trident le rocher et l'eau jaillit sur l'Acropole à l'emplacement occupé au Ve siècle par la « salle de l'embouchure » dans l'Erechtheion ; Athéna de son côté fait croître l'olivier ; elle l'emporte ; la colère de Poseidon se traduit par la mort d'Erechthée lors de la guerre mythique entre Athènes et Eleusis ; elle prend fin avec l'instauration du culte conjoint de Poseidon et d'Erechthée sur l'Acropole. En montant sur l'Acropole, les Athéniens voyaient le souvenir de l'épisode non seulement dans le sol, à l'endroit du plateau où il s'était déroulé, mais aussi au fronton Ouest du Parthénon où Phidias l'avait représenté. En Argolide, la querelle autour d'Argos « riche en eaux » se joue entre Héra et Poseidon ; les dieux−fleuves Inachos, Céphisos et Astérion jugent en faveur d'Héra et Poseidon se venge en asséchant pour un temps la région (Pausanias, II,15,5). En Corinthie enfin, c'est entre Poseidon et Hélios qu'est disputée la possession du pays. Poseidon reçoit de Briarée la préférence ; « on dit que depuis l'Isthme appartient à Poseidon » (Pausanias, II,1,6) ; il y possède un sanctuaire célèbre.

D'autres légendes locales cherchent à s'approprier telle ou telle divinité en prétendant l'avoir vu naître. On a cité le cas de la naissance de Zeus (ci−dessus, pp.16−17). Une tradition mantinéenne concerne Poseidon Hippios (« Maître des chevaux »). « Quand Rhéa eut accouché de Poseidon, rapporte Pausanias (VIII,8,2) à propos de la source Arnè, elle le déposa dans un troupeau pour qu'il vécût avec les moutons. C'est ce qui valut son nom à la source, parce que les moutons (*arnès*) paissent autour. Rhéa dit à Kronos qu'elle avait mis au monde un cheval et lui donna à avaler un poulain, comme elle lui donna par la suite, au lieu de Zeus, une pierre enveloppée de linges ». Le *logos* mantinéen ne revendique pas seulement la naissance de Poseidon, dieu tutélaire de la cité ; par un récit manifestement inspiré de la légende hésiodique relative à Zeus, il explique *a posteriori* le lien particulier de Poseidon et du cheval.

Les particularités locales des divinités sont d'ailleurs un domaine pour lequel les légendes relatives aux lieux de culte sont des plus précieuses. Ainsi la légende d'Athéna Poliatis à Tégée permet de mettre en lumière son mode d'action propre et son caractère archaïque. Au IVe siècle, des monnaies de cette cité, tout en donnant à Athéna sa physionomie « commune » de déesse en armes, évoquent en effet une vieille légende dont Pausanias (VIII,45,5) a recueilli dans le sanctuaire la version cultuelle : « Athéna aurait accordé comme faveur à Képheus, fils d'Aléos, que Tégée restât éternellement imprenable ; pour talisman de la ville, la déesse lui aurait fait don de cheveux qu'elle aurait coupés sur la tête de Méduse ». Tandis que l'auteur de la *Bibliothèque* du Ps.— Apollodore, un mythographe anonyme du Ier s. ap. J.—C., attribue à Héraklès le cheveu de Méduse remis par Athéna, les monnaies émises par la cité illustrent bien la tradition cultuelle : c'est toujours Athéna qui tient le talisman ; et de fait, celui—ci caractérise l'action de la déesse poliade qui assure à la cité une protection d'ordre magique : le cheveu de Méduse concentre en lui toutes les vertus apotropaïques du *gorgoneion* (il suffit que Stéropé, la fille du roi, le brandisse rituellement trois fois, sans y porter elle—même le regard, pour que les ennemis soient mis en déroute). L'épiclèse Poliatis désigne donc la fonction poliade d'une Athéna dont la légende dévoile les traces d'une sorte de pouvoir magique.

Statues cultuelles — La spécificité de chaque divinité, sensible dans sa désignation et dans certaines légendes locales, apparaît à l'évidence dans sa représentation cultuelle, idole rudimentaire en bois (*xoanon*) ou statue en bronze, en marbre ou sculptée selon la technique chryséléphantine. On retiendra quelques exemples.

A Phigalie, en Arcadie du Sud—Ouest, les habitants honoraient dans le sanctuaire de Déméter Mélaina aux époques classique et hellénistique une statue en bronze exécutée par Onatas d'Egine vers 470/60 av. J.— C. : c'était une copie, d'après des dessins et des visions reçues en songe, d'un plus ancien *xoanon* qu'un incendie avait anéanti. La statue ayant été détruite trois générations avant son passage, Pausanias la décrit d'après des indications recueillies sur place : « Assise sur un rocher, elle aurait eu l'aspect d'une femme, la tête exceptée : elle avait une tête de cheval, avec des crins, garnie de représentations de serpents et d'autres bêtes sauvages. Elle était vêtue d'une tunique qui descendait jusqu'au bout des pieds et avait un dauphin sur la main droite, une colombe sur l'autre ». On constate que l'anthropomorphisme divin souffre des exceptions (3) : des traits animaux se greffent ici sur le corps de femme de la déesse (près de Phigalie, Artémis Eurynomé avait, elle, une queue de poisson ; quant à Pan, le dieu des bergers qui finit par être accepté par la religion « commune » — ci—dessous, pp.37—38 —, il est mi—homme, mi—bouc). A coup sûr une telle Déméter n'a pas grand chose à voir avec le vieux modèle de l'*Hymne homérique à Déméter* ou avec la déesse « féconde et nourricière » de Callimaque (*Hymne à Déméter,* v.2) ; l'apparence de la déesse répond dans le mythe à son union forcée avec le dieu Poseidon Hippios et donne à cette protectrice de la végétation une couleur locale très particulière (Jost, 1985).

Quittons l'Arcadie reculée. Les statues attiques offrent, elles aussi, des visions très individualisées des personnalités divines. Ainsi pour Athéna. L'aspect de la vieille statue en bois d'olivier, tombée du ciel et logée dans le secteur Nord de l'Acropole où on lui porte un péplos lors des Panathénées (ci-dessous, p.151), est difficile à restituer ; on pense actuellement à un type debout qui figurerait sur des monnaies de la fin du IIIe s. av. J.-C. (Kroll, 1982). Le *xoanon* d'Athéna Niké, placé successivement dans un *naïskos* puis, à partir de la fin du Ve siècle, dans un petit temple ionique du secteur Sud-Ouest de l'Acropole, est connu par une notice d'Harpocration : en bois, la déesse était représentée sans ailes, tenant une grenade de la main droite et un casque de la main gauche. L'absence d'aile pour Niké s'explique par l'ancienneté du type ; mal comprise, elle était attribuée par les Anciens à la volonté d'empêcher la déesse de s'enfuir (Pausanias, III,15,7). Quant à la grenade, symbole de fertilité, elle est à mettre en relation avec un aspect agraire d'Athéna sur l'Acropole, que la fête des Arréphories illustre également (ci-dessous, p.32) ; elle nous éloigne de la représentation habituelle d'Athéna en armes : c'est qu'Athéna Niké n'est pas l'Athéna « commune », création des artistes, mais une déesse honorée en un point précis de l'Acropole avec des caractères propres.

Plus récente, la statue d'Athéna Polias en or et en ivoire (technique chryséléphantine), sculptée par Phidias pour le Parthénon, a une valeur religieuse différente des vieux *xoana* (ci-dessous, chap.II). Examinons l'image qu'elle donne de la déesse, avec ses particularités locales et ses intentions politiques. L'effigie, inaugurée en 438, est désignée dans les actes officiels comme « la statue d'or » ; ce n'est que chez Pausanias qu'apparaît l'appellation de Parthénos (« Vierge ») ; rien n'en est conservé, mais à partir des textes de Pline l'Ancien et de Pausanias dont on confronte les données avec celles que fournissent diverses répliques antiques, on peut s'en faire une idée précise. La statue mesurait environ 11,70 m, base comprise. Athéna était représentée debout ; elle avait ses attributs guerriers, signes indispensables de reconnaissance, mais la lance et le bouclier reposaient à terre : la déesse effleurait de sa main gauche le bouclier dressé verticalement sur le sol (à côté de lui s'enroulait un grand serpent, l'*oikouros ophis*, gardien de l'Acropole) et la lance était appuyée à l'épaule droite. Par dessus le long péplos attique une égide frangée de serpents se voyait sur la poitrine ; en son centre, un *gorgoneion* en ivoire traduisait, comme à l'époque archaïque, l'idée de garde et de protection, mais il avait, semble−t−il, perdu son caractère horrible et terrifiant. De même le casque portait des motifs traditionnellement apotropaïques (sphinge et chevaux ailés sur le timbre, griffons sur les couvre−joues), mais leur valeur était ici surtout symbolique et décorative. D'ailleurs la déesse était parée de bijoux (pendants d'oreilles, collier, bracelets) qui atténuaient encore son caractère guerrier. Phidias avait voulu montrer la déesse victorieuse dans la sérénité qui suit la bataille. La victoire est évoquée par la Niké d'or, haute de 1,80 m, que la déesse tendait en avant sur sa main droite, et d'autres sujets annexes rappelaient des triomphes mythiques : les thèmes de la gigantomachie et de l'amazonomachie figuraient, l'un peint, l'autre en relief, à l'intérieur et à l'extérieur du bouclier, symboles de la lutte contre la barbarie et contre les peuples d'Asie ; la centauromachie qui ornait la tranche des sandales illustrait également le combat contre la force brutale. L'orgueil civique des Athéniens, leur confiance dans leur puissance militaire trouvaient à s'exalter dans cette imagerie. La prospérité était pour eux un autre motif de fierté ; or le décor du piédestal de la statue, un long bandeau sculpté de 8 m, montrait les dieux, encadrés par Hélios et Séléné, regardant Athéna en train de créer la première femme Pandora ; exemple d'adresse et d'ingéniosité donné par la patronne d'une cité qui s'enorgueillissait de son artisanat.

Ainsi la statue de Phidias, tout en gardant les attributs traditionnels d'Athéna, offrait de celle−ci une image conforme à la conception de la déesse poliade de son temps : idéalisée, armée mais pacifique, elle incarnait la grandeur présente d'Athènes en la cautionnant par son passé.

La manière dont les statues de culte traduisent les conceptions locales s'exprime encore très nettement, pour la fin du IVe ou le IIIe siècle, dans le groupe cultuel en pierre sculpté par Damophon de Messène pour le sanctuaire de Despoina à Lykosoura (fig.17). En effet, si le groupe central de Despoina et sa mère Déméter peut faire penser à l'imagerie attique par l'attitude affectueuse des deux déesses, maintes particularités montrent que nous sommes en Arcadie : la prépondérance de Despoina sur sa mère (elle tient le sceptre et la ciste), la présence sur le voile de Despoina de figures de danseurs et de musiciens portant des masques d'animaux (ce qui renvoie à un rite local), enfin l'encadrement des deux déesses par Artémis et par Anytos, le père nourricier de Despoina.

Fêtes — Aussi importantes que les statues pour définir les personnalités divines de chaque sanctuaire sont les fêtes, auxquelles un chapitre sera consacré (chap. III). Retenons seulement ici un exemple pour illustrer cet apport : le cas des Arréphories, une fête célébrée sur l'Acropole et pour laquelle on a le témoignage de Pausanias (I,27,3) : « Deux vierges habitent à proximité du temple d'Athéna Polias ; les Athéniens les appellent arréphores. Elles passent un certain temps auprès de la déesse avec un certain genre de vie ; mais quand arrive la fête, voici les rites qu'elles accomplissent de nuit : elles posent sur leur tête ce que la prêtresse d'Athéna leur a donné à porter et pas plus celle qui donne que celles qui portent ne savent de quoi il s'agit. Il y a dans la ville un péribole, proche du sanctuaire d'Aphrodite aux Jardins et que traverse un passage souterrain naturel ; par là descendent les jeunes filles ; en bas, elles laissent ce qu'elles ont descendu et elles prennent autre chose complètement enveloppé. Les jeunes filles peuvent ensuite partir et d'autres sont conduites à leur place sur l'Acropole ». Ce rite laisse entrevoir le caractère particulièrement complexe de la déesse poliade : le rituel des Arréphories s'apparente au rituel des Thesmophories en l'honneur de Déméter, dans lequel des objets symboles de fécondité sont déposés au fond d'une fosse (ci—dessous, pp. 166—167) ; il renvoie à une composante agraire d'Athéna (voir déjà Athéna Niké) ; quant au rôle joué par des jeunes filles retirées auprès d'Athéna, il suggère pour la déesse une fonction « d'initiatrice » (Brulé, 1987).

2 — *LA NOTION DE « FONCTION DIVINE »*

On conclura cette étude des données qui définissent une personnalité divine par quelques remarques d'ensemble sur la notion de « fonction divine » sous-jacente dans ce qui précède.

On a vu que chaque personnalité divine est dotée d'une puissance agissante dans un domaine propre où elle a une fonction à remplir. Les différents domaines répondent aux préoccupations vitales de la communauté : protection du territoire et de la cité, vie politique, vie dans la *chôra,* activités urbaines, développement et santé des hommes, vie intellectuelle et idéal moral. C'est ce que Callimaque, reprenant un passage d'Hésiode, résumait ainsi : « les forgerons sont gens d'Héphaïstos ; les guerriers gens d'Arès ; les chasseurs appartiennent à Artémis Chitonè, et à Phoibos les poètes qui connaissent les chemins de la lyre ; 'les rois, eux, viennent de Zeus' (Hésiode) ; car entre tous les rois, 'nul n'est plus divin que Zeus' ». On pourrait allonger cette liste d'attributions dont l'exactitude d'ensemble n'est pas douteuse : les agriculteurs sont liés à Déméter, les marins à Poseidon, les commerçants à Hermès ; c'est cette sphère d'activité qu'illustre généralement l'imagerie « commune » des dieux.

Mais, à y regarder de plus près, le domaine de chaque divinité est délimité, et elle y a un mode d'action propre, si bien que dans chaque sphère d'activité plusieurs divinités peuvent intervenir simultanément ; chaque domaine est protégé par un ensemble diversifié de puissances divines. En ce qui concerne la guerre par exemple, Arès s'intéresse à la bataille et l'idée de force brutale lui est associée ; en revanche Athéna tend vers un but, la protection du groupe social, et s'accommode de la paix armée (Vian, 1968). Autre cas, pris cette fois dans le domaine du monde animal : Poseidon et Athéna sont l'un et l'autre des puissances du cheval (ils portent l'épiclèse Hippios / Hippia) ; dans cette fonction ils sont complémentaires : Poseidon symbolise la « fougue, la violence, la puissance inquiétante et incontrôlable de l'animal » (Detienne – Vernant, 1974) ; Athéna, quant à elle, « agit par le mors » : elle intervient par l'instrument technique qui assure la maîtrise du cheval. De la même façon, dans le domaine de la terre, en face de Déméter, divinité de la terre cultivée et féconde qui invente le blé, Athéna, qui invente l'araire, représente l'intelligence technique appliquée à l'agriculture. Le domaine de la chasse maintenant : il relève conjointement d'Artémis et de Pan ; mais tandis que le gros gibier des forêts appartient à Artémis (l'ours, le sanglier ou le cerf), à Pan est rattaché le menu gibier qui peuple les buissons (le lièvre, la perdrix et les petits animaux). Certes il ne faut pas imaginer par ces exemples des partages absolus : ne voit-on pas, à Phigalie, Déméter patronner la vigne à côté de Dionysos Akratophore ? Mais il est vrai, en gros, que chaque divinité a, dans chaque domaine, une puissance délimitée et limitée. De plus, l'utilisation des épiclèses rétrécit encore parfois le champ d'action des divinités ; elle justifie la multiplicité des protections divines sur chaque activité et interdit de considérer les divinités de manière indépendante les unes des autres.

En contrepartie, on constate que chaque divinité intervient dans plusieurs domaines ; elle a, outre sa « spécialité », une certaine polyvalence. La déesse Athéna fournit à Athènes un exemple particulièrement clair du phénomène : elle est à la fois divinité poliade, guerrière, puissance de la fertilité, déesse des artisans, protectrice de la santé. On a voulu longtemps expliquer ces divers aspects de manière génétique : en admettant *une* Athéna dont les traits se modifieraient ou en supposant au départ *deux* Athéna distinctes mais complémentaires (la guerrière et la déesse agraire). Plus récemment M. Detienne et J.-P. Vernant (1974) ont proposé de trouver l'unité de la déesse dans la *mètis*, la « prudence » qu'elle met en oeuvre dans chacun des domaines concernés. Cette recherche d'un principe d'unité pour chaque divinité a conduit J.-P. Vernant à mettre en exergue le « pouvoir de souveraineté » de Zeus, d'où découle son caractère ordonnateur dans les différents secteurs de son activité (Vernant, 1974) ; de même la définition d'Artémis comme « déesse du monde des confins, des zones limitrophes, des frontières » expliquerait à la fois son lien avec la nature sauvage et ses interventions dans la vie des femmes « aux ultimes frontières du statut de *parthénos* ». Dans le détail, il peut paraître artificiel de ramener toutes les fonctions d'une divinité à une orientation unique, et il n'est pas sûr qu'il faille réduire à tout prix l'infinité des représentations du divin à un système cohérent et rigoureusement articulé. Il est clair néanmoins que chaque divinité a *une* personnalité qui s'exprime dans une multitude de préoccupations.

3 – LA NOTION DE PANTHÉON LOCAL

A partir de cette infinité de pouvoirs divins que représentent les dieux grecs, chaque région, chaque cité a réalisé une combinaison, un groupement de puissances divines qui la protège plus particulièrement. La structure de ce panthéon local est, dans ses composantes essentielles du moins et mis à part l'introduction de nouveaux cultes, remarquablement stable, car elle est enracinée dans les particularités du terroir et de la vie sociale de chaque communauté. C'est pourquoi les dèmes d'Athènes honorent souvent des divinités différentes d'Athènes : le calendrier cultuel de Marathon montre que sur les cinq sacrifices les plus importants, trois sont consacrés à des figures locales (des héros), un à Athéna honorée avec l'épiclèse locale d'Hellotis ; un seul concerne une déesse commune à toute l'Attique, Déméter. Le panthéon de Sparte diffère aussi, radicalement, de celui d'Athènes : les cultes d'Athéna, de Déméter et de Dionysos, si importants à Athènes, n'ont pas le même relief à Sparte où les fêtes dramatiques de type athénien sont inconnues ; dans cette cité en revanche où le rôle d'un système d'initiation des jeunes gens est encore très marqué, ce sont Apollon et Artémis, protecteurs de ces rites, qui dominent ; quant à Héphaïstos, patron de l'artisanat à Athènes, il est absent à Sparte où le travail manuel est rejeté par les citoyens.

Non seulement la composition des panthéons diffère d'un lieu à l'autre ; leur tonalité varie également. Aux divinités des cités les plus urbanisées d'Arcadie, on opposera celles des cantons montagneux comme Thelpousa et Phigalie ; au caractère sauvage de ces régions correspondent des divinités teintées de thériomorphisme dans leur légende (union de Déméter à Poseidon sous forme de cheval) ou dans l'apparence de leur statue de culte (Déméter à tête de cheval de Phigalie : ci—dessus, p.29).

Il est dans la nature des dieux grecs d'engendrer, pour une époque donnée, de grandes diversités d'une communauté civique à l'autre. Ajoutons qu'au gré des événements et des changements survenus entre le début du Ve siècle et la fin du IIIe l'équilibre des divers panthéons locaux a varié en fonction de tendances diverses : introduction de nouveaux dieux, succès grandissant des divinités les plus « humaines », avènement des monarchies et du culte des souverains. C'est de cette évolution qu'il faut maintenant se faire une idée.

III − L'ÉVOLUTION DU MONDE DES DIEUX, DU DÉBUT DU Ve A LA FIN DU IIIe S. AV. J.−C.

1 − LE CINQUIEME SIECLE, JUSQU'EN 431

Le cinquième siècle se caractérise, jusqu'aux premiers drames de la Guerre du Péloponnèse au moins, par le succès des dieux de la cité et des grands sanctuaires traditionnels. Cela se marque à Athènes dès le début du siècle par l'organisation des Grandes Dionysies qui constituent désormais avec les Panathénées qui sont plus anciennes une des grandes fêtes civiques (sur la date, ci−dessous, p.158). Les victoires des Guerres médiques suscitent, à l'échelle de la Grèce, une embellie de confiance dans les dieux : « cette victoire n'est pas la nôtre, fait dire Hérodote à Thémistocle après Salamine, les dieux et les héros nous l'ont donnée » (VIII,109) ; et les offrandes faites aux dieux dans les grands sanctuaires panhelléniques témoignent de la reconnaissance de tous les Grecs (ci−dessous, chap.II). Ensuite, il suffit, pour se convaincre de la vitalité des dieux ancestraux au Ve siècle, de noter le faste déployé dans la célébration des fêtes et des grands concours (ci−dessous chap.III et IV) et de rappeler l'essor monumental des sanctuaires à cette époque (ci−dessous, chap.III). Le témoignage de la numismatique va dans le même sens : les cités choisissent de faire figurer au droit de leurs monnaies la divinité majeure du lieu (Athéna à Athènes et Corinthe, Aphrodite à Cnide, Apollon Maloeis à Mytilène, Dionysos à Lesbos, etc.).

Mais quels sont ces « dieux des ancêtres » auxquels les Anciens ne cessent de se référer ? Résultant d'une accumulation de strates au cours des temps, ils sont, on l'a dit, à la fois nombreux et divers. Entre eux la hiérarchie d'importance varie d'un endroit à l'autre ; mais l'on se gardera de regarder comme « marginale » (Mossé, 1975) une divinité parce qu'elle est marquée d'archaïsme ou d'opposer « religion populaire » et « hautes conceptions religieuses » (Nilsson, 1954). Les divinités d'allure archaïque ne sont pas moins honorées que les divinités plus policées et les divinités agraires ne sont pas moins importantes que les divinités poliades. Le serment des éphèbes qui place sur le même plan « les dieux Aglaure, Hestia, Enyô, Enyalios, Arès et Athéna Areia, Zeus, Thallô, Auxô, Héraklès » le montre. De même le fronton Est du Parthénon, le plus sacré, qui représentait, entre Hélios et Sélénè, les dieux assemblés autour de la naissance d'Athéna ; on voyait au Sud, Iris, Déméter et Coré tendrement appuyées l'une à l'autre, Dionysos juvénile, nonchalamment allongé, et au Nord Aphrodite, Dioné (?) sa mère et Léto ; parmi les figures disparues (sans parler de Zeus, Athéna et sans doute Ilithyie, la déesse des accouchements, devaient figurer, comme sur la frise ionique du côté Est, Héphaïstos, Héra et Poseidon. Sur cette frise Est, où les dieux sont assemblés pour recevoir la procession solennelle des Panathénées, apparaissaient, outre Zeus, Poseidon, Héra, Athéna et Héphaïstos, Hermès, Arès, Apollon, Artémis et, auprès d'Aphrodite, Eros. Ces divinités, auxquelles étaient attachés des cultes, sont toutes au même titre des divinités de la cité ; seule leur audience respective varie, on le verra à propos des fêtes, selon des critères qui tiennent moins à leur nature qu'aux circonstances locales.

Nombreux, divers, le panthéon de chaque cité est loin d'être figé au Ve siècle : de nouveaux dieux viennent encore l'enrichir, comme le montre notamment l'exemple d'Athènes. Au début du Ve siècle, l'introduction de la Mère des dieux, une déesse d'origine phrygienne, est récente (elle remonte sans doute au VIe siècle) : une notice de Photios rapporte comment la déesse aurait d'abord été rejetée par les Athéniens qui auraient tué un de ses prêtres ou métragyrtes ; un oracle de la Pythie aurait conseillé, pour apaiser le mort, d'instaurer un culte de la Grande Mère (ci−dessous, chap.V) ; après la destruction de son sanctuaire par les Perses, Phidias selon Pausanias ou Agoracrite selon Pline lui aurait sculpté une statue de culte dont on a peut−être le reflet dans de petits ex−voto qui montrent la déesse trônante, un lion à ses côtés, tenant une phiale d'une main, un tympanon de l'autre. Au cours du Ve siècle la Mère des dieux est également introduite en Béotie, par le poète Pindare.

L'adoption en Attique du dieu arcadien Pan, le dieu des bergers mi− homme et mi−bouc, est liée à un épisode des Guerres médiques : alors que les Perses étaient déjà près de leur ville, les Athéniens envoyèrent à Sparte en qualité de héraut un certain Philippidès, qui était coureur de longue distance, pour demander l'aide des Lacédémoniens. Au cours de son voyage, cet homme « fit, dans la région du mont Parthénion, au-dessus de Tégée, la rencontre de Pan ; Pan l'appela à haute voix par son nom, Philippidès, et lui ordonna de demander de sa part aux Athéniens pourquoi ils ne prenaient aucun soin de lui, alors qu'il leur voulait du bien, qu'il leur avait déjà rendu des services en maintes circonstances et qu'il leur en rendrait encore. Les Athéniens, quand leurs affaires furent mises sur un bon pied, convaincus de la véracité de ce récit, établirent au bas de l'Acropole un sanctuaire de Pan » (Hérodote, VI,105). Pindare introduisit le dieu en Béotie (4).

C'est également pendant le Ve siècle qu'arrivent à Athènes deux divinités orientales, Sabazios et Adonis. On ne peut dater précisément l'introduction de Sabazios, un dieu phrygien de la végétation (ci-dessous, chap.V), mais il est en tout cas bien connu dans les *Guêpes* d'Aristophane (v.9), en 422, comme dieu honoré par des danses désordonnées. Quant à Adonis, qui est originaire de Syrie et de Phénicie, il a dû arriver en Grèce par l'intermédiaire de Chypre. Ce beau jeune homme aimé d'Aphrodite et lié à la végétation (ci-dessous, chap.V) est connu de la poésie grecque dès le VIe siècle (chez Sappho) ; il dut être introduit à Athènes au milieu du Ve siècle : les Adonies ou fêtes d'Adonis sont attestées par la céramique attique à partir de 450 av. J.-C. (Weill, 1966), puis en 421 par la *Paix* d'Aristophane (v .420).

Ces divinités dont le culte était célébré par des manifestations plus excessives que les fêtes civiques d'Athènes ne furent jamais que tolérées par la cité ; en revanche la déesse thrace Bendis fut, au début de la Guerre du Péloponnèse, en 429, officiellement installée au Pirée. Elle est représentée sur un ex-voto du IVe siècle (fig.10), plus grande que les fidèles qu'elle accueille, avec un bonnet phrygien — une coiffure volontiers attribuée aux Barbares de l'Est et du Nord — ; elle porte un chiton et une peau de bête, ainsi que de hautes bottes ; elle tient une lance. Il s'agit d'une déesse de la chasse, que les Grecs rapprochaient d'Artémis ; elle semble avoir eu aussi une fonction de protectrice. Attestée dans des textes littéraires du milieu du Ve siècle (Cratinos, Aristophane), Bendis peut avoir été connue à Athènes dès le VIe siècle, époque où les Athéniens entretenaient déjà avec la Thrace des contacts qui se renforcent au Ve siècle, en particulier avec le traité d'alliance entre Périclès et Sitalkès, roi des Odryses, en 431 ; par ailleurs la présence d'esclaves thraces dans les mines du Laurion contribuait à faire connaître la déesse en Attique et un important contingent de métèques thraces qui réside au Pirée par suite du commerce du blé avec la Thrace, honorait également Bendis. La reconnaissance officielle de la déesse par les Athéniens en 429 (son nom apparaît dans les listes d'offrandes déposées au trésor « des autres dieux ») se situe sous le règne de Sitalkès.

Venus d'autres cités de Grèce ou d'origine étrangère, les dieux nouveaux sont — à quelques réserves près (chap.V) — bien acceptés : l'absence de tout esprit dogmatique dans la religion grecque facilitait leur accueil et ils constituent une source d'enrichissement constant pour le monde des dieux.

2 — LE DERNIER QUART DU Ve SIECLE ET LE IVe SIECLE

a) La crise religieuse liée à la Guerre du Péloponnèse

Les malheurs et les revers de la Guerre du Péloponnèse provoquèrent incontestablement à Athènes une crise religieuse dont Thucydide (II,53) se fait l'écho à propos de l'épidémie de peste de 429 : « On n'était plus retenu ni par la crainte des dieux ni par les lois humaines. Voyant tout autour de soi la mort abattre indistinctement les uns et les autres, on ne faisait plus aucune différence entre la piété et l'impiété ». Plus tard, au moment des sacrilèges de 415, mutilation des *hermès* et imitation des Mystères d'Eleusis, l'opinion s'était reprise et fut « intraitable » (Thucydide, VI,60,1), « soulagée » seulement lorsque des victimes furent trouvées : la cité réagissait cette fois aux malheurs par un repli sur la religion civique dans sa conception la plus conformiste (sur cette affaire, ci—dessous, pp.287—289). Le même repli sur les valeurs traditionnelles se manifeste aussi dans la méfiance d'un Aristophane à l'encontre des cultes de Sabazios ou d'Adonis dont le côté irrationnel pouvait séduire certains face au désarroi de l'époque. Au demeurant, comme toutes les crises, celle de la fin du Ve siècle ne dure qu'un temps : il serait déraisonnable d'étendre à tout le IVe siècle l'idée de « crise religieuse » (Mossé, 1975).

b) Les suites de la Guerre du Péloponnèse et le IVe siècle

A l'issue de la Guerre du Péloponnèse, deux constatations s'imposent. La cité n'entend pas abandonner ses dieux traditionnels, mais l'expérience d'une dramatique épidémie et les revers militaires ont fait sentir le besoin de divinités qui n'apportent pas seulement leur concours, mais aussi leur secours ; d'où l'introduction d'Asklépios à Athènes en 421 et le développement du culte des dieux les plus attentifs aux problèmes humains.

Le maintien des dieux traditionnels — Du maintien des dieux traditionnels les témoignages sont nombreux. Crée-t-on une confédération de cités comme en Arcadie après 371 av. J.−C. ? Ce sont les dieux les plus anciens et les plus vénérables que l'on choisit comme types pour le monnayage officiel : au droit des statères arcadiens figure une tête de Zeus barbu et lauré (c'est le dieu du sanctuaire fédéral du mont Lycée), au revers on voit une représentation de Pan assis sur un rocher, tenant le *lagobolon* (bâton pour assommer les lièvres) ; il a une apparence humanisée et idéalisée (seules deux petites cornes rappellent son appartenance au monde animal), mais c'est lui qu'on a choisi pour symboliser avec Zeus Lykaios la Confédération arcadienne. L'épigraphie fournit, comme la numismatique, un témoignage officiel sur la vie des dieux traditionnels. Pour l'Attique on possède des calendriers sacrificiels concernant les dèmes (la Tétrapole de Marathon, Eleusis, Teithras, Erchia et Thorikos) ; ces textes sont du IVe siècle et ils énumèrent un nombre considérable de sacrifices consentis à des divinités très diverses, mais toutes ancestrales : ainsi, pour Erchia, Apollon Lykeios, Héra Telchinia, les Nymphes, la Kourotrophe, Apollon Delphinios, Apollon Apotropaios, Zeus Meilichios, Sémélè, Léto, Athéna Polias, Déméter, Artémis Hécate, Zeus Polieus, Zeus Téleios, Dionysos, Hermès, Poseidon, Gè, etc., sans parler des héros. Les ex−voto des cités et des particuliers dans les sanctuaires et les monuments qui s'y élèvent ne sont pas moins instructifs. Au quotidien enfin, les orateurs attiques laissent entrevoir la présence constante des dieux dans les domaines courants et font fréquemment allusion aux grandes fêtes civiques comme aux cultes domestiques les plus modestes.

Introduction d'Asklépios en Attique — C'est d'ailleurs dans le cadre du panthéon traditionnel qu'Asklépios est introduit à Athènes. Déçus d'avoir imploré en vain les héros guérisseurs de l'Attique (Amynos, Amphiaraos) contre la peste de 429 av. J.—C., les Athéniens font venir d'Epidaure le dieu Asklépios dès que la paix de Nicias a rétabli l'accès à ce site. En 421, une statue du dieu provenant du grand sanctuaire d'Argolide est débarquée à Zéa et, d'après ce que rapporte une inscription de 419 av. J.—C. trouvée dans le sanctuaire du dieu à Athènes, un certain Télémachos, du dème d'Acharnes, la conduit en procession solennelle à l'Eleusinion d'Athènes, puis dans un sanctuaire édifié sur les pentes méridionales de l'Acropole. Il ne tarde pas à être officiellement honoré par la cité (ci—dessous, chap.III) (5).

La personnalité d'Asklépios explique son succès dans le contexte historique de la fin du Ve et du IVe siècle. C'est un dieu récent. Connu dans Homère comme un roitelet thessalien, médecin irréprochable, il est chez Hésiode, au VIIe siècle, le fils d'un dieu, Apollon, et d'une mortelle, Coronis, et lui—même mortel : ayant reçu en Thessalie les leçons de Chiron, il réussit à ressusciter un mort, ce qui lui vaut d'être foudroyé par Zeus. Dans la IIIe *Pythique* de Pindare, en 475, Asklépios est encore considéré comme un héros mortel. Pourtant, tandis que la tradition littéraire n'en soupçonne rien, il est à Epidaure l'objet d'une légende locale conservée par Pausanias (II,26, 3—5) : Asklépios y est épidaurien ; fils d'Apollon et de Coronis qui a accouché secrètement dans le sanctuaire, il a été nourri par une chèvre. Sans doute est—il encore tenu pour mortel, mais il reçoit un culte dès l'époque archaïque. C'est le péan d'Isyllos, gravé dans la pierre à Epidaure au IVe/IIIe siècle, qui lui donne toutes ses lettres de noblesse : le dieu y naît dans le sanctuaire d'Apollon avec l'aide des Moires ; « il fait cesser les maladies, donne la santé qui est le grand bienfait accordé aux mortels » ; il n'est plus question de la mort d'Asklépios, car c'est désormais un dieu respectable, l'un des plus vénérés de Grèce. Son apparence est celle d'un homme d'âge mûr, barbu ; il porte un himation qui lui laisse la poitrine découverte. Dieu bienveillant et compatissant, soucieux du bien—être physique de chacun, il entretient dans le culte un rapport personnel avec les fidèles (ci-dessous, chap. IV). Le succès du dieu au IVe siècle est indéniable tant à Epidaure qu'à Athènes, Corinthe, Gortys d'Arcadie ou Cos ; il traduit le besoin grandissant qu'ont les hommes, en plus des divinités attachées à leur vie de citoyen, de dieux attentifs à leurs problèmes individuels.

Le succès de Dionysos — Au sein même de la religion traditionnelle, il faut rattacher au même courant l'importance grandissante de Dionysos et des divinités honorées dans des cultes à mystères. Dionysos est un dieu différent des autres dieux de la cité comme en témoigne son imagerie. Dieu de l'arbre, de la végétation et de la vigne, il est généralement figuré entouré d'un cortège de démons féminins et masculins, les Ménades et les Satyres en proie à la folie frénétique, la *mania*, que leur inspire le dieu. Ainsi Dionysos, installé au coeur de la vie publique et célébré lors des Grandes Dionysies comme les autres dieux de la cité, est aussi un dieu qui inspire des comportements religieux qui présentent des aspects d'excentricité comme la *mania* ou transe extatique. Cela dit, les avis divergent sur les aspects dominants de la personnalité du dieu au IVe siècle et donc sur les raisons de son succès.

Les uns, tel W. Burkert (1985), privilégient dans leur interprétation de Dionysos les aspects extatiques déjà décrits dans les *Bacchantes* d'Euripide, la *mania*, la folie qu'il suscite, et insistent sur l'existence des thiases en tant qu'associations dionysiaques de ceux qui cherchent l'épreuve de la folie divine, d'un état « hors de soi ». Ils tiennent ces associations pour fondamentalement distinctes des groupements cultuels de caractère civique et sont conduits à supposer que les membres des thiases s'intéressaient dans leurs rites secrets (*orgia*) au destin de l'âme après la mort : l'initiation aux rites aurait été un moyen d'assurer au fidèle un sort meilleur dans l'au-delà. D'autres savants, au contraire, tel J.-P. Vernant (1986), réduisent le phénomène de la transe à son caractère momentané et insistent plutôt sur l'intégration des thiases, au IVe siècle, dans le cadre civique : les quatorze *Gérarai* (« Vénérables »), connues par le Ps.-Démosthène (en fait Apollodore) dans le *Contre Nééra,* qui assistent la femme de l'archonte-roi lors des Anthestéries, ou le collège des

Thyiades à Delphes à l'époque classique semblent agir au nom de la cité.

Au vrai, les associations dionysiaques ne sont pas réellement attestées au IVe siècle (pour l'époque hellénistique, ci—dessous, p.267) ; aussi, en l'absence de source, est—il difficile de supposer que Dionysos ait annoncé aux hommes la félicité après la mort. Son succès au IVe siècle doit avoir d'autres ressorts : « Plénitude de l'extase, de l'enthousiasme, de la possession certes, écrit J.—P. Vernant (1986), mais aussi bonheur du vin, de la fête, du théâtre, plaisirs d'amour, exaltation de la vie dans ce qu'elle comporte de jaillissant et d'imprévu, gaietés du masque et du travesti, félicités du quotidien, Dionysos peut apporter tout cela si hommes et cités acceptent de le reconnaître ». L'importance de l'iconographie de Dionysos au IVe siècle dans la céramique (Metzger, 1951) — avec les thèmes de l'amour de Dionysos et Ariane, de Dionysos calme banqueteur au milieu des transports frénétiques de ses compagnons, des voyages exotiques du dieu, de son association aux Déesses d'Eleusis — témoigne de l'intérêt que portaient à ce dieu libérateur et plus humain que d'autres (n'est—il pas fils d'une mortelle ?) les Grecs du IVe siècle ; le cratère de Dervéni en bronze clair décoré de thèmes dionysiaques montre l'extension de cet engouement en Macédoine aussi bien (fig.19).

Les cultes à mystères — Tant pour Asklépios (ci—dessus, p.23) que pour Dionysos, on note un lien étroit, dans l'iconographie en particulier, avec les déesses d'Eleusis, Déméter et Coré. Ce lien n'est pas fortuit : il révèle une parenté d'intention chez les fidèles, avec « la nostalgie d'une union bienheureuse avec le divin » (Vernant, 1990). Comme Dionysos, Déméter et Coré connaissent au IVe siècle une popularité grandissante (6).

Certes l'audience des Mystères d'Eleusis était déjà grande au Ve siècle comme en témoignent aussi bien le relief Lenormant, attribué à Phidias, que l'agrandissement du Telestérion (bâtiment d'initiation) à l'époque de Périclès. Mais leur succès semble croître après les épreuves de la Guerre du Péloponnèse : en 406, Aristophane, dans les *Grenouilles,* fait entendre à Dionysos et à Xanthias en route pour l'Hadès, les chants religieux des initiés aux Mystères. Au IVe siècle, le cycle d'Eleusis occupe une place de choix dans la décoration des vases attiques ; il ne s'agit pas d'évoquer l'initiation, secrète par définition, mais, le plus souvent, de présenter le panthéon éleusinien. Ainsi une péliké de Kertch (fig.5) décorée selon la technique de la figure rouge, montre dix personnages immobiles, étagés sur des plans différents : au centre de la composition et au niveau inférieur, Déméter est assise de trois quarts, coiffée d'une haute couronne et le sceptre à la main ; son attitude est noble, son expression grave ; un vêtement à plis fins met en valeur son corps matronal que parent un collier et un bracelet ; à côté d'elle se tient Coré, sa fille, appuyée sur une colonnette dorique, qui tient de la main droite une torche allumée, symbole de son séjour infernal ; sa silhouette est nettement plus svelte et jeune ; ses cheveux, retenus par un diadème, tombent sur ses épaules ; entre les deux déesses, un jeune enfant tient une corne d'abondance : c'est le dieu de la richesse, Ploutos. A gauche de ce groupe central se trouve un dieu ailé accroupi, Eros, le dieu de l'amour, près d'une femme assise (sans doute Aphrodite) ; une autre femme est assise en pendant sur une pierre conique (*omphalos*) ; la présence de ces personnages semble avoir valeur décorative (ils ne jouent aucun rôle à Eleusis) ; les autres figures au contraire sont typiquement éleusiniennes. A gauche de Déméter et à un niveau légèrement supérieur, un jeune homme tient une torche allumée dans chaque main ; il est vêtu d'une somptueuse tunique courte, chaussé de hautes bottes et porte une couronne : il s'agit de Iakchos, personnification du chant mystique et symbole de la procession toute entière qui arrive la nuit au sanctuaire d'Eleusis. Au-dessus de Déméter, Triptolème adolescent, debout sur un véhicule muni d'ailes et de roues, tient dans la main droite des épis de blé, car il est chargé de répandre la culture du blé à travers le monde. A droite est assis Dionysos, reconnaissable au thyrse (bâton surmonté d'une pomme de pin) qu'il tient dans la main gauche et à sa couronne de lierre. A gauche, Héraklès, debout, tient de la main droite abaissée sa massue et porte un *bacchos* contre son épaule gauche : ce faisceau que les mystes devaient avoir à la main rappelle qu'il aurait été l'un des premiers initiés. L'expression grave et recueillie des dieux et des héros confère à la scène un climat profondément religieux, s'accordant avec le haut degré de spiritualité qu'avaient atteint les Mystères à l'époque où ce vase fut décoré. Car quel que soit le contenu exact des mystères (ci-dessous, chap.V), « l'initiation donne, comme l'écrit Isocrate

(*Panégyrique*, 28), pour la fin de la vie et pour toute l'éternité, les plus douces espérances ».

De nouvelles divinités étrangères — A côté du succès des divinités grecques les plus proches des hommes, il faut noter l'importance des cultes étrangers à Athènes et en Grèce au IVe siècle. Ce phénomène prolonge le mouvement que nous avons signalé pour le Ve siècle (voir aussi ci—dessous, chap.V, notamment pour Sabazios). Il s'amplifie aussi avec l'arrivée de nouvelles divinités. Le dieu égyptien Ammon, en qui les Grecs avaient reconnu un Zeus aux cornes de bélier, est introduit à Athènes, par l'intermédiaire de la Cyrénaïque, dans la deuxième moitié du IVe siècle (Dunand, 1973). Il sera vite supplanté par les divinités du cycle osirien et en particulier par Isis, dont la première mention en Grèce est un décret du Pirée de l'année 333 av. J.—C. qui, accordant aux marchands de Kition le droit « d'acquérir un terrain où fonder leur sanctuaire d'Aphrodite », rappelle que les Egyptiens ont fondé de la même façon un sanctuaire d'Isis (Le Guen, 1991). Mais le culte d'Isis ne sera vraiment reconnu et officialisé que dans la deuxième moitié du IIIe siècle (voir ci—dessous, pp.48—49).

3 — L'ÉPOQUE HELLÉNISTIQUE

L'époque hellénistique a longtemps été considérée pour ce qui concerne le monde des dieux de manière négative : pour Cl. Mossé (1975), il y a « faillite du panthéon olympien » et, en corollaire, A. Festugière (1972) parle de « la décadence de la religion civique » ; l'intérêt dont témoigne Callimaque pour les mythes locaux tiendrait plus de la « curiosité érudite des hautes classes » que de la religion proprement dite. Cette désaffection pour les dieux traditionnels irait de pair avec le déclin de la cité. Or on sait maintenant que la survie de la cité est une des caractéristiques du IIIe siècle ; dès lors il convient de réexaminer l'attitude des Grecs vis—à—vis de leurs dieux. Si des nouveautés importantes interviennent (culte des souverains, importance des divinités orientales), elles ne relèguent pas dans l'ombre les dieux traditionnels.

a) Le maintien de la conception traditionnelle des dieux

L'image traditionnelle des dieux s'exprime à travers plusieurs oeuvres littéraires et artistiques qui ont un lien étroit avec le culte : ainsi les *Hymnes* de Callimaque, dont on pense aujourd'hui qu'ils ont, pour la plupart, été exécutés lors de fêtes religieuses et le groupe cultuel de Lykosoura.

Les dieux que chante Callimaque présentent tous les caractères que l'on avait dégagés dans la conception « commune » des dieux : on l'a vu à propos de la naissance de Zeus (ci—dessus, pp. 16—17) « qui bellement grandit, et bellement prit force, bien vite adolescent, bientôt la joue duvetée » ; le dieu grandit plus vite qu'un humain et acquiert plus vite vigueur, force et pensée efficiente. Adultes, les dieux ont leurs attributs habituels, par exemple Artémis dans l'*Hymne à Artémis,* peut—être composé pour l'Artémision d'Ephèse : la déesse est décrite avec son arc, des flèches et des torches, entourée de la meute que lui a fournie en Arcadie le dieu Pan. Les sentiments que le poète prête aux divinités ne sont pas moins traditionnels : Héra poursuit de sa jalousie Léto enceinte de Zeus dans l'*Hymne à Délos* et dans l'*Hymne pour le bain de Pallas,* composé pour Argos, Athéna, qui rend Tirésias aveugle pour le punir de l'avoir surprise au bain, se réfugie derrière « la loi antique, la loi de Kronos ». Le goût de Callimaque pour l'érudition mythologique le prédisposait, il est vrai, à donner des dieux une image héritée du passé (7). Pourtant quelques notations inédites apparaissent aussi, comme le tableau d'une petite Artémis de trois ans qui est assise sur les genoux de son père et essaie vainement d'atteindre son menton : sans renouveler la conception d'ensemble de la divinité, Callimaque témoigne là de la sensibilité de l'époque hellénistique pour les scènes plus intimes et du goût d'alors pour des dieux familiers et proches des hommes.

Le groupe cultuel de Lykosoura, dont il a été question plus haut (pp. 31—30), témoigne lui aussi de l'attachement à l'image traditionnelle des dieux (fig. 17) : la disposition générale du groupe (Despoina et Déméter forment au centre un groupe mère—fille de conception toute classique), la représentation d'Artémis, figurée en chasseresse à la droite de Despoina, les attributs qui sont aux mains des divinités (sceptre, ciste contenant les objets sacrés des mystères) relèvent d'une imagerie banale, quelles que soient par ailleurs les particularités de détail liées au culte (Jost, 1985). L'étude des offrandes pieuses dues à la dévotion privée aboutirait à la même conclusion : dans les dédicaces de l'*Anthologie Palatine*, Pan a « des pieds de chèvre » (VI,35), Pallas est « la vaillante guerrière » (VI,124), Artémis a « reçu du destin l'arc et ses flèches redoutables » (VI,277), Apollon « lance ses traits au loin » (VI,279), etc.

Dans la vie de la cité et des grands sanctuaires, ce sont surtout les faits de culte qui rendent évidente la continuité dans le monde des dieux à l'époque hellénistique : le maintien des fêtes, la création de nouvelles fêtes sur le modèle des anciennes, les travaux effectués dans les sanctuaires. Ces faits, qui seront évoqués plus loin, ne laissent aucun doute sur la vitalité des divinités traditionnelles à l'époque hellénistique.

Cette vitalité leur permet de résister à de brutales mises en cause comme celle que renferme l'*Hymne ithyphallique,* composé en vers ithyphalliques courts à la demande d'Athènes, pour honorer Démétrios Poliorcète à son retour de Corcyre en 291 ou 290 av. J.−C. Le texte de l'*Hymne ithyphallique* nous est conservé par l'historien Douris de Samos (IV/IIIe siècle) ; il exalte Démétrios « le fils de Poseidon et d'Aphrodite », en expliquant : « car les autres dieux ou sont bien loin ou n'ont pas d'oreilles ou n'existent pas ou ne font nullement attention à nous ». Ce n'est pas l'image anthropomorphique des dieux qui est attaquée, mais leur peu d'efficacité. Deux hypothèses sont avancées : les dieux n'existent pas (c'est la thèse athée) ou ils ne se soucient pas de nous (c'est la thèse des Epicuriens ; ci−dessous, p.61) ; l'hypothèse athée n'est pas adoptée avec toutes ses conséquences, puisque Démétrios est considéré comme le fils de deux divinités de l'Olympe ; quant à l'hypothèse épicurienne, dont on constate ici la diffusion, son utilisation comporte sans doute une part de chantage vis−à−vis des dieux traditionnels, qui continuaient à être assidûment honorés autour de 290 av. J.−C. La contestation dont ils font l'objet est aussi une façon de valoriser la *parousia* (présence) de Démétrios Poliorcète, qui « est là, beau et souriant », « joyeux comme il convient à un dieu » (ci−dessous, p.183). On se gardera donc de surestimer le scepticisme des Athéniens au IIIe siècle, d'autant que l'enthousiasme suscité par Démétrios a quelque chose d'exceptionnel (ci-dessous, chap.V). Certes on retiendra qu'avec l'*Hymne ithyphallique* la contestation a dépassé le cercle des philosophes. Néanmoins, le plus souvent, la religion traditionnelle et les nouveautés importantes de l'époque hellénistique n'ont pas été ressenties comme incompatibles ; l'enrichissement du panthéon ne s'est pas fait aux dépens des dieux existants.

b) Les nouveaux cultes

Il y a peu de changements dans le panthéon traditionnel : le succès des divinités secourables, signalé pour le IVe siècle, se poursuit ; le rôle des abstractions divinisées, dont on a des exemples dès le Ve siècle, persiste, avec une place de choix pour Tyché, déesse qui, sous la forme d'une femme portant une corne d'abondance, le front ceint d'une couronne murale lorsqu'elle est attachée à une cité, symbolise le Destin et le Hasard et exprime l'instabilité des choses humaines ; elle est l'objet d'un culte dans de nombreuses cités. Le renouveau vient de l'importance prise par les dieux étrangers et par le statut divin reconnu aux monarques.

Les dieux étrangers — L'immense élargissement des horizons géographiques à l'époque hellénistique et l'intensification des courants commerciaux créent une tendance au cosmopolitisme que traduit tout particulièrement la diffusion accrue en Grèce des divinités égyptiennes et orientales. Or ces dieux étaient souvent davantage liés à la vie personnelle que les dieux civiques.

Isis était connue des Grecs depuis fort longtemps : Hérodote (II,156) l'identifie à Déméter, comme elle déesse dispensatrice de la fertilité. Introduite au Pirée au IVe siècle, elle se répand au cours du IIIe siècle dans le Péloponnèse et dans les îles, notamment à Délos où le premier Isieion remonte aux environs de 220 av. J.—C. Honorée sous une apparence hellénisée, vêtue du chiton, de l'himation et d'un châle à pans frangés noué entre les seins, elle a une vocation très universelle, civilisatrice et salvatrice, en particulier guérisseuse, ce qui lui assure un rapide succès.

Le dieu parèdre d'Isis en Grèce est Sarapis. Il s'agit d'une création récente rapportée tantôt à Alexandre tantôt à

Ptolémée Sôter au début du IIIe s. av. J.−C. A la base de l'élaboration syncrétique de ce dieu, on trouve une divinité égyptienne, Osor−Api, honorée à Memphis, qui associe deux divinités primitivement distinctes : Osiris, époux d'Isis, dieu de la végétation et des morts, dieu cosmique, et le boeuf Apis. De cette divinité indigène naît Sarapis, dont le nom est égyptien, mais l'apparence grecque : sa statue emprunte au type d'Hadès son expression sévère et majestueuse, sa chevelure et sa barbe abondantes ; sur son crâne, une haute corbeille à peu près cylindrique (*calathos* ou *modius*), signe de fertilité agraire ; à ses côtés un monstre pourvu de trois têtes de chien, Cerbère ou Aiôn, dieu du temps. C'est à la fois une divinité chthonienne et un dieu guérisseur ; il est associé à Isis comme « divinité du salut ». Une inscription de Délos relate son introduction dans l'île, à titre privé, par un prêtre memphite au début du IIIe siècle (ci−dessous, chap.V). Le récit met en évidence un caractère fréquent chez les divinités égyptiennes : Sarapis veille sur ceux qui l'honorent et n'hésite pas à intervenir dans leur vie (il ordonne au prêtre Apollonios, le petit−fils du premier fondateur, pendant son sommeil, de lui construire un sanctuaire et il se manifeste en paralysant de manière miraculeuse l'éloquence des adversaires de son prêtre).

Le culte des divinités égyptiennes, d'abord limité à des associations privées, fut vite accueilli parmi les cultes officiels et confié à des prêtres grecs. Ainsi les dieux égyptiens furent, au prix d'une hellénisation de leur apparence, intégrés aux panthéons grecs et connurent une diffusion qui atteignit peu à peu jusqu'aux régions intérieures de la Grèce profonde, par exemple l'Arcadie.

Enfin aux cultes orientaux implantés en Grèce aux Ve et IVe siècle s'ajoutent au IIIe siècle celui d'Agdistis, puis, à partir du IIe siècle surtout, d'autres divinités comme les « Dieux syriens », Atargatis et Hadad à Délos ou l'Astarté phénicienne.

Le culte des souverains − Une des innovations les plus curieuses de la période consiste dans le culte rendu par les cités grecques aux souverains hellénistiques.

Sur l'origine de cette pratique, les hypothèses sont nombreuses. La tendance actuelle est de rappeler que les Grecs étaient habitués depuis longtemps à rendre un culte à des héros, c'est−à−dire à des personnages au−dessus du commun mais mortels. Par ailleurs, la victoire militaire a toujours été ressentie comme un signe de la faveur divine, liée à la définition d'homme supérieur. La reconnaissance sincère des citoyens pour d'éminents services rendus pouvait donc s'exprimer par une véritable sacralisation des hommes providentiels. Dans un décret de Skepsis de Troade pour Antigone Gonatas, les habitants déclarent d'ailleurs leur intention de témoigner « leur *charis* (reconnaissance) des bienfaits reçus » (en l'occurrence la liberté octroyée aux cités grecques), quand ils décident d'accorder au roi un enclos sacré et un autel, comme à un dieu (ci-dessous, pp. 180-181) ; l'instauration d'un culte pour un personnage vivant est, comme le souligne Habicht (1970), un acte de reconnaissance. Mais elle a aussi un véritable fondement religieux : ces chefs, puis ces rois que l'on honore sont mis au rang des puissances supérieures, parce qu'ils ont le pouvoir de favoriser ou d'anéantir, comme les dieux ; ils peuvent apporter la force, l'autorité, le salut et la protection, toutes choses qui suscitent et entretiennent la dévotion aux dieux traditionnels : « Avant tout donne-nous la paix, demandent de même les Athéniens à Démétrios Poliorcète, car tu es le maître ». L'efficacité des monarques explique leur sacralisation. A cela s'ajoute que leur présence parmi les hommes (*parousia* ; ci-dessus, p. 47) répond au besoin de proximité avec les dieux qui s'affirme dès le IVe siècle : « Toi, nous te voyons ici présent, chantent les Athéniens à Démétrios Poliorcète, pas en pierre, pas en bois, mais en vrai ; c'est pourquoi nous te prions ». Sauf exception, comme on a déjà dit à propos de l'*Hymne ithyphallique* (ci-dessus, pp. 47-48), ces nouvelles puissances ne devaient pas nuire aux dieux traditionnels, mais elles augmentaient le potentiel de protection dont cherchait à bénéficier chaque cité. En plus de cet aspect proprement religieux de l'instauration des cultes monarchiques, une part de calcul politique entrait certainement en compte. Toujours est-il que des honneurs divins furent largement dispensés aux souverains hellénistiques.

Comment classer ces nouveaux dieux ? Les croyances ne sont pas faciles à cerner et entre l'instauration d'un culte et la divinisation, l'association à l'une des divinités traditionnelles ou la véritable apothéose personnelle, il existe de nombreuses possibilités et, partant, de nombreux « statuts » pour les monarques ; l'étude des différentes formes de culte le montrera (chapitre III). Toujours est—il que si Démétrios Poliorcète, déclaré « dieu sauveur », est crédité de véritables pouvoirs divins (comme celui de rendre des oracles), son cas reste isolé ; généralement ces nouveaux dieux que sont les rois ne sont pas de même nature que les anciens puisqu'à l'occasion on implore ces derniers en leur faveur (ci—dessous, p.184).

Après avoir étudié l'imagerie « commune » des dieux, leur personnalité cultuelle et l'évolution du monde des dieux, il convient de consacrer, en annexe, un développement à la vision particulière du monde des dieux qui est celle des poètes et des penseurs. Ils partent tous de la conception « commune » des divinités et honorent les dieux de la cité, mais ils ont en plus une manière propre de les appréhender. Les croyances des simples citoyens ne sont connues qu'à travers les faits de culte : les écrivains fournissent la seule occasion d'avoir un témoignage plus explicite. Encore faudra—t—il se garder d'en faire l'expression de la pensée générale ou d'exagérer l'audience qu'ont pu avoir les penseurs.

IV – LES DIEUX DES POÈTES ET DES PENSEURS

Pour saisir la vie religieuse de la communauté et de ses citoyens, les rites fournissent les moyens d'une approche objective, mais la vision des dieux qu'ils procurent est à la fois collective et anonyme. Une vision plus personnelle des dieux, voire une réflexion individuelle sur leur nature nous est apportée par les oeuvres des écrivains. Les poètes sont des « créateurs » et l'absence de dogme de la religion grecque leur permet d'imprimer une marque personnelle sur les dieux qu'ils montrent en action. Quant aux penseurs, si leur audience doit être très inégale et leur rayonnement parfois bien faible, ils sont révélateurs de courants de pensée qui s'inscrivent dans l'histoire des cités. On traitera successivement des époques classique et hellénistique.

1 – LES POÈTES DE L'ÉPOQUE CLASSIQUE

Les auteurs comiques mis à part, les poètes de l'époque classique tirent leur substance des mythes et, sauf exception (ex. : les *Perses* d'Eschyle), ils s'attachent aux mêmes mythes que l'épopée. Au travers des mythes, ils témoignent cependant de conceptions différentes du monde divin.

Eschyle — Chez le plus ancien des auteurs tragiques dont une partie de l'oeuvre soit conservée, Eschyle (525—456 av. J.—C.), le théâtre est commandé par l'action des dieux dont on sent partout la présence secrète. La ferveur du poète se traduit dans des invocations comme celle qui marque le début des *Euménides* (v.1—34) : avant de prendre place sur son trône de prophétesse, la Pythie « prie et vénère » « la Terre, puis Thémis, Phoibos, Pallas Pronaia » ; elle « révère » aussi les Nymphes et Bromios ; elle invoque les sources du Pleistos, « le puissant Poseidon et Zeus Très Haut qui conduit tout à sa fin ». Car tout dépend des dieux.

Ces dieux sont des puissances redoutables ; en effet « les voies de la pensée divine vont à leur but par des fourrés et des ombres épaisses que nul regard ne saurait pénétrer » (*Suppliantes,* v.93 sq.). Aussi les hommes, ne sachant pas ce qui irrite les dieux, sont— ils remplis de crainte : « je suis contraint, reconnaît le roi Pélasgos dans les *Suppliantes,* v.478—479, de respecter le courroux de Zeus ; il n'est pas pour les mortels de plus haut objet d'effroi (*phobos*) ».

Pourtant, s'ils craignent les dieux, les hommes espèrent aussi en eux, car les dieux sont détenteurs de hautes vertus (ils ont chez Eschyle un caractère moral que ne leur reconnaissait pas Homère). La justice divine est leur attribut majeur : Etéocle a confiance dans Diké (l'« Equité ») (*Sept contre Thèbes,* v.670—671) et l'ombre de Darius explique aux Perses effrayés que Xerxès a déplu aux dieux par son *hybris* ; dès lors, comme dit le messager, « c'est un dieu qui a détruit son armée » (*Perses,* v.345). Dans la justice des dieux Oreste place son espérance : « Roi Apollon, tu sais ce que c'est d'être juste » (*Euménides,* v.85).

Sur la conception de cette justice divine, on peut noter, avec J. de Romilly (1973), une progression dans la trilogie d'Eschyle consacrée à Oreste : dans *Agamemnon* le choeur, pressentant le meurtre d'Agamemnon, la redoute (« pourquoi cette épouvante qui se lève ainsi devant mon coeur ? », v.975 sq.) ; dans les *Choéphores,* où Apollon, selon la loi du talion, impose à Oreste de tuer sa mère, le choeur l'espère et la reconnaît dans l'ordre du dieu (« Elle est venue, la Justice », s'exclame—t—il au v.935). Cette justice enfin est humanisée dans les *Euménides,* lorsqu'Oreste, grâce à la voix d'Athéna, est acquitté par l'Aréopage.

Au total, si la justice divine est source de tremblements pour les hommes, elle donne des dieux une image élevée, car la crainte des dieux et la confiance en eux proviennent de la puissance et de la justice qui les caractérisent.

Sophocle — Plus que des ressorts de la justice divine, Sophocle (497—405) se préoccupe des comportements humains et de leurs mobiles : dans *Electre,* ce n'est pas Apollon qui ordonne à Oreste de tuer sa mère ; l'initiative vient du héros, qui va demander à l'oracle de Delphes comment il pourra tirer vengeance des meurtriers de son père. Les dieux n'en sont pas moins présents et Sophocle a même un sens très fort de la souveraineté des dieux.

La grandeur et la majesté des dieux, leur toute—puissance s'expriment dans toute l'oeuvre du poète qui, on le sait, était d'une grande piété. « Mais quel orgueil humain pourrait donc réduire ton pouvoir, ô Zeus ! », demande le choeur dans *Antigone* (v.604), et dans *Electre* (v.175), comme déjà dans l'épopée, « le grand Zeus est toujours au ciel, d'où il voit tout et règle tout ». L'ordre divin fascine Sophocle et les « lois non écrites, inébranlables des dieux » auxquelles obéit Antigone ont la pérennité de ce qui, comme les dieux, « ne vieillit pas » (*Oedipe Roi,* v.871). Les dieux sont aussi invulnérables, et « ni le sommeil qui charme tous les êtres, ni les mois divins et infatigables n'en triomphent » (*Antigone,* v.604— 610).

La distance est grande avec le monde des hommes : ceux—ci sont fragiles ; pour eux tout est incertain et ils sont sans cesse victimes de l'ironie du sort, comme Ajax qu'Athéna a égaré, mais qui ne le sait pas encore et qui supplie la déesse : « A toi je ne demande que d'être à mes côtés toujours en alliée de la même manière » (*Ajax,* v.116—117).

L'idée de l'impuissance de l'homme ne s'accompagne cependant chez Sophocle d'aucune révolte contre le monde des dieux, car sa confiance est double dans les dieux et dans les hommes. Loin d'être indifférents, « les dieux s'ingénient à façonner le destin des mortels » (*Ajax,* v.1037). Ils ne sont pas non plus systématiquement cruels : si dans *Oedipe Roi,* Oedipe est maltraité par les dieux et leurs oracles, dans *Oedipe à Colone,* la dernière pièce de Sophocle, les oracles lui sont favorables et lorsqu'il meurt, « il n'est pas parti escorté de plaintes, ni dans les souffrances de la maladie, mais en plein miracle s'il en fut jamais pour un homme » (*Oedipe à Colone*, v.1658−1665). De plus, Sophocle a confiance en l'homme : « il est bien des merveilles en ce monde, il n'en est pas de plus grande que l'homme », dit−il dans *Antigone*, v.332 sq. L'homme peut en effet, comme Ajax, choisir d'être noble dans l'adversité.

Ainsi les aspirations morales de Sophocle ne sont pas contredites par la religion et, dans l'ignorance où il est du destin, le meilleur choix pour l'homme est encore de s'incliner devant la souveraineté divine et les oracles.

Euripide − L'attitude d'Euripide (484−406) vis−à−vis du monde des dieux est plus complexe et plus ambiguë. Dès l'Antiquité un Aristophane dans l'*Assemblée des femmes* en faisait un impie selon qui les dieux n'existent pas (v.450−451). L'accusation est sans doute excessive ; Euripide ne fut d'ailleurs jamais inquiété par ses concitoyens. Euripide, comme plusieurs penseurs contemporains, s'interroge sur la nature des dieux ; à l'occasion il doute, il émet des réserves ; de plus, une part de ce qui était jadis dévolu à une volonté divine a été transféré à l'homme, dont les passions deviennent un ressort tragique essentiel (ex.: la passion de Médée dans *Hippolyte*). Mais, comme on l'a récemment souligné (Lefkowitz, 1989), le divin n'en conserve pas moins chez Euripide sa réalité et sa puissance : les dieux qu'il souhaite sont austères et d'une haute conception ; ceux qu'il montre sont à ses propres yeux trop « humains », ils retiennent trop souvent de l'homme ses faiblesses.

Le premier aspect de l'attitude d'Euripide envers les dieux s'inscrit dans la tendance à une certaine épuration de la religion qui se manifestait déjà avant lui. Une véritable profession de foi s'exprime à travers ces paroles d'Héraklès (*Héraklès,* v.1341−1346) : « La pensée que les dieux s'abandonnent à des amours coupables ne peut être la mienne, pas plus que je n'ai jamais admis et que je ne croirai jamais qu'ils chargent mutuellement leurs bras de chaînes, ni que l'un commande en maître à l'autre. Un dieu, s'il est réellement dieu, ne connaît aucun besoin ; les récits contraires sont de misérables inventions de poètes ». Ainsi Euripide réprouve très nettement les comportements immoraux des dieux d'Homère ; dans *Ion* (v.913), il traite « d'amant à l'âme de vilain » Apollon qui a abusé de Créuse et, dans *Iphigénie en Tauride* (v.380 sq.), il souligne que c'est l'incohérence d'Artémis, qui, si exigeante sur la pureté, accueille pourtant les sacrifices humains. Ces réserves à l'égard de la mythologie témoignent à coup sûr d'une certaine liberté par rapport aux traditions religieuses, même si elles n'en ébranlent pas les fondements.

Et puis, comme les personnages disent tout au sujet des dieux, le doute s'exprime aussi, sur un ton philosophique qui montre qu'Euripide est marqué par les idées de son temps, celles des sophistes en particulier ; ainsi dans *Hélène* (v.1137—1143) : « quant à ce qui est dieu ou n'est pas dieu, ou est intermédiaire, quel mortel prétendra le savoir à la fin de ses longues recherches, quand il voit les dieux se porter dans un sens, et puis changer encore par des sursauts contradictoires et des coups du sort inattendus »?

A côté de ces poussées de doute, on ne saurait nier qu'Euripide fait souvent de ses dieux, lorsqu'ils interviennent au milieu des passions déchaînées des hommes, des personnalités qui, comme dans les « vieux contes » qu'il critique, sont aussi passionnées et perfides que les hommes. « Le désordre est grand chez les dieux comme chez les hommes » (*Iphigénie en Tauride*, v.572) ; Héra, jalouse, anéantit dans *Héraklès furieux* (v.852—53) un héros qui « avait su, à lui seul, relever le culte des dieux renversé par des hommes impies » ; Aphrodite détruit avec cruauté Hippolyte qui refuse de l'adorer et Dionysos, dans les *Bacchantes,* tire une horrible vengeance de Penthée.

Et pourtant Euripide voudrait des dieux bons, comme en témoigne *Iphigénie en Tauride* (v.390—391) : « Car je n'admettrai pas qu'aucun dieu soit méchant ». Il voudrait des dieux justes ; comme l'affirme Electre (v.583—4), la justice doit être le fondement de la croyance aux dieux : « Il faudrait cesser de croire aux dieux si l'injustice triomphait de la justice » (cf. aussi *Hécube,* v.800— 801). Il aspire à une religion épurée, qui aurait plus d'intériorité, et il en donne un aperçu à travers la tendresse qui lie Hippolyte à Artémis ou à travers les élans sincères des *Bacchantes,* sa dernière pièce : « Heureux l'homme fortuné instruit du mystère divin, qui, sanctifiant sa vie, se fait l'âme d'un fervent » (v.72). Enfin une réelle foi s'exprime chez Euripide lorsqu'il affirme dans *Electre* (v.195— 199) : « Ce ne sont point les sanglots, ce sont les prières et le respect des dieux qui te vaudront des jours prospères ».

Au total, le soupçon d'impiété qui pèse sur Euripide ne

paraît pas justifié (8). Certes, il fait dire à d'Hécube (*Troyennes*, v.884— 888) : « O toi, support de la Terre et qui sur la Terre as ton siège, qui que tu sois, insoluble énigme, Zeus, loi inflexible de la Nature ou intelligence des humains, je t'adore ; toujours suivant sans bruit ton chemin, tu mènes selon la justice les affaires des mortels ». On peut trouver là, dans le ton et dans la formulation, l'écho des philosophes contemporains (Diogène d'Apollonie, Héraclite et le *nous* d'Anaxagore), mais il faut remarquer qu'Hécube ne doute pas que Zeus existe ; elle n'est seulement pas sûre de sa nature ; encore n'abandonne—t—elle pas la terminologie anthropomorphique. Même teintés par la philosophie, les dieux d'Euripide gardent leur pouvoir sur les mortels. Cela dit, son théâtre devait bien favoriser le cheminement d'un esprit nouveau dans la conscience des spectateurs : cet esprit de doute, surtout développé par les penseurs, qui est à l'origine de la crise religieuse qui accompagna la Guerre du Péloponnèse.

La grandeur d'Eschyle, la sérénité de Sophocle, les interrogations d'Euripide correspondent à trois visions divergentes à partir de la même image « commune » des dieux d'où nous sommes partis.

Pindare — Au ton des Tragiques s'apparente le ton de Pindare (518—438) ; mais il donne encore une autre image des dieux. Comme chez Sophocle, le monde des dieux est radicalement différent de celui des hommes : « Il y a la race des dieux, il y a la race des hommes. A la même mère [la Terre] nous devons de respirer, les uns comme les autres ; mais nous sommes séparés par toute la distance du pouvoir qui nous est attribué. L'humanité n'est que néant, et le ciel d'airain, résidence des dieux, demeure immuable » (*Néméennes*, VI, v.1 sq.). Les dieux de Pindare n'ont pas les faiblesses humaines que leur prêtait Homère, et le poète n'hésite pas à transformer une légende pour en exclure toute trivialité : « L'homme, écrit—il dans la première *Olympique* (v.35—40), ne doit attribuer aux dieux que de belles actions ; c'est la voie la plus sûre. Aussi, fils de Tantale, vais—je parler de toi autrement que mes devanciers...». Ses dieux possèdent la force, la beauté, la bonté et la science infaillible de toute chose ; Zeus tout particulièrement et Apollon sont l'objet de sa piété. Les prières adressées par les héros de Pindare aux dieux traduisent bien l'esprit de l'auteur. Entre les dieux et les hommes les rapports sont plus harmonieux que chez les

Tragiques : « L'homme est le rêve d'une ombre ; mais quand les dieux dirigent vers lui un rayon de leur lumière, alors un éclat brillant l'environne et son existence est douce » (*Pythiques*, VIII, v.95−96).

Aristophane — Autre approche, celle du poète comique Aristophane (vers 445−385 av. J.−C.). Son univers de fantaisie n'exclut pas les dieux : ceux de l'Olympe sont évoqués dans les *Oiseaux*, et le marais des Enfers apparaît dans les *Grenouilles*. L'irrespect à l'égard des dieux, qui fait partie de la tradition comique, est ici de mise ; à part Athéna et les Deux−Déesses d'Eleusis, il n'est pas une divinité qui ne soit exposée aux moqueries du poète : Dionysos apparaît comme un pleutre, Hermès est moqué dans la *Paix*, et Aristophane ne recule pas devant un jeu de mot scatologique sur l'épiclèse de Zeus Foudroyant (*Paix*, v.42) ; dans les *Oiseaux*, l'ensemble des dieux est accusé d'avoir une « vie licencieuse ». Cela dit, il ne s'agit pas d'impiété ; tout juste d'un détachement ironique.

Au total, de manière déclarée ou non, les poètes de l'époque classique tendent à une conception des dieux épurée des aspects les moins croyables de l'anthropomorphisme et lavée de l'immoralité.

2 − *LES PENSEURS DE L'AGE CLASSIQUE*

A la différence des poètes qui s'expriment à travers les mythes, les penseurs conduisent une réflexion théorique sur le panthéon traditionnel. Celle−ci comporte généralement une critique ; c'est pourquoi les Athéniens ont tendance à mettre en relation l'irréligion avec les théories des philosophes. Les *Nuées* d'Aristophane illustrent bien cet état d'esprit : le mépris des dieux y est imputé à Socrate, ce parangon de toute philosophie, qui honore les Nuées et proclame que Zeus n'existe pas (v.366−367). De fait, les philosophes ont émis des réserves sur les dieux officiels dès le VIe siècle ; pourtant, comme on le verra, leurs attaques n'ont jamais eu une influence vraiment étendue, durable et propre à saper la religion civique, et l'on pourrait dire comme Tirésias dans les *Bacchantes* (v.201−204) : « les traditions qui viennent de nos pères, et dont l'âge est ancien comme le temps lui−même, aucun raisonnement ne les jettera bas, quelque subtilité que découvrent les intelligences les plus profondes ».

Les philosophes présocratiques ont une attitude équivoque : leur réserve à l'égard des dieux traditionnels s'accompagne généralement d'un refus de rompre totalement avec la tradition (Babut, 1974).

Tel est le cas, au début du Ve siècle, de Xénophane de Milet (570−475 av. J.−C.). Il fustige l'immoralité des dieux d'Homère et d'Hésiode : « Ils ont attribué aux dieux, écrit−il (fragm. 11), tout ce qui chez les mortels provoque opprobre et honte : vols, adultères et tromperies réciproques ». Par ailleurs, considérant que nos impressions sont relatives, il s'en prend à l'anthropomorphisme divin : « Si les boeufs, les chevaux, les lions avaient des mains et pouvaient peindre comme les hommes, les chevaux peindraient des figures de dieux pareilles à des chevaux, les boeufs des figures pareilles à des boeufs... Les Ethiopiens disent de leurs dieux qu'ils sont camus et noirs, les Thraces qu'ils ont les yeux bleus et les cheveux rouges ». La « théologie positive » de Xénophane est mal connue ; toujours est−il que ses remarques polémiques font partie des leitmotive des penseurs des Ve et IVe siècles.

Pour Héraclite d'Ephèse (540−480 av. J.−C.), un principe universel et transcendant rend compte de tout : « le feu toujours vivant » est présent en toute chose et régit les changements perpétuels qui affectent le monde (car « tout s'écoule », « Dieu est jour et nuit, hiver et été, guerre et paix, abondance et disette »). Les dieux traditionnels − dont Héraclite critique la conception qu'en donnent les poètes − ne sont que des expressions diverses de ce divin unique ; pour autant, le philosophe ne vise pas leur suppression : n'avait−il pas lui−même dédié son livre dans le temple d'Artémis à Ephèse (Diogène Laerce, 9,6) ? Le système sur lequel repose la cité n'est pas fondamentalement mis en cause.

En revanche, lorsque Anaxagore de Clazomènes, au milieu du Ve siècle, avance une explication rationaliste du monde, les Athéniens sentent leurs valeurs traditionnelles attaquées et ils intentent au philosophe un procès d'impiété (ci−dessous, chap.V). Selon lui en effet, l'esprit (*nous*) est le principe moteur qui organise le monde, ce qui conduit à désacraliser le monde (la lune comme le soleil ne sont pas des dieux, mais des corps matériels). Anaxagore fut−il vraiment athée ? Cela ne s'exprime pas de manière positive dans son oeuvre ; du moins fut—il considéré comme subversif.

Démocrite (v.460−370) a une vision toute scientifique du divin ; pour lui, l'univers — y compris les dieux — est formé d'atomes, particules dernières et insécables dont le hasard et la nécessité dictent la combinaison ; même les croyances populaires ont une explication rationnelle : « certaines images [comme le tonnerre, les éclairs] ont fait concevoir l'idée de dieu à l'homme ». Pourtant Démocrite ne prêche pas l'abandon de la piété traditionnelle.

Les sophistes — La seconde moitié du Ve siècle est dominée par les sophistes dont la pensée, en raison de l'enseignement public qu'ils donnaient, était appelée à être mieux connue des Athéniens. « Je suis venu à Athènes et personne ne m'y a connu », disait Démocrite ; tel ne fut pas le cas de Protagoras d'Abdère qui arriva à Athènes vers 450 av. J.—C., et dont le « relativisme » a sûrement influencé Euripide par exemple. « L'homme est la mesure de toute chose », affirme—t—il, et en matière de religion, cela le conduit à un agnosticisme que traduit le début de son traité *Sur les dieux* : « Concernant les dieux, je ne puis connaître ni leur existence, ni la forme qu'ils peuvent avoir ; car nombreux sont les obstacles à cette connaissance, depuis l'absence de certitude jusqu'à la brièveté de la vie humaine ». Pour autant, Protagoras n'exclut pas les croyances traditionnelles, dans lesquelles il voit un élément de la culture humaine.

Entre 430 et 400, les sophistes Prodicos et Critias réfléchissent sur la manière dont les hommes en sont arrivés à l'idée de dieu, ce qui porte en germe la subversion ; mais ils continuent à tenir pour utile le respect des pratiques cultuelles, qui sont pour la cité l'essentiel. Au total, la négation pure et simple des dieux, attribuée par exemple à Diagoras de Milo, reste un phénomène exceptionnel.

Platon — Le IVe siècle s'ouvre par le procès de Socrate qui clôt cette période de fermentation intellectuelle par laquelle la cité se sent menacée ; on aura l'occasion d'y revenir à propos de l'impiété (ci—dessous, chap.V). Platon (428−347) a sans doute une pensée religieuse plus conformiste. Certes il critique sévèrement la théologie des poètes, mais c'est désormais de règle dans la philosophie religieuse ; l'immoralité des dieux le scandalise : « Ainsi tu admets, demande—t—il dans *Euthyphron* (6b—7c), qu'il y a réellement entre les dieux, des guerres, des inimitiés terribles, des combats, tant d'autres choses du même genre que racontent les poètes, et qui nous sont représentées par de bons artistes dans diverses cérémonies sacrées, par exemple aux Grandes Panathénées, où l'on en voit plein le voile que l'on va porter à l'Acropole ? » La gigantomachie est un thème qui choque Platon, et il souhaite une « épuration » de la mythologie traditionnelle. Mais sur la nature des dieux il fait profession d'ignorance et recommande donc de se conformer à ce qu'enseigne la tradition ; Platon intègre d'ailleurs les Olympiens dans sa vision du monde : ils sont le reflet sur un plan inférieur du Divin absolu (9).

La critique de la tradition est donc un lieu commun des philosophes, au nom de la morale ou de la raison ; mais ils ne se résolvent pas à la rejeter radicalement.

3 – POETES ET PENSEURS DE L'ÉPOQUE HELLÉNISTIQUE

L'époque hellénistique voit se prolonger les tendances amorcées précédemment.

La poésie continue à donner une image des dieux plutôt traditionnelle : on l'a vu plus haut pour Callimaque (ci—dessus, p.46) et un élève de Callimaque, Apollonios de Rhodes, illustre particulièrement bien ce fait dans ses *Argonautiques* (vers 250/40). Le poème épique en vers s'ouvre par la formule consacrée : « C'est en commençant par toi, Phoibos, que je rappellerai les exploits de ces héros…; » le prélude est placé sous le signe d'Apollon. Au chant II (v.674—684), le dieu, qui revient de Lycie, est évoqué par le portrait suivant : « Des deux côtés de ses joues, les grappes d'or de ses boucles oscillaient dans sa marche. Sa main gauche tenait l'arc d'argent ; sur son dos, le carquois était suspendu à l'épaule. Sous ses pieds, l'île entière tremblait et les flots déferlaient sur le rivage. Les héros, à sa vue, furent saisis d'une stupeur (*thambos*) invincible. Aucun n'osa fixer du regard les beaux yeux de la divinité. Ils s'arrêtèrent, la tête baissée vers le sol ; mais lui était déjà bien loin, parti vers le large et à travers les airs ». Aussi bien les attributs du dieu que son pouvoir surnaturel qui fait naître le *thambos* au coeur des hommes reflètent les conceptions les plus anciennes. S'il y a nouveauté, c'est dans des scènes divines d'un genre nouveau : Aphrodite est plus importante que par le passé et le tableau de la déesse à sa toilette ou du petit enfant Eros jouant aux osselets avec Ganymède sont d'un intimisme déjà signalé pour Callimaque.

Les philosophes — Certains philosophes comme les Cyniques mettent en doute le polythéisme traditionnel ; mais leur audience est très limitée. Evhémère de Messène peut, lui aussi, être considéré comme subversif, dans la mesure où il rabaisse les dieux au rang d'humains des temps mythiques qui auraient été divinisés après leur mort. Mais les deux principaux mouvements de l'époque, l'épicurisme et le stoïcisme, se caractérisent par leur refus de rejeter totalement les dieux hérités des ancêtres, quelles que soient les critiques qu'ils adressent à leur image.

Les *philosophes Épicuriens,* Epicure (341−290) et ses disciples de l'Ecole du Jardin, dénoncent comme leurs prédécesseurs l'absurdité et l'immoralité des mythes traditionnels relatifs aux dieux ; pour autant Epicure ne rejette pas l'anthropomorphisme ; les dieux sont, pour lui, immortels et voués, selon le principe de l'atomisme, à un processus dynamique de renouveau perpétuel ; seulement ce qui caractérise la nature divine est l'absence complète de besoin, et ce concept exclut tout intérêt des dieux pour les humains. Cela ne supprime pas pour les Epicuriens la nécessité d'accomplir les rites de la cité, mais d'une manière désintéressée, plus spirituelle que dans la pratique courante.

La *religion des Stoïciens* s'accommode elle aussi d'un certain conservatisme religieux, dès le IIIe siècle et l'« ancien stoïcisme » (Zénon de Kition, Cléanthe d'Assos, Chrysippe de Soloi). Les Stoïciens ont une cosmogonie dont le principe actif est la raison cosmique, le *logos* qui est d'ordre divin ; le polythéisme traditionnel n'en est pas moins sauvegardé par la distinction entre un Dieu suprême et des dieux secondaires et périssables dont les Stoïciens critiquent les fables les plus folles. Ainsi les dieux « communs » ne sont pas rejetés, mais critiqués et éventuellement intégrés. L'*Hymne à Zeus* du stoïcien Cléanthe donne un bon exemple de cette démarche : Zeus fournit dans ce poème le nom du divin en soi, omniprésent et souverain ; la forme est celle de l'hymne divin habituel (invocation, explication de la puissance du dieu, prière finale) ; le style est chargé d'épithètes traditionnelles ; mais en fait Cléanthe traite du problème du mal moral en face de l'ordre universel qui est bon : le nom de Zeus et la forme traditionnelle de l'hymne sont utilisés pour l'expression d'une croyance plus rationnelle et plus pure, celle du Stoïcien.

Ainsi poètes et philosophes témoignent du caractère « ouvert » de la religion grecque : tant qu'ils ne menacent pas les fondements religieux de la cité, créateurs et penseurs sont libres, dans une religion sans dogme, de remodeler le caractère des dieux ou d'en épurer la conception.

V – LE MONDE DES HÉROS

On aura pris, dans les pages qui précèdent, une idée de la richesse, du foisonnement et du caractère vivant et toujours « ouvert » du monde des dieux en Grèce. Le tableau serait incomplet si l'on n'ajoutait une autre sphère de la puissance divine, le monde des héros dont la richesse constitue l'une des particularités de la mythologie grecque (Burkert, 1985).

Lorsqu'il énumère le respect dû « aux dieux, aux héros et aux hommes », Antiphon (I,27) exprime un ordre hiérarchique couramment admis chez les Grecs entre les dieux et les héros. Platon (*Cratyle,* 398 d), reprenant la conception hésiodique (*Travaux,* v.159– 160), considère que les héros sont des « demi–dieux », « nés de l'amour d'un dieu pour une mortelle ». Cette origine à demi divine ne s'observe pas chez tous ceux qui ont été tenus pour des héros ; mais elle met bien en lumière le caractère particulier du héros : c'est un être à part qui a sa fonction propre : il est distinct des hommes par les pouvoirs qu'il peut exercer et distinct des dieux par sa nature mortelle. Mort, le héros possède un tombeau autour duquel se développe le culte ; ce tombeau est souvent dans la cité (Thésée à Athènes), à la différence des humains, ou dans un sanctuaire (Pélops à Olympie), et l'on espère qu'il exercera une influence favorable. Lié à la tombe du héros, le culte héroïque est essentiellement local : à de rares exceptions près (comme Héraklès), il a un rayonnement plus limité que le culte des dieux qui sont honorés à travers toute la Grèce (10).

1 – ORIGINE ET NATURE DES HÉROS

Concernant l'origine, le rôle et la fonction des héros, la pluralité des approches depuis un siècle met en lumière leur complexité. On a depuis longtemps renoncé à s'enfermer, pour définir leur nature, dans le dilemme « hommes promus à un statut privilégié » (Rohde) ou « anciennes divinités déchues » (Usener) pour insister, avec Farnell (1921), sur la multiplicité des héros : figures des légendes épiques (Agamemnon), héros de la végétation (Hyakinthos), héros fonctionnels (Myiagros), héros « historiques » (Brasidas), etc. A l'inverse, cherchant à retrouver l'unité du monde héroïque, A. Brelich (1958) a insisté sur certains caractères spécifiques propres à tous les héros : ils sont de nature surhumaine, ils ont des relations étroites avec le combat (Thésée), les jeux (Pélops), la mantique (Trophonios), la médecine (Amphiaraos), les mystères et les rites de passage (Héraklès). Actuellement, on tend de nouveau à mettre l'accent sur la diversité fondamentale du monde héroïque, soit par l'étude d'un type particulier de héros (comme le héros fondateur, dont le culte est lié au développement de la cité : Polignac, 1984), soit par l'étude d'une région (comme l'Attique : Kearns, 1989) qui permet de préciser les types de rapports entre le héros et les différents échelons de la communauté civique.

Traits communs et distinctifs d'une espèce, diversité due au caractère local de chaque héros, tels sont les deux points de vue opposés et complémentaires qui permettent de définir le héros.

2 – ÉLÉMENTS POUR UNE DÉFINITION DU STATUT HÉROIQUE

Leur apparence physique distingue les héros des hommes. Comme les dieux, les héros ont généralement une taille insolite. Un relief du Louvre des premières années du IVe siècle montre Thésée nu debout, coiffé du pilos, apparaissant au donateur de l'ex—voto, Sosippos, fils de Navarchidès, et à son fils, pour répondre à leur appel : ceux—ci sont plus petits que Thésée qui est donc de taille surhumaine (Dugas—Flacelière, 1968). Comme c'est normalement le cas pour les héros, il est figuré dans la perfection de la jeunesse.

Leur légende — Beaucoup de héros ont une légende, plus ou moins riche selon les cas, dans laquelle on peut retrouver des traits communs. La vie des héros, qui se déroule dans le passé reculé du temps mythique, est hors du commun. Leur naissance, souvent irrégulière, est entourée de merveilleux : ainsi Télèphe est abandonné sur le mont Parthénion par sa mère Augé, la fille du roi de Tégée qui a été violée par Héraklès, et il est nourri par une biche (le thème figure sur le monnayage de Tégée). Les grandes étapes de leur existence sont marquées par le surnaturel : « épousailles dionysiaques » de Thésée et Ariane (Calame, 1990) ; mort surnaturelle d'Amphiaraos que la terre engloutit avec ses chevaux et son char ; enlèvement au pays des Bienheureux d'Orithyie, la fille d'Erechthée, etc.

Le héros échappe au lot commun et prend ainsi valeur exemplaire : les pérégrinations, les exploits sportifs et guerriers de Thésée ont été popularisés tant par le récit de Plutarque dans la *Vie de Thésée* et par ceux des mythographes que par l'imagerie athénienne classique. Citons une coupe à figures rouges du peintre de Codros décorée vers 440/30 av. J.−C. (fig.6) : elle présente à l'intérieur une frise où se suivent six exploits de Thésée opposé chaque fois à un des brigands ou des animaux monstrueux qu'il trouva sur sa route entre Trézène et Athènes, puis en Attique ; au centre, le médaillon figure sa victoire sur le minotaure en Crète (Dugas−Flacelière, 1968) ; il s'agit d'exploits physiques destinés à purger la terre d'êtres malfaisants et Thésée offre à la fois un modèle de courage et de vertu, deux qualités héroïques par excellence. Dans leurs exploits, les héros bénéficient de la protection des dieux : Athéna accompagne Thésée lorsqu'il descend dans le royaume des mers où le reçoit Amphitrite, la femme de Poseidon (coupe d'Euphronios : Dugas−Flacelière, 1968). Un autre aspect de la vie des héros est qu'ils servent la communauté en étant des « pionniers et des créateurs » (Vian, 1970) ; ils sont des ancêtres de familles ou de peuples (en Attique, Boutès et Eumolpos, qui reçoivent un culte, sont les ancêtres mythiques de familles sacerdotales ; en Arcadie, Arkas est le héros éponyme de la région) ; ils fondent des cités, des oracles (Trophonios à Lébadée), des mystères (Naos à Phénéos d'Arcadie) ou des jeux (Héraklès à Olympie) ; ce sont des « inventeurs et des propagateurs de la civilisation » (Vian,

1970), comme Triptolème en Attique (ci—dessous, p.67) ou Arkas, honoré à Mantinée, qui introduit l'agriculture qu'il a apprise de Triptolème et enseigne l'art de faire du pain et celui de tisser des vêtements.

Leur pouvoir — Après leur mort, la force surhumaine qui a animé la personnalité des héros durant leur vie continue à se manifester en faveur des hommes. Comme les dieux, les héros ont des sphères d'action privilégiées où ils exercent leur pouvoir, parfois de façon négative, le plus souvent positivement. Concernant l'individu, la santé est un de leurs domaines de prédilection : on citera le cas du héros anonyme *héros iatros* à Athènes, Eleusis et Marathon, d'Amynos à Athènes, d'Amphiaraos et de Trophonios, puissances guérisseuses et oraculaires à la fois (comme Asklépios, Amphiaraos et Trophonios, d'abord héros, tendent à être honorés comme dieux : ci—dessous, chap.IV).

Le développement des jeunes gens est placé en Attique sous la protection de plusieurs héroïnes. A Athènes, les filles de Cécrops, Aglaure, Pandrose, qui reçoivent toutes deux un culte sur l'Acropole, et, de manière plus évanide, Hersé, ont une fonction de kourotrophes : le mythe d'Erichthonios, dans lequel les trois soeurs se voient confier une corbeille où est enfermé le petit enfant avec interdiction de l'ouvrir en témoigne, de même le lien d'Aglaure avec les éphèbes (qui prêtent serment dans son sanctuaire) et le rite des arréphores évoqué plus haut (ci—dessus, p.32) : la corbeille que tiennent les arréphores rappelle d'ailleurs le mythe d'Erichthonios et l'ensemble du rite a été interprété comme un « rite de passage » pour les jeunes filles (Brulé, 1987). A Brauron, Iphigénie était, pour sa part, protectrice des naissances comme l'indiquent les statuettes en terre cuite d'enfants des deux sexes qui ont été trouvées dans son sanctuaire et l'offrande qui lui était faite des vêtements des femmes mortes en couche (Euripide, *Iphigénie en Tauride*, v.1464—67). Enfin plusieurs cultes héroïques dans les gymnases sont eux aussi liés au rôle que jouent des héros comme Hékédémos à l'Académie ou Lykos au Lycée dans la formation des jeunes gens.

Mais les héros, comme les dieux, sont essentiellement des protecteurs de la communauté civique. Ils interviennent en particulier dans les batailles. A l'époque des Guerres médiques, alors que les Barbares s'approchaient du sanctuaire d'Apollon à Delphes, « deux guerriers d'une taille surhumaine les avaient poursuivis » ; c'étaient, au dire des Delphiens « des héros de chez eux, Phylakos et Autonoos, à qui des enclos ont été consacrés » à Marmaria (Hérodote, VII,38) ; lors de l'invasion galate à Delphes en 279 av. J.−C., « Phylakos, un héros local » (Pausanias, X,23,2) serait à nouveau intervenu. A Athènes, Polygnote de Thasos, qui avait peint la bataille de Marathon dans la Stoa Poikilè en bordure Nord de l'agora, avait représenté « le héros Marathon, qui a donné son nom à la plaine, et Thésée, qui surgissait du sol » (Pausanias, I,15,3) ; à côté figuraient Athéna, Héraklès, dont Pausanias précise que les Athéniens le tenaient pour un dieu, puis, parmi les combattants, Echétlos qui était apparu sous la forme d'un paysan et avait massacré des ennemis avec sa charrue avant de disparaître ; l'oracle de Delphes avait prescrit de l'honorer comme un héros (Pausanias, I,32,5). Lors de la bataille de Salamine, les Eacides étaient apparus sous forme de simulacres (*phantasma*) et de figures (*eidola*) d'hommes armés (Plutarque, *Vie de Thémistocle,* 15,2). Ce sont chaque fois les héros du lieu qui interviennent ; aussi voit−on Oedipe (Sophocle, *Oedipe à Colone,* v.1524−53) promettre à Thésée que de l'endroit où il va mourir, à Colone en Attique, il vaudra à Athènes « une aide égale à mille boucliers, voire à une armée de renfort accourue d'un pays voisin ». Ajoutons à ces interventions relatives à la guerre le cas où des héros ou héroïnes se dévouent en donnant leur vie pour leur patrie comme Codros à Athènes, les héros Oresthasiens à Phigalie, Iphigénie, offerte aux dieux à Aulis ou à Brauron selon les traditions, ou encore les filles de Léos.

Indépendamment des cas d'urgence, où les héros sont particulièrement actifs, leur protection touche les divers aspects de la vie dans la cité. Des héros protègent les groupes sociaux : Boutès, Eumolpos et Eurysakès pour les *génè* ou familles des Etéoboutades, des Eumolpides et des *Salaminioi* ; dix héros, dont le culte préexistait, sont les protecteurs des tribus clisthéniennes et de nombreux héros protecteurs des dèmes sont attestés, comme Ekalè, Ikarios, Képhalos, Phaléros, Thorikos, etc. La vie du groupe demande aussi des protections d'un autre type : à Amyclées, près de Sparte, Hyakinthos, le jeune homme aimé d'Apollon, tué accidentellement et pleuré chaque année, protège le cycle de la végétation ; en Attique, Triptolème, honoré à Eleusis et à Athènes, est lié à la diffusion de la culture du blé : les vases le représentent souvent sur un char ailé dont les roues sont encadrées de serpents, un attelage qui symbolise à la fois sa nature chthonienne et le caractère surhumain de son action (fig.13).

D'autres héros ont des fonctions très spécialisées. Citons Orithyie, honorée à Agra en relation avec les vents et la tempête ; fille d'Erechthée, elle avait été enlevée par Borée ; les Athéniens, rapporte Hérodote (VII,189), firent des sacrifices à Borée et Orithyie, lors des Guerres médiques, pour qu'ils détruisent la flotte des Barbares au mouillage à Chalcis. Dans un tout autre registre, Myiagros, « celui qui fait la chasse aux mouches », est un bon exemple de la diversité des domaines d'action des héros : lors de la panégyrie d'Alipheira, en Arcadie, on lui offrait un sacrifice préliminaire, après quoi, assure Pausanias (VIII, 26,7), les mouches se tenaient à l'écart !

Leur nombre — Le nombre des héros est infini puisque chaque lieu peut être le siège d'un héros, que celui-ci ait un nom ou que, comme souvent, il soit honoré anonymement en tant que *héros* (ainsi dans le calendrier de la Tétrapole de Marathon, on trouve parmi les destinataires du culte quatre couples composés chacun d'un héros et d'une héroïne). L'implantation des héros semble avoir été particulièrement nombreuse dans les campagnes. On le constate en examinant par exemple le calendrier cultuel de Thorikos : les grandes divinités ne reçoivent que la moitié des offrandes, mais on note la présence de Céphalos, un ancien habitant de Thorikos, et de sa femme Procris, fille d'Erechthée ; Céphalos reçoit un des sacrifices les plus importants ; on note aussi les mentions de Philonis, né à Thorikos, de Nisos, fils de Pandion, d'Hélène, des « héroïnes de Thorikos » et du héros Thorikos. Sans doute les héros sont-ils, en raison de leur caractère local très marqué, plus proches des hommes que les grands dieux, ce qui explique leur succès.

Ajoutons que certaines régions plus que d'autres sont attachées au culte des héros. Tel est le cas de Sparte où sont honorés des héros légendaires comme Agamemnon, Oreste, dont les ossements furent rapatriés de Tégéatide, son fils Tisamène, Talthybios, le héraut d'Agamemnon, les Leucippides, ainsi que des figures héroïsées pour avoir servi leur patrie (Lycurgue, l'éphore Chilon, Alpheios et Maron, les deux combattants les plus braves aux

Thermopyles). Des reliefs héroïques et des tablettes de terre cuite représentent un personnage assis tenant un gigantesque canthare ; ce sont, on le sait maintenant, des offrandes à des héros, fréquentes dans les sanctuaires laconiens ; leur nombre témoigne de l'importance de la dévotion aux héros, notamment à l'Amyklaion, où sont honorés Agamemnon et Alexandra (plus connue sous l'appellation de Cassandre). En pays ionien, l'existence à Thasos d'une Héroxénie, fête particulière consacrée aux héros, montre la place de ceux-ci dans le culte, ce que confirme l'importance de l'iconographie héroïque sous la forme de héros cavaliers entre le Ve et le IIIe siècle.

3 – L'ÉVOLUTION DU MONDE DES HÉROS

Le nombre des héros en Grèce est, plus encore que celui des dieux, toujours susceptible de s'accroître : le rapatriement des ossements de Thésée à Athènes ou d'Arkas à Mantinée au Ve siècle est à l'origine de nouveaux cultes ; à sa mort un homme admirable et pieux comme Sophocle est placé au rang des héros ; bref, l'enrichissement du monde des héros est constant.

Seuls changent les critères d'héroïsation, qui évoluent avec la société grecque. Au début du Ve siècle la Grèce honore comme héros ses anciens rois. A Athènes, c'est par exemple Cécrops, enterré dans le secteur Nord de l'Acropole ; il a dirigé et protégé son peuple pendant sa vie, constituant la Dodécapole attique et introduisant de nombreux cultes, et il garde sa fonction de protecteur après sa mort. A Argos, Phoroneus joue un rôle semblable (il a appris aux hommes à se réunir dans des cités et leur a montré l'usage du feu), et en Arcadie Arkas est honoré comme fondateur de l'Arcadie civilisée. Les législateurs illustres, comme Lycurgue à Sparte ou les législateurs de Tégée bénéficient également d'un culte, comme certains soldats morts pour la patrie (ainsi les cent Oresthasiens qui, suivant un oracle de la Pythie, ont permis par le sacrifice de leur vie le retour dans leur patrie des Phigaliens, lors d'un conflit avec Sparte au VIIe siècle, reçoivent un culte héroïque à Phigalie).

Au cours des Ve et IVe siècles se marque une évolution. Le transfert des reliques du roi Thésée par Cimon en 476 depuis Skyros, en raison de son apparition à Marathon

(Plutarque, *Vie de Thésée*, 35,8) est dans la tradition évoquée plus haut. En revanche, l'héroïsation collective, sur place, des guerriers morts à Marathon (Pausanias, I,32,4) et le culte rendu annuellement aux Grecs tombés à Platées (Thucydide, III,58 et Plutarque, *Vie d'Aristide*, 21) sont parmi les premiers exemples d'héroïsation publique accordée à des contemporains qui ont rendu des services éminents ; seule l'héroïsation des tyrannoctones Harmodios et Aristogiton à Athènes dès la fin du VIe siècle pourrait être invoquée comme précédent, encore que le meurtre d'Hipparque en raison de sa valeur symbolique pour l'histoire de la démocratie grecque, lui confère un caractère un peu particulier. A la fin du Ve siècle, le culte des guerriers valeureux est illustré en 422 av. J.−C. par l'héroïsation, individuelle cette fois, du général lacédémonien Brasidas, tué devant Amphipolis qu'il était venu défendre contre les Athéniens ; les citoyens d'Amphipolis l'enterrèrent à l'entrée de l'agora et l'honorèrent comme un sauveur en instituant en son honneur des « sacrifices comme pour un héros » (Thucydide, V,11). Peu à peu le commun des mortels put accéder à l'héroïsation individuelle. A Mantinée, il n'est pas besoin à Podarès d'être considéré comme un sauveur pour être héroïsé : il est rangé parmi les héros pour s'être illustré par sa vaillance dans la bataille de Mantinée en 362 av. J.− C. et il reçoit une tombe sur l'agora de la cité (Pausanias, VIII, 9,9−10).

Si les guerriers fournissent les cas d'héroïsation les plus fréquents, ils ne sont pas seuls. Cléomédès d'Astypalée, un pugiliste du début du Ve siècle, est héroïsé pour sa conduite hors du commun : ayant tué son adversaire au combat, il est privé de prix ; frappé de démence, il détruit une école ; poursuivi par la foule, il se cache dans un coffre dans le sanctuaire d'Athéna ; le coffre est ouvert, il se révèle vide ; la force de l'athlète, sa furie, ses méfaits, sa mort font de lui un être exceptionnel, et la Pythie recommande de lui sacrifier « comme n'étant plus un mortel » (Pausanias, VI, 9,6). Dans un autre domaine, la valeur morale et la piété de Sophocle lui ont valu d'être héroïsé sous le nom de Déxion (il est celui « qui a reçu » Asklépios) ; on sait qu'il fut honoré par une association d'orgéons (fidèles « qui accomplissent des actes sacrés ») en liaison avec le héros guérisseur Amynos et le dieu Asklépios (*IG* II², 1252, 1253, 1259, du IVe siècle).

A l'époque hellénistique, à la suite de Lysandre (Plutarque, *Vie de Lysandre,* 18), des généraux comme Philopoimen reçoivent des honneurs divins (ci−dessous, p.185) ; l'héroïsation conserve pourtant son attrait. Elle est accordée par exemple à Aratos de Sicyone qui, après avoir libéré sa patrie de la tyrannie en 251, la fit adhérer à la Confédération achéenne dont il fut plusieurs fois stratège : à sa mort il reçoit un *hérôon* (monument funéraire de héros) sur l'agora de la cité, la Pythie ayant autorisé à l'ensevelir *intra muros,* et il est désormais honoré comme « fondateur et sauveur de la cité » (ci−dessous, chap.III). Enfin on voit des particuliers comme le philosophe Epicure, mort vers 270, organiser un culte pour sa famille et pour lui−même (Diogène Laerce, 10,16).

Les destinataires du culte une fois définis, il convient de voir comment on les honore.

NOTES

1. Le dieu Pan, mi−homme, mi−bouc, fait figure d'exception (ci−dessous, pp.37−38).

2. Sur la division traditionnelle en « dieux ouraniens » et « dieux chthoniens », voir ci−dessous, pp.88−89.

3. Voir aussi les représentations totalement aniconiques (ci−dessous, p.249) et les idoles de Dionysos figurées sur des vases attiques entre 490 et 420, qui sont constituées par un masque barbu du dieu accroché à un pilier ou à une colonne (fig.17) ; habillées d'un vêtement, elles étaient sans doute démontables (Ducroux−Frontisi, 1991).

4. Il aurait également introduit à Thèbes le dieu égyptien Ammon (Pausanias, IX, 16,1), qui pénètre plus tard en Attique (ci−dessous, p.45).

5. Selon une version littéraire, Sophocle, qui était prêtre d'Amynos, aurait accueilli Asklépios chez lui. Selon Aleshire (1989), la tradition n'est pas forcément à mettre en rapport avec l'Asklépieion de la cité.

6. Pour les mystères de Samothrace, voir ci−dessous chap.IV.

7. A ces hymnes de ton traditionnel on pourrait ajouter divers péans liturgiques qui s'adressent aux dieux officiels (ex. : à Delphes, péan de Philodamos de Skarphia pour Dionysos en 335/4 et péan d'Aristonoos pour Apollon vers 222 av. J.−C.).

8. Le *Sisyphe,* parfois rattaché à Euripide, dont un fragment conservé suggérerait une réelle incroyance, est en réalité d'attribution douteuse.

9. Chez Aristote, la dimension religieuse est très peu présente ; le philosophe, tout en critiquant au nom de la raison les dieux anthropomorphes, préconise l'observance de la tradition.

10. Je laisse de côté les *daimones,* qui ne possèdent ni culte ni iconographie, sauf dans le cas de l'Agathos Daimon. Je limite l'emploi du mot héros aux cas où est attesté un culte héroïque ; un examen récent du culte d'Héraclès (Verbank−Piérard, 1989) a montré que les mentions d'un culte exclusivement héroïque de ce personnage sont, sinon inexistantes, du

moins insignifiantes ; en Attique le culte est sans exception divin. La question de savoir en quels termes peuvent se rejoindre les mythes exaltant les exploits d'Héraklès, sublimé par son apothéose, et ces réalités de culte reste encore ouverte. Quoi qu'il en soit, Héraklès sera donc peu cité dans ce qui suit.

CHAPITRE II

LES ACTES, LES ACTEURS ET LES LIEUX DU CULTE

On souligne souvent, à juste titre, le caractère ritualiste de la religion grecque : c'est l'observance des rites, et non la fidélité à un dogme ou à une croyance, qui permet de se concilier les puissances surnaturelles. Il convient donc, après avoir évoqué le monde des dieux et des héros, d'examiner les principales formes rituelles du culte. A la diversité et à l'aspect mouvant de ce monde des dieux et des héros s'oppose une relative uniformité et une certaine stabilité dans la pratique des actes du culte.

I – UN PRÉALABLE :
LA NOTION DE PURETÉ RITUELLE

L'homme lorsqu'il accomplit un acte sacré, et les pratiques cultuelles elles—mêmes, appartiennent au domaine du sacré (*hiéros*) (Isée, VIII,20) ; c'est—à—dire qu'ils sont chargés d'une puissance qui les rend efficaces et les rapproche du divin. Mais la qualité de *hiéros* demande des précautions : ce qui est *hiéros* doit être protégé de toute souillure et rester pur (*katharos*). Ainsi Thucydide (V,1) rapporte comment, en 422/21, les Athéniens chassèrent les Déliens de Délos, en arguant que par l'effet d'une ancienne faute, « ils n'étaient pas purs au moment où ils avaient été consacrés au service du dieu ». Le contact avec le sacré est donc soumis à une condition, la pureté : ce n'est pas une fin en soi, mais un préalable.

L'idée de la souillure (*miasma*), qu'il faut éliminer pour devenir pur (*katharos*), est attachée à des actes très divers qui ont en commun de porter atteinte à l'ordre habituel des « relations humaines, sociales et cosmiques » (Vernant, 1965) et d'engendrer l'inquiétude chez l'homme.

Il s'agit d'abord de ce qui touche aux domaines de la mort et de la naissance, ce que Rudhardt (1958) appelle des « impuretés innocentes ». Dans *Hippolyte* d'Euripide (v.1437−39), Artémis adopte l'attitude commune lorsqu'elle dit au jeune héros qui se meurt : « Adieu donc, il ne m'est pas permis de voir des trépassés, ni de souiller mon oeil au souffle des mourants ». Le contact avec le mort est suivi de purifications et il entraîne l'exclusion des sanctuaires pendant une période que fixent les lois sacrées. De même la naissance rend impur et écarte des lieux sacrés les accouchées et les femmes qui y ont assisté ; l'eau les purifie. Pour les relations sexuelles, Hérodote (II,64) précise que seuls les Egyptiens et les Grecs ne peuvent s'accoupler dans un sanctuaire ni y entrer sans s'être lavés au préalable : c'est une manière de marquer son respect pour la divinité, comme on revêt un vêtement propre pour l'approcher. En revanche la chasteté n'apparaît pas comme une règle religieuse, sauf pour certains prêtres de manière souvent temporaire ou dans les cultes orientaux.

Mais les souillures les plus graves proviennent du sang versé. Non pas que le sang soit impur en lui−même. Circulant dans le corps, il est la vie, comme le note J.−P. Vernant (1965), et versé sur l'autel il le consacre ; mais répandu dans certaines conditions, il signifie le meurtre, la mort ; il est alors à l'opposé de la vie et dangereux pour les vivants. L'image d'Oreste, « un homme souillé d'un sacrilège, dans l'attitude du suppliant, avec des mains dégouttantes de sang » au début des *Euménides* d'Eschyle (v.40−41), remplit de peur la Pythie. La cité menacée rejette les meurtriers ; Oedipe à propos du meurtrier de Laios dont il ne connaît pas encore l'identité, ordonne : « Je défends qu'aucun habitant de ce pays... reçoive cet homme, quel qu'il soit, ou lui adresse la parole, ou le fasse participer aux prières et aux sacrifices des dieux ou partage avec lui l'eau lustrale ; que tous au contraire l'éloignent de leur maison ; car il est pour nous une souillure (*miasma*) » (Sophocle, *Oedipe−Roi*, v.236−242). Apollon lui−même, après le meurtre du serpent Python, dut aller se purifier dans la vallée de Tempé.

On a souligné, à la suite de L. Moulinier (1952), le caractère physique, matériel, de la souillure et de la purification : l'eau en débarrassant de la saleté emporte la souillure. Mais l'eau lustrale a un sens qui dépasse le lavage corporel ; elle a aussi une valeur symbolique, comme d'autres substances qui ont des vertus plus proprement cathartiques : ainsi le feu, le soufre, certaines plantes — les oignons de scilles par exemple —, et l'agent de purification le plus puissant (Vernant, 1965) (1) est le sang, que l'on voit utilisé pour la purification d'Oreste meurtrier (dans Eschyle, *Euménides*, v.282—283 et 449—450, Oreste est purifié par le sang d'un pourceau, et les peintures de vases montrent Apollon versant le sang de l'animal sur Oreste).

Le premier venu, pour pénétrer dans un sanctuaire et pratiquer les actes du culte, même s'il n'est chargé d'aucune souillure caractérisée, doit se purifier avant d'entrer dans le *hiéron* (lieu sacré), grâce aux vasques présentes à l'entrée des sanctuaires qui contiennent de l'eau (*périrrhantéria*).

Ces usages — dont les variantes locales sont nombreuses — ont rarement été remis en question. Certes Euripide place dans la bouche d'Iphigénie des propos qui en soulignent le caractère irrationnel lorsqu'il s'agit d'une déesse qui reçoit des sacrifices humains : « Je n'admets point les subtilités d'Artémis ! Si un mortel touche du sang, ou même une accouchée, ou un cadavre, elle interdit qu'il accède aux autels, et le tient pour souillé ; et quel plaisir prend—elle aux sacrifices humains ! Non, je ne puis penser que l'épouse de Zeus, Léto, ait mis au jour un monstre aussi absurde ! » (Euripide, *Iphigénie en Tauride,* v.380—386). Le stoïcien Chrysippe critique aussi ces coutumes ancestrales, mais elles ont traversé les siècles sans grands changements.

On assiste cependant à une sorte de moralisation de la pureté rituelle. A la fin du Ve siècle, Aristophane parle de « pureté d'esprit » (*Grenouilles,* v.355) et Euripide fait dire à Phèdre : « mes mains sont pures, c'est mon coeur qui est souillé » (*Hippolyte,* v.317) ; et au IVe siècle, vers 370, on peut lire cette inscription gravée à Epidaure : « Pur doit être celui qui pénètre dans le temple où fume l'encens ; et la pureté (*agneia*) consiste à penser saintement » (*hosia,* c'est—à—dire conformément à ce qui est prescrit par la loi divine) (Porphyre, *De l'abstinence,* II,19). La tendance culmine chez Platon : « Impur en son âme est le méchant, pur (*katharos*) son contraire » (*Lois,* 716e). L'homme pur a seul le droit de participer aux « sacrifices traditionnels » (Antiphon, V, 82).

II − LES ACTES DU CULTE

1 − LA PRIERE

La prière (*euchè*) est la façon la plus simple d'entrer en relation avec les dieux. Son efficacité s'exerce par la vertu de la parole qui est sensée agir comme une puissance en soi, exerçant une véritable pression sur celui qui l'écoute (Rudhardt, 1958). Prononcée à haute voix, la prière doit être entendue « physiquement » par les personnes divines.

Chacun s'adresse individuellement aux dieux en son nom propre, ou au nom de la cité pour le héraut qui « adresse aux dieux les prières traditionnelles » à l'Assemblée et représente le peuple − la prière ne revêt pas alors de forme collective − (Eschine, *Contre Timarque*, 23). La prière peut être adressée en tout lieu et en toute circonstance : avant un voyage (Néoptolème dans *Philoctète* de Sophocle, v.1077), avant le combat (Etéocle dans les *Sept contre Thèbes* de Sophocle, v.252−260), au début de toute entreprise importante, car, comme le note Platon (*Timée*, 27c), « tous les hommes, pour peu qu'ils participent tant soit peu à la sagesse, quand ils sont sur le point d'entreprendre une affaire petite ou grande, invoquent toujours de quelque façon la divinité ». De ce fait la prière peut être prononcée n'importe où, mais lorsque les circonstances le permettent, un sanctuaire représente évidemment l'endroit le plus favorable : ainsi les Athéniens montent au début de chaque mois à l'Acropole « pour demander aux dieux d'accorder le bonheur à la cité et à chacun ... personnellement » (Démosthène, *Contre Aristogiton*, 99).

La prière comporte une attitude : le Grec prie debout, les deux bras élevés vers le ciel (Aristophane, *Grenouilles*, v.623) ou l'avant−bras droit levé, la paume de la main tournée vers la divinité comme on voit sur diverses représentations figurées (fig.8). L'oraison proprement dite ne comporte pas de formule fixe, sauf dans les cultes initiatiques. Elle commence par une invocation, un appel à la divinité que l'on nomme pour attirer son attention. S'il arrive que cet appel s'adresse « à tous les dieux », le plus souvent il y a une convenance entre les divinités invoquées et l'objet de la prière. Lorsqu'il s'agit de défendre sa patrie, Etéocle, dans les *Sept contre Thèbes* d'Eschyle (v. 271-273), s'adresse « aux dieux tutélaires de ce pays, à ceux des champs comme à ceux de la ville, aux sources de Dircé et aux eaux de l'Isménios » ; à Zeus Ktésios (« protecteur des biens », l'Athénien demande la santé et la prospérité (*ktèsis*) (Eschine, *Contre Timarque*, 16) ; à Pan, le fidèle demande une bonne chasse (*Anthologie Palatine*, VI,13). On s'adresse de préférence à des divinités locales, désignées par leur épiclèse et choisies pour leur compétence particulière.

C'est que la prière n'est pas une profession de foi. Rares sont les simples prières d'hommage : le théâtre d'Eschyle, avec la prière du matin de la Pythie dans les *Euménides* (v. 1-28), et celui d'Euripide, avec l'hommage d'Hippolyte saluant Artémis (*Hippolyte*, v. 73-87) et Ion célébrant Apollon (*Ion*, v. 125-151), en donnent de très beaux exemples. Mais généralement la prière comporte une demande. Celle-ci est formulée sensiblement dans les mêmes termes que pour un être humain, selon l'inspiration de chacun. Elle concerne tous les domaines de l'activité humaine, depuis la vie personnelle jusqu'au salut de la cité (Démosthène, *Sur la Couronne*, 324). Le choeur des Danaïdes, dans les *Suppliantes* d'Eschyle (v. 661-706), adresse à Zeus Xénios (« Hospitalier ») une série de voeux en faveur des Argiens où apparaissent plusieurs thèmes essentiels dans le cadre d'une cité : « Que la discorde intestine ne rougisse pas la terre du sang des citoyens abattus ! ... Qu'il naisse toujours de nouveaux fils pour veiller sur le pays, et qu'Artémis-Hécate veille aux couches de ses femmes. Qu'aucun fléau ne vienne tuer ses hommes et ravager la cité, en armant Arès, dieu des larmes... Que le triste essaim des maladies aille se poser loin de la tête des citoyens et que le dieu Lycien soit propice à toute la jeunesse ! Fasse, Zeus, que la terre leur paie un exact tribut de fruits en toute saison, que les brebis qui paissent leur campagne mettent bas des milliers de petits et que tout prospère sous la faveur des dieux ! ... Qu'on décerne toujours aux dieux protecteurs du pays les honneurs que les ancêtres leur rendaient en se couronnant de laurier et en leur immolant des boeufs ! ». Défense de la cité, protection contre les fléaux naturels et la guerre, contre les maladies, fécondité des femmes et des animaux, fertilité de la terre, piété des hommes et respect des traditions, tels sont les domaines vitaux pour les Grecs, ceux pour lesquels ils prient les dieux d'être favorables. De la divinité ils n'attendent pas un miracle, mais la mise en oeuvre de ses pouvoirs pour aider l'homme, l'assister, comme l'en prie Etéocle lorsqu'il lui demande d'être *symmachos*, « de combattre à ses côtés ».

Dans la plupart des prières, c'est surtout, comme dans le texte des *Suppliantes*, la vie matérielle qui est en cause. Mais on prie aussi pour le maintien des valeurs civiques : après la chute des Trente en 403 av. J.−C., les Athéniens « prient les dieux de rétablir la Concorde entre les citoyens » (Lysias, XVIII, 18). Plus rare certainement, l'attitude de Socrate qui, à la fin du *Phèdre* de Platon (279 c−d), sur le point de quitter le rivage de l'Ilissos, adresse la prière suivante : « Ô mon cher Pan et vous les autres, toutes tant que vous êtes, divinités d'ici, accordez−moi d'acquérir la beauté intérieure, et, pour les choses de l'extérieur, faites que toutes celles du dehors aient de l'amitié pour celles du dedans ! Puissé−je aussi me persuader de la richesse du Sage ! »

En règle générale, l'intention de la prière est intéressée. Pour engager le dieu à se montrer efficace, la prière est alors très fréquemment accompagnée d'une promesse. En contrepartie de l'aide attendue, on promet un don, le plus souvent un sacrifice comme Etéocle dans les *Sept contre Thèbes* (v.272−277) : « Je fais voeu…, si la guerre finit bien et si la ville est sauvée, de rougir les autels divins du sang des brebis, d'immoler des taureaux, de dresser des trophées ». Il s'agit d'une sorte de contrat entre les hommes et les dieux, qui engage les deux parties. A l'époque classique on conçoit mal que le dieu puisse faillir (Aristophane, dans les *Oiseaux*, v.1618− 1619, évoque seulement le cas où un homme éluderait son voeu par avarice). A l'époque hellénistique, une trahison des dieux est envisagée dans l'*Hymne ithyphallique* (ci−dessus, pp.47−48) ; mais le principe de réciprocité entre hommes et dieux n'en est pas moins à la base des nombreux ex−voto retrouvés dans les sanctuaires ou décrits dans l'*Anthologie Palatine*.

Après la réalisation d'un voeu les hommes peuvent encore remercier les dieux dans une prière d'action de grâces (Eschyle, *Agamemnon*, v.317). Pourtant les prières votives restent les plus nombreuses. Elles sont d'ailleurs souvent le premier acte d'un ensemble de rites propitiatoires comportant libations et sacrifices auxquels elles sont associées.

2 – LA LIBATION

La libation (*spondè*) consiste à répandre un peu de liquide avec une coupe ou une phiale, généralement du vin mêlé d'eau dans un cratère et puisé avec une oenochoé, mais aussi, selon les cas, du vin pur, du lait ou un mélange de vin, d'eau et de miel. L'acte de « répandre » (*leibein*) – sur un autel ou au sol – s'accompagne d'une prière ; puis on boit ce qui reste du liquide (Rudhardt, 1958).

Le rite, pour lequel les poèmes homériques donnent les descriptions les plus explicites, n'a pas varié à l'époque classique. L'orateur Antiphon (I, 19–20) l'évoque, au Ve siècle, à propos d'une affaire d'empoisonnement : « La concubine de Philonéos qui leur versait le vin des libations, pendant qu'ils prononçaient des prières qui ne devaient pas se réaliser, hélas ! y mêlait le poison... Eux répandent quelques gouttes de vin et prenant en main la coupe meurtrière, ils boivent pour la dernière fois ». Sur le lien entre la libation et la prière – que l'on semble faire généralement tout en versant les quelques gouttes de libation –, Aristophane offre un autre témoignage explicite : « Tout en faisant cette libation, dit Hermès dans la *Paix* (v.435–436), nous demandons que ce jour inaugure pour tous les Hellènes une longue suite de biens ». La céramique attique enfin représente souvent le moment où l'on verse au personnage qui va faire la libation le liquide qu'il répandra : ainsi un skyphos de Makron à figures rouges, décoré vers 490 av. J.–C., montre Coré–Perséphone en train de verser d'une oenochoé le vin mêlé dans la phiale que tient Triptolème pour offrir une libation avant de partir enseigner la culture du blé aux hommes (fig.13). D'autres fois, l'acte de la libation lui–même est représenté : sur un lécythe attique à fond blanc du troisième quart du Ve siècle, Coré – car les dieux aussi font des libations – verse sur le sol le liquide d'une phiale.

Adressée aux divinités, à l'une d'entre elles ou « aux dieux » en général – sans exclusive, sauf pour Thanatos, la Mort –, la libation est normalement répandue sur un autel. On le voit sur les documents iconographiques : ainsi une coupe de l'Agora à figures rouges de la première moitié du Ve siècle représente dans le médaillon central un guerrier versant le liquide d'une phiale sur l'autel (fig.12). La libation occupe une place régulière dans le sacrifice, ce que l'on voit, par exemple, sur un cratère attique du Peintre de Pan (vers 460) (fig.14) : l'un des personnages répand le contenu d'une coupe sur le morceau de viande que l'on rôtit au bout d'une broche sur l'autel. Pourtant, comme les circonstances où sont offertes les libations n'impliquent pas toujours la présence d'un autel, il est fréquent que les libations soient répandues directement sur le sol : ainsi, lors du départ de l'expédition athénienne de Sicile en 415, « soldats et chefs firent avec des coupes d'or et d'argent les libations » une fois montés sur les navires, quand l'embarquement fut terminé, en même temps que l'on disait des prières « sur tous les navires en même temps » (Thucydide, VI, 32,2).

La signification de la libation à l'époque classique n'a pas changé depuis les poèmes homériques : il s'agit d'une *aparchè*, d'une « offrande des prémices » d'un liquide dont l'homme boira le reste. Par cette marque de respect, le Grec espère attirer les dieux : c'est cette intention propitiatoire que réprouve Platon (*Lois*, 906 e), qui tient pour ridicule l'idée que les dieux puissent se laisser « corrompre par le vin des libations et la graisse des sacrifices ». La boisson unit l'homme aux forces religieuses évoquées ; enfin elle crée une solidarité entre ceux qui partagent la boisson.

Les occasions de la libation sont liées à ces divers aspects. Intégrée dans la cérémonie centrale du sacrifice, elle est à nouveau offerte à l'issue du repas sacrificiel, et dans *Ion* d'Euripide (v.1032 – 1033) Créuse évoque, après l'hécatombe, « la fin du repas, lorsque commenceront les libations aux dieux ». La libation ouvre d'ailleurs toujours le *symposium*, consacré à la boisson, après le repas. Dans les *Cavaliers* d'Aristophane (v.105–106), le serviteur fait la libation au Bon Génie (*Agathos Daimon*) ; on y associait parfois Hygie (Athénée 486 f et 693 e), mais souvent le destinataire de l'offrande n'est pas précisé.

Il est d'autres domaines auxquels les libations sont particulièrement attachées : les départs et les séparations, les alliances, les trêves et les paix. La peinture de vases a popularisé le thème de la libation au moment du départ du guerrier en présence de sa femme et, à l'échelle de la cité, on a vu l'embarquement des Athéniens pour la Sicile accompagné de prières et de libations (Thucydide, VI,32,1−2). Dans un autre registre, ajoutons le départ de Socrate pour l'au−delà : il demande au bourreau s'il est permis de faire à quelque divinité une libation du breuvage qu'on lui tend − il s'agit de la ciguë − et, comme on lui refuse cette possibilité − le liquide étant juste mesuré −, il se contente d'adresser aux dieux une prière pour « l'heureux succès de [son] changement de résidence » (Platon, *Phédon,* 117 b). Pour les trêves − auxquelles s'applique le même mot de *spondai* qui désigne les libations −, elles étaient également scellées par de tels rites, comme le signale par exemple Thucydide (V,17) pour la paix de Nicias en 421. Enfin, à titre privé, un nouveau lien d'hospitalité pouvait également être consacré par une libation.

Il resterait à évoquer les *choai,* libations lors desquelles on ne boit aucune part du liquide consacré ; mais, mis à part l'exception des Euménides (Eschyle, *Euménides,* v.106 et Sophocle, *Oedipe à Colone,* v.466), les *choai* concernent plus souvent les morts que les dieux (voir ci−dessous, pp.261−262).

3 − *LE SACRIFICE*

Le sacrifice est une consécration qui implique, comme l'a justement noté J.−P. Vernant (1980), à la fois la destruction de l'objet consumé par le feu et une transformation du sacrifiant, à qui il confère une qualité religieuse nouvelle. Le « sacrifice sanglant de consommation alimentaire », en grec *thusia,* est le plus fréquemment évoqué par les auteurs anciens.

a) *La thusia ou « sacrifice sanglant »*

Le choix des victimes − Une phase préliminaire au sacrifice consiste dans le choix des victimes. Il s'agit le plus souvent d'animaux domestiques et comestibles qui doivent en premier lieu être sains, parfaits « de corps et d'âme » (Plutarque, *De defectu oraculorum,* 49) ; il semble y avoir eu parfois une véritable *dokimasia* de la victime attestée par des inscriptions à Kéos et au Ptoion de Béotie. Les espèces préférées sont les brebis, béliers, agneaux, chèvres, chevreaux et boucs, taureaux, veaux, vaches et pourceaux. On répugne davantage à sacrifier le boeuf de labour, le cheval, le chien, l'âne, qui sont des compagnons de l'homme — encore y a−t−il des exceptions −. Les animaux sauvages sont habituellement exclus, mais à Patras, lors de la fête des *Laphria,* des sangliers, des cerfs, des ours et des loups sont jetés vivants parmi d'autres animaux dans le bûcher (Pausanias, VI,18,12).

En général Poseidon préfère les taureaux — impétueux à son image −, Athéna les vaches, Déméter les porcs, Dionysos les porcs et les chèvres ; mais ces usages n'ont rien d'une exigence absolue, car chaque sanctuaire a ses règles propres relatives à l'espèce, au sexe, à l'âge, à la couleur des animaux. Ainsi dans le calendrier cultuel d'Erchia, en Attique, Déméter reçoit un mouton ; dans le calendrier de Thorikos, on lit la prescription de victimes adultes pleines ; Apollon reçoit une jeune chèvre « avant sa première dentition ». A Lykosoura, Despoina veut des « victimes femelles blanches » (LSC, n° 68). Souvent les prescriptions prennent la forme d'interdits : à Thasos par exemple, « aux Charites, ni chèvre ni porc », « à Héraklès thasien, ni chèvre ni porc » (LSS, n° 63), « aux Nymphes et à Apollon Nymphagète (« conducteur des Nymphes », femelle ou mâle à ton gré pour le sacrifice ; mais la brebis n'est point permise, non plus que le pourceau » (LSC, n° 114). La diversité est donc de mise, non seulement selon les divinités et les régions, mais aussi d'un sanctuaire à l'autre.

Reste à dire quelques mots des sacrifices humains. Le mythe en garde le souvenir pour des époques reculées (ainsi pour Iphigénie ou Polyxène). A l'époque classique il n'est plus attesté que de manière exceptionnelle : en Achaïe de tels sacrifices liés à un interdit rituel restent parfois pratiqués pour Zeus Laphystios (« le dévorant ») à l'époque des Guerres médiques (Hérodote, VII,197). Le sacrifice de prisonniers de guerre apparaît comme une offrande faite à contrecoeur par Thémistocle à Dionysos Omestès (« qui mange de la chair crue ») avant la bataille de Salamine (Plutarque, *Vie de Thémistocle,* 13). Un seul sanctuaire semble avoir comporté des sacrifices humains de manière institutionnelle et périodique, celui de Zeus Lykaios sur le mont Lycée en Arcadie : on a l'écho de ces sacrifices dans la *République* de Platon (565 d) et Théophraste au IVe/IIIe siècle (d'après Porphyre, *De l'abstinence,* II,27,2) les présente comme des offrandes faites en commun encore de son temps. Leur signification précise nous échappe, mais on peut noter qu'ils sont liés à un lieu de montagne reculé, se prêtant bien à une sorte d'« ensauvagement » des coutumes. Quoi qu'il en soit venons−en à la cérémonie elle−même de la *thusia.*

Le déroulement du sacrifice − La cérémonie du sacrifice à l'époque classique et au IIIe siècle ressemble encore au grand sacrifice dont les poèmes homériques décrivent le déroulement (Rudhardt, 1958) ; seules les modifications de détail sont intervenues. On s'efforcera ici d'en restituer les étapes successives en gardant en mémoire qu'aucun texte ne donne un tableau complet et que peut−être aucun sacrifice ne comportait tous les rites qui seront évoqués. Il va de soi qu'entre le modeste sacrifice qui se déroule dans la maison où le père de famille peut faire « tout de ses propres mains » (Isée, VIII,16), et le sacrifice offert à l'époque hellénistique par des associations conviviales comme les Tétradistes (qui se réunissaient le quatrième jour du mois) dans le *Flatteur* de Ménandre, ou l'hécatombe offerte par la cité d'Athènes à sa divinité tutélaire, l'échelle n'est pas la même, et le rituel n'a donc pas la même complexité dans chaque cas. A cela s'ajoutent des diversités régionales. Les actes fondamentaux du sacrifice sont pourtant toujours à peu près identiques.

Celui qui offre le sacrifice doit être non seulement en état de pureté (cf. ci−dessus, pp.73−76), mais se conformer aux règles de la société : ainsi Eschine (*Contre Ctésiphon,* 77) accuse Démosthène d'avoir laissé seulement six jours s'écouler après la mort de sa fille pour offrir, « couronné de fleurs et vêtu d'une robe blanche », un sacrifice de ce fait contraire à l'usage (*nomos*). C'est que le sacrifice est un acte public.

Dans le cas d'une *thusia* offerte par la cité, la cérémonie commence par une procession (*pompè*) qui accompagne la victime au sacrifice. Y participent le prêtre et les sacrificateurs, les magistrats de la cité et de nombreux fidèles. La victime est ornée : Eschine parle des « cornes dorées » dont Démosthène, dit−il, le voyait déjà paré, tel un taureau, pour être sacrifié le jour du premier échec d'Alexandre (*Contre Ctésiphon,* 164). L'autel a été blanchi à la chaux et décoré de rubans ou de guirlandes, comme le montrent les représentations figurées sur les vases.

Ce sont ensuite les préparatifs que décrivent, au théâtre, trois passages d'*Electre* (v.780−858) d'Euripide, d'*Héraklès furieux* (v.927−29) d'Euripide et de la *Paix* d'Aristophane (v.922−977). « Les uns apportent le bassin (*sphagion*) où doit couler le sang, d'autres lèvent des corbeilles (*kana* ; au sing., *kanoun*), d'autres allument le feu » (*Electre*, v.800−803). La corbeille contient un couteau dissimulé sous une couche de grains d'orge mêlés de sel (*Electre*, v.803 et *Paix*, v.948). Il y a aussi la *kernips*, ou vase à eau lustrale (*Paix*, 956). Plusieurs vases attiques à figures rouges du Ve siècle montrent l'assistant qui tient le *kanoun*, un panier à trois pointes, de la main gauche (fig.14) et qui tend la *kernips* à l'officiant : celui−ci y plonge les deux mains (J.−L. Durand, 1986). Le sacrificateur, portant l'eau rituelle, « fait le tour de l'autel, par la droite » (*Paix*, 956−7), pendant que les spectateurs « gardent un silence religieux » (*Héraklès*, v.927). Il trempe dans l'eau un tison qui a une vertu cathartique (*Paix*, v.959 et *Héraklès*, v.928− 9) ; il asperge l'autel et la victime qui doit, en réagissant, marquer « son assentiment » (*Paix*, v.960 et Porphyre, *De l'abstinence*, II,9,3). De la corbeille, il jette quelques grains sur l'autel, sur la victime, et les spectateurs répètent peut−être ces gestes (*Paix*, v.962). En même temps (*Electre*, v.804) ou juste après (*Paix*, v.973), est prononcée la prière qui précise les intentions du sacrifice. Puis on consacre la victime en coupant sur son front quelques poils que l'on pose, comme prémices, sur le feu sacré (*Electre*, v.811−12) − ce rôle revient habituellement au prêtre, cf. ci−dessous, pp.98−99−. Ces rites préparatoires ont le double effet d'être purificateurs et de charger l'animal d'un pouvoir religieux.

Suit la mise à mort rituelle ; elle n'est guère représentée ni décrite à l'époque classique, comme si l'on voulait, remarque J.−P. Vernant (1980), « neutraliser la violence et le meurtre ». Dans *Electre* (v.813−14), le messager dit seulement « [Egisthe] égorge la victime, que de leurs bras les valets ont soulevée sur leurs épaules ». Sans doute l'animal est−il ici soulevé vivant, c'est un rite qu'accomplissaient les éphèbes à Eleusis. Plus souvent, un « assommeur de boeuf » (*boutypos*), dont le nom est attesté dans les inscriptions attiques, frappe la victime à la nuque avec une hache (*pélékus*). Ensuite, le sacrificateur ou *mageiros*, à qui revient d'égorger, d'écorcher les bêtes, puis de découper la viande (Platon, *Euthydème*, 301 c), relève la tête de la victime, oriente sa gorge vers le ciel et l'égorge avec le couteau (*makhaira*) contenu dans la corbeille, de manière que le sang arrose l'autel. Lors de l'égorgement de la bête, les femmes lancent un cri rituel (*ololugmos* : Eschyle, *Sept contre Thèbes*, v. 268) ; un joueur de flûte accompagne la cérémonie.

A la mise à mort succède le dépeçage et le partage de la bête par le *mageiros*. Il ouvre d'abord le thorax de l'animal et retire les viscères ou *splanchna* (poumons et coeur, foie, rate et reins) et les entrailles ou *entéra* (le système digestif). Dans *Electre* (v. 826−829), Egisthe « prend dans ses mains les organes porteurs de la sacralité (*hiéra*) et les observe. Un lobe manque au foie, la veine porte et les vaisseaux voisins de la vésicule biliaire montrent à ses regards des saillies funestes. Egisthe s'assombrit ... ». On consulte donc une partie des viscères pour en tirer des présages ; le reste est consommé (*Paix*, v. 1098, 1111) (2). Plusieurs vases représentent les *splanchna* au bout de brochettes en train de rôtir au−dessus de l'autel. Il en est de même pour les *entéra* (entrailles et viscères sont associés dans l'évocation du banquet que fait Thyeste « avec la chair de ses enfants », dans *Agamemnon* d'Eschyle, v. 1219−1222) ; il semble qu'on les consomme sous forme de saucisses et de boudins (Aristophane, *Acharniens*, v. 146 et *LSC*, n° 151).

On procède ensuite au dépouillement. La peau est souvent donnée au prêtre (cf. ci−dessous, p. 106). Un premier dépeçage, le découpage selon les articulations (*kat'arthra*), permet de réserver la part des dieux : les fémurs (*méria*), qui sont mis à brûler sur le feu, recouverts de graisse. La description que donne Tirésias dans *Antigone* (v. 1005−1011) d'un sacrifice dont les présages sont défavorables évoque sur le mode dramatique cette opération : « La flamme ne jaillit pas de mes offrandes, rapporte−t−il ; les fémurs se mettent à fondre, à suinter, à baver sur la cendre... Les os enfin ressortent de la graisse qui d'abord les couvrait et qui maintenant ruisselle sur eux ». Lorsque le sacrifice est agréé, la fumée de l'offrande monte vers les dieux. Quelques parts d'honneur peuvent encore être mises de côté pour les dieux, le prêtre ou des personnes de qualité (les cuisses par exemple) (3), et on partage la viande de boucherie en faisant des parts égales. Souvent elles sont consommées dans un banquet communautaire, soit à l'intérieur même du sanctuaire comme à Epidaure, soit dans un lieu plus spacieux comme pour les Panathénées dont le banquet a lieu dans le quartier du Céramique. Les chairs sont bouillies dans de grands chaudrons qu'évoque un vers d'*Electre* (v.803) ou soumises au seul rôtissage (*Paix*, v.1039) ; dans le *Dyskolos* de Ménandre, v.456−486 et 519, les servantes ayant oublié le chaudron, Sicon décide de faire tout griller. Les banquets de la cité sont souvent évoqués dans les décrets de l'époque hellénistique. D'autres fois les viandes sont distribuées au poids (ainsi à Thèbes de Mycale ou à Priène) et emportées sur de longues broches (*obéloi*).

Signification du sacrifice − Quel est le sens du sacrifice ? Socrate pose très clairement la question dans *Euthyphron*, 14c : « Sacrifier, n'est−ce pas faire des présents aux dieux ? » et son interlocuteur d'acquiescer. De fait, les Anciens n'ont cessé de définir le sacrifice par rapport aux dieux. Il n'est pas sûr qu'à l'époque classique, on ait encore cru, comme à l'époque homérique, que les dieux se nourrissaient en partie de la fumée des sacrifices. Seul Aristophane se fait l'écho d'une telle conception (*Oiseaux*, v.1515− 1520) : « Il n'est plus un homme qui sacrifie rien aux dieux, et la fumée des cuisses n'est pas montée jusqu'à nous », se plaignent les dieux ; il s'agit de la conséquence du plan de Pisthétairos : « Lorsque les hommes sacrifieront aux dieux, vous [les oiseaux] ne laisserez pas passer à travers votre ville, territoire étranger, la fumée des sacrifices, si les dieux n'acquittent pas leurs droits » (v.190−193).

De fait, le sacrifice est d'abord un don, une dépense que le fidèle consent en l'honneur du dieu en prenant sur ses propres ressources. Par cette dépense, les hommes pensent se concilier les dieux, car « les présents, dit−on, fléchissent même les dieux », comme l'assure la Médée d'Euripide (*Médée*, v.964). Par cet hommage (*timè* : Platon, *Lois*, 723 e), auquel le système des fêtes confère une régularité assidue, les hommes espèrent la protection des dieux dans chaque circonstance. Mais il y a plus ; chaque sacrifice prétend engager le dieu à une certaine réciprocité. La prière qui l'accompagne en témoigne : ainsi le sacrifice offert par Trygée à la Paix est précédé d'une prière où il lui demande de « faire cesser batailles et tumultes », de « mettre fin aux soupçons » et d'approvisionner le marché d'Athènes (*Paix*, v.973−1015). Au début du IIe s. av. J.−C. encore, dans un texte de Magnésie du

Méandre relatif au culte de Zeus Sosipolis (*LSA*, n° 32), on retrouve les aspirations qu'exprimaient dans leurs prières les Danaïdes d'Eschyle (ci—dessus, pp.77—78) ; le sacrifice d'un taureau est offert « pour le salut de la cité et de son territoire, des citoyens, de leurs femmes et de leurs enfants et des autres personnes qui habitent dans la cité et son territoire, ainsi que pour la paix, la richesse, une récolte abondante de blé et de toutes les autres productions et la fécondité du bétail ». La valeur propitiatoire des sacrifices est essentielle ; c'est pourquoi les sacrifices précèdent toutes les entreprises importantes pour en assurer le succès. Certains sacrifices ont d'autres intentions : mantique (on sonde la volonté du dieu), cathartique (Héraklès sacrifie à Zeus Herkeios (« protecteur de l'enclos ») pour se purifier du meurtre de Lycos : Euripide, *Héraklès furieux*, v.922—23), juratoire (dans les serments) (4). Mais dans tous les cas il s'agit, en sacrifiant, d'accroître ses chances de succès et l'efficacité de son action. A la base de cette espérance, la notion de don, est, comme le souligne M. Mauss (1963), essentielle : moyen de communication universel, le don est un mode d'action privilégié envers les dieux ; il est à la fois une manière d'abandonner une partie de soi et un processus qui fait naître l'idée de réciprocité.

Pourtant la notion de don ne suffit pas à rendre compte (5) de toutes les pratiques du sacrifice ; plusieurs des gestes qui le définissent n'y sont pas réductibles, en particulier le partage qui attribue aux dieux de la graisse et les os pour laisser aux hommes le meilleur (la pratique est suffisamment étonnante pour avoir donné lieu dès Hésiode à un mythe étiologique rattaché à Prométhée, *Théogonie*, v.535— 616). Rudhardt, qui insistait dès 1958 sur la spécificité du sacrifice grec, mettait l'accent sur la volonté qui domine toute la procédure sacrificielle de maintenir un équilibre entre les hommes et les dieux et de renforcer l'homme en le soumettant à un ordre religieux. Depuis, les études de M. Detienne et de J.—P. Vernant (1979) ont dégagé deux aspects particuliers qui font l'originalité du sacrifice en Grèce. 1) Le mode de contact entre hommes et dieux d'abord. Il provient de la consommation par les hommes des viscères (*splanchna*) grillés au même feu qui envoie aux dieux leur part, d'où un « contact entre la puissance sacrée destinataire du sacrifice et les exécutants du rite auxquels ces viandes grillées sont réservées » (Vernant, 1990). Il ne s'agit pas d'un rite de « communion », car les hommes mangent une part de l'animal différente de celle des dieux et ce contact avec les dieux respecte leur « infranchissable distance », révélée par le mythe hésiodique de Prométhée. Depuis que celui−ci a cherché à berner les dieux lors du partage d'un boeuf, une coupure s'est produite entre l'immuable félicité des dieux qui, nourris de simple fumée, ignorent la faim et les hommes qui, pour survivre, doivent consommer, à l'occasion du sacrifice, la chair cuite d'une bête domestique. 2) Autre trait remarquable : le sacrifice est en même temps un acte communautaire qui, par le repas de fête qui l'achève, crée un lien social intégrant l'homme dans la société d'ici−bas. Par là le sacrifice acquiert, outre sa dimension proprement religieuse, une dimension sociale qui contribue à lui donner son importance en Grèce.

b) L'énagismos

D'autres formes de sacrifices sanglants que la *thusia* étaient pratiquées en Grèce. Les lexicographes et les scholiastes distinguent très nettement des sacrifices (*thuein/thusia*) adressés aux dieux olympiens sur un *bômos* ou autel haut, dans lesquels la tête de la victime est orientée vers le ciel, les sacrifices (*énagizein/énagismos*) célébrés le soir, à la nuit, sur une *eschara* ou fosse sacrificielle en l'honneur de « ceux d'en−bas » − les dieux chthoniens − et des héros, où la tête de la victime est tournée vers le sol que le sang doit inonder. Dans l'*énagismos*, une fois égorgée, la victime ne fait plus l'objet d'aucune manipulation rituelle. Offerte en holocauste, elle est entièrement brûlée. A l'inverse du précédent rituel qui établissait une relation d'échange, celui−ci est plutôt un rituel d'aversion, destiné à écarter les forces sinistres.

Si l'existence de l'*énagismos* ne fait aucun doute, il faut toutefois nuancer la classification proposée par les Anciens. 1) Certes l'opposition entre dieux ouraniens et dieux chthoniens est attestée tant chez Eschyle (*Agamemnon*, v.89) que chez Platon selon qui « il ne faut pas mélanger le culte de dieux chthoniens avec celui des dieux que nous devons appeler ouraniens » (*Lois*, 828 c). Mais elle n'a pas de réalité cultuelle. Selon les circonstances, et plus particulièrement selon l'épiclèse qu'elle porte, une même divinité peut être chthonienne ou ouranienne ; le sacrifice qui lui est alors offert ne tient pas toujours compte de sa tonalité particulière. Ainsi Déméter Chthonia (« Souterraine ») reçoit à Hermioné une *thusia* (Pausanias, II,35), tandis que Zeus, dieu olympien par excellence, peut comme divinité chthonienne, sous l'appellation de Meilichios (« Doux », « Aimable »), recevoir des holocaustes. 2) Ajoutons que l'*énagismos* n'est pas le rite universellement pratiqué pour les héros. Le cas de Thésée est exemplaire : au Ve siècle, les peaux des animaux qui lui sont sacrifiés sont vendues, ce qui exclut l'idée d'holocauste, et il y a un banquet à côté de sa tombe. D'autres exemples sont fournis par les calendriers sacrificiels des dèmes attiques. D'ailleurs les deux rituels, chthonien et ouranien, ne sont pas toujours séparés : à Trônis, en Phocide, on sacrifie au héros local en faisant pénétrer le sang de la victime par une ouverture à l'intérieur du tombeau ; mais on consomme la chair de la victime. La réalité cultuelle se révèle donc plus complexe que ne le laisseraient entendre les codifications proposées par Platon ou les commentateurs anciens.

c) *Les sacrifices non sanglants*

Les sacrifices non sanglants sont une autre forme de sacrifice distinguée par les Anciens. Platon (*Lois,* 782 c) se fait l'écho d'une tradition selon laquelle les « offrandes de gâteaux ou de fruits trempés de miel et d'autres sacrifices 'purs' (*hagna*) comme ceux—là où l'on s'abstenait de viande » seraient plus anciens que les sacrifices sanglants. Au IIIe siècle de notre ère, Porphyre, selon le point de vue des Orphiques (cf. ci—dessous, p.271), reprend la même idée. Au demeurant, la réalité historique n'indique rien de tel et l'idée repose en fait sur des considérations morales qui tendent à attribuer plus « d'authenticité » aux sacrifices non sanglants.

Les sacrifices non sanglants peuvent préluder aux sacrifices sanglants ou constituer à eux seuls l'ensemble du rite. Il s'agit essentiellement de l'offrande de produits agricoles que l'on brûle sur l'autel : céréales (blé, orge), fruits, légumes, fromages, sous leur forme naturelle ou sous forme de gâteaux de toutes sortes, en forme de cônes ou d'animaux et d'objets divers. De simples dépôts d'offrandes végétales laissées sur des tables (*trapéza*) à proximité de l'autel se rencontrent également (Aristophane, *Ploutos*, v.678). Les offrandes végétales devaient être fréquentes dans les cultes privés, mais elles ne leur étaient pas réservées. Au IVe siècle, un texte de l'historien Théopompe, conservé par Porphyre (*De l'abstinence*, II,16), raconte que la Pythie avait désigné comme « l'homme qui offrait à la divinité l'hommage le meilleur » un certain Cléarque de Méthydrion, en Arcadie, qui honorait chez lui les dieux de ses ancêtres en leur offrant « encens, pâtes et galettes ». Aux divinités de la cité, Cléarque « avait soin, pour toutes les récoltes de ses réserves et pour les fruits que la terre nous offre en chaque saison, d'en attribuer aux dieux les prémices, déposant les unes en offrande et brûlant les autres en leur honneur ».

Certaines fêtes comme les Thargélies, les Pyanepsies ou les *Diasia* associent les sacrifices non sanglants et les sacrifices sanglants. Mais il arrive aussi qu'un culte réclame exclusivement des sacrifices non sanglants. C'est le cas de Zeus Hypatos (« Elevé ») à Athènes, sur l'autel de qui « on ne sacrifie rien de vivant, mais où la coutume veut que l'on dépose des gâteaux et qu'on ne fasse plus ensuite usage du vin » (Pausanias, I,26,5). A Phigalie, Pausanias (VIII,42,11) a sacrifié à Déméter Mélaina (« Noire ») : « Conformément à la coutume du pays, écrit— il, je n'ai immolé aucune victime à la déesse. Ce sont des produits des arbres cultivés, en particulier des raisins, et puis des rayons de miel et des laines quand elles n'ont encore subi aucune espèce de travail et restent toute imprégnées de suint, que les gens posent sur l'autel construit devant la grotte ; les ayant posés, ils les arrosent d'huile. Tels sont les usages qu'ils observent tant pour les sacrifices individuels que pour le sacrifice annuel offert par la communauté des Phigaliens ». On retrouve ailleurs, mais sans que leur caractère exclusif soit explicite, la mention de sacrifices non sanglants pour Déméter et Despoina à Lykosoura (Pausanias, VIII,37,7), pour Déméter à Mykalessos (Pausanias, IX,19,4) et pour les Deux—Déesses (dans les *Thesmophories* d'Aristophane, v.284—5).

Comme le sacrifice sanglant, le rite non sanglant s'accompagne souvent d'une prière qui en précise l'intention. Dans les *Acharniens* d'Aristophane, Dicéopolis, qui a conclu une paix personnelle avec Sparte, invite au recueillement (v.241), et conduit une procession avec « un *phallos* bien droit » (v.243) ; il offre un gâteau sur lequel sa fille répand de la purée (v.245−47) et s'adresse alors au dieu : « O Dionysos, ô maître, puisse t'être agréable cette procession que je conduis et le sacrifice que je t'offre avec toute ma maison ; accorde moi de célébrer heureusement les Dionysies des champs, débarrassé du service militaire, et que la trêve me porte bonheur ».

Sous toutes ses formes, le sacrifice public a une valeur politique forte : quand il est offert par la cité, il est le symbole du lien qui unit la cité aux dieux, le symbole du lien qui réunit les citoyens autour de cultes communs, l'occasion enfin pour la cité d'exalter, en même temps que les dieux, sa propre grandeur et sa puissance.

Aussi toute forme de contestation de ce rite revient−elle à se mettre en marge de la cité. Tel fut le cas de la secte orphique qui refusait toute nourriture carnée et dont plusieurs témoignages montrent qu'elle eut des adeptes en Grèce à l'époque classique (cf. ci− dessous, chapitre V). Chez les philosophes en revanche, le rejet pur et simple des pratiques cultuelles est resté tout à fait exceptionnel. Il y a certes déjà chez Xénophane au Ve siècle une critique des rites traditionnels au nom de la logique, mais ce penseur souhaite les amender et non les supprimer. Plus tard, Socrate s'en prend également à la piété populaire qui lui fait « l'effet d'une technique commerciale réglant les échanges entre dieux et hommes » (Platon, *Euthyphron*, 14). Refusant de croire que les dieux apprécient les offrandes en fonction de leur prix, il tend vers une spiritualisation des pratiques cultuelles et considère que « les dieux préfèrent les offrandes des hommes pieux » (Xénophon, *Mémorables*, I,3,3). Après lui, aussi bien Platon qu'Epicure ou les Stoïciens, tout en dénonçant la conception mercantile du sacrifice (Platon, *République*, 365 e), voire en niant que les dieux aient le moindre intérêt pour cette pratique (Epicuriens et Stoïciens), recommandent le maintien des rites traditionnels. Leur pratique est recommandée par leur ancienneté, mais elle doit cependant être totalement désintéressée : elle est un hommage naturel rendu à la nature divine ; la vraie piété est d'ordre spirituel. Comme l'a bien montré D. Babut (1974), tout en refusant d'accepter toutes les implications de la religion civique traditionnelle, les philosophes n'ont jamais accepté de se couper d'elle.

4 – L'OFFRANDE

Les sacrifices impliquent la destruction d'un animal ou d'un produit de consommation consacré aux dieux. L'offrande, le « dépôt » (*anathèma*) d'un objet dans un lieu sacré, représente elle aussi une consécration : l'objet devient sacré (*hiéros*) ; mais elle se distingue du sacrifice en ce qu'elle est durable. Elle est faite pour être soigneusement conservée, comme en témoignent les inventaires descriptifs livrés par plusieurs sanctuaires : inventaires des hiéropes à Délos, inventaires d'Athènes (Parthénon, Erechtheion, Brauronion, Asklépieion), inventaires de l'Amphiaraion d'Oropos ou du Didymeion de Milet ; ils indiquent le nombre des objets, leur emplacement, leur matière et leur état. Les objets consacrés ne doivent pas quitter le sanctuaire ; en cas d'encombrement excessif ou en cas de dégradations accidentelles (incendie, atteinte de l'ennemi), on enfouit certaines des offrandes dans des fosses (*favissae*).

L'offrande est d'abord, comme le sacrifice, un don consenti à la divinité. Sa valeur est très souvent propitiatoire : il s'agit d'incliner le dieu à exaucer une prière. La notion d'une réciprocité attendue de la part du dieu est parfois clairement exprimée dans la dédicace qui accompagne l'offrande. Une épigramme de Léonidas de Tarente, composée au IIIe siècle, précise très nettement l'intention : « Les trois frères t'ont consacré, chasseur Pan, ces filets pris chacun à son genre de chasse : Pigrès, pour les oiseaux ; Damis, pour les quadrupèdes ; Cleitor, pour le peuple de la mer. Envoie leur *en échange* une bonne chasse, à l'un par les airs, au second par les bois, à l'autre par les grèves » (*Anthologie Palatine*, VI,13). Et l'on n'est pas loin du marchandage honni de Socrate avec le poème d'Agis (fin du IIIe siècle ; *Anth. Palat.*, VI, 152) : « Meidon t'a consacré, Phoibos, ces piquets, ces bâtons ailés qu'on lance sur les rivières et ces gluaux de roseaux ; c'est d'un gain modeste la modeste offrande ; mais si tu lui accordes des prises plus importantes, il te paiera une bien plus forte redevance ».

Souvent aussi l'offrande (*anathèma*) est simplement une manière de marquer son respect pour la divinité : c'est une consécration de simple piété. La profusion des figurines de terre cuite dans certains sanctuaires comme Corinthe doit s'expliquer ainsi. Mais l'offrande pieuse peut être plus riche : dans un discours d'Isée (V,42), un certain Ménéxénos parle de ses ancêtres qui « sur l'Acropole ont consacré la dîme de leur avoir ; ils ont orné ce lieu sacré de statues de bronze et de marbre dont le nombre est grand pour une fortune privée ».

Souvent enfin l'offrande est un acte de commémoration, un ex−voto au sens propre, consacré pour attester la reconnaissance du fidèle envers un dieu pour un service rendu : une dédicace inscrite précise alors le nom du dédicant, la divinité honorée et, parfois, le rappel du voeu ou les raisons de l'offrande. On trouve à Délos au Ve siècle : « Cette statue est celle d'Artémis ; Eupolis m'a consacrée à la déesse, lui et ses enfants, selon le voeu fait de la dîme » (Durrbach, 1921). A Delphes, Pausanias signale une offrande des Corcyréens qui date de la première moitié du Ve siècle et dont la base a été retrouvée ; les circonstances de l'offrande lui ont été indiquées sur place : « A l'entrée du sanctuaire, il y a un taureau de bronze, oeuvre de Théopropos d'Egine consacrée par les Corcyréens. On raconte à ce sujet qu'à Corcyre un taureau, s'écartant du troupeau, descendait du pâturage pour mugir au bord de la mer. Comme le fait se reproduisait chaque jour, le bouvier descendit vers la mer et aperçut un banc de thons en nombre incalculable. Il le fit savoir aux Corcyréens de la ville qui s'efforcèrent en vain de capturer les thons. Ils consultèrent alors l'oracle de Delphes, sacrifièrent le taureau à Poseidon et, sitôt le sacrifice achevé, ils prirent des poissons. Avec la dîme de cette pêche, ils consacrèrent une offrande à Delphes et à Olympie » (Pausanias, X,9,3−4). D'autres consécrations, nombreuses, sont consécutives à la prise de butin sur l'ennemi (ci− dessous, p.145).

Ces ex−voto honorent les dieux ; mais ils conservent aussi le souvenir des hauts faits accomplis par les hommes avec la faveur des dieux (Pindare, *Pythiques*, V, v.25, ne conseille−t−il pas à Arcésilas de « rapporter à la divinité tout ce qui lui échoit » ?) ; enfin ils témoignent de la générosité des dédicants. Un passage du plaidoyer de Démosthène *Contre Timocrate*, 182, met bien en lumière ce rôle complexe. En faisant fondre des couronnes consacrées à Athéna qui portaient des inscriptions en l'honneur d'Athènes, Androtion et ses complices, accuse l'orateur, ont commis trois forfaits : « Envers la déesse : ils l'ont dépouillée de ses couronnes. Envers la cité : ils ont anéanti la gloire attachée aux hauts faits dont ces couronnes... perpétuaient la mémoire. Enfin envers les donateurs : ils leur ont ravi un renom inestimable ». A examiner tant d'offrandes consacrées par les cités dans les grands sanctuaires, on ne peut qu'être frappé par le souci de prestige dont elles témoignent : ainsi à Delphes qu'il s'agisse des offrandes consécutives aux Guerres médiques, des monuments liés aux conflits de la première moitié du IVe siècle qui jalonnent le premier tronçon de la voie sacrée, ou des offrandes étoliennes du IIIe siècle.

Dans le détail, les circonstances et la nature des offrandes sont d'une infinie diversité. Concernant les particuliers, quelques offrandes sont prescrites par l'usage, en particulier lors des étapes importantes de la vie : le jeune Athénien consacre sa chevelure lors des Apatouries, les jeunes femmes, devenues mères, donnent leurs jouets à Ilithyie (*Anthologie Palatine*, VI,274) ou à Artémis ; les vêtements d'une femme morte en couches sont voués à Iphigénie au sanctuaire de Brauron (Euripide, *Iphigénie en Tauride*, v.1464−69). Mais pour le reste, les témoignages tant archéologiques que littéraires montrent la plus grande liberté. Les objets personnels et les outils de métier constituent un *anathèma* très fréquent. A Brauron on retrouve les bijoux et les miroirs offerts par les femmes, à Epidaure ce sont les scalpels des médecins et les poèmes de l'*Anthologie Palatine* décrivent les offrandes les plus humbles, « modeste part du modeste avoir » de chacun, selon l'expression de Léonidas de Tarente au IIIe siècle. « Les filles de Lycomédès, écrit− il, Athénô, Méliteia, Phintô et Glénis, les plus laborieuses des ouvrières, apportent en offrande, comme dîme de leurs travaux, ce qui leur tient le plus à coeur, ce fuseau, leur précieux auxiliaire, cette navette..., ces laines..., ces pesons qui les aidaient dans leur besogne et ces spatules pesantes, choses bien coûteuses pour des femmes si pauvres » (VI,288). Une activité bien représentée dans les sanctuaires est évidemment la guerre : parfois les combattants dédient leurs armes (témoin le casque de Miltiade retrouvé à Olympie avec sa dédicace ou la lance d'Alexandre notée par Pausanias dans un sanctuaire d'Asklépios à Gortys d'Arcadie) ; quant aux boucliers, aux cuirasses ou aux cnémides découverts sur un site comme Olympie, le départ est impossible à faire entre armes prises à l'ennemi et armes personnelles.

Très souvent l'offrande individuelle prend la forme d'une oeuvre d'art. Elle est modeste, lorsqu'un berger arcadien dédie une statuette de bronze à son image (fig.11) ou qu'un pèlerin achète à l'entrée du sanctuaire la figurine de terre cuite qu'il va consacrer. Elle relève plus de l'artisanat que de l'art dans le cas des stèles de guérison qui figurent l'organe malade que le dieu a guéri ou une scène de guérison (fig.9). Mais d'autres offrandes sont de véritables chefs−d'oeuvre, quand par exemple un grand sculpteur est chargé de représenter un vainqueur aux Jeux comme l'« aurige de Delphes » au Ve siècle, ou un athlète illustre comme Poulydamas dont Lysippe fit au IVe siècle à Olympie une statue malheureusement perdue. Enfin les riches particuliers n'hésitaient pas à se montrer très généreux : un chorège vainqueur peut consacrer le trépied de bronze qu'il a obtenu en prix, en ajoutant à ses frais soit une colonne soit un véritable monument, d'où le monument de Lysicrate, vainqueur en 355/4, érigé dans la rue des Trépieds, ou le monument de Nicias, vainqueur en 320/19, dressé près du théâtre de Dionysos (6).

Les collectivités n'étaient pas en reste pour honorer les dieux. Parmi les ex−voto des cités, les uns se rattachent à tel épisode de la vie locale, comme le Taureau de Corcyre à Delphes dont il a déjà été question ; les autres, plus nombreux, concernent des exploits guerriers. Chaque cité célèbre ses succès par des consécrations dans ses sanctuaires nationaux : à Athènes, on montre le fauteuil aux pieds d'argent dans lequel Xerxès avait assisté à la bataille de Salamine et, comme dépouilles de l'ennemi, la cuirasse de Masistios et l'épée de Mardonios, tous deux défaits à Platées. Mais l'orgueil national pousse aussi à célébrer les victoires par des offrandes dans les grands sanctuaires panhelléniques. Les Guerres médiques ont été à Delphes l'occasion pour de nombreuses cités d'offrir statues et monuments ; les Athéniens dédièrent le monument de Miltiade à l'entrée du sanctuaire, à gauche de la voie sacrée et, plus haut, un trésor et un portique ; les Carystiens d'Eubée, les Platéens, les Eginètes ne furent pas en reste, et les Grecs coalisés consacrèrent un Apollon en bronze tenant un ornement de poupe en souvenir de la victoire de Salamine et un trépied porté par une colonne de bronze pour commémorer celle de Platées.

D'autres offrandes rappellent des victoires d'une cité sur une cité rivale. Devant la façade orientale du temple de

Zeus à Olympie, les Messéniens, installés à Naupacte avaient élevé, après une victoire sur les Acarnaniens d'Oiniadai, un pilier haut de neuf mètres portant une statue de Niké ailée. L'oeuvre, que signale Pausanias, a été retrouvée ; datée vers 450 ou vers 420, elle est due au sculpteur Paeonios de Mendé.

De ces actes de piété résultait une accumulation de statues et de monuments divers qui n'étaient pas, pour le visiteur, la moindre composante du paysage des sanctuaires.

III – LES ACTEURS DU CULTE

1 – LES FIDELES

La participation à la vie religieuse de la cité est ouverte à tous les citoyens. Comme chef de famille, le citoyen est responsable des cultes de l'*oikos* ; comme membre d'une phratrie, d'un dème, d'une cité, il participe aux processions, aux sacrifices et aux banquets collectifs des grandes fêtes, aux concours et aux divers rites dont l'observance est une obligation pour la communauté à laquelle il appartient. Chaque citoyen peut enfin accomplir un service rituel en tant que prêtre ; s'il est assez riche pour accepter une liturgie, il peut aussi être invité, comme chorège, à former un choeur pour les concours dramatiques. A cela peut s'ajouter, en marge de la cité, une participation à des cultes privés (ci-dessous, chap.V).

La femme du citoyen participe à la vie religieuse de l'*oikos* (la maisonnée) ; mais elle est exclue du banquet sacrificiel qui est réservé aux citoyens, sauf en quelques rares cas comme les Thesmophories où ce sont les hommes qui sont tenus à l'écart, ou lors de quelques fêtes où une loi sacrée stipule sa présence. Elle prend tout de même une part active à la vie religieuse de la cité. Près de la moitié des fêtes d'Athènes supposent une participation féminine : fillettes et jeunes filles aux Arréphories, puis aux Plyntéries, ergastines et canéphores autour d'Athéna, femmes mariées aux *Haloa* et aux Thesmophories de Déméter, plus âgées auprès de la Reine (*basilinna*) lors des Anthestéries de Dionysos. Hors d'Athènes, on sait l'importance des choeurs de jeunes filles à Sparte et l'on connaît à Délos, tant par Callimaque (*Hymne à Délos*, v.306) que par des inscriptions, l'existence, pour les fêtes, d'un choeur de femmes dansant, les Déliades. D'autres sites fourniraient de semblables exemples. En tout état de cause, les femmes, lorsqu'elles ne participent pas directement à une fête, sont le plus souvent mêlées à l'assistance des grands sacrifices. Pour leur participation à des cultes privés, voir le chapitre V.

Les non—citoyens sont en règle générale tenus à l'écart du culte civique. Les métèques ont cependant un rôle dans la procession des Panathénées à Athènes (ci—dessous, p.153), et les périèques dans celle des *Promacheia* à Sparte, une fête où ils portent, nous dit—on, une couronne de cérémonie tandis que les Spartiates n'en ont pas. D'ailleurs il semble que les étrangers aient le droit, en général, d'assister aux cultes publics ; le calendrier de sacrifices de Mykonos, vers 200 (Le Guen, 1990) énumère toute une série de cérémonies : une seule — consacrée à Zeus Chthonios et Gè Chthonia — est interdite aux étrangers (*xénoi ou thémis*), ce qui prouve *a contrario* qu'ils ne sont pas écartés des autres. Quand il est admis dans un sanctuaire, l'étranger qui veut sacrifier doit être assisté d'un proxène. Le statut marginal des étrangers dans la vie religieuse de la cité explique dans une large mesure le développement des cultes étrangers ; autour d'eux se regroupent, en Attique par exemple, les métèques, que ces cultes soient reconnus par la cité ou qu'ils vivent à l'écart, grâce à des associations religieuses (cf. chapitre V). En ce qui concerne les esclaves, s'ils sont admis dans de rares fêtes (*Kronia* à Athènes, *Hyakinthia* à Sparte), ils sont en principe exclus de la participation aux cérémonies religieuses de la cité ; en revanche ils doivent assez souvent participer au culte de l'*oikos* : dans le *Dyskolos* de Ménandre (v.546—573), l'esclave de Sostratos, Gétas, prend part au sacrifice familial. Comme les métèques, les esclaves ont favorisé l'introduction de dieux étrangers.

A des degrés divers, tous les Grecs peuvent donc approcher les dieux, du moment qu'ils respectent la coutume (*nomos*) et ils n'ont pas, pour cela, besoin d'intermédiaire. Le citoyen accomplit les rites de l'*oikos*, le stratège en campagne accomplit les sacrifices sans l'intermédiaire de prêtres, et à Sparte ce sont les rois qui font les sacrifices publics au nom de la cité (cf. Xénophon, *République des Lacédémoniens*, XV,2). A Athènes, l'archonte—roi est responsable « des plus anciens sacrifices » (Aristote, *Constitution des Athéniens*, 57,1) ; cependant ceux-ci sont accomplis par des prêtres ; c'est que, sans être indispensable du point de vue religieux, l'existence d'un prêtre attaché à un dieu permet d'assurer, outre la continuité du culte, la stricte observance du rituel.

2 — *LES PRÊTRES*

Le prêtre étant à la rigueur superflu, il n'y a pas en Grèce de caste sacerdotale ou de clergé constituant un groupe social auquel seraient attachées des traditions, une éducation, une hiérarchie fixée par des règles. Etre prêtre, c'est exercer la fonction de représentant du fidèle auprès du dieu pour les sacrifices et les prières (Eschine, *Contre Ctésiphon*, 18). Aussi, mis à part le cas de quelques prêtrises réservées à de vieilles familles, il s'agit d'une charge, au même titre que les magistratures de la cité auxquelles Démosthène la compare (*Prooimia*, 55). Elle ne demande aucune vocation particulière — la prêtrise n'est pas un genre de vie (7) — ni aucune compétence particulière : selon Isocrate (*Nicoclès*, 6), le premier venu peut l'exercer. Avant de revenir sur le mode de recrutement des prêtres, voyons leurs fonctions.

A — *Les fonctions des prêtres*

Les prêtres, ou *hiéreis* (au singulier, *hiéreus*) sont littéralement des « personnages qui accomplissent des actes sacrés » conformément à la tradition (*kata ta patria*). Ne parlons pas de dogme : ils sont les gardiens des rites du passé auxquels ils doivent conserver dans chaque cas leur unicité. Ainsi à Phénéos d'Arcadie, « lors de la fête d'initiation dite 'majeure', le prêtre se met un masque de Déméter Kidaria et *conformément à la tradition*, il frappe les divinités du monde souterrain avec des verges » (Pausanias, VIII, 15,3). La spécificité et la précision des rites accomplis dans les différents sanctuaires implique que chaque prêtre soit attaché à *un* sanctuaire précis dont il connaît parfaitement le rituel. Rares sont entre le Ve et le IIIe siècle les exceptions à cette règle.

Parmi les rites que doit accomplir le prêtre, il y en a un particulier, celui du sacrifice. Sauf dérogation, comme à l'Amphiaraion d'Oropos où le prêtre peut s'absenter (Le

Guen, 1991), aucun sacrifice ne saurait être accompli dans un sanctuaire sans la participation du prêtre attaché à ce sanctuaire. Le rôle du prêtre commence lorsque la procession arrive à l'autel : l'organisation de ce qui précède — entre autre l'achat des victimes — est généralement assurée par des magistrats ordinaires ou des hiéropes attachés aux cérémonies sacrées (à Cos pourtant, le prêtre choisit les boeufs lors de la vente publique, *LSG*, n° 151). Le prêtre, vêtu d'une longue tunique blanche, la tête couronnée de feuillages ou de fleurs (Eschine, *Contre Ctésiphon*, 77) reçoit et examine la victime. Ensuite, son rôle précis apparaît variable. Dans certains cas, c'est lui qui donne le coup mortel à l'animal de sacrifice et dans *Héraklès furieux* d'Euripide (v.451), *hiéreus* et *sphageus*, « égorgeur », désignent la même personne. Mais très souvent, il se contente de vouer la bête à l'immolation et de la consacrer, en laissant au *mageiros* le soin de terminer la tâche et d'exécuter la victime. Quand Iphigénie déclare à propos des Grecs dans *Iphigénie en Tauride*, v.40 : « c'est moi qui les consacre, car à d'autres appartient de les égorger », il faut tenir compte de ce que les prêtresses en tant que femmes ne peuvent verser le sang : c'est une pratique bien attestée que dans les fêtes réservées aux femmes, un homme procède au sacrifice puis se retire (*LSCS*, n° 10). Mais la présence ordinaire d'un *mageiros* (« boucher—sacrificateur ») pour procéder à l'égorgement des victimes, bien attestée par les inscriptions d'Olympie et de Délos, est significative. Un règlement de l'Amphiaraion d'Oropos du début du IVe siècle (Le Guen, 1991) indique d'ailleurs comme actes proprement sacerdotaux le fait de prononcer la prière (8) et celui de déposer sur l'autel les parties de la victime vouées au dieu. Toutefois aucune règle ne dut jamais être établie *ne varietur*.

Les attendus du décret honorifique du IIIe siècle en l'honneur de la prêtresse du sanctuaire d'Aglaure sur les pentes Est de l'Acropole d'Athènes donnent une idée de l'ensemble des charges liturgiques qui étaient attachées au sacerdoce : « Attendu que la prêtresse d'Aglaure a offert l'*eisagogia* et les sacrifices convenables, qu'elle a aussi veillé sur le bon ordre durant la *pannuchis* (« veillée ») et qu'elle a préparé la table à offrandes, qu'on lui décerne l'éloge... » (Dontas, 1983). Le sens d'*eisagogia*, peut—être un sacrifice lié à l'entrée en charge de la prêtresse, n'est pas assuré. Pour le reste, les charges de la prêtrise sont, comme on le voit, tantôt liées aux particularités du culte (la fête d'Aglaure devait comporter une « veillée »), tantôt plus banales (sacrifices et dépôts d'offrandes sur la *trapéza*).

En matière proprement religieuse, là s'arrêtent les fonctions du prêtre : il veille sur le bon déroulement du rite qui conditionne son efficacité ; il ne possède par lui-même aucune *aura* religieuse spéciale : « il ne prêche pas et il n'enseigne rien » (Ph. E. Legrand).

Mais le prêtre « sert » (*thérapeuein*) encore le dieu d'une autre façon : il veille à l'entretien de son sanctuaire. Il s'occupe d'abord de la statue de la divinité. L'usage d'habiller la statue comme une personne vivante, quand elle est en bois ou acrolithe (9), est sans doute fort ancien : il est bien attesté à l'époque classique (la remise d'un péplos à Athéna Polias à Athènes le prouve) et il persiste à l'époque hellénistique pour laquelle des inscriptions de Délos parlent d'étoffes que l'on renouvelle ou que l'on échange. De même les statues portent des parures : il est question à Délos pour l'*agalma* d'Aphrodite de boucles d'oreilles en or ; bracelets et couronnes figurent également dans les inventaires. Vêtements et bijoux sont à la garde du prêtre ou de la prêtresse. Parmi les soins (*kosmèsis*) accordés à la statue figure aussi la toilette : lavage à l'éponge et badigeonnage à l'huile ou à la cire parfumée, dont il est question dans les textes déliens (Marcadé, 1969), voire véritable bain pour le *xoanon* d'Athéna Polias au Phalère lors des Plyntéries. D'une autre nature sont les soins apportés aux grandes statues chryséléphantines : à Olympie, un bassin dans lequel on versait de l'huile existait devant le Zeus de Phidias ; « (l'huile) empêche l'ivoire d'être endommagée par l'humidité de l'Altis », explique Pausanias (V,11,10). L'interprétation n'est pas claire, mais l'usage est assuré et le bassin a été retrouvé.

Plus largement, c'est l'ensemble du sanctuaire que le prêtre entretient. A Délos on sait par l'épigraphie que le sanctuaire d'Héra est l'objet d'un nettoyage annuel (Bruneau, 1970). Un néocore peut aider le prêtre dans ces tâches d'entretien : Ion, néocore d'Apollon à Delphes, définit ainsi son travail dans *Ion* d'Euripide (v.102−111) : « Eh bien ! vaquons aux travaux qui, depuis notre enfance, sont les nôtres. Avec ces rameaux de laurier, avec ces guirlandes sacrées, je m'en vais décorer le portail de Phoibos. D'onde fraîche j'arroserai son parvis. Et les troupes d'oiseaux qui menacent les saintes offrandes (*anathèmata*), par les traits de mon arc je vais les mettre en fuite. Car, sans père ni mère, moi, je sers et vénère les autels nourriciers de Phoibos ». Ion s'occupe de la propreté du sanctuaire, de la décoration des monuments (faite pour réjouir les dieux) et de la conservation des offrandes. Mais ce n'est pas le prêtre qui décide des réparations et des constructions dans le sanctuaire : elles relèvent de l'assemblée ; il ne les surveille pas non plus.

Le prêtre, comme les astynomes avec qui Platon le compare (*Lois*, 759c), doit assurer l'intégrité et le bon fonctionnement du sanctuaire, et y faire la police. Ainsi, à Athènes au VIe siècle, selon une inscription (*LSC*, n° 37), « le prêtre d'Apollon Erithaséos avertit... et interdit de couper du bois dans le sanctuaire d'Apollon et de l'emporter hors du sanctuaire, tout comme des branches avec du feuillage, des branches sèches et des feuilles tombées ». Le prêtre fait respecter les lois sacrées qui limitent l'accès du sanctuaire et l'ensemble des règlements établis. A l'Amphiaraion d'Oropos « si quelqu'un, étranger ou citoyen, commet une infraction dans le sanctuaire, le prêtre a le pouvoir de le punir d'une amende jusqu'à cinq drachmes ». Il peut aussi rendre la justice (*LSC*, n° 69), mais souvent il fait appel à une autorité extérieure au sanctuaire. A Amorgos, au IVe siècle, une prêtresse introduit une plainte auprès des prytanes « du fait que des femmes ont pénétré à l'intérieur du temple » (*LSC*, n° 102), ce qui était interdit. Au Pirée, à la même époque, une prêtresse de Déméter se fait aider du démarque pour la surveillance du Thesmophorion, dans lequel il est interdit de pratiquer des actes d'affranchissement, de réunir des thiases, d'approcher les objets et les édifices de culte sans la prêtresse, sauf les jours de fête, ainsi que de couper du bois dans le domaine sacré (*LSC*, n° 36 ; voir Le Guen, 1991).

Le prêtre a enfin des fonctions d'ordre administratif, plus ou moins étendues selon les sanctuaires et selon les époques. A l'Asklépieion d'Athènes, il remplit les fonctions de trésorier (*tamias*) ; il est responsable de toutes les offrandes faites au dieu, et il en dresse l'inventaire. Au IIIe siècle, c'est lui, apprend-on par l'épigraphie, qui fait fondre les ex-voto usagés, sans en référer, semble-t-il, au Conseil ou à l'Assemblée. Mais souvent la compétence des prêtres est moindre : à Athènes, pour s'occuper des biens d'Athéna Polias qui est particulièrement riche, il y a dix trésoriers d'Athéna (Aristote, *Constitution des Athéniens,* 47,1) ; à Eleusis, des épistates sont nommés par le Conseil dans le 3e quart du Ve siècle pour « prendre en charge les biens des Deux Déesses » (Garland, 1984) ; à Délos le trésor sacré est confié à des hiéropes, etc.

Ainsi les prêtres garantissent l'observance du rituel, ce qui est un rôle capital, mais limité. Ils n'ont en revanche aucun pouvoir pour introduire des changements dans le culte ou créer de nouveaux cultes, et si quelque impiété est commise, c'est la cité qui poursuit les coupables. Enfin l'administration financière leur échappe pour l'essentiel. La cité ne leur délègue qu'une tâche déterminée pour un temps déterminé.

B — *Désignation et statut des prêtres*

a) *Les familles sacerdotales*

Si la majorité des prêtres étaient désignés parmi tous les citoyens, il faut faire une place à part aux prêtrises détenues par de vieilles familles ou *génè*, les *patriai hiérosunai,* qui se répartissaient certaines fonctions sacerdotales. Cette prérogative représente un héritage du passé auquel n'a pas touché Clisthène. La manière dont était choisi chaque prêtre dans les *génè* est discutée. Aristote (fr. 385 Rose) parle de tirage au sort, ce qui devait être l'usage à son époque. Pour les autres périodes on manque de données.

A Eleusis, deux familles sacerdotales jouent un rôle primordial dans la célébration des Mystères. Les Eumolpides descendent d'Eumolpos, « le bon chanteur », c'est—à—dire celui qui module bien les incantations et les formules. Ils fournissent le hiérophante qui « révèle les objets sacrés » (*hiéra*) (ceux—ci sont la propriété de la famille) ; ils conservent les « lois non écrites » du sanctuaire (Lysias, *Contre Andocide,* 10). Le hiérophante est prêtre à vie ; il est sans doute choisi dans un lot de candidats sélectionnés dans le *génos,* la nature de la prêtrise exigeant des compétences particulières. Les deux hiérophantides sont également des Eumolpides. La famille des Kéryces fournit le *kérux* ou « héraut » qui doit, pour remplir son rôle, avoir une bonne voix : Xénophon, *Helléniques,* II,4,20, parle de

Cléocritos « le héraut des mystes qui avait une très belle voix » et qui « fit faire le silence » pour parler contre les Trente. Le dadouque («porteur de torche ») est également choisi parmi les Kéryces (Andocide, I,127) ; jusqu'à la fin du IVe siècle, la dadouchie reste dans la branche des descendants de Phainippos, ce qui peut faire penser à une transmission héréditaire. Le dadouque est chargé de porter la double torche des mystères ; c'est, après le hiérophante et mis à part la prêtresse des Deux déesses, le prêtre essentiel à Eleusis. Hiérophante et dadouque ont un vêtement pourpre, leur longue chevelure est retenue par un *strophion* («bandeau») et ils portent une couronne de myrte, si bien que lors de la bataille de Marathon, « on dit, rapporte Plutarque (*Vie d'Aristide*, 5,6), qu'un barbare, prenant le dadouque Callias pour un roi, à cause de sa chevelure et de son bandeau, se jeta à ses pieds ». D'importance secondaire, le « prêtre de l'autel », qui joue un rôle dans les sacrifices, est également un membre du *génos* des Kéryces.

Un troisième *génos* d'Eleusis, celui des Philléides, a le privilège de fournir « la prêtresse de Déméter et de Coré qui initie les mystes à Eleusis », selon la formule des lexicographes. Celle-ci joue un rôle essentiel lors des sacrifices (Ps.-Démosthène, *C.Nééra*, 116) ; elle est prêtresse à vie et éponyme à Eleusis.

Autres familles d'Attique — Plusieurs familles d'Attique possèdent ailleurs des prérogatives analogues. Au Phalère, les Salaminiens fournissent la prêtresse d'Athéna Skiras, au Sounion celle d'Héraklès et à Athènes, celle d'Aglaure et du héros Eurysakès. Les Lycomides possèdent un bâtiment d'initiation à Phlya. Les Bouzyges — dont le héros fondateur, Bouzygès devait son nom au fait d'avoir le premier mis des « boeufs » (*bous*) sous le joug (*zygos*) — accomplissent le labour sacré au pied de l'Acropole d'Athènes. Mais la famille la plus célèbre à Athènes pour ses privilèges religieux est celle des Etéoboutades dans laquelle se recrute la prêtresse d'Athéna Polias (Eschine, *Ambassade*, 147) et le prêtre de Poseidon-Erechthée. La prêtresse d'Athéna est sans doute une femme mariée ou veuve ; elle exerce la prêtrise à vie ; un interdit, connu par Strabon (IX,1,11), touche son mode de vie : l'interdiction de manger du fromage fait en Attique. Le prêtre de Poseidon-Erechthée est lui aussi un Etéoboutade : la famille de l'homme politique Lycurgue a fourni plusieurs prêtres successifs. Il y avait dans l'Erechtheion des « tableaux du *génos* des Etéoboutades » (Pausanias, I,26,5), en particulier un *pinax* votif dédié par le fils de Lycurgue Habron, qui, ayant été désigné, céda la prêtrise à son frère Lycophron (Ps.−Plutarque, *Vie de Lycurgue*, 49).

Au demeurant, les prêtres des *génè* restent de simples citoyens soumis à la cité, sans aucun privilège par rapport aux autres prêtres. Dans le *Contre Nééra*, 116 du Ps.−Démosthène, il est question d'un procès engagé contre un hiérophante pour avoir empiété sur les droits de la prêtresse d'Eleusis, procès dans lequel il fut condamné (10).

b) Les sacerdoces « ordinaires »

Le recrutement − Les sacerdoces ordinaires, dont la date d'apparition est encore discutée, sont de loin les plus nombreux. Tout citoyen peut prétendre à la prêtrise. La désignation se faisait, semble−t−il, par élection ou par tirage au sort (Aristote, *Politique*, 1299 a). Platon (*Lois*, 759 c) préconise le tirage au sort, qui permet de « s'en remettre à la fortune divine », et celui−ci est attesté par une inscription dès le Ve siècle pour la prêtresse d'Athéna Niké qui, vers 430, est choisie « parmi toutes les femmes » ; au IIIe siècle, le tirage au sort avec rotation des tribus est pratiqué pour les deux prêtres d'Asklépios à Athènes, sans que l'on sache à quand remonte la formule. Dans la réalité, les deux systèmes de l'élection et du tirage au sort pouvaient être conjugués comme on le voit dans le *Contre Euboulidès*, 49, du Ps.−Démosthène, où Euxithéos avance, pour prouver sa citoyenneté, que les démotes d'Halimonte « l'ont proposé à l'élection pour participer avec les citoyens les mieux nés au tirage au sort du sacerdoce d'Héraklès ».

La coutume pour les cités de vendre les prêtrises est attestée dans les inscriptions de la Grèce de l'Est, dont elle constitue une particularité régionale. La pratique a pu naître à Milet dès le Ve siècle. On la trouve à Iasos et à Erythrées au IVe siècle ; mais la grande période de diffusion est le IIIe siècle. Une inscription d'Erythrées (*LSA*, n° 25), vers 250, quels que soient les problèmes de détail qu'elle pose, donne une idée du nombre considérable des sacerdoces vendus : la liste indique le nom des preneurs, le prix de vente, le nom de la divinité, le prix d'une taxe et le nom d'un garant. Le montant de la vente ou de la revente dépend de la nature du sacerdoce. Les ventes de sacerdoces apportaient aux caisses sacrées des sommes importantes ; aux particuliers, elles assuraient des revenus de culte qui devaient compenser le coût initial (Debord, 1982).

Les conditions requises — La dokimasie (l'examen) que recommande Platon (*Lois*, 759c) avait-elle réellement lieu avant la prise de fonction solennelle ? Les documents manquent pour l'affirmer, mais il est sûr que pour être prêtre, il fallait remplir certaines conditions. La citoyenneté en est une ou, pour les prêtresses, la condition de femme de citoyen. A Athènes, au IVe siècle, « la loi interdit expressément qu'un citoyen nouvellement admis par le peuple... participe à un sacerdoce quelconque ». C'est seulement à ses descendants qu'elle accorde l'intégralité des droits, et encore « à condition qu'ils soient issus d'une Athénienne donnée légalement en mariage » (*Contre Nééra*, 92). A Halicarnasse une inscription du IIIe siècle apprend que la prêtresse d'Artémis Pergaia doit être citoyenne depuis trois générations (*LSA,* n° 73). Il faut aussi être exempt de souillure et répondre à certaines conditions de « moralité » : d'après Xénophon (*Mémorables*, II,2,13), celui qui a négligé ses parents n'est pas jugé digne d'accomplir les sacrifices pour la cité.

Des prescriptions plus précises concernent le sexe et l'âge des prêtres. De façon générale, les prêtres desservent les divinités masculines et les prêtresses les divinités féminines. Mais la règle n'est pas absolue. A Calaurie, Poseidon a une prêtresse, comme Héraklès à Thespies ; à Rhodes, Athéna Lindia a des prêtres ; de même pour Athéna Poliatis à Tégée. Des conditions d'âge peuvent apparaître. Souvent on les connait par Pausanias, et elles peuvent avoir changé selon les époques : pour des prêtres impubères, voir Pausanias, VIII,47,2 (Tégée), X,34,4 (Elatée) ; pour des prêtresses qui ne sont pas encore nubiles, II,33,2 (Calaurie), VII,26,2 (Aigira) ; pour une vieille femme, VI,20 (Elis). Mais sur la norme courante on manque de données et il est difficile de savoir dans quelle mesure la recommandation de Platon de prendre les prêtres après soixante ans reflète une tendance réelle.

En ce qui concerne une éventuelle continence des prêtres, on se rangera aux conclusions de R. Parker (1983). A l'époque classique, la plupart des prêtres et des prêtresses dans le monde grec sont mariés et mènent une vie de famille, avec éventuellement des périodes de chasteté (pour le hiérophante au moment des mystères, ou pour les Gérarai lors des Anthesthéries : *Contre Nééra,* 78-79). Les autres sont souvent des personnes mariées ayant dépassé l'âge d'une activité sexuelle fréquente. En tout cas, la prêtresse vierge à vie, comme à Thespies (Pausanias, IX,27,6) ou à l'image de la Théonoé d'Euripide dans *Hélène,* est une exception. Quand la virginité est exigée de sa prêtresse par la divinité, c'est pour un an (Pausanias,II,10,4) ou jusqu'à son mariage (Pausanias, II,33,3 ; VII,19,1 ; VII,26,5). L'abstinence n'est pas pour les Grecs un idéal en soi comme dans certains cultes orientaux importés à l'époque hellénistique — les prêtres eunuques ont toujours été recrutés parmi les étrangers —.

Reste à envisager la durée des prêtrises ordinaires. Généralement annuelles, elles peuvent atteindre quatre, cinq, voire dix ans. Elles se terminent, semble-t-il, par une reddition de comptes, seule occasion pour la femme, en tant que prêtresse, de paraître à l'Assemblée. Il est possible de remplir successivement plusieurs fonctions sacerdotales ; une épigramme funéraire de Callimaque le montre : « Jadis prêtresse de Déméter, puis des Dieux Cabires, puis encore de la déesse de Dindymon [Cybèle], je suis ici vieille femme, qui n'est plus que poussière...».

Le statut des prêtres — Rares sont les prêtres réellement appointées par la cité. C'est cependant le cas de la prêtresse d'Athéna Niké ; à partir de 450 av. J.-C, elle reçoit un salaire de 50 drachmes par an (11) ; en même temps elle a droit aux pattes et aux peaux provenant des sacrifices publics, ce qui doit représenter un bénéfice substantiel. Les avantages en nature constituent d'ailleurs généralement l'essentiel des ressources des prêtres.

Une part des bêtes sacrifiées revient en effet de droit au prêtre ; elle varie d'un sanctuaire à l'autre suivant sa fréquentation, et d'un sacrifice à l'autre selon qu'il provient de la cité ou d'un simple particulier. La peau est un morceau de choix, car elle entre dans la fabrication de produits de première nécessité et peut facilement être vendue (cf. Le Guen, 1988). A Cos, un prêtre reçoit, vers 300 av. J.-C., en plus d'une patte, la peau de chaque bête

(*Syll*³, 1025) ; on a de nombreuses attestations épigraphiques de dispositions analogues. L'usage cependant n'est pas général : à Athènes lors des grands sacrifices publics, les peaux sont mises en vente par la cité et la recette constitue une caisse du trésor public, le *dermatikon*. Des morceaux de la chair des victimes reviennent aussi aux prêtres : une ou plusieurs pattes ou cuisses, la langue ou les oreilles, la tête, la queue, une partie des entrailles, une ou plusieurs portions de viande. A cela s'ajoute une part des offrandes non sanglantes déposées sur la table à offrandes. De ces avantages en nature le prêtre tire sa nourriture et l'argent des denrées mises en vente sur le marché.

Des revenus en espèces sont attachés à certains sanctuaires. A Delphes, le prêtre perçoit sans doute une fraction de la taxe acquittée « aux Delphiens » par les pèlerins pour pouvoir sacrifier, le *pélanos*. A Milet la prêtresse de Dionysos touche un pourcentage sur la taxe versée par chaque fidèle lors de la fête triennale (*LSA*, n° 48). A Eleusis, la prêtresse de Déméter et Coré reçoit une obole par myste en plus des *apométra*.

La considération dont ils sont entourés, les honneurs publics qui leur sont accordés — proédrie, c'est—à—dire siège au premier rang dans les théâtres, honneurs civiques, couronnes ou même statues, nourriture au prytanée (*sitèsis*) pour le hiérophante et le dadouque d'Eleusis — donnent aux prêtres, sinon un véritable pouvoir religieux, du moins un statut social souvent prestigieux. A partir de la fin du IVe siècle, les cités aux prises avec des difficultés financières s'en remettent plus qu'auparavant aux prêtres pour offrir les victimes des sacrifices, d'où une tendance à choisir pour prêtres des gens aisés : on le constate à Erythrées dès le IVe siècle où certains acheteurs de sacerdoces sont connus par ailleurs comme magistrats monétaires ; cela apparaît aussi entre 350 et 200 av. J.—C. à l'Asklépieion d'Athènes, où les prêtres appartiennent à des familles connues, de statut social élevé. La tendance ira croissant au cours de l'époque hellénistique.

Aux côtés des prêtres, prêtresses et autres serviteurs du culte (néocores ou, pour des divinités comme Asklépios ou certains dieux étrangers, zacores), il arrive que des jeunes gens soient consacrés temporairement à la divinité : ce service est pour eux une période probatoire avant de passer à l'âge adulte ; il en sera question plus loin (chapitre V).

Si les prêtres et leur entourage sont généralement sans qualification propre et s'ils ont à apprendre lors de leur entrée en fonction les rites qu'ils auront à accomplir, il existe aussi en Grèce des « experts religieux » : les chresmologues, les devins et les exégètes.

3 – CHRESMOLOGUES, DEVINS ET EXÉGÈTES

Etymologiquement le chresmologue est celui qui « rassemble et récite des *chresmoi* » c'est−à−dire des oracles comme ceux de Bakis ou Musée ; le *mantis* ou devin est un interprète des signes envoyés par les dieux. Mais les auteurs anciens ne font pas toujours une distinction aussi nette : le fameux devin du cercle de Périclès, Lampon, est appelé tantôt d'un nom tantôt de l'autre. Le mot de devin recouvre les plus larges compétences.

Le devin est avant tout un technicien qui pratique les divers modes de divination : examen des viscères lors du sacrifice et de leur combustion, interprétation du vol des oiseaux, des phénomènes terrestres et célestes (tremblements de terre, éclipses de lune ou de soleil), des songes et de tous les événements extraordinaires. On le consulte avant d'entreprendre une opération d'importance, à titre privé (cf. chapitre V, pour les devins ambulants) ou au nom de la cité. Certains devins en sont arrivés à avoir une véritable influence : Lampon acquit suffisamment d'autorité pour jouer un rôle politique dans la fondation de Thourioi en 443, pour faire voter un amendement au décret athénien sur les prémices d'Eleusis (ci−dessous, p.237) ; il prophétisa la chute de Thucydide fils de Mélésias et fut un des signataires de la paix de Nicias.

A l'occasion des récits de campagnes militaires les textes mentionnent le rôle des devins qui les accompagnent (cf. ci−dessous, chap.III) et cite leur nom. Le devin acarnanien Mégistias, descendant du héros−devin Mélampous, ayant examiné les entrailles des victimes, annonce « aux Grecs qui défendaient les Thermopyles que la mort leur viendrait avec le jour » ; il reste auprès de Léonidas pour mourir à ses côtés (Hérodote, VII,219 et 221). A Platées, Tisamène, devin de la famille des Iamides, annonce des présages favorables pour les Grecs, « s'ils restent sur la défensive » (Hérodote, IX,36). En Sicile, le devin Stilbidès accompagne Nicias jusqu'à sa mort peu avant le désastre de Syracuse (Plutarque, *Vie de Nicias*, 23). Alexandre, quant à lui, ne sera pas entouré de moins de quatre devins (Polyen, IV,3,14)... Les devins sont généralement tenus en grande considération ; ils reçoivent des cités statues (Démosthène, *Contre Leptine*, 70) et même nourriture au Prytanée (*sitèsis*). De rares attitudes rationalistes comme celle de Périclès à l'occasion d'une éclipse (Plutarque, *Vie de Périclès*, 35) n'entament pas la confiance dont jouit l'interprétation des présages.

L'existence officielle des exégètes, autres « professionnels », « interprètes des lois sacrées », est attestée à la fin du Ve siècle. Un exemple de consultation d'un exégète est donné dans un discours du Ps.—Démosthène, *Contre Evergos et Mnésiboulos*, 68—71 : le plaideur l'interroge, dans une affaire de meurtre, sur l'opportunité d'user d'un serment avec imprécation. Au demeurant, l'autorité des exégètes se laisse mal apprécier.

4 — PROPHÉTESSES ET PROPHÈTES

Si la divination par les signes est le domaine du devin, il existe en Grèce une divination inspirée dans laquelle le dieu s'exprime directement par la bouche de son prophète, « celui qui transmet la volonté divine ». Cette forme de divination est celle que l'on pratique dans les grands sites oraculaires comme Delphes, Dodone ou Milet et Claros. Sans traiter ici des modes de divination (cf. chapitre IV), il convient d'évoquer le recrutement de ces interprètes divins.

A Delphes, la Pythie, nommée à vie, est obligatoirement une Delphienne qui reste au service du dieu jusqu'à sa mort ; mais on ignore son mode exact de désignation. Instrument de l'oracle, elle prête sa voix au dieu qui s'exprime à travers elle ; elle n'a donc besoin d'aucune compétence ni d'aucune vocation. Habitant dans le sanctuaire à l'abri des souillures, la Pythie doit rester chaste ; tardivement s'imposa pour cette raison la règle de prendre une femme âgée.

A Didymes, après le rétablissement en 334 av. J.—C. de l'oracle qui avait été supprimé en 494, le personnage essentiel est un prophète. Choisi au tirage au sort par dèmes, il exerce pendant un an, préside l'ensemble des cérémonies et peut délivrer la réponse de l'oracle ; mais à l'imitation de Delphes, c'est une prophétesse qui sert d'intermédiaire et reçoit l'inspiration divine.

Si les prêtres, devins et prophètes détiennent les fonctions proprement liturgiques, le reste des responsabilités religieuses appartient généralement aux responsables politiques des cités : ainsi le maintien de l'ordre et le respect des coutumes ancestrales qui ne relèvent pas du prêtre — notamment les faits d'impiété — l'organisation des grandes fêtes et le contrôle des finances.

5 — AUTRES RESPONSABLES DES CHARGES RELIGIEUSES

Dans les cités, l'Assemblée, le Conseil et certains magistrats exercent un pouvoir religieux à côté du personnel spécialisé ; dans le cas d'un sanctuaire panhellénique comme Delphes, c'est un conseil des Amphictions, dont il sera question plus loin (chapitre IV). Il n'y a donc pas de séparation entre le domaine de la religion et les autres affaires de l'Etat.

Assemblées et tribunaux — Le cas d'Athènes illustre particulièrement bien cette imbrication des compétences : l'Assemblée (*ekklésia*) délibère sur les « affaires sacrées » lors de deux de ses séances légales (Aristote, *Constitution des Athéniens*, 43,6) ; elles constituent le premier point de l'ordre du jour, comme l'indiquent de nombreux décrets. Les consultations d'oracle au nom de la cité, l'envoi de théores (ambassadeurs religieux) aux grandes fêtes panhelléniques, la gestion des sanctuaires (biens, travaux publics), l'organisation des fêtes, la révision des lois sacrées ou l'introduction de nouveaux cultes, c'est-à-dire tous les aspects internationaux et une bonne part de l'administration de la vie religieuse de la cité, sont du ressort de l'Assemblée.

Le Conseil (*boulè*) joue également un rôle important dans les affaires religieuses, surtout en ce qui concerne les aspects financiers. C'est en présence du Conseil réuni sur l'Acropole que les dix trésoriers d'Athéna élus chaque année prennent en charge la statue chryséléphantine de la déesse (les plaques d'or qui la revêtent font partie du trésor de la déesse), les victoires d'or dédiées au cours du Ve siècle, le reste des ornements sacrés et les sommes en caisse (Aristote, *Constitution des Athéniens*, 47,1). Le Conseil s'occupe également des finances du culte d'Eleusis, pour lesquelles il fait créer, au milieu du Ve siècle, un collège de cinq épistates ou administrateurs de biens sacrés. Au moins avant l'époque d'Aristote, le Conseil doit approuver le modèle présenté pour le péplos d'Athéna (12). Enfin, il élit chaque année le collège de dix hiéropes qui organise les *Délia*, les *Brauronia*, les *Hérakleia* et les *Eleusinia*.

Ce sont les tribunaux de la cité, émanations de l'Héliée, qui statuent dans les *graphai* (actions) intentées pour impiété (cf. chapitre V). Pendant longtemps l'Aréopage a jugé ceux qui avaient abattu un olivier sacré : mais l'usage est tombé en désuétude à l'époque d'Aristote (*Constitution des Athéniens*, 60,2), et l'Aréopage n'a plus de fonction religieuse bien définie.

Magistrats — Outre les épistates et les hiéropes qui détiennent quelques parcelles de pouvoir religieux, plusieurs magistrats de la cité ont en ce domaine d'assez larges prérogatives.

L'archonte—roi veille plus particulièrement sur « ceux de ces antiques sacrifices qui sont les plus solennels et les mieux conservés par la tradition » (Platon, *Politique*, 290 e). Il s'agit en premier lieu, comme le précise Aristote (*Constitution des Athéniens*, 57,1), de la célébration des Mystères d'Eleusis, qu'il organise de concert avec quatre « épimélètes des mystères » institués un peu avant le milieu du IVe siècle ; l'archonte—roi participe d'ailleurs à plusieurs des actes cultuels de la partie publique des Mystères (cf. chapitre IV). Il a aussi en charge l'organisation des Lénéennes en l'honneur de Dionysos, dont il règle la procession et les concours de comédie et de tragédie. Il « organise également, d'après Aristote, toutes les courses au flambeau » (ces lampadédromies, attestées dans de nombreuses fêtes, sont fort anciennes). Il a enfin la responsabilité des « sacrifices ancestraux ». Les scholiastes ajoutent que l'archonte—roi désigne les deux arréphores qui dirigent le tissage du péplos ; sa femme, la *basilinna*, offre des sacrifices secrets à Dionysos et s'unit au dieu lors des Anthestéries (ci—dessous, chapitre III). Enfin l'archonte—roi est compétent dans les procès d'impiété ; il juge les litiges concernant les prêtrises familiales et il proclame l'interdit religieux dans les cas de meurtre (Aristote, *Constitution des Athéniens*, 47,2).

L'archonte éponyme s'occupe de fêtes relativement plus récentes. C'est le cas des Grandes Dionysies, dont il organise les concours et la grande procession (elles ne sont peut−être pas antérieures à Clisthène : ci−dessous, p.158) ; c'est le cas de la procession pour Asklépios lors des *Epidauria* instituées en 420 av. J.−C. ; c'est également le cas pour la procession en l'honneur de Zeus Sôter (ces *Diisôtéria* du Pirée peuvent remonter au temps de Thémistocle). Quant aux *Délia*, la fête pentétérique de Délos à laquelle les Athéniens envoyaient théories et choeurs, l'archonte désigne le chorège et le chef des théores (il s'agit d'une ancienne fête d'Apollon qui fut revivifiée après la purification de l'île en 426/5 av. J.−C.). Seule l'intervention de l'archonte éponyme dans les Thargélies concerne une fête apparemment ancienne. Aristote mentionne enfin le rôle de l'archonte dans la collecte de l'huile pour les Panathénées, rôle qui n'est pas attesté avant 392/1. En gros il est vrai, comme le note Aristote (*Constitution des Athéniens*, 3,3) que « l'archonte n'a aucune des fonctions primitives, comme le roi et le polémarque, mais simplement les fonctions surajoutées ».

L'archonte polémarque est responsable du sacrifice promis à Artémis Agrôtéra lors de la bataille de Marathon et du sacrifice à l'ancien dieu de la guerre Enyalios, des jeux funéraires et des sacrifices célébrés pour les morts à la guerre et en l'honneur d'Harmodios et Aristogiton (*Constitution des Athéniens*, 58,1). Mis à part les sacrifices à Enyalios, ses fonctions religieuses, adaptées à ses compétences dans le domaine de la guerre, n'ont pas l'ancienneté des charges ancestrales (*patria*) dont parle Aristote au début de la *Constitution des Athéniens*.

Au total, l'étude des attributions religieuses dans la cité donne un premier aperçu de la symbiose entre la vie institutionnelle de la cité et sa vie religieuse.

IV − LES LIEUX DU CULTE

1 − DÉFINITION RELIGIEUSE

Le culte se déroule dans des lieux fixes qui sont la propriété des dieux. Dans la langue classique, le mot *hiéron* désigne un lieu consacré à une divinité, qu'il soit ou non aménagé, car le caractère sacré du lieu préexiste aux constructions des hommes. Il arrive que l'emplacement d'un sanctuaire ait été désigné par une divinité, soit directement (les lieux frappés par la foudre comme la maison d'Oenomaos à Olympie ou le site de l'Erechtheion à Athènes sont considérés comme sacrés), soit indirectement, par l'intermédiaire d'un oracle (ainsi à Scillonte, Xénophon « acheta des terres pour la déesse à l'endroit où Apollon l'avait prescrit » — *Anabase,* V,3,7 — et les consacra à Artémis). Mais le plus souvent, le sanctuaire est simplement un lieu où l'homme a ressenti, de manière diffuse, la présence d'une puissance surnaturelle. Certains types de paysages ont une vocation particulière à être consacrés aux dieux : ceux qui comportent une source, un bois (ex. : l'Altis d'Olympie), une grotte (ex. : l'antre corycien), des roches escarpées (ex. : le sanctuaire de Trophonios à Lébadée), des falaises grandioses (ex. : Delphes), un promontoire (ex. : le cap Sounion), un sommet solitaire (ex. : le mont Lycée).

Une fois qu'elle est consacrée aux dieux, une terre ne peut être rendue au domaine profane. Les architectes qui réalisent les travaux de l'Acropole d'Athènes dans la seconde moitié du Ve siècle doivent s'adapter à cette règle : pour respecter le caractère particulièrement sacré du secteur Nord de l'Acropole, où étaient enterrés les deux anciens rois d'Athènes Cécrops et Erechthée à côté de plusieurs cultes ancestraux, il leur faut bâtir un édifice complexe, l'Erechtheion, qui respecte les dénivellations du terrain comme la pluralité des cultes ; à l'entrée du plateau sacré, Mnésiclès est obligé de renoncer à faire construire l'aile Sud des Propylées symétrique de l'aile Nord, car les prêtres d'Athéna Niké interdisent que l'on empiète sur le domaine de la déesse. Le déplacement d'un lieu sacré est exceptionnel et on ne peut le faire sans le consentement des dieux : à Tanagra au IIIe siècle, les habitants consultent Apollon sur l'opportunité de ramener dans la ville le sanctuaire de Déméter et Coré qui se trouvent hors les murs (*LSC*, n° 72).

Du caractère sacré du lieu découle une règle impérative : la nécessité d'être en état de pureté pour celui qui veut y pénétrer (cf. ci—dessus, pp.73—76). Cette exigence explique l'existence de nombreuses prescriptions qui régissent l'accès du sanctuaire et se traduisent par des lois sacrées gravées dans la pierre et placées à l'entrée. Elles ne rappellent pas les règles communes, que tout le monde connaît, mais signalent plutôt des cas particuliers : à Lykosoura, au IIIe siècle, il est fait « interdiction aux femmes enceintes ou qui allaitent de se faire initier » (*LSC*, n° 68), alors qu'ordinairement la femme enceinte n'est pas exclue du sanctuaire. L'interdiction de métaux dans plusieurs sanctuaires, en particulier à Xanthos dans les premières années du IIe siècle (Le Roy, 1986), est liée à l'exclusion du luxe et peut-être également rattachée à la notion de pureté. Parfois, l'entrée du sanctuaire est interdite soit aux hommes (grotte du mont Thaumasion en Arcadie, Pausanias, VIII,36, 2−3), soit aux femmes (à Elatée, *LSC*, n° 82), selon la divinité honorée. Les « tabous » (interdictions rituelles) ne sont pas toujours possibles à expliquer. En cas d'impureté, un lieu sacré doit être purifié ; ce fut le cas pour Délos en 426 : « toutes les tombes des gens morts à Délos furent enlevées ; il fut pour l'avenir interdit de mourir à Délos et d'y accoucher » (Thucydide, III, 104).

Le caractère sacré du sanctuaire se communique à quiconque y pénètre ; aussi le sanctuaire est−il un lieu inviolable. Tout ce qui se trouve à l'intérieur du sanctuaire est propriété du dieu, et il est sacrilège aussi bien de le dépouiller de ses biens que d'arracher de ses autels ceux qui s'y sont réfugiés en suppliants (emmener de force les Suppliantes serait pour le roi d'Argos « dépouiller les dieux », rappelle Eschyle, *Suppliantes*, v.927). Un vase du peintre de Kléophradès, décoré vers 480, illustre, entre autres, sur le plan mythique le caractère dramatique d'un tel acte : tandis que Ajax armé la prend aux chevilles, Cassandre s'accroche d'une main à l'idole d'Athéna ; de son bras gauche tendu elle a un ample geste de supplication (fig.15). Se constituer suppliant (*hikétès*) est un moyen d'échapper aux hommes : après la mort de Lysandre à Haliarte en 395, les Spartiates, considérant le roi Pausanias comme responsable, lui intentèrent un procès capital ; « il s'enfuit à Tégée où il passa le reste de sa vie comme suppliant dans le sanctuaire d'Athéna » (Plutarque, *Vie de Lysandre*, 30,1) (13).

La définition religieuse du sanctuaire et l'importance accordée à la notion de pureté ont pour conséquence logique le souci de marquer avec la plus grande netteté les limites entre terre profane et terre sacrée : dans *Oedipe à*

Colone de Sophocle, Oedipe aveugle, risque la mort pour avoir franchi sans les voir les frontières du sanctuaire des Euménides en étant impur.

2 – DÉFINITION MATÉRIELLE

Matériellement, le sanctuaire se définit comme une portion de territoire découpée au milieu des propriétés des hommes et désormais réservée aux dieux. Ce domaine porte le nom de *téménos* (du verbe qui signifie « couper », « prélever »). Le *téménos* est un espace qui est strictement délimité. Tantôt un simple bornage en marque les limites ; il est fréquent de retrouver des bornes de sanctuaires ; ce sont des pierres dégrossies sur l'une de leurs faces au moins qui portent le nom du propriétaire divin de l'endroit ; parfois la borne s'adresse au passant : « Je suis la borne (*horos*) d'Héraklès », peut-on lire par exemple. Tantôt on peut restituer une barrière en bois (comme à Olympie à l'époque archaïque). Souvent un véritable mur percé d'une ou plusieurs portes enclôt le sanctuaire (ex. : Delphes, Eleusis) ; en revanche, à Mantinée un simple fil de laine limite le sanctuaire de Poseidon Hippios. Le mot « péribole » désigne l'enceinte qui « entoure » le *téménos*.

Implantation des sanctuaires et paysage religieux – Le grand nombre des divinités et des héros en Grèce entraîne la multiplicité des sanctuaires, qui se constate dans toutes les régions. Quelques indications sur l'implantation des sanctuaires et leur répartition sur le territoire suggéreront ce que pouvait être, à l'échelle de la cité, le paysage religieux en Grèce ancienne. On distinguera les sanctuaires urbains et les sanctuaires ruraux. Les sanctuaires urbains sont localisés à l'intérieur des murs, sur l'acropole quand elle existe, sur l'agora ou dans les quartiers de la ville ; ils honorent toute sorte de divinités liées à la défense de la cité et aux activités urbaines, mais aussi des divinités agraires, car ville (*astu*) et territoire (*chôra*) sont complémentaires. La ville tire largement sa subsistance de la *chôra*, aussi abrite-t-elle plus d'une divinité campagnarde. Les sanctuaires ruraux, dont les uns sont suburbains, tandis que d'autres se répartissent sur tout le territoire, sont toujours nombreux. Dans les plaines cultivables comme Eleusis, on rencontre volontiers Déméter ; dans les plaines inondables comme à Stymphale, c'est Artémis, qui est liée à l'élément humide.

Dans les montagnes, on trouve des sanctuaires près des sommets ou sur les pentes ; les cols, et en particulier ceux qui sont à la frontière entre deux cités, constituent des lieux privilégiés pour l'installation de sanctuaires qui sont fréquentés par les gens des deux versants. Artémis comme déesse du monde animal et des confins, Hermès en tant que dieu rustique des bergers, Pan, le protecteur des pâtres et des troupeaux, sont particulièrement honorés en montagne où ils protègent les activités locales.

Selon les régions, la répartition des sanctuaires entre la *chôra* et la ville s'équilibre différemment. Dans les cantons de montagne qui sont des terres arides et inhospitalières, l'agriculture, pratiquée au fond des vallées ou sur des terrasses aménagées le long des pentes, n'occupe qu'une faible partie de la population qui, pour l'essentiel, vit dispersée sur le territoire, de l'élevage et de la chasse. Dans ces régions, il n'est pas étonnant que les sanctuaires les plus importants se trouvent dans la *chôra*. Ainsi, sur le territoire de Phigalie, le sanctuaire d'Artémis Sôteira, dans la ville, sert de point de départ à des processions vers les sanctuaires de la *chôra* consacrés à Apollon Epikourios (« Secourable ») à Bassai sur le mont Kôtilion au N—E, à Déméter Mélaina sur le mont Elaion au S—O et à Artémis Eurynomè près de la ville : ces divinités, qui protègent la vie personnelle et la sécurité du territoire (Apollon) ou la nature végétale et animale (Déméter et Artémis), sont les pôles religieux les plus importants de la cité : paysans, bergers et chasseurs honorent les divinités dans le cadre où ils vivent surtout, celui de la *chôra*. En revanche, dans les cantons les plus urbanisés, comme l'Attique, les sanctuaires majeurs sont dans la ville ; seules deux exceptions méritent d'être notées pour l'Attique : les sanctuaires de Brauron et d'Eleusis ; ils font l'objet de processions depuis Athènes, et il existe dans la ville un « rappel » de ces sanctuaires ruraux, le Brauronion sur l'Acropole et l'Eleusinion au Nord de celle—ci.

Dans tous les cas, la complémentarité entre sanctuaires ruraux et sanctuaires urbains est une donnée essentielle : la mobilisation de la population rurale et de la population urbaine pour la célébration de fêtes périodiques dans les sanctuaires de la *chôra* ou dans ceux de la ville (14) est un moyen de souder le groupe social par la démarche commune qu'elle implique.

Mais revenons aux sanctuaires pris individuellement ; il convient d'en étudier les composantes architecturales.

3 – COMPOSANTES ARCHITECTURALES DU SANCTUAIRE

Le *téménos* peut n'enfermer rien d'autre que des autels ; c'est même un cas fréquent, car l'autel est le seul monument indispensable au culte.

a) L'autel

L'autel, foyer sur lequel se consument les offrandes du sacrifice et autour duquel se réunissent acteurs et spectateurs de ce rite, est normalement en plein air, à l'extérieur du temple quand il y en a un, le plus souvent à l'Est. Les autels situés à l'intérieur des temples, comme à Delphes ou à l'Erechtheion, sont généralement liés à des particularités cultuelles, notamment aux cultes héroïques.

Pour les sacrifices de rite « chthonien », l'autel (*eschara*) et son foyer sont aménagés à même le sol. Pour les autres, l'autel (*bômos*) comporte un foyer surélevé sur un socle. Il peut être rudimentaire. Ainsi à Délos, Apollon aurait dressé un « autel de cornes » en assemblant les cornes des chèvres chassées par Artémis (Callimaque, *Hymne à Apollon,* v.62–63) ; il était protégé, à l'époque hellénistique, par une construction appelée *Kératôn* dans les comptes de l'Indépendance (314–167 av. J.–C.). A Samos, à Didymes et à Olympie, l'autel est fait des cendres du sacrifice durcies avec de l'eau. Mais le plus souvent, le *bômos* est en pierre. Il comporte un soubassement à degrés et un socle sur lequel se trouve le foyer, avec, aux deux extrémités, des barrières pour retenir les cendres (cf. fig.14). Ces éléments de base peuvent être enrichis par un décor et l'autel est plus ou moins monumental : à Athènes, l'autel d'Athéna Niké mesurait à peu près 4 m sur 3, celui d'Athéna Polias environ 15 m sur 10 ; mais des autels plus petits existaient aussi pour des cultes mineurs. Enfin le culte domestique se déroule sur de petits autels en pierre ou en terre cuite.

Autour de l'autel s'étend une esplanade suffisante pour accueillir acteurs et spectateurs du sacrifice.

b) Le temple

Le temple est le monument le plus prestigieux que nous aient laissé les Grecs, mais tous les sanctuaires n'en contiennent pas, car il n'est pas indispensable au culte. Il ne sert pas à réunir des fidèles ni à célébrer une liturgie collective. Sa fonction est d'être « la demeure de la divinité » (son appellation, *naos*, désigne une maison) ; entendons par là qu'il abrite la statue cultuelle de la divinité. Mais, même dans cet office, il n'est pas nécessaire (à Phigalie, la statue de Déméter Mélaina est abritée dans une grotte). Il faut donc considérer le temple surtout comme une somptueuse offrande faite aux dieux, qui rend manifestes à la fois la piété et la munificence de la cité qui l'offre. Il n'est lieu de culte que dans la mesure où la statue qu'il abrite requiert des soins que le prêtre est chargé de lui donner (ci-dessus, p.100).

La structure du temple dérive de sa définition comme demeure du dieu. La pièce principale, *naos* proprement dit ou *cella*, accueille la statue (fig.16). Autour d'elle se développent des éléments annexes qui relèvent de l'histoire de l'architecture et visent à donner un caractère monumental à l'édifice : à l'Est un porche ou vestibule, le *pronaos* ; à l'Ouest, assez souvent, un porche symétrique, l'*opisthodome*. Enfin l'emploi de colonnes relève d'une volonté d'alléger les volumes : devant ou entre les deux murs des porches, et tout autour du corps de bâtiment, le *sèkos*. La disposition de ces colonnes et l'ordre utilisé déterminent des variantes dans le plan et dans le style du monument. L'ensemble est généralement de plan rectangulaire. Ajoutons que le temple est décoré de thèmes mythologiques pour édifier les fidèles, et en partie rehaussé de peinture.

La statue de culte — A l'intérieur, la statue divine ou *agalma* se dresse au fond de la *cella*, généralement entre deux rangées de colonnes. Elle a pour fonction de rendre présent le dieu qu'elle figure, tout en suggérant qu'il ne se confond pas avec elle, car la nature divine dépasse le simulacre ; en fait, la divinité n'est pas vraiment là. C'est ce qu'exprime Platon dans les *Lois,* 931 a : « Aux divinités nous adressons des statues (*agalmata*) à leur ressemblance, et, leur rendant honneur, si inertes (*apsuchos*) qu'elles soient, nous croyons ainsi nous concilier largement la bienveillance et la grâce des dieux vivants (*empsuchos*) ».

118

La statue est conçue, comme son appellation d'*agalma* l'indique, comme une offrande faite pour « réjouir » le dieu, ce qui est bien admettre qu'elle n'est pas le dieu. Cette conception explique d'ailleurs les attaques que profère vers 500 déjà un penseur comme Héraclite, puis un peu plus tard Démocrite d'Abdère : « les statues, qui sont harmonieuses et nous invitent par leur beauté à les contempler, manquent de coeur » (fr.195 Voilquin). L'idée de beauté est liée à celle d'*agalma* et, de fait, les statues de l'époque classique (statues chryséléphantines d'Athéna à Athènes, de Zeus à Olympie, d'Asklépios à Epidaure, d'Héra près d'Argos, ou statue en marbre de Némésis à Rhamnonte) suggèrent la majesté divine.

Pourtant il subsiste à l'époque classique des traces d'une conception plus ancienne qui attribuait une sorte de pouvoir divin à la statue. Porphyre, *De l'abstinence,* II,18,2, rapporte à ce sujet une remarque d'Eschyle : « Les anciennes statues, quoique simplement faites, sont réputées divines (*theia*), tandis que les nouvelles, produit d'un travail raffiné, suscitent sans doute l'admiration, mais n'ont pas une telle réputation de divinité ». Le propos est corroboré par Pausanias selon qui les oeuvres du sculpteur légendaire Dédale, quoique peu élégantes, « ont en elles une touche de divin ». L'idée d'une complète identification de la représentation et de la divinité représentée est peut-être à l'origine de l'habitude de langage qui veut que l'on appelle Athéna la statue d'Athéna : Périclès encore, en 431, parle des « vêtements d'or qui parent la déesse elle-même » (Thucydide, II,13,5) ; comprenons la statue du Parthénon.

Plus sûrement on a le souvenir d'une telle idée dans la fête athénienne des *Plyntéria,* encore célébrée aux époques classique et hellénistique. Lors de cette cérémonie, on transporte le *xoanon* d'Athéna Polias jusqu'au Phalère et on l'y plonge dans la mer, ainsi que son péplos ; puis on lui offre des gâteaux de figues sèches ; le rite, d'abord purificateur, est sans doute aussi chargé de rendre à la déesse sa force magique épuisée au cours de l'année. En Arcadie, à l'époque hellénistique, Théocrite (*Idylles,* VII, v.16−108) rapporte une coutume du même ordre ; le poète fait dire à un berger amoureux : « Si tu fais cela, Pan chéri, puissent les jeunes gens ne pas te flageller avec des scilles les flancs et les épaules quand leurs portions de viande sont exiguës » ; il suggère ainsi qu'en cas de chasse infructueuse, les jeunes Arcadiens se livraient à un rite de flagellation de la statue de Pan avec l'espoir de l'inciter à reprendre son action bénéfique et à garantir l'abondance du gibier ; en même temps, comme pour Athéna, ils écartaient grâce aux scilles, qui ont une valeur cathartique, toute souillure qui compromettrait l'efficacité du rite.

Les vieilles statues honorées aux époques classique et hellénistique gardent leur pouvoir hérité des temps archaïques ; pour s'assurer l'action bénéfique d'un *xoanon*, on n'hésite pas, à l'occasion, à le retenir par des chaînes : ainsi pour Artémis Eurynomè en Arcadie (Pausanias, VIII, 41, 5−6) (15). Les grandes statues classiques ont une signification cultuelle nouvelle ; elles sont plutôt chargées, telles des offrandes, en « réjouissant » la divinité, d'attirer sa bienveillance. L'époque hellénistique prolonge dans sa conception la période précédente. On le voit avec le groupe cultuel de Lykosoura, sculpté en pierre par Damophon de Messène, probablement à la fin du IVe ou au début du IIIe siècle. Il associe quatre personnages : Despoina et sa mère Déméter sont assises au centre, dans un groupe de tendresse dont l'idée remonte au fronton Est du Parthénon ; Artémis et Anytos (le père nourricier de Despoina) sont debout de part et d'autre des déesses ; l'ensemble offre une composition équilibrée de tradition classique (fig.17). Les cultes nouveaux entraînent de nouvelles effigies cultuelles (ainsi pour Sarapis ou les monarques divinisés (16) : ci−dessous, chap.III).

c) Autres monuments

Dans les sanctuaires civiques, le temple est, après l'autel, l'édifice le plus fréquemment présent. Il faut y ajouter des salles de banquet liées à la pratique du sacrifice communautaire (ex. : à l'Asklépieion d'Athènes, à Brauron, à Pérachora) et des monuments faits pour abriter certaines offrandes fragiles (comme la chalkothèque de l'Acropole d'Athènes pour les ex−voto en bronze). D'autres types d'édifices sont liés aux particularités du culte. Ainsi les sanctuaires des divinités guérisseuses comportent en général un portique « d'incubation », c'est−à−dire une galerie couverte s'ouvrant en façade par une colonnade, sous lequel les malades viennent passer la nuit « couchés » pour attendre l'apparition miraculeuse d'Asclépios. Dans les sanctuaires où se célèbrent des cultes à initiation, des salles fermées, conçues pour accueillir les mystes (candidats à l'initiation) à l'abri des regards indiscrets, constituent le monument essentiel (Télestérion d'Eleusis, Anaktoron de Samothrace). Certains cultes féminins comme les Thesmophories exigent également des bâtiments particuliers pour leur célébration : ainsi le « mégaron » dont il est question à Délos (Bruneau, 1970).

Enfin, les sanctuaires panhelléniques ont vu se développer des formes particulièrement riches d'ex−voto dédiés par des cités : les « trésors », petits édifices qui comportent généralement une pièce précédée d'un porche, sans parler des portiques. De plus, le déroulement des grands concours exige la présence d'un stade et éventuellement d'un théâtre, qui tendent à être repoussés à l'extérieur du *téménos,* de même que les palestres, les gymnases et les hôtels (édifices d'accueil des pèlerins).

4 − DU Ve AU IIIe SIÈCLE : LA VIE DES SANCTUAIRES ; CRÉATIONS ET RÉAMÉNAGEMENTS

Entre le début du Ve siècle et la fin du IIIe, la liste des principaux sanctuaires en Grèce est en gros fixée ; seules interviennent quelques créations. La vie des sanctuaires reste pendant toute la période, très active : en témoignent l'organisation des fêtes, dont il sera question au chapitre suivant, et le développement monumental, ainsi que les travaux d'entretien ou les remises en ordre dont on retracera les phases principales.

a) Créations de nouveaux sanctuaires

L'installation de nouveaux sanctuaires est généralement liée à l'introduction de nouvelles divinités, qu'elles soient grecques ou étrangères. Xénophon importe sur son domaine de Scillonte, dans le paysage agreste qui lui convient, l'Artémis d'Ephèse (*Anabase,* V,3,7−13). Deux exemples permettent de suivre d'assez près les étapes de l'implantation, celui d'Asklépios à Athènes et celui de Sarapis à Délos (17).

L'Asklépieion d'Athènes est installé sur les pentes méridionales de l'Acropole, juste à l'Ouest du sanctuaire de Dionysos. Une étude de S.B. Aleshire (1989), qui s'appuie à la fois sur les données de l'archéologie et sur celles de l'épigraphie, semble prouver que le culte privé établi par Télémachos en 419/8 s'est installé d'emblée sur la terrasse qui sera occupée ensuite par le culte officiel de la cité. La proximité immédiate, à l'Ouest, du sanctuaire d'une divinité des eaux et la présence, sur la terrasse en question, d'une source sortant de la paroi rocheuse de l'Acropole susceptible de fournir l'eau nécessaire au culte d'Asklépios, justifient le choix de l'emplacement. Un *bothros* (fosse), souvenir d'une divinité installée là avant Asklépios, a été intégré dans la structure du nouveau sanctuaire. En raison de son caractère privé, le *hiéron* primitif de Télémachos utilisait sans doute largement le bois pour ses constructions ; la réorganisation du sanctuaire par la cité n'en a rien laissé subsister, pas même l'autel ; il est néanmoins resté en usage quelque temps après le passage du culte sous le contrôle de la cité entre 360 et 340 av. J.−C. (passage favorisé peut−être par Delphes qui encourageait les cultes d'Asklépios établis sous l'égide d'Epidaure). Ce n'est qu'à la fin du IVe siècle en effet que la cité entreprend d'élever un sanctuaire à ses frais : délimité par un mur de péribole à l'Ouest et au Sud, il comporte un petit temple et un autel, ainsi qu'un portique pour les malades, incluant la source et le *bothros,* dont la construction commença en 300/299 av. J.−C.

La popularité d'Asklépios au IVe siècle était considérable, comme le montre le nombre des ex−voto retrouvés dans son sanctuaire ; pourtant l'installation du dieu demeura fort modeste jusqu'au début du IIIe siècle : tant il est vrai que l'importance d'un sanctuaire ne se mesure pas à la richesse de son développement architectural.

L'histoire du *sanctuaire de Sarapis à Délos* est connue par un texte épigraphique gravé sur une colonne du *hiéron*, qui comporte le récit de la fondation, d'abord en prose, puis mis en vers par un certain Maiistas (Le Guen, 1991). Il s'agit, dans un premier temps, d'une fondation privée : dans la première moitié du IIIe siècle, un certain Apollonios, prêtre de Sarapis d'origine memphite, s'établit à Délos et y installe une statue du dieu dans un modeste sanctuaire. La transmission héréditaire du culte étant d'usage chez les Egyptiens, cinquante ans plus tard, un second Apollonios exerce la prêtrise. « Le dieu lui annonça en songe qu'on devait lui consacrer un Sarapieion, un sanctuaire qui lui appartînt, car il ne voulait plus être locataire comme précédemment ; il ajouta qu'il trouverait lui-même l'endroit où on le devait installer et qu'il indiquerait cet endroit. Il en fut ainsi. Or, c'était un endroit plein d'ordure dont la mise en vente était annoncée par une petite affiche placardée dans le passage de l'agora. Puisque le dieu le voulait, l'achat fut conclu et le sanctuaire fut bâti rapidement, en six mois ». Il comportait une enceinte sacrée, un temple, des autels et une salle de banquets. Seulement Apollonios avait dû négliger quelque formalité ; il fut victime d'un procès. Mais le dieu intervint par un miracle. « C'est alors, dit le poème, que tu accomplis aux yeux de tous ce prodige effrayant, toi et ton épouse. Ces hommes aux pensées mauvaises qui machinaient le procès, tu les paralysas et tu mis dans leur bouche une langue muette ».

Le sanctuaire d'Apollonios ou Sarapieion A, élevé vers 220 av. J.—C., a été retrouvé à Délos et on constate qu'il survécut à la concurrence du sanctuaire officiel fondé quant à lui vers 180 av. J.—C.

b) Réaménagements de sanctuaires existants

Le Ve siècle — Au début du Ve siècle, les Guerres médiques sont à l'origine de nombreuses constructions dans les sanctuaires. Au lendemain des principales victoires, des ex—voto sont dédiés dans les grands sanctuaires, on l'a vu p.95. Par ailleurs, les Athéniens ont à reconstruire les monuments dévastés par les Perses : l'Agora est en ruines et l'Acropole a été pillée et incendiée (Hérodote, VIII,53). Dans un premier temps on ne fait que restaurer les monuments pour pouvoir les utiliser. En effet, les Grecs auraient prêté le serment suivant, juste avant la bataille de Platées : « Je ne reconstruirai aucun des sanctuaires qui ont été brûlés ou dévastés, mais je les laisserai et je les maintiendrai [en ruines] comme un souvenir—témoin de l'impiété des Barbares » (Diodore, XI,29 ; cf. déjà Lycurgue, *Contre Léocrate,* 81). De fait, si l'activité de construction est intense sur l'Agora entre 479 et le milieu du siècle, elle intéresse des monuments civils ; comme monument religieux, on citerait seulement la dédicace d'*hermès* faite par Cimon, après la victoire d'Eion (476/5). C'est avec Périclès, dans la seconde moitié du Ve siècle, à la suite d'un accord intervenu avec les Perses (la « paix de Callias » en 449), que la politique hégémonique d'Athènes cherche son support dans un programme monumental d'envergure ; il concerne essentiellement l'Acropole, mais s'accompagne aussi de quelques travaux sur l'Agora (18) et sur la colline de Kolonos Agoraios où s'élève l'Héphaisteion, commencé entre 460 et 450 et terminé vers 420 av. J.—C. ; plusieurs sanctuaires de l'Attique s'ornent également de constructions raffinées (temple de Poseidon au cap Sounion, de Némésis à Rhamnonte, temple d'Acharnes, Télestérion d'Eleusis).

Sur l'Acropole, les travaux entrepris à l'époque de Périclès dépassent les simples nécessités du culte et relèvent d'une politique de prestige que définit bien Démosthène dans le *Contre Androtion*, 76, lorsqu'il parle de l'argent dépensé par Athènes pour l'apparat (*philotimia*) : « Il lui en reste aujourd'hui des biens impérissables : le souvenir de ses hauts faits et la beauté des consécrations (*anathèmata*) qui les commémorèrent, ces Propylées, le Parthénon, les portiques...». Ainsi les constructions de l'Acropole sont avant tout des offrandes commémorant la gloire et la grandeur de la cité. Mis à part le temple d'Athéna Niké, seul l'Erechtheion — que ne cite pas Démosthène — était à proprement parler un monument de culte puisqu'il contenait, outre divers autels, le *xoanon* d'Athéna Polias auquel était adressée la fête des Panathénées ; le Parthénon et sa statue sont un *anathèma* dressé dans le sanctuaire d'Athéna Polias. Plutarque reprend des idées semblables quand il parle « d'embellissement de la ville pour une immortelle renommée » (*Vie de Périclès*, 12,1).

Le Parthénon est élevé en premier entre 447 et 432 av. J.—C., sous la direction de Phidias, avec comme architectes Iktinos et Kallikratès. Implanté sur le soubassement élargi d'un temple mis en chantier auparavant, il est conçu pour mettre en valeur la colossale statue chryséléphantine d'Athéna (ci—dessus, chapitre I), d'où un ordre extérieur dorique de huit colonnes en façade, avec dix—sept colonnes sur les longs côtés. Il comprend aussi, derrière la cella, la salle appelée « Parthénon » (« des Vierges ») où vont être abrités les fonds de la Ligue de Délos, d'où la profondeur réduite du pronaos et de l'opisthodome. Son décor procède d'un véritable programme de glorification d'Athènes (épisodes de la naissance d'Athéna et de la dispute entre Athéna et Poseidon pour le patronage de l'Attique aux frontons, épisodes mythologiques symbolisant le triomphe de la civilisation sur la barbarie pour les métopes, hommage des Athéniens à leur déesse dans la frise ionique dite des Panathénées).

Les Propylées, oeuvre de Mnésiklès, commencés avant que n'ait été achevé le Parthénon, dotent l'Acropole d'une entrée grandiose à l'Ouest, en permettant au pèlerin, par l'implantation retenue, d'apercevoir d'un coup d'oeil en arrivant sur le plateau à la fois le Parthénon et les lieux sacrés du secteur Nord (vieux temple d'Athéna, puis Erechtheion). Le temple d'Athéna Niké est achevé vers 415, et l'Erechtheion, mis en chantier en 421/20, sera terminé seulement en 406 en raison de la Guerre du Péloponnèse. C'est le monument le plus complexe de l'Acropole : rappelons qu'il abrite un grand nombre de dieux et de héros qui étaient attachés à cet emplacement avant la construction d'un édifice unique (tombes de Cécrops et Erechthée, culte des divinités Athéna Polias, Poseidon, Zeus et Héphaïstos, culte des héros Boutès et Erechthée associé à Poseidon) ; attenant, se trouve l'enclos consacré à Pandrose ; aux dieux et aux héros de l'Erechtheion se rattachent les plus vieilles légendes de l'Attique.

D'autres guerres que les Guerres médiques sont l'occasion d'offrandes monumentales. Vers 470 av. J.−C., en Elide, les habitants d'Elis offrent un temple au Zeus d'Olympie, qui n'avait jusqu'alors qu'un autel, grâce au butin pris sur les gens de Pisa et leurs alliés qu'ils avaient défaits. Considéré comme un temple de pur style dorique, il exalte à la fois la légende locale (préparatifs de la course de Pélops au fronton Est, sous l'arbitrage de Zeus) et les vertus de l'humanisme classique (effort civilisateur des Lapithes aidés de Thésée pour lutter contre les Centaures au fronton Ouest et travaux d'Héraklès sur les métopes du pronaos et de l'opisthodome).

Le IVe siècle − Au IVe siècle, le développement architectural de certains sanctuaires est moins lié à la guerre qu'au développement spectaculaire de quelques cultes. La popularité d'Asklépios entraîne la construction à Epidaure, vers 380−370, d'un temple du dieu qui accueille une statue chryséléphantine sculptée par Thrasymédès de Paros : elle représente Asklépios assis sur un trône, tenant un bâton d'une main, et étendant l'autre au−dessus d'un serpent ; un chien est allongé près de lui. Le premier état du portique monumental « d'incubation » date également du

IVe siècle, ainsi que la fameuse Tholos (entre 360 et 320), monument rond dont la destination exacte n'est pas éclaircie, mais dont la qualité d'exécution exceptionnelle, en particulier pour le décor, laisse deviner l'importance. Moins somptueux, mais reflétant la même tendance, le sanctuaire d'Amphiaraos à Oropos est doté d'un temple et d'un portique « d'incubation » dans le premier quart du IVe siècle.

Le développement des cultes à mystères trouve son illustration à Samothrace dans le sanctuaire des Grands Dieux, où le Hiéron servant à la célébration des mystères est construit vers la fin du IVe siècle.

A Athènes, au lendemain de la défaite de Chéronée (338) s'affirme la volonté de prouver que la cité est encore « digne de son ancienne gloire ». Cela se traduit, sous l'impulsion de Lycurgue, entre 338/7 et 326/5 av. J.−C., par un attachement zélé aux sanctuaires traditionnels. Lycurgue a fait fabriquer, nous apprend le décret de Stratoclès qui lui confère des honneurs posthumes, « des victoires d'or massif, des objets d'or et d'argent pour les processions, enfin des ornements pour cent canéphores ». Un règlement relatif au mobilier sacré et à la réorganisation de différents cultes, voté en 334/3 sur proposition de l'homme d'Etat, énumère aussi toutes sortes d'objets précieux fabriqués pour différentes divinités (Athéna, Dionysos, Amphiaraos, Asklépios). De plus, sous Lycurgue sont construits plusieurs bâtiments liés au culte (le stade panathénaïque et le théâtre de Dionysos, qui reçoit alors ses premiers gradins de pierre) et des travaux sont exécutés tant à l'Eleusinion d'Athènes qu'à Eleusis même. Le désir de conserver les valeurs de la vieille Grèce à une époque où son autonomie est mesurée explique cette politique qui se réfère à l'époque de la grandeur d'Athènes : dans le *Contre Képhisodotos*, fr. 2, Lycurgue évoque d'ailleurs explicitement les bâtiments dus à Périclès.

Epoque hellénistique − L'époque hellénistique est loin de marquer, comme on l'a cru longtemps, un déclin de la vie des sanctuaires. C'est l'époque où l'Asklépieion de Cos connaît son premier développement architectural : un temple avec son autel et un *oikos* (bâtiment) avec une fontaine, construits sur la terrasse médiane du site, datent du IIIe siècle. Le sanctuaire de Lykosoura reçoit à la fin du IVe et au début du IIIe siècle, un temple (fig.16) et des autels, un portique et un « Mégaron » pour les initiations. A Samothrace, le sanctuaire s'enrichit vers 280−270 de l'Arsinoeion, monument rond élevé par Arsinoé II. Quant aux lieux de culte anciens, ils sont pieusement entretenus et restaurés : à Délos, un décret du IIIe siècle honore le statuaire Télésinos qui a « sauvé et restauré toutes les statues du sanctuaire qui avaient besoin de réparation à titre gratuit et avec le désir de rendre service au sanctuaire et aux Déliens » (Durrbach, 1921). A Olympie, des travaux de restauration ont lieu pour les gargouilles et les parties hautes du temple de Zeus. De nouvelles constructions s'ajoutent aux précédentes : à Olympie, le portique d'Echo, qui limite l'Altis à l'Est, est élevé vers 330−320 av. J.−C., et, à l'extérieur de l'Altis, est édifiée une palestre ; à Délos s'érigent, outre des monuments liés aux nouveaux cultes comme le Sarapieion A, les portiques d'Antigone Gonatas et de Philippe V, ainsi que des offrandes comme le « Néôrion » ; à Delphes également le nombre des ex− voto s'accroît à l'époque hellénistique.

Dans plusieurs cités, on assiste à des réorganisations de culte en relation avec des événements de leur histoire intérieure qui souvent nous échappent. A Colophon, entre 311 et 306 av. J.−C., un décret de la cité relatif à l'intégration de l'ancienne ville dans l'enceinte vise à faire revivre les vieux sanctuaires des dieux « légués par les ancêtres » qui leur avaient assuré la gloire auprès de tous les Grecs : Zeus Sôter, Poseidon Asphaleios, Apollon de Claros, Mèter Antaia, Athéna Polias, « ainsi que tous les autres dieux et déesses et tous les héros qui possèdent la cité et le territoire » ; en leur honneur est décidée une procession. A Tanagra, au IIIe siècle, un sanctuaire de Déméter et Koré qui était à l'extérieur de la ville est reconstruit dans la cité, en partie sur des fonds sacrés, en partie grâce à une souscription publique ouverte auprès des femmes (Le Guen, 1990). A Larissa, à la même époque, un recensement de terrains sacrés, sans doute partiellement usurpés par des particuliers, a pour but évident une remise en ordre, avec expulsion des indésirables et perception de loyers (Salviat−Vatin, 1960). La vie des sanctuaires de la cité est donc, au IIIe siècle comme auparavant, un des aspects essentiels de ces usages ancestraux (*patria*) que l'on a le souci de préserver, car ils sont le symbole même de la cité.

Une fois définis les cadres du culte, venons en à

l'organisation de la vie religieuse dans les cités, dans les sanctuaires panhelléniques, sans oublier non plus la piété de l'individu.

NOTES

1. J. Rudhardt (1958) parle plutôt de compensation du sang par le sang.

2. Une partie semble revenir aux dieux (Aristophane, *Ploutos*, v.1130).

3. Tel paraît être le cas dans la *Paix*, v.1039 sqq.

4. Sur les modalités du serment, voir ci-dessous pp.130-131.

5. Je laisse de côté la question de la genèse du sacrifice dont W. Burkert (1972) a tenté de donner une explication historique.

6. Pour des ex-voto politiques, voir le monument du Thessalien Daochos II à Delphes (Bommelaer, 1991) ; pour les consécrations royales, ci-dessous, chap.IV.

7. Le prêtre n'habite pas le sanctuaire, sauf exception comme la prêtresse d'Eleusis.

8. Sur ce rôle des prêtres, cf. aussi le texte de Plutarque, *Vie d'Alcibiade*, 22,5 : lorsque les Athéniens veulent faire maudire Alcibiade par les prêtres et les prêtresses, Théano refuse en déclarant qu'elle est prêtresse pour prier, non pour maudire.

9. Statue dont les extrémités (tête, pieds, mains) sont en pierre.

10. Hors d'Attique les Iamides, en Elide, ou les Branchides, à Milet, fournissent non des prêtres, mais des prophètes. Aux prêtrises familiales, on pourra ajouter le cas particulier de la prêtrise d'Asklépios à Cos et Cnide : les Asklépiades se transmettaient ce sacerdoce de père en fils ; ils restaient en fonction toute leur vie. Le cas des fondations privées pour lesquelles on connaît au IIIe siècle des prêtrises transmises par testament à Théra et à Halicarnasse doit être laissé à part.

11. La prêtresse d'Eleusis touche une somme de 500 drachmes (*apométra*) apparemment destinée aux dépenses du culte.

12. Cf. Aristote, *Constitution des Athéniens*, 49,3. Le texte est discuté ; le « modèle » soumis au Conseil pourrait aussi concerner les travaux publics *et* le péplos. Rhodes (1981) opte pour le péplos seul.

13. Sur l'asylie dans les sanctuaires panhelléniques à l'époque hellénistique, voir ci-dessous, chapitre IV.

14. En Attique, où les dèmes organisaient leurs propres fêtes, le calendrier était conçu de manière à permettre la fréquentation des grandes panégyries de la ville (cf. chap.III).

15. Pour la protection magique accordée par des statues, on invoquera aussi le cas des *Palladia*.

16. Dès l'époque de Philippe II cinq statues chryséléphantines sculptées par Léocharès, à la demande de Philippe II, pour une *tholos* votive à Olympie, le Philippeion, représentent le souverain et sa famille ; mais il s'agit d'une offrande « élevée après la bataille de Chéronée » (Pausanias, V,20,10) et l'existence d'un culte dynastique n'est pas prouvée en l'occurrence.

17. Pour l'arrivée de ces divinités à Athènes et Délos, voir chapitre I.
18. Stoa de Zeus ; réparation de l'autel des Douze Dieux et de l'autel d'Aphrodite Ourania.

CHAPITRE III

LA VIE RELIGIEUSE DANS LA CITÉ ; LES CULTES CIVIQUES

Vie religieuse et vie civique constituent en Grèce des domaines qui ne sont pas vraiment séparés ; l'imbrication du sacré et du profane est constante. L'institution du Foyer commun (*Hestia koinè*), que l'on retrouve dans de nombreuses cités grecques, peut servir d'exemple emblématique de ce caractère de la vie des cités grecques. Le Foyer commun est généralement abrité dans le Prytanée ; sa flamme est allumée aux foyers les plus purs (Delphes ou Délos pour Athènes) et la perpétuité de cette flamme semble garantir en quelque sorte la perpétuation du groupe à travers les générations. Or l'*Hestia koinè* est à la fois le centre de pratiques religieuses et de coutumes civiques. Comme l'indique Pindare dans la XIe *Néméenne* pour le prytane Aristagoras de Ténédos (v.1−11), le Foyer commun est d'abord le siège d'une déesse, « Hestia, fille de Rhéa, patronne des Prytanées, ... sœur de Zeus ». Aristagoras l'honore « avant toutes les autres divinités, de... libations fréquentes, et souvent aussi de la graisse des victimes ». Pour elle, il fait « résonner la lyre et le chant ». Mais l'*Hestia koinè* fonctionne aussi, sur un autre registre, comme symbole de la cité : c'est auprès de ce Foyer que l'on accueille les ambassadeurs qui sont reçus comme hôtes au Prytanée, et la pratique du repas en commun (*sitèsis*) autour de l'Hestia est, ainsi que l'a montré L. Gernet (1952), comme le « symbole ... de l'appartenance et de l'intégration à l'être collectif ». Lieu de culte et symbole de la cité, l'*Hestia koinè* traduit de manière particulièrement claire l'intime relation entre la cité et la religion, dont on étudiera ici les différents aspects.

I – RELIGION ET ACTIVITÉS POLITIQUES

A tous les actes de la vie politique sont attachés des rites religieux. On a vu les prérogatives des grandes institutions de l'Etat en matière de religion (ci-dessus, pp.110-112) ; examinons, en contrepoint, leurs obligations dans ce domaine.

1 – LA PRISE EN CHARGE DES ACTIVITÉS POLITIQUES ET LE SERMENT

Plus les charges civiques sont élevées, plus les garanties demandées sont importantes. L'entrée en fonction des archontes à Athènes, par exemple, est précédée de deux obligations de nature religieuse. Lors de l'examen ou *dokimasia* préliminaire, juste après avoir interrogé le nouveau magistrat sur son père et sa mère, c'est-à-dire sur sa citoyenneté, on lui demande, rapporte Aristote (*Constitution des Athéniens*, 55,3), « s'il participe à un culte d'Apollon Patrôos et de Zeus Herkeios et où sont leurs sanctuaires » : sa citoyenneté est ainsi confirmée, s'il peut prouver son rattachement en Attique au culte de ces deux divinités, Apollon Patrôos (« Ancestral »), l'ancêtre commun des Athéniens, et Zeus Herkeios (« de l'enclos ») (1). Après avoir été admis à l'examen, l'archonte prête serment, d'abord sur l'Agora, devant une pierre, qui a été retrouvée près de la Stoa Basileios, sur laquelle on a préalablement déposé « les parts découpées des victimes » (d'un sacrifice), puis, dans les mêmes termes, sur l'Acropole.

Le caractère religieux du serment mérite qu'on s'y arrête. Le mot *horkos*, « serment », désigne étymologiquement une barrière, c'est-à-dire quelque chose qui contraint. Le serment consiste dans une invocation à une divinité garante de la sincérité d'un engagement : ayant fait la déclaration solennelle de son intention, celui qui prête le serment demande au dieu de garantir ce serment, puis il appelle une sanction religieuse sur lui-même au cas où il se parjurerait. Le serment est juré en prenant à témoin les dieux « ancestraux » (Thucydide, II,71,4) ou des dieux spécialisés dans chaque cas particulier, après avoir «immolé des victimes parfaites » (Thucydide, V,47,8). A l'Aréopage, « on jure debout, précise Démosthène (*Contre*

Aristocrate, 68), sur les chairs des victimes (verrat, bélier ou taureau) lesquels ont été immolées par des gens compétents et aux jours convenables, de manière que toutes les règles de la religion soient respectées quant au moment et quant à la personne des officiants ». Selon Eustathe, la victime est ensuite soit enterrée soit jetée à la mer.

Le serment d'investiture est attesté pour d'autres fonctions que l'archontat. Socrate avait, en tant que bouleute, juré d'exercer sa charge « conformément aux lois » (Xénophon, *Mémorables,* I,1,18) ; pour les héliastes, un texte développé est reproduit dans le *Contre Timocrate,* 149, de Démosthène. Pour les royautés, on connaît les serments réciproques du roi de Sparte et des Éphores — au nom de la cité — (Xénophon, *Constitution des Lacédémoniens,* XV,7) et celui des rois et du peuple épirotes (Plutarque, *Vie de Pyrrhos,* 5,5) (2).

Inévitablement la simple qualité de citoyen entraîne aussi la prestation de serments : pour devenir éphèbes les hommes prêtent un serment dont le texte, conservé par une inscription du troisième quart du IVe siècle, est particulièrement connu et mérite d'être cité pour le caractère local et archaïque des divinités garantes : « Je ne déshonorerai pas les armes sacrées que je porte ; je n'abandonnerai pas mon camarade de combat ; je lutterai pour la défense de la religion et de l'Etat et je transmettrai à mes cadets une patrie non point diminuée, mais plus grande et plus puissante, dans toute la mesure de mes forces et avec l'aide de tous. J'obéirai aux magistrats, aux lois établies, à celles qui seront instituées ; si quelqu'un veut les renverser, je m'y opposerai de toutes mes forces et avec l'aide de tous. Je vénérerai les cultes de mes pères. Je prends à témoin de ce serment les dieux Aglaure, Hestia, Enyô, Enyalios, Arès et Athéna Areia, Zeus, Thallô, Auxô, Hégémonè, Héraklès, les Bornes de la patrie, les Blés, les Orges, les Vignes, les Oliviers, les Figuiers ». Une fois citoyen, l'Athénien peut encore avoir à prêter serment dans un procès, si la partie adverse le demande (Lysias, *Contre Diogiton,* XXXII, 13). Enfin il peut avoir à participer à des serments collectifs : en 410 av. J.—C., par exemple, après la chute des Quatre—Cents, les Athéniens s'engagèrent « par tribu et par dèmes » « en immolant des victimes parfaites à faire périr quiconque chercherait à renverser la démocratie » (Andocide, *Sur les mystères,* 97).

2 – LE FONCTIONNEMENT DES INSTITUTIONS DE LA CITÉ ET LA RELIGION

A Athènes, qui fournit le plus de textes à ce sujet, l'Assemblée et le Conseil ouvrent leurs séances par une cérémonie de purification. Un porcelet est immolé et le sacrificateur (il s'agit d'un personnel particulier, les *péristarchoi*) trace avec le sang de la victime (*katharsion*) un cercle consacré autour des assistants (Eschine, *Contre Timarque*, 23). La portion de terrain comprise à l'intérieur du cercle est ainsi purifiée : dans les *Acharniens* d'Aristophane (v.44) le héraut invite les gens à l'entrée de la Pnyx à « passer pour être dans l'enceinte purifiée (*katharma*) ». Dans le cas de l'Assemblée, le sacrifice est adressé à Zeus Agoraios (« protecteur de l'Agora »), dont le culte essentiel était sur l'Agora : le choix de ce dieu remontait à l'époque archaïque, où la réunion se tenait sur l'Agora ; il ne fut pas mis en question ensuite, quand Clisthène eut transféré le lieu des réunions sur la Pnyx, puis quand, à l'époque de Lycurgue, celles-ci se tinrent dans le théâtre de Dionysos ; certaines réunions, comme celles concernant l'ostracisme, continuèrent d'ailleurs à se tenir sur l'Agora. Le sacrifice des bouleutes s'adresse quant à lui à Zeus Boulaios (« protecteur de la Boulè »), associé à Athéna Boulaia. L'autel n'a pas été retrouvé ; les deux divinités avaient dans le Bouleutérion des statues auxquelles les bouleutes adressaient individuellement une prière en entrant.

Après le sacrifice, le secrétaire de séance prononce une prière que le héraut répète pour appeler la bénédiction divine sur les citoyens de bon conseil et maudire ceux qui parleraient contre les intérêts de la cité ou voudraient s'entendre avec les Perses. Isocrate et Démosthène conservent ces formules qui sont déjà évoquées de manière parodique par le choeur des femmes dans les *Thesmophories* d'Aristophane (v.352-371) : « Que pleinement pour la cité, pleinement pour le peuple nos voeux s'accomplissent, et que les meilleures choses arrivent à celles qui méritent le prix d'éloquence. Mais toutes celles qui, par intérêt, trompent et transgressent leurs serments solennels à notre détriment, celles qui cherchent à bouleverser les décrets et la loi, qui révèlent nos secrets à nos ennemis ou veulent faire marcher les Mèdes contre le pays, à notre détriment, celles-là sont impies et coupables envers la cité. O puissant Zeus, puisses—tu ratifier ces vœux ; fais que les dieux nous assistent, bien que nous soyons des femmes ».

A l'Héliée, enfin, le plus grand tribunal populaire, après l'installation des tribunaux sur l'Agora, les séances commencent de même par un sacrifice et une prière ; et dans les *Guêpes* (v.860—865), Bdélycléon, dans la parodie de jugement contre un chien qu'il organise dans sa propre maison, commence par une invocation aux dieux accompagnée d'une libation.

II – LA RELIGION DANS LES GRANDES DÉCISIONS DE LA CITÉ

1 – L'ÉTABLISSEMENT D'UNE CITÉ

L'établissement d'une cité est un des cas où la religion joue un rôle essentiel, tant pour le choix du site que pour l'installation des sanctuaires destinés aux dieux. Les meilleurs exemples sont liés au mouvement de la colonisation archaïque. Au Ve siècle, la fondation de Thourioi en Grande Grèce prolonge cette tradition. C'est le premier exemple d'une colonie panhellénique ; elle fut fondée en 444/3 av. J.—C., à la demande des Sybarites ; les Athéniens, à l'instigation de Périclès, y jouèrent un rôle important. Diodore de Sicile (XII,10,5—7) rapporte que ses fondateurs ou oikistes furent le devin Lampon et Xénocritos. L'expédition prit connaissance d'un oracle d'Apollon disant aux fondateurs de bâtir la ville dans un site où ils habiteraient « en buvant de l'eau modérément, mangeant du pain immodérément » ; ils trouvèrent une source que les indigènes nommaient « médimne », ce qui désigne aussi en grec une mesure de capacité pour le blé ; ils procédèrent donc à cet endroit à la fondation d'une ville, et donnèrent aux artères du plan en damier les noms d'Héraklès, Aphrodite, Olympie et Dionysos. La désignation d'oikistes, la consultation de l'oracle de Delphes pour le choix du site et la réponse de celui—ci sous forme d'énigme, l'installation de divinités (3) sont les stades habituels dans le processus de colonisation ; le rôle de Delphes dans les entreprises coloniales s'inscrit dans une longue tradition.

A l'époque hellénistique, plusieurs cités connaissent une histoire mouvementée dont les péripéties se soldent par l'instauration du culte d'un « nouveau fondateur », qui renoue en quelque sorte avec la tradition du culte des oikistes coloniaux. En Asie Mineure, en 294 av. J.−C., les habitants de Colophon et de Lébédos sont transplantés par Lysimaque dans la nouvelle Éphèse, à laquelle il vient de donner son site définitif ; leurs territoires sont attribués à Éphèse. Puis, grâce sans doute à l'intervention de Prépélaos − un homme connu par ses actions au service de Cassandre −, Lysimaque rétablit l'Etat colophonien qui fonde alors un Prépélaion, c'est−à−dire un sanctuaire de Prépélaos, attesté par une inscription de Claros (J. et L. Robert, 1990) pour honorer ce nouveau fondateur de la cité. En Grèce, Démétrios Poliorcète avait transféré les habitants de Sicyone en 303 sur un site plus aisé à défendre ; leur libération par Aratos en 251 valut à celui−ci d'être enterré et honoré sur la nouvelle agora comme le « fondateur et le sauveur de la cité » (Plutarque, *Vie d'Aratos*, 53, 1−5).

D'autres transferts de population ont eu des répercussions sur la vie religieuse plus diffuses et d'interprétation parfois difficile. C'est le cas lors des synœcismes. En 370/69 av. J.−C., Mégalopolis fut fondée en Arcadie par synœcisme des bourgades implantées dans la région ; on constate que la décision s'accompagna d'une véritable politique religieuse : les anciens lieux de culte, que leur antiquité parait d'un prestige particulier, continuèrent généralement à être entretenus et dans la ville furent installés des « doublets » des sanctuaires ruraux, de façon à placer Mégalopolis sous la protection des divinités les plus vénérables du territoire ; ainsi Zeus Lykaios reçut, sur l'agora de la ville, un *abaton* (« lieu où l'on ne pénètre pas »), enclos à mur bas, véritable réplique de celui du mont Lycée.

Procédures religieuses pour la fondation de nouvelles cités, existence d'un culte des fondateurs ou des nouveaux fondateurs, on a là déjà deux aspects de l'implication de la religion dans la vie des cités.

2 − *LES RÉGLEMENTATIONS RELIGIEUSES*

La législation politique des cités et la réglementation des sanctuaires et des cultes constituent un autre domaine pour lequel les Grecs aiment avoir une caution d'ordre religieux. Le processus est ancien : le rôle de la Pythie qui aurait « dicté la constitution établie maintenant par les Spartiates » (Hérodote, I,65) est bien connu, et à la veille du Ve siècle encore, c'est la Pythie qui désigna, nous dit-on, les dix tribus d'Athènes en tirant au sort « parmi cent héros fondateurs choisis d'avance » (Aristote, *Constitution des Athéniens,* 21,6). Aux époques classique et hellénistique, ce sont surtout les réglementations religieuses qui font l'objet de consultations oraculaires.

Divers aspects de la vie religieuse sont concernés. A Phigalie, au début du Ve siècle, l'oracle encourage à la restauration du culte de Déméter Mélaina. La statue de la déesse ayant brûlé, les habitants de Phigalie s'étaient mis à négliger à peu près complètement sacrifices et fêtes, jusqu'au moment où la stérilité s'abattit sur leur pays. Comme ils se présentaient à elle en suppliants, la Pythie leur conseilla d'apaiser la colère de la déesse « en offrant tous ensemble des libations et en rendant des honneurs divins au fond de la caverne » (Pausanias, VIII,42,5−10). Quand ils eurent connaissance de l'oracle, les gens de Phigalie tinrent la déesse en grand honneur et lui offrirent une nouvelle statue exécutée par Onatas d'Egine vers 470/460. Autre exemple concernant un culte déjà existant : pour la gestion des terres sacrées de Déméter et Coré à Eleusis, l'oracle de Delphes est consulté en 352/51 av. J.−C. par la cité d'Athènes, sur la question de savoir si le peuple athénien doit affermer les terres cultivées dans les limites de l'*orgas* (le territoire sacré) ou s'il doit les laisser incultes. Le texte, conservé par une inscription (*LSC,* n°32), précise que la Pythie avait à répondre en désignant l'une des deux urnes scellées qui contenaient chacune l'une des deux solutions possibles.

La création de sanctuaires et l'introduction de nouveaux cultes, qui est un des faits majeurs de la période, s'accompagnent elles aussi très souvent de consultations oraculaires. Au début du Ve, en 476 av. J.−C., la Pythie, consultée par les Athéniens, leur conseille de « recueillir les ossements de Thésée, de les déposer chez eux et de les y conserver avec honneur » (Plutarque, *Vie de Thésée,* 36,1), ce qu'ils font en fondant le Théseion. De la même façon, dans la fin du Ve siècle, elle recommande aux Mantinéens de ramener « du Ménale au climat rigoureux » dans leur « ville agréable les restes d'Arkas et de fonder un enclos sacré et des jeux » (Pausanias, VIII,9,3−14). Quant à l'introduction à Athènes de Bendis, la déesse thrace, une inscription datée entre 431/30 et 429/8 av. J.—C. (*LSS*, n° 6), met en relation le droit accordé aux Thraces de devenir propriétaires d'une terre avec une réponse de l'oracle de Dodone : c'est que pendant la Guerre du Péloponnèse, Athènes n'était guère en bons termes avec l'Apollon de Delphes qui était favorable à Sparte (Thucydide, I,118,3).

A l'époque hellénistique, entre 270 et 250 environ, un décret de Magnésie du Méandre concerne l'installation d'un nouveau culte de Dionysos sur le conseil de la Pythie. « Le peuple des Magnètes a interrogé le dieu (de Delphes) sur un prodige qui s'est produit, la découverte à l'intérieur d'un platane qui avait été renversé dans la ville par un coup de vent d'une image (*aphidruma*) de Dionysos : qu'est—ce que cela signifie ? Que faut—il faire pour s'assurer sécurité et bonheur ? ». La Pythie répond, en vers, en conseillant aux gens de Magnésie de construire « un temple bien taillé à Dionysos » et de prendre un prêtre « bien conformé et sans souillure » et des Ménades thébaines qui leur apprendront « les orgies et les autres rites sacrés » et qui fonderont ensuite des thiases de Bacchos : ce qu'ils font, institutionnalisant ainsi dans la cité les orgies du dieu. Citons encore un oracle de Delphes relatif à une fête de Cyzique, à l'extrême fin du IIIe siècle : il recommande, en raison de l'ancienneté du culte de Déméter et Coré dans cette cité, de reconnaître le concours en leur honneur comme « sacré » et panhellénique (Robert, 1978).

Par la diversité de ces quelques exemples choisis entre beaucoup d'autres, on voit l'universalité du recours aux oracles en matière de réglementation religieuse et la perpétuation de cette coutume dans toute la période envisagée.

3 — LA DÉFENSE DU TERRITOIRE ET LA CONDUITE DE LA GUERRE

La défense du territoire et la conduite de la guerre sont un autre domaine dans lequel l'intervention de la religion est constante, tant par l'accomplissement de rites particuliers que par l'interrogation des dieux. La guerre a en effet des aspects religieux et la vie d'une armée en campagne s'accompagne d'actes religieux : avant le départ, pendant la marche, après la victoire, on accomplit des sacrifices divinatoires, propitiatoires, ou d'action de grâces.

Les divinités des soldats — Quelles sont les divinités des soldats ? Il y a en Grèce une divinité spécifique de la guerre, Arès, qui personnifie la fureur guerrière ; mais il n'occupe aux époques classique et hellénistique qu'une place secondaire ; parmi les rites guerriers, c'est le péan, sorte de chant de guerre, qui lui est plus particulièrement consacré. Enyalios, proche d'Arès, a, quant à lui, conservé une certaine réalité cultuelle, notamment en Carie, où on lui sacrifiait traditionnellement un chien ; à Athènes, il est invoqué dans le serment des éphèbes.

Cela dit, « il semble, comme le note M. Launey (1949), que, à part un très petit nombre de divinités, tous les dieux et héros, tant locaux que panhelléniques, peuvent d'une manière ou d'une autre être mis en rapport avec l'armée et la guerre ». Plusieurs divinités féminines allient fonctions courotrophes et guerrières, concourant à « encadrer les futurs guerriers du berceau au champ de bataille » (Lonis, 1979). Athéna est la plus célèbre, avec ses épiclèses de Sôteira (« Salvatrice ») ou de Niké (« Victorieuse »), et à l'époque hellénistique c'est l'une des divinités qui bénéficient le plus souvent de consécrations militaires (Alexandre, après sa victoire du Granique, lui fait hommage de trois cents panoplies : Arrien, I,6,7). Artémis est non moins importante et les guerriers lui offrent de nombreux sacrifices ; elle est, comme guerrière, Hégémonè (« qui conduit »), Sôteira, Agrôtéra (« Chasseresse », « qui poursuit »). Mais on doit ajouter Héra, qui est honorée d'une procession armée à Samos et d'une course en armes à Argos et Aphrodite, qui est une déesse armée à Cythère, à Sparte et à Corinthe.

Parmi les divinités masculines, Zeus figure en bonne place : dieu de l'ordre social, il assure et conserve la liberté aux cités et est honoré comme Sôter ou Eleuthérios (« Libérateur ») après la victoire. Pan est un des dieux dont l'apparition est espérée ou redoutée dans les combats. Introduit à Athènes au Ve siècle (cf. ci—dessus, pp.37—38), il devient à l'époque hellénistique un véritable dieu des armées ; il peut jeter le désordre et la « panique » (4) dans l'armée ; son culte reçoit une impulsion vigoureuse de la dynastie antigonide. Ajoutons Apollon (à Thornax en Laconie), Héraklès, et Nikè, la personnification de la victoire, qui demeure sans grande consistance cultuelle.

Telles sont les divinités essentielles, mais on aura une idée de l'étendue et de la diversité des protections que cherchent les militaires en regardant avec M. Launey le catalogue cultuel des éphèbes athéniens : à côté d'Arès, Athéna et Zeus, on trouve de grandes divinités nationales, comme Dionysos, le dieu de la santé Asklépios, des divinités de la terre (Aglaure, Thallô, Auxô), des symboles du territoire (blés, vignes, bornes du territoire) et des héros nationaux, Thésée et Ajax.

Le mode d'action des divinités guerrières appelle quelques remarques, car, outre une action invisible qui est le fait de toutes les divinités et qui justifie l'ensemble des rites étudiés plus bas, les divinités guerrières et les héros locaux sont susceptibles d'apparitions ou épiphanies. Les textes ont permis à W.K. Pritchett (1979) de recenser quarante neuf exemples. Il s'agit plusieurs fois d'inscriptions, comme la chronique de Lindos qui rapporte l'apparition d'Hermès Promachos, des Dioscures, d'Ajax et d'Athéna, lors du siège de Lindos par les Perses en 490, ou le décret de Cos en 278 (*Syll*³, 398) qui signale l'intervention d'Apollon lors de l'attaque de Delphes par les Galates en 279. Les textes littéraires donnent les exemples les plus nombreux. Thucydide et Polybe ont tendance à occulter ces apparitions extraordinaires dont la croyance était favorisée par la tension du combat ; mais Hérodote, Plutarque et Pausanias en multiplient les récits. Chez Hérodote, c'est l'épiphanie de Pan à Marathon (VI,105), dont Pausanias (VIII,54) se fait l'écho, et l'apparition d'un hoplite gigantesque (VI,117) — Thésée pour Plutarque (*Vie de Thésée*, 35), Echétlos selon Pausanias (I,15,3) — ; c'est aussi l'apparition des héros locaux Phylakos et Autonoos à Delphes en 480 (VIII,36−39), l'intervention de Borée au cap Artémision (VII,189) ou « l'apparition divine sous forme d'une vieille femme » (VIII,84) qui exhorte l'armée grecque à Salamine. Dans certains des cas cités, dieux et héros s'engagent physiquement dans la mêlée, comme les héros delphiens qui « talonnaient et frappaient sans relâche les Perses » (Hérodote, VIII,38) ou comme Déméter qui, selon certains, avait pris l'apparence d'une vieille femme pour étourdir Pyrrhos avec une tuile (Pausanias, I,13,8) ; d'autres exemples sont plus imprécis, mais ils impliquent toujours une intervention personnelle directe.

Les divinités interviennent encore par des signes, comme le note Hérodote (VI,7) à propos de la défaite navale des gens de Chios lors de la révolte d'Ionie : « La divinité, semble−t−il, aime annoncer par des signes les grandes infortunes qui vont frapper une ville ». Aussi, avant le combat, l'essentiel des rites concerne−t−il les présages ou les oracles et leur interprétation.

Rites religieux avant le combat − On l'a vu, il existe chez les Grecs des hommes spécialisés dans l'interprétation des présages, les devins (ci−dessus, chapitre II). La divination à partir des sacrifices est une de celles qu'ils ont le plus souvent l'occasion de pratiquer pendant les expéditions militaires. Des sacrifices sont habituellement offerts avant le départ en campagne (Les Spartiates accomplissaient des *diabatéria* au moment de quitter le territoire : Xénophon, *République des Lacédémoniens*, XIII, 2−3), et ensuite pendant le déplacement de l'armée, lors des décisions importantes et, en particulier, juste avant la bataille (5) : à Marathon, « lorsque les troupes eurent pris position et que les sacrifices donnèrent des signes favorables, les Athéniens se lancèrent au pas de course contre les Barbares », écrit Hérodote (VI,112). Pour une bataille navale, le sacrifice a lieu sur le rivage, avant d'embarquer ; Callicratidas, le général lacédémonien, apprend ainsi du devin, juste avant d'engager ses navires dans la bataille des Arginuses en 406 av. J.−C., qu'il mourra au combat (Diodore, XIII,97,5).

Le sacrifice qui précède la bataille a évidemment une valeur propitiatoire − on sollicite l'aide des dieux −, purificatrice aussi, mais son rôle en tant que présage avec l'examen des entrailles par le devin est essentiel. Il porte le nom de *sphagia*, c'est−à−dire qu'il se réduit à « l'égorgement » de la victime sur un autel que l'on dresse même en campagne (Xénophon, *Anabase*, VII,1,40), puis à l'observation de l'écoulement du sang et à l'examen des entrailles, en particulier du foie ; on se sert en l'occurrence de petits animaux (chèvres, moutons, veaux). Lors du sacrifice qui précède son expédition en Cilicie, Cimon, qui a déjà fait un rêve de mauvais augure, offre un sacrifice à Dionysos : non seulement le sang est déjà coagulé lorsque le prêtre ouvre la victime, mais il manque au foie un lobe, ce qui laisse prévoir la mort de Cimon ; elle survient effectivement lors du siège de Kition, à Chypre, en 449 (Plutarque, *Vie de Cimon*, 18,4−5). De même, en 272, Pyrrhos est averti par son devin que « le foie des victimes, trouvé sans lobe, présage la perte d'un de ses proches » (Plutarque, *Vie de Pyrrhos*, 30,5), et son fils meurt au combat.

Toute sorte d'autres présages précèdent souvent les batailles. Ils s'ajoutent les uns aux autres dans les périodes cruciales de l'histoire grecque : les Guerres médiques, la Guerre du Péloponnèse s'accompagnent de véritables séries de prodiges, et les présages émaillent encore la vie d'Alexandre le Grand. Les présages sont de tous ordres. Ce sont d'abord les rêves qui, lorsqu'ils sont symboliques, demandent à être interprétés par les devins. Avant la bataille de Leuctres par exemple, en 371 av. J.−C., Pélopidas rêve qu'il lui faut « sacrifier une vierge rousse » ; on pense à un sacrifice humain, et sur cette perspective les devins se montrent partagés, jusqu'au moment où une pouliche rousse échappée du troupeau traverse le camp en courant. Le devin Théocrite comprend le sens de l'incident, et fait immoler « joyeusement » l'animal (Plutarque, *Vie de Pélopidas*, 21−22). D'autres signes sont fournis par le vol des oiseaux : avant la bataille de Salamine, « on vit une chouette voler du côté droit de la flotte et se poser au sommet du mât du navire de Thémistocle » (Plutarque, *Vie de Thémistocle*, 12,1), ce qui décide les Grecs au combat. En août 413, l'armée athénienne se préparait à quitter Syracuse lorsque se produit une éclipse de lune : les devins prescrivent à Nicias d'attendre vingt−sept jours (Thucydide, VII,47− 51) et le stratège obéit ; surpris dans leur inertie par les Syracusains et forcés à combattre, les Athéniens sont gravement défaits.

D'une manière générale, tous les phénomènes dont le caractère insolite passe pour traduire l'intervention d'une force surnaturelle fournissent un présage : tremblement de terre, météorite, tempête, naissance monstrueuse, acte d'impiété (cf. ci−dessous, chapitre V), etc. ; on y porte une extrême attention. Car les généraux et leurs soldats se fient le plus souvent à ces présages et à leur interprétation. Rares sont les réticences, comme celle de Thémistocle qui essaie, sans succès, de soustraire au sacrifice les jeunes prisonniers perses qu'un présage − un éternuement ! − lui ordonne d'immoler (Plutarque, *Vie de Thémistocle*, 13,3−4) ou celle de Périclès qui explique à son pilote, lors d'une expédition navale, l'origine vraie d'une éclipse solaire (Plutarque, *Vie de Périclès*, 35,2).

De très nombreux témoignages littéraires attestent l'usage de consulter un oracle avant d'entreprendre une expédition ou au cours de celle—ci. Un des textes les plus célèbres à ce sujet est le passage d'Hérodote concernant deux consultations de l'oracle de Delphes au moment où Xerxès envahit la Grèce, lors de la deuxième guerre médique. Athènes envoie à Delphes des théores à qui la Pythie rend un oracle propre à les décourager (VIII,140) et dont le premier vers donne la tonalité : « Infortunés, que faites vous ici ? Fuis au bout du monde...». Les Athéniens sont accablés de désespoir, mais un Delphien, Timon, leur suggère de consulter à nouveau l'oracle « avec en mains des rameaux de suppliants » (*ibid.*, 141). Cette fois la Pythie leur conseille de donner à « la Tritogénie [Athéna] un rempart de bois » pour se protéger, et de ne pas rester en repos ; elle nomme enfin la « divine Salamine » comme lieu d'un combat. Cette réponse était plus encourageante et à Athènes diverses interprétations en sont proposées : pour les uns, l'Acropole, jadis entourée d'une palissade, était le « rempart de bois » qui tiendrait bon ; pour les autres, « le dieu voulait parler de navires et invitait les Athéniens à tout abandonner pour s'occuper uniquement de leur flotte ». Thémistocle soutenait cette idée : leurs navires seraient le « rempart de bois » des Athéniens et la formule employée par la Pythie de « divine » Salamine, et non de « funeste Salamine », était favorable. Son opinion prévalut, avec le succès que l'on sait.

Manifestement lors de son premier oracle — qui n'a pas pu être forgé après coup, vu la tournure favorable prise ensuite par les événements — la Pythie pense que la victoire perse est inévitable. « Médise »—t—elle pour autant, parle—t—elle en faveur des Perses ? Les Athéniens ne l'ont pas cru en tout cas, puisqu'ils la consultent à nouveau et remercient richement le dieu après Salamine. Dans son second oracle, la Pythie s'est ressaisie : Thémistocle est—il intervenu ? A—t—il lui—même fait courir le bruit de cet oracle sur les navires (Plutarque, *Vie de Thémistocle,* 10,1, dit que « se voyant impuissant à mener le peuple par des raisonnements purement humains... il lui proposa des signes et des oracles ») ? On ne saurait dire ; toujours est—il que l'oracle a joué un rôle décisif pour la liberté des Grecs.

Les présages et les oracles ont ainsi une réelle importance dans la conduite de la guerre. Pour le reste, on y retrouve les rites habituels dans les circonstances graves. Le sacrifice est accompagné de prières et de libations, on l'a vu plus haut pour le départ de l'expédition de Sicile (chapitre II) ; on chante le péan, un chant fait pour invoquer le secours des dieux comme pour exalter les soldats (Thucydide, VI,32). Ces actes propitiatoires peuvent être accompagnés de vœux individuels ou collectifs. Collectifs, ils sont généralement accompagnés de serments, décidés à l'assemblée et solennellement prononcés par le héraut public. Parmi les plus célèbres de ces serments figure la promesse faite par les Athéniens, à la veille de Marathon, de sacrifier à Artémis autant de chèvres qu'ils tueraient d'ennemis : « Comme ils ne pouvaient pas s'en procurer en assez grand nombre, ils décidèrent d'en sacrifier cinq cents chaque année. Et on les sacrifie encore aujourd'hui », écrit Xénophon (*Anabase*, III,2,12). Avant la bataille de Platées, les Grecs assemblés à l'Isthme de Corinthe promirent aux dieux, s'ils étaient vainqueurs, de célébrer en commun la liberté, par des concours dits pour cela « éleuthériens » (Diodore, XI,29,1) ; un décret pris par les Grecs assemblés à Platées au IIIe siècle illustre la suite donnée à ce vœu : il honore Glaucon d'Athènes pour avoir « contribué à accroître le sacrifice offert à Zeus Eleuthérios et à la Concorde, ainsi que le concours que les Grecs célèbrent sur la tombe des héros morts en combattant contre les Barbares pour la liberté des Grecs » (Etienne—Piérart, 1975).

Après une victoire, on entonne le péan de la victoire, on érige des trophées et l'on manifeste sa gratitude par des actions de grâces. Le butin fait sur l'ennemi fournit, avec l'argent des rançons, outre la dîme (*dékatè*) qui revient aux dieux, l'argent nécessaire à la cité pour s'acquitter de cette obligation.

Le sacrifice d'action de grâces ou *épinikia* (sous—entendu : *thusia*) est généralement célébré après que l'on a fait enlever les morts et dressé le trophée : ainsi, rapporte Thucydide (II,71), « lorsque Pausanias fils de Cléombrotos eut délivré la Grèce de l'envahisseur mède avec l'aide de tous les Grecs..., il célébra sur l'agora de Platées un sacrifice solennel en l'honneur de Zeus Eleuthérios ». Le sacrifice prend souvent place dans une fête : Philippe II, par exemple, célèbre à Dion, après la prise d'Olynthe en 348, une fête olympique en l'honneur de Zeus (Démosthène, *Sur l'ambassade*, 192). Pour les grandes victoires, sacrifices et fêtes sont ensuite célébrés régulièrement de manière commémorative ; on l'a vu pour les *Eleuthéria* de Platées au IIIe siècle ; c'était déjà le cas pour Marathon dont la victoire était fêtée le 6 Boédromion, pour Salamine le 16 Mounychion, et pour bien d'autres succès dont Plutarque donne la liste dans les *Moralia* (349 d—e). A Delphes, citons les *Sôtéria* célébrant la victoire remportée sur les Galates en 279 av. J.—C.

La consécration d'offrandes est enfin une pratique très répandue, dont il a été question au chapitre II. L'offrande d'armes dans les grands sanctuaires est l'ex—voto individuel le plus fréquent ; pour le IIIe siècle, des poèmes de l'*Anthologie* gardent le souvenir de la gloire des guerriers, tout en proclamant parfois leur horreur de la guerre, comme dans ce poème d'Anytè de Tégée (*Anthologie Palatine*, VI,123) : « Reste ici debout, javeline homicide, et sur ta griffe de bronze ne fais plus couler le sang des ennemis, ne répands plus le deuil parmi eux ; mais au repos dans ce sanctuaire de marbre, dans le temple élevé d'Athéna, proclame la valeur du Crétois Echécratidas ».

Les consécrations des cités, témoignages de piété, mais aussi souvenirs tangibles de victoire que l'on veut immortaliser, sont innombrables tant dans les sanctuaires de chaque cité que dans quelques sanctuaires internationaux comme Delphes et Olympie. Il s'agit très souvent d'armes, en particulier de boucliers comme ceux, pris sur les Spartiates à Sphactérie en 425 av. J.—C., qui ornaient le portique Poecile à Athènes (Pausanias, IX,16,5) ou ceux, pris sur les Spartiates à Leuctres, qui étaient exposés dans le sanctuaire de Déméter à Thèbes (Pausanias, I,15,4). Mais les statues votives sont également fréquentes : statues de divinités comme l'Athéna Promachos de bronze dédiée sur l'Acropole d'Athènes en 476 (Pausanias, I,28,2), ou statues de chefs de guerre, à partir du IVe siècle surtout. Enfin des monuments (portiques, trésors ou autels) peuvent également être offerts comme (on l'a vu plus haut, p.95) à l'occasion des Guerres médiques.

La tradition des offrandes consécutives à des victoires se poursuit tout au long de la période du Ve au IIIe siècle. L'invasion gauloise de 279 est à l'origine d'une série de dédicaces et, en 183, après la mort de Philopoimen en Messénie, les Achéens consacrent sa statue à Delphes (Plutarque, *Philopoimen*, 10,12—13 ; la base a été retrouvée avec son inscription votive). Une évolution s'observe dans le statut personnel du stratège et sa glorification dans les sanctuaires, Eschine (*Contre Ctésiphon*, 184) le remarque.

Au retour de la victoire d'Eion (476), le peuple avait accordé aux généraux Athéniens des honneurs qui passaient alors pour insignes : l'érection de trois *hermès*, « à condition qu'on n'y inscrirait point leurs noms, pour éviter que l'inscription ne parût glorifier les généraux plutôt que la nation » ; au IVe siècle en revanche, Conon a sa statue élevée sur l'Acropole (Pausanias, I,24,3). De tels honneurs personnels se multiplient à l'époque hellénistique : statues de stratèges étoliens dédiées à Delphes à la fin du IIIe siècle (Pausanias, X,15,2) ; statue de Patrôn, pour avoir expulsé de sa patrie une garnison macédonienne, à Lilaia de Phocide, à la fin du IIIe siècle (Pausanias, X,33,3) ; etc.

La religion intervient, une fois la guerre terminée, dans la ratification de la paix. Celle-ci n'est effective qu'après l'échange des serments : on sait comment Philippe II lança sa compagne contre la Thrace en s'autorisant de ce que les négociations de paix de 346 n'avaient pas encore été conclues par des serments (6).

4 — LES RELATIONS INTERNATIONALES

La guerre mise à part, les relations internationales sont largement concernées par la religion dans la mesure où le serment constitue la garantie des alliances entre peuples, qu'il s'agisse d'amphictionies (ci-dessous, chapitre IV) ou de ligues comme celle que bâtit Athènes. On possède un traité entre Athènes et Chios, daté de 384, donc antérieur au décret constitutif de la seconde Ligue en 377 ; il vise à établir une alliance qui ménage l'autonomie de Chios ; le décret comprend les dispositions suivantes : « Devant les délégués venus de Chios que prêtent serment à Chios le Conseil, les stratèges et les taxiarques et que prêtent serment à Chios le Conseil et tous les magistrats ; qu'on choisisse cinq citoyens qui iront à Chios faire prêter le serment aux citoyens de Chios » (Pouilloux, 1960). En 375/4, un décret d'alliance entre Athènes et Corcyre conserve le nom des dieux garants et la malédiction finale : « Je le déclare en vérité par Zeus, par Apollon et par Déméter ; si je respecte mon serment, qu'il m'advienne beaucoup de bonheur, sinon que ce soit le contraire » (Pouilloux, 1960).

Tous les échanges diplomatiques internationaux sont d'ailleurs placés sous protection religieuse, puisque les hérauts et les ambassadeurs qui vont d'Etat en Etat sont inviolables, au moins dans l'Etat où ils se rendent. C'est ce qu'on lit dans Démosthène (XII,4) : « Faire violence à un héraut et à des ambassadeurs est un acte qui est tenu pour impie (*asébès*) partout, et par vous particulièrement ». Et Hérodote (VII,133−134) raconte comment, les Spartiates ayant jeté les hérauts de Darius dans un puits, la colère de Talthybios, le héraut homérique qui avait chez eux un sanctuaire, s'exprima pendant longtemps, les privant d'obtenir des présages favorables lorsqu'ils sacrifiaient.

Ainsi l'histoire politique de la cité est dominée par la religion ; son histoire quotidienne également, avec le rôle dévolu aux fêtes civiques.

III − LA VIE DE LA CITÉ ET LE CYCLE DES FÊTES CIVIQUES

Les différentes activités de la cité, politiques, mais aussi agricoles, artisanales et sociales, nécessitent un réseau de protections divines qui, pour être actif et bienfaisant, doit être entretenu par la célébration de fêtes périodiques.

1 − DÉFINITIONS

La fête (*héortè*) célébrée par une cité, ou « fête civique », est placée sous la responsabilité des citoyens. Sauf exception (cf. chapitre II et ci−dessous), elle leur est exclusivement réservée. Elle se définit comme un cérémonial collectif, organisé autour de l'acte cultuel central qu'est le sacrifice et comportant divers autres rites qui regroupent la communauté des citoyens. Lieu de rassemblement de la cité, la fête est destinée à plaire à la divinité comme Aristophane le suggère plaisamment (*Nuées*, v.618−619) lorsqu'il évoque les dieux, « frustrés d'un repas » par suite d'une complication du calendrier héortologique, et qui « rentrent chez eux sans avoir rencontré la fête conforme au nombre des jours ».

Les rites qui accompagnent l'acte d'offrande, sacrifice et éventuellement remise d'un objet comme le péplos d'Athéna, sont pour l'essentiel identiques d'une cérémonie à l'autre. La procession (*pompè*) est un moment capital et sur un vase attique du IVe siècle on voit une figure féminine debout, portant un petit rameau entre les mains, dont une inscription placée au−dessus d'elle nous apprend qu'il s'agit de *Pompè* personnifiée (New York, Metropolitan Museum). La fonction de la procession est double. Elle escorte les animaux du sacrifice et les objets du culte, parfois aussi une statue du dieu, et elle a ainsi une valeur cultuelle soulignée par le vêtement de fête et les couronnes des participants. Par ailleurs, elle donne l'occasion de se rassembler au groupe civique qui, pour la circonstance, a renoncé à ses obligations quotidiennes et s'avance accompagné de ses magistrats. Généralement, la procession qui se rend au sanctuaire honoré part d'une porte de la ville, soit vers l'intérieur de la ville, soit vers la *chôra* ; elle emprunte une voie sacrée qui la conduit jusqu'à l'autel, au coeur du sanctuaire. Après le sacrifice public, dont il a été longuement question plus haut (chapitre II), le repas collectif qui suit souvent la *thusia* a, lui aussi, valeur à la fois religieuse et sociale. Religieuse, car ce sont les chairs qui ont été consacrées qui sont consommées. Sociale, car le banquet est souvent organisé par dèmes, conformément aux structures de la cité. Tel est le noyau central de l'*héortè*, auquel peuvent s'ajouter, on le verra, divers rites propres aux différentes fêtes.

Les concours (*agôn* ; au pluriel : *agônès*) (7) constituent un autre élément religieux souvent inclus dans les fêtes. « Nous avons assuré à l'esprit des délassements, écrit Thucydide (II,38) : nous avons des concours et des sacrifices (*thusiai*) toute l'année ». Il place les concours parmi les « délassements », mais, comme les sacrifices, les concours sont surtout célébrés pour honorer les dieux. C'est ce qu'exprime Démosthène dans le *Contre Midias,* 51, à propos de ses fonctions de chorège aux Dionysies : « Tous ces chants, tous ces choeurs sont un hommage rendu au dieu » ; les mettre en oeuvre, ce n'est pas seulement suivre la tradition, « c'est obéir à tous les oracles, aussi bien de Delphes que de Dodone, qui enjoignent à nos cités... de former des choeurs » ; quiconque nuit à leur déroulement, comme l'a fait Midias, « commet un acte d'impiété ». Ces concours consistent en un affrontement de candidats dans les domaines gymniques, équestres ou artistiques (musique instrumentale et chant, épreuves dramatiques). Le succès des vainqueurs est dû à la fois à leurs qualités personnelles et à leur mérite religieux, car la victoire est donnée par les dieux.

Ainsi les fêtes sont à la fois un « délassement » pour les hommes, selon l'expression de Thucydide, une occasion de se rencontrer et un devoir vis-à-vis des dieux.

Calendriers religieux — Le nombre des fêtes civiques est considérable et elles rythment la vie des cités. D'une cité à l'autre, on retrouve quelques fêtes communes, mais au total le particularisme domine, comme en témoigne le nom des mois, souvent emprunté soit à des divinités (Dios, Héraios, Poseidonios), soit à des fêtes (Hécatombaion, Métageitnion), qui varie selon les lieux. Le souci scrupuleux de célébrer chaque fête à la date établie par la tradition a généralement conduit les cités à établir de véritables calendriers héortologiques qui suivent le découpage de l'année en douze mois lunaires (8). Le cas d'Athènes est un des mieux connus. Un calendrier des fêtes y a été dressé à l'époque de Solon, peut-être même dès Dracon. Plus tard, dans les années qui suivirent 410, un certain Nikomachos fut chargé par un décret public de codifier et de publier un calendrier à jour des sacrifices : le résultat fut une très longue inscription affichée dans la Stoa Basileios. Quelques fragments ont survécu : ils indiquent la date des fêtes, les responsables de leur organisation, les victimes offertes en sacrifice et leur prix ; des textes plus récents les complètent. Plusieurs dèmes d'Attique ont livré des calendriers sacrés mieux conservés : ce sont en particulier, pour le IVe siècle, ceux de la Tétrapole de Marathon, d'Erchia et de Thorikos ; ils donnent des listes de sacrifices à célébrer dans le cadre du dème et précisent la nature et le prix des victimes. Enfin, des textes analogues sont connus pour Cos (IVe/IIIe siècle), pour Mykonos (v. 200 av. J.-C.) et pour Camiros (IIIe siècle). De ces diverses sources, il apparaît que les mois d'hiver, pluvieux et peu propices aux fêtes de plein air, sont moins riches en cérémonies que les autres.

Le cadre des fêtes religieuses est tantôt la ville tantôt la *chôra* ; il est aussi un cas, à Mégalopolis, où le sacrifice, commencé sur l'agora devant la statue d'Apollon Epikourios, s'achève dans le massif du Lycée, dans le sanctuaire d'Apollon Parrhasios. Dans tous les cas, la cité ordonne la cérémonie, mais Athènes présente une organisation plus complexe, car à côté des fêtes de la cité proprement dite, les tribus (avec leur culte des héros éponymes), les dèmes et les phratries ont leurs propres célébrations. Les dèmes en particulier fonctionnent comme de véritables unités religieuses ; ils n'ignorent pas pour autant les grandes fêtes de la ville, pour lesquelles les démotes viennent à Athènes, le calendrier local le permet ; en revanche, pour les fêtes qui concernent la famille et celles qui sont célébrées par des femmes (Théogamies, Thesmophories), la célébration se passe dans le dème.

Il est plusieurs manières d'aborder l'étude des fêtes. On peut, comme L. Deubner (1932), partir des divinités pour analyser chaque fête qui leur est consacrée. Tel est aussi le parti d'E. Simon (1982), à propos des fêtes essentielles ; son originalité réside dans la place qu'elle fait à l'iconographie. On peut aussi partir des rites, comme H.W. Parke (1977), qui décrit, dans l'ordre du calendrier, le déroulement des différentes fêtes, en faisant une large part aux mythes étiologiques pour les expliquer. Renonçant à l'exhaustivité, je tenterai une analyse qui privilégie la notion de « domaine d'activités » divines et humaines, en m'attachant aux fonctions mises en cause par le rituel de la fête, plutôt qu'à la personnalité divine à laquelle il s'est parfois rattaché de façon secondaire. Je regrouperai donc les fêtes selon ces domaines d'activités. Bien sûr, la fête étant souvent un conglomérat de rites qui étaient séparés au départ, elle relève dans certains cas de plusieurs sphères d'activités simultanément, elle est « polysémique » : j'essaierai de ne pas ignorer ce fait, lorsque je définirai un domaine privilégié où se situe la fête. D'autre part, je ferai place, à côté d'Athènes, aux particularismes régionaux.

2 – LA FÊTE DE LA DIVINITÉ POLIADE ; L'EXEMPLE DES PANATHÉNÉES À ATHENES

La fonction de divinité « poliade », « protectrice de la cité » a été définie plus haut (chapitre I). On analysera ici la fête consacrée à Athéna Polias à Athènes, les Panathénées, pour montrer sa dimension à la fois religieuse et politique.

La légende attribuait à Erichthonios la création d'une fête en l'honneur d'Athéna Polias, les *Athénaia* ; Thésée, à l'occasion du synoecisme d'Athènes, lui aurait donné le nom de *Panathénaia*. Elle commémorait, selon les Anciens, la victoire des dieux sur les géants, thème qui était précisément représenté sur le voile offert à la déesse. Au

Ve siècle, et cela remonte à l'époque de Pisistrate, des « Grandes Panathénées » pentétériques (*i.e.* célébrées tous les quatre ans) ont lieu la troisième année de chaque Olympiade, tandis que des « Petites Panathénées » sont célébrées annuellement. Elles ont lieu en Hécatombaion (juillet) ; le sacrifice solennel prend place le 28 de ce mois.

L'organisation de la fête fait intervenir la Boulè (ci—dessus, p.111) et des magistrats ordinaires (l'archonte—roi règle la lampadédromie et l'archonte—éponyme s'occupe de la récolte d'huile des oliviers sacrés) ; en outre des fonctionnaires spéciaux lui sont affectés : hiéropes pour les Petites Panathénées (*LSC*, n° 33), athlothètes pour la procession, les concours et la confection du péplos des Grandes Panathénées (Aristote, *Constitution des Athéniens*, 60,5). On traitera ici des Grandes Panathénées.

La cérémonie essentielle, à l'époque classique, est la remise du péplos offert en procession solennelle à Athéna Polias sur l'Acropole, avec les sacrifices qui l'accompagnent. Des concours, instaurés depuis 566/5 av. J.—C., complètent ce double rite.

Le péplos d'Athéna Polias est évoqué dans *Hécube* d'Euripide (v.465—475). Il s'agit d'une pièce en laine de « couleur safran » ; à même la trame est tissée la représentation du combat des dieux et des géants (Euripide parle des « Titans que la foudre enflammée de Zeus, fils de Kronos, endort du dernier sommeil » ; mais la tradition relative aux géants est mieux établie). L'offrande du péplos qui va vêtir le vieux *xoanon* d'Athéna, selon une tradition bien attestée ailleurs (ci—dessus, chapitre II), est considérée par les Anciens comme un moment particulièrement important. Aristophane y fait allusion dans les *Oiseaux* (v.826— 27) ; lors de la fondation de Coucouville—les—Nuées, le coryphée demande : « Quelle divinité donc sera gardienne de la citadelle ? Pour qui tisserons—nous le péplos ? ». Le tissage du péplos avait commencé neuf mois auparavant, lors des *Chalkeia,* la fête des artisans célébrée en l'honneur d'Héphaïstos et Athéna dans les derniers jours de Pyanepsion (octobre) (ci—dessous, p.172). Des modèles avaient été soumis à la Boulè et des jeunes filles, les ergastines — dont le nombre pouvait aller jusqu'à cent —, dirigées par deux des quatre arréphores et supervisées par les athlothètes, avaient exécuté le travail. L'offrande du péplos est—elle annuelle ou quadriennale ?

A ce sujet les textes anciens sont contradictoires ; en 286 av. J.−C. en tout cas la remise est encore pentétérique uniquement, comme par le passé (Shear, 1978).

La procession − Dès l'aube du 28 Hécatombaion, après une veillée sacrée (*pannuchis*), le péplos terminé est porté en procession sur l'Acropole où se trouve, dans le secteur Nord, le vieux *xoanon*, abrité dans une partie du Vieux Temple restaurée après les Guerres médiques, puis dans l'Erechtheion. En même temps, les animaux du sacrifice sont conduits sur le plateau sacré. La procession part du Pompeion, à la porte Dipyle, dans le quartier du Céramique ; le nom du bâtiment indique un lien avec la procession (*pompè*) ; et il peut avoir renfermé les objets nécessaires pour celle−ci (9). Elle suit la voie sacrée traversant l'Agora, avec peut−être des arrêts auprès des différents autels, puis à l'Eleusinion, entre l'Agora et l'Acropole ; c'est du moins ce que l'on conclut d'un texte de Xénophon (*Commandant de la cavalerie*, III, 2−5) qui vaut d'être cité. « Je crois, écrit−il, que les cortèges auraient le plus d'agrément pour les divinités comme pour les spectateurs, si la cavalerie, faisait, en honorant les dieux, le tour complet de tous les sanctuaires et de toutes les statues des dieux qui sont sur l'Agora en commençant par les *hermès*...; une fois que, le circuit terminé, ils reviennent vers les *hermès*, c'est alors qu'il me semble beau de pousser les chevaux jusqu'à l'Eleusinion, au galop de charge ». Les lieux sacrés dont il est question peuvent avoir été effectivement des points de passage pour la procession, mais il serait abusif de prendre pour description de la réalité ce qui est une évocation idéalisée par Xénophon. Il est tentant de rapprocher, pour le Ve siècle, la part accordée aux chevaux dans la procession sculptée de la frise ionique dite « des Panathénées » au Parthénon ; là aussi le rôle de la cavalerie est exalté pour sa valeur esthétique et l'on voit représentés divers rythmes des montures et des attelages, de la petite allure jusqu'au trot. Dans les deux cas l'importance de la cavalerie est sûrement surévaluée par rapport à ce qu'elle était dans les faits. La cavalerie devait s'arrêter au pied de l'Acropole ; ensuite la voie sacrée gravissait les pentes de la colline. Il est possible qu'à l'imitation du *phallos* des processions dionysiaques le péplos ait été transporté sur un char, ici en forme de bateau ; il aurait alors pu servir de voile, comme le suggère un passage de la *Vie de Démétrios* de Plutarque

(12,3) où l'on voit le péplos déchiré par une bourrasque pendant qu'on le « promenait à travers le Céramique ». Un fragment du poète comique Strattis, vers 400 et deux décrets attiques du IIIe siècle (l'un en l'honneur de Kallias de Sphettos et l'autre en l'honneur de Philippidès : Shear, 1978 et Pouilloux, 1960) qui parlent de « cordages pour le péplos » et, si l'on comprend bien, « d'un mât et d'une vergue, destinés à la déesse pour le péplos », donnent à penser que le péplos était monté comme une voile aux IVe et au IIIe siècles, comme plus tard à l'époque de Pausanias. Quoi qu'il en soit, le char s'arrêtait lui aussi au bas de l'Acropole.

Sur la composition du cortège, cavalerie mise à part, on ne dispose que de sources lacunaires, souvent difficiles à mettre bout à bout, surtout lorsqu'on essaie de les accorder avec la frise ionique du Parthénon qui, quel que soit son sujet exact (10), figure une grande procession religieuse dans l'esprit des Panathénées. D'après les textes, les magistrats, qui reçoivent ensuite des parts de victimes, devaient y participer (prytanes, archontes, trésoriers de la déesse, hiéropes, stratèges, taxiarques), de même les prêtres et prêtresses de la cité et les ergastines (ce personnel religieux apparaît dans les inscriptions). Venaient ensuite, avec les victimes destinées au sacrifice, des victimaires, accompagnés de canéphores (« porteuses de corbeilles »), de diphrophores (« porteuses de sièges ») et de skiadophores (« porteuses d'ombrelle ») : ces préposées au service divin sont citées ensemble dans un passage des *Thesmophories* d'Aristophane (v.734 sq.) ; elles sont connues également par des lexicographes (les porteuses d'ombrelles étaient des jeunes filles de métèques, comme aussi les hydriaphores ou « porteuses d'hydries »). Pour les hommes, on connaît les thallophores, (« porteurs de rameaux »), dont Xénophon (*Banquet,* IV,17) précise qu'ils étaient « choisis parmi les beaux vieillards », et les skaphéphores (« porteurs de vases ») qui étaient des métèques. Suivaient les Athéniens et, aux Ve et IVe siècles, les représentants des Alliés qui étaient invités à participer, ainsi que ceux des colonies d'Athènes.

Sur la frise des Panathénées, on peut identifier la prêtresse d'Athéna Polias au centre de la frise Est ; à sa gauche, deux assistantes (ou arréphores ?) portent des coussins ; à sa droite, on plie le péplos ; faut−il reconnaître l'archonte−roi ? c'est peu vraisemblable. Des ergastines et des jeunes filles portant des vases sacrés (au Nord) s'avancent vers des hommes arrêtés (héros mythiques ? magistrats ?) ; elles sont suivies, au Nord et au Sud, des victimes et des sacrificateurs, de porteurs d'hydries, de joueurs de flûte et de lyre dont la musique accompagnera le sacrifice, de citoyens dont certains agitent des branches d'olivier (les thallophores ?). Puis viennent les chars et la cavalerie. La remise du péplos à la prêtresse d'Athéna s'apprête donc à l'Est, pendant que le défilé se déroule à l'Ouest, au Nord et au Sud. Les dieux assistent à la scène, à l'Est.

Le sacrifice panathénaïque suit la remise du péplos. Le document le plus explicite sur cette phase de la cérémonie est un décret (*LSC* n° 33) qui se place sous l'administration de Lycurgue, vers 336, et qui concerne le financement du culte grâce aux ressources venant du territoire d'Oropos remis par Philippe II à Athènes en 338/7 av. J.—C. Il s'agit en l'occurrence des Petites Panathénées, mais les destinataires des sacrifices devaient être les mêmes lors des Grandes Panathénées. Une première *thusia* précédée d'un sacrifice préliminaire à Athéna Hygieia (« de la santé »), offert sur son autel à l'entrée de l'Acropole, concerne Athéna Polias. Elle devait être célébrée non pas « dans le Vieux Temple » (ce qui est une restitution très contestable du début de la ligne 11), mais sur l'autel de la déesse qui se trouvait à l'Est des vestiges du Vieux Temple (il est mentionné à la l. 29). Ce sacrifice a l'allure d'une survivance de la cité aristocratique : il comporte une répartition hiérarchisée des viandes. Les magistrats sont les premiers servis : les archontes (trois parts pour neuf), les stratèges et les taxiarques (trois parts pour vingt), les prytanes (cinq parts pour cinquante), les trésoriers d'Athéna et les hiéropes (une part pour dix) ; ensuite viennent les « Athéniens qui auront fait partie du cortège et les canéphores ».

Le second sacrifice, précédé d'un sacrifice préliminaire à Athéna Niké dans son sanctuaire, est la grande hécatombe (en principe cent bovins, mais le nombre réel des victimes devait être subordonné, comme dans le décret cité plus haut, à l'état des finances de la cité). Les animaux sont sacrifiés sur le grand autel d'Athéna Polias (l.20). Les viandes sont distribuées de manière indifférenciée « au peuple athénien », chaque dème en recevant à raison de sa population civique. Plus démocratique que l'autre, ce sacrifice qui a donné son nom au mois Hécatombaion, peut néanmoins être antérieur à Clisthène. La distribution des parts de viande et le repas communautaire se déroulaient sans doute au Céramique : les salles de banquet du Pompeion peuvent avoir servi à cet usage ; plus de cent amphores panathénaïques ont été retrouvées dans le bâtiment du IVe siècle.

Les deux offrandes sacrificielles à Athéna Polias constituaient, avec la remise du péplos, la partie proprement civique de la cérémonie. Y participaient les citoyens et quelques jeunes filles de bonne famille ; les métèques étaient admis à la procession — ils y jouaient même quelque rôle —, mais sans doute pas au sacrifice ; les Alliés étaient invités à fournir des victimes : on le voit pour les Erythréens dans un décret athénien de 465 av. J.-C. (*Syll*[3],41) ; de même, vers 441, la colonie de Bréa doit envoyer « un boeuf et une panoplie » (*Syll*[3],67). Les concours comportaient des épreuves concernant plus largement tous les Grecs : au IIIe siècle d'ailleurs, un décret de Gonnoi fait connaître l'envoi par Athènes de spondophores pour annoncer, à l'instar des grands concours panhelléniques, la trêve sacrée des Panathénées (Helly, 1973).

Les concours — La célébration des concours devait précéder les cérémonies de l'Acropole. D'après une liste dressée vers 380 des prix remportés et de leur valeur (*Syll*[3],1055), on peut supposer qu'ils duraient deux ou trois jours. Ils étaient organisés par les athlothètes.

Un concours musical, qui se déroule dans l'Odéon construit sous Périclès, comporte des concours de rhapsodes, consacrés à la récitation des poèmes homériques, et des concours musicaux (concours de poésie avec accompagnement de cithare et de flûte, concours d'instruments, cithare et flûte). Les prix sont élevés. L'inscription déjà citée mentionne une couronne d'olivier en or de 1000 drachmes pour le premier des citharèdes et une couronne de 300 drachmes pour le premier des aulètes ; les suivants reçoivent des sommes d'argent. Il s'agissait à cette époque de professionnels de haut niveau venus de diverses cités et ils recevaient ainsi non seulement un honneur, mais un salaire couvrant leurs frais de déplacement.

Le concours gymnique, de même, est ouvert aux étrangers. Jusqu'au IVe siècle il se déroulait peut-être sur l'Agora (un *dromos*, « piste de course », a été retrouvé, avec une ligne de départ, dans le secteur N.−O. de la place). La construction d'un vrai stade panathénaïque date de l'administration de Lycurgue (un décret athénien honore, en 330/29 av. J.−C., Eudémos de Platées pour l'aide qu'il a apportée à cette construction : Pouilloux, 1960).

L'inscription *Syll.*³, 1055, apprend que les concurrents sont répartis en trois classes d'âge (*paides*, « enfants », *andrès*, « adultes » et *agéneioi*, « jeunes gens impubères »). Les épreuves sont les mêmes que dans tous les grands concours : course du stade, pentathle (disque, javelot, saut, course et lutte), lutte, pugilat et pancrace. Les prix sont un nombre déterminé d'amphores d'huile. Connues sous le nom d'amphores panathénaïques, elles portent d'un côté l'image d'Athéna, de l'autre la représentation d'une scène de concours ; la technique est celle de la « figure noire ». L'huile provient en principe de tous les oliviers sacrés épars sur le sol de l'Attique. Un premier prix représentait, en plus de la considération qu'il apportait au vainqueur, un avantage financier non négligeable : quarante à cinquante vases de 35 à 40 litres d'huile chacun, dont une partie devait être mise en vente (on trouve des amphores panathénaïques dans toute la Méditerranée, de l'Etrurie à la Crimée et de la Cyrénaïque à la Syrie). Une autre partie des amphores était consacrée dans les sanctuaires de l'Acropole, d'Eleusis ou de Brauron.

Les concours hippiques se déroulent à Echélie, dans le dème de Xypétè. La tradition les fait remonter à Erichthonios et l'exercice de l'apobate rappelle la tradition la plus ancienne : l'apobate saute à terre, à un moment donné, court derrière le char et remonte, imitant en l'honneur de la déesse guerrière les exercices de voltige des combats homériques. Le fils de Phocion, rapporte Plutarque (*Vie de Phocion*, 20,1−2), remporta le prix comme apobate dans les Panathénées. Les prix sont des amphores d'huile.

Aux concours qui sont ouverts à tous les Grecs, il convient d'opposer une série d'épreuves réservées aux citoyens et dont l'organisation constitue des liturgies, un service public confié à de riches citoyens. Tel est le cas de la pyrrhique, une danse en armes, en étroit rapport avec Athéna qui l'aurait dansée après la victoire sur les géants. Le prix, pour chacune des trois classes d'âge, est un boeuf d'une valeur de 100 drachmes, qui doit être sacrifié et partagé. Deux concours sont organisés par tribus : une régate, qui rapporte 300 drachmes à la tribu gagnante, et l'*euandria,* où rivalisent un certain nombre d'hommes beaux par leur force et la vigueur de leur corps ; « à la tribu victorieuse, un bœuf de 100 drachmes », précise l'inscription déjà citée.

Enfin le 27 Hécatombaion a lieu le soir un dernier concours par tribus, la lampadédromie ou « course de relais au flambeau », par laquelle le feu de l'autel d'Eros à l'Académie est apporté sur l'Acropole où il allumera le foyer d'Athéna Polias. Les lampadéphores gagnants emportent une hydrie de 30 drachmes. Suit la *pannuchis,* la « veillée sacrée », avec ses chants et ses chœurs.

A l'époque classique, les Panathénées ont la double fonction d'honorer la déesse et d'exalter le patriotisme de la cité. A l'époque hellénistique, leur célébration se continue (ci−dessus, p.153) et, tout en gardant leur caractère de fête religieuse, elles deviennent un symbole de la liberté de la cité : dès l'époque de Lycurgue, on réorganise les petites Panathénées, puis, lorsque Démétrios Poliorcète se pose en libérateur d'Athènes, en 307−306, les Athéniens, entre autres honneurs insignes qu'ils lui accordent, décident « de tisser sur le péplos les images de Démétrios et d'Antigone auprès de Zeus et d'Athéna » (Plutarque, *Vie de Démétrios,* 12), ce qui n'est pas rabaisser la déesse, car Démétrios, par les faveurs qui lui sont consenties (ci−dessous, pp.181−184) est élevé à l'égal d'un dieu. La double valeur, religieuse et patriotique, des Panathénées apparaît bien encore dans l'offrande faite en 278 par Ptolémée II de « cordages pour le péplos » (Shear, 1978) : ce geste symbolique est à la fois un acte de piété et une manière de reconnaître la liberté retrouvée d'Athènes qui, en 278, célèbre les Panathénées pour la première fois depuis sa libération en 286.

Un rôle analogue fut joué par les Grandes Dionysies, tandis que les autres fêtes avaient un caractère plus local.

3 − FÊTE ET VIE POLITIQUE : L'EXEMPLE DES GRANDES DIONYSIES

Les Grandes Dionysies ou Dionysies urbaines, par opposition avec les Dionysies rurales, offrent le même type de complexité que les Panathénées. Lors de cette fête religieuse où les concours tiennent une grande place, s'accomplissent divers actes politiques symboliques, en présence de la foule des citoyens, des métèques, des Alliés et aussi des étrangers qu'amène la reprise de la navigation au mois d'Elaphébolion (mars).

La fête est de création relativement récente. Elle fut instituée en l'honneur de Dionysos Eleuthéreus, du nom d'Eleuthères, une bourgade à la limite entre l'Attique et la Béotie. C'est depuis le sanctuaire de Dionysos à Eleuthères que « l'idole de Dionysos fut anciennement transportée à Athènes ; sur place on fit une copie » (Pausanias, I,38,8). Une tradition conservée par Pausanias (I,2,5) fait remonter l'épisode aux temps héroïques (Pégasos d'Eleuthères aurait introduit le dieu à Athènes à l'époque du roi Amphictyon) ; mais ailleurs (I,38,8), le Périégète se fait l'écho d'un ralliement pacifique d'Eleuthères à Athènes par haine de Thèbes. On place habituellement cet épisode et le transfert du culte de Dionysos à l'époque de Pisistrate ; récemment, W.R. Connor (1989) a cependant proposé d'abaisser la date jusque vers 509−501 (11) et d'établir ainsi un lien étroit entre la fête et la démocratie. Quoi qu'il en soit, les Grandes Dionysies sont au début du Ve siècle une fête récente, dont s'occupe l'archonte éponyme.

Les Grandes Dionysies se déroulent approximativement du 10 au 14 Elaphébolion (fin mars), les dates exactes sont encore discutées. Pendant cette période, il est interdit, au terme de la loi d'Evagoros, de « prendre un gage et d'opérer une saisie sur quelqu'un » (Démosthène, *Contre Midias*, 10). Accusés et condamnés bénéficient également de la trêve (Démosthène, *Contre Androtion*, 68). Juste avant les Dionysies proprement dites, le 8 ou le 9, a lieu une commémoration de l'introduction de Dionysos à Athènes : la statue du sanctuaire athénien du dieu est apportée dans un temple voisin de l'Académie, sur la route d'Eleuthères (Pausanias, I,29,2). Là sont offerts des sacrifices, en particulier par les éphèbes, et l'on chante des hymnes ; puis on rapporte, semble−t−il, la statue dans son sanctuaire.

Procession et sacrifice − La procession qui précède les sacrifices célébrés dans le sanctuaire de Dionysos, au pied des pentes Sud de l'Acropole, marque le début de la fête, sans doute le 10 Elaphébolion. Elle passe par l'Agora où les choeurs « rendent hommage à toutes les divinités et en particulier aux Douze dieux » (Xénophon, *Commandant de la cavalerie*, III,2) et vient probablement du Pompeion. Elle réunit citoyens et métèques. Les textes mentionnent des canéphores (« porteuses de corbeilles »), des *obéliaphoroi* (« porteurs de gâteaux cuits à la broche »), des hydriaphores et des askophores (« porteurs de cruches à eau » et « porteurs d'outres »). Les métèques, qui font office de skaphéphores (« porteurs de vases ») sont habillés de pourpre. Un autre élément coloré est fourni par la présence des chorèges richement parés (Démosthène, *Contre Midias*, 22, parle de « rehausser d'or un vêtement » pour figurer comme chorège, avec une couronne d'or, à la *pompè* des Dionysies). Plutarque (*Moralia* 527 d) décrit une procession qui se rapporte soit aux Grandes Dionysies soit aux Dionysies rustiques : « La fête ancestrale de Dionysos, dit−il, donnait lieu jadis à une procession populaire (*dèmotikos*) et joyeuse : en tête une amphore de vin et un cep de vigne, puis un homme tirait un bouc, un autre suivait en portant une corbeille de figues sèches, et en dernier venait le *phallos* ». Effectivement, la pratique de porter un *phallos* est attestée par une inscription de 446/45 qui prescrit à la nouvelle colonie de Bréa d'en envoyer un pour les Dionysies.

Le sacrifice a pour victime des taureaux, sans doute nombreux (en 333 av. J.−C. on aurait sacrifié 240 animaux). Jusqu'en 420, il est offert sur l'autel du vieux temple de Dionysos, celui qui renferme le *xoanon* du dieu ; ensuite il est célébré sur le grand autel au S.−E. du nouveau temple qui abrite la statue d'Alcamène. Au soir de cette journée, semble−t−il, se déroule le *kômos*, procession joyeuse d'hommes tenant des torches, accompagnée de musique et de danse ; mais on sait peu de choses à son sujet.

Représentations dramatiques − Une fois accompli le sacrifice, rite central du culte réservé aux citoyens, les Grandes Dionysies s'ouvrent à l'ensemble des Grecs ; ils sont admis à assister à la seconde partie de la fête, les concours dramatiques organisés dans le théâtre de Dionysos où l'on transporte la statue du dieu sous l'égide de qui se déroulent les représentations (Aristophane, *Cavaliers*, v.536) (12). La présence d'étrangers parmi les spectateurs ne fait pas de doute : Eschine parle dans le *Contre Ctésiphon*, 43, de proclamations faites aux Grandes Dionysies « devant tous les Grecs ». Il est plus difficile de savoir si les femmes étaient admises aux représentations : dans les *Thesmophories* d'Aristophane, leur mauvaise humeur contre l'image que donne d'elles Euripide suggère qu'au Ve siècle elles assistaient aux tragédies ; mais elles étaient peut-être exclues des comédies (Aristophane en tout cas ne les mentionne pas quand il énumère les spectateurs dans la *Paix*, v.50-53). Le spectacle est en principe payant : deux oboles par jour au temps de Démosthène, mais vers 355 l'institution d'un fonds des spectacles (*théorikon*), permet aux citoyens de recevoir un jeton d'entrée gratuite.

Le théâtre, à l'époque de Lycurgue, peut contenir 17 000 spectateurs ; il comporte 78 gradins de marbre face à l'*orchestra* circulaire et aux bâtiments de scène. Mais le cadre des premières tragédies d'Eschyle était un théâtre en bois démontable dressé sur l'Agora ; entre 499 et 496, un effondrement des échafaudages détermina les Athéniens à aménager un théâtre fixe sur les pentes méridionales de l'Acropole, à proximité du vieux temple de Dionysos Eleuthéreus. Encore le *théâtron*, « lieu d'où l'on regarde », comportait-il des gradins en bois, sauf pour certains dignitaires ; c'est après la grande floraison du théâtre classique qu'Athènes a eu pour la première fois un théâtre en pierre. Les représentations dramatiques avaient lieu à l'époque classique du 11 au 14 Elaphébolion (sauf pendant la Guerre du Péloponnèse où le spectacle fut raccourci d'un jour). A l'époque hellénistique la durée fut allongée, l'habitude s'étant prise d'ajouter la reprise d'anciennes pièces.

Les concours dramatiques appartiennent à la sphère religieuse : juste avant le spectacle, le théâtre est purifié par l'offrande d'un porcelet et les dix stratèges ouvrent le cycle dramatique en offrant les libations d'usage (Plutarque, *Vie de Cimon*, VIII,8-9). Le 8 Elaphébolion, avant la *pompè*, s'est tenu dans l'Odéon le *proagon*, annonçant le programme théâtral. A l'époque classique, l'organisation des concours est confiée pour l'essentiel à l'archonte éponyme qui désigne les trois chorèges des tragédies et reçoit les cinq chorèges désignés par les tribus pour les comédies (Aristote, *Constitution des Athéniens*, 56,4) ; les tribus désignent également les dix chorèges des épreuves de dithyrambe. Le chorège est un riche citoyen qui accepte comme liturgie de recruter et de nourrir à ses frais un joueur de flûte et des choreutes, de leur fournir leur costume et leur masque et de les préparer aux représentations : une lourde dépense, dont les orateurs font souvent état ; mais le chorège vainqueur, récompensé d'un trépied, peut espérer l'honneur d'une couronne décernée dans le théâtre (Démosthène, *Contre Midias*, 63). Chaque chorège est affecté par l'archonte à un poète. Vers 316/15 av. J.−C., les liturgies dramatiques furent abolies par Démétrios de Phalère ; dès lors le peuple eut à élire un agonothète qui recevait de l'argent de l'Etat.

Le concours dithyrambique oppose des chants composés en l'honneur de Dionysos et entonnés par les membres d'un choeur, accompagnés de flûte, qui chantent en dansant ; il y a des choeurs d'adultes et des choeurs de jeunes gens. Les fragments d'un dithyrambe de Pindare montrent que le caractère dionysiaque du poème n'excluait pas l'introduction d'autres thèmes mythiques. Plusieurs poètes s'illustrèrent dans le genre : Phrynis de Mitylène, puis Timothéos de Milet et Philoxénos de Cythère, au V/IVe siècle ; à l'époque de Polybe encore (IV,20,9) les jeunes Arcadiens apprenaient les « nomes » de Philoxénos pour les danser dans les théâtres, avec des joueurs de flûte professionnels.

Le programme des concours de tragédies et de comédies est surtout connu par les didascalies, ces catalogues dressés par l'archonte éponyme à partir du Ve siècle, qui donnent le nom des poètes et leur rang, le nom des pièces et celui des protagonistes. Les concours de poètes tragiques remontent à l'origine des Grandes Dionysies. Au Ve siècle et pendant la première partie du IVe, chacun des trois poètes mis en compétition par l'archonte présente généralement quatre pièces, une trilogie de trois tragédies et un drame satyrique. Un peu avant 341, il n'y a plus qu'un seul drame satyrique au début des concours dramatiques. A partir de 386 av. J.−C. s'ajoutent des reprises d'anciennes tragédies qui deviennent annuelles à partir de 341−339. Les concours de poètes comiques ne commencent sans doute pas avant 486 av. J.−C. ; ils mettent en concurrence cinq poètes. A partir de 339, une ancienne comédie est ajoutée à ce programme ; les reprises sont régulières à partir de 311.

Les acteurs, au nombre maximum de trois, sont choisis par l'auteur ; ils ont vite leurs propres concours : à partir de 449 environ pour la tragédie, et à partir d'une date entre 329 et 312 pour la comédie. Après la mort des « grands »,

Eschyle, Sophocle, Euripide et Aristophane, l'importance des acteurs s'accroît aux dépens de celle de l'auteur et au IVe siècle Aristote (*Rhétorique*, III,1,1403 b) peut dire qu'ils sont « plus importants que les poètes ».

Le verdict des concours est confié à cinq juges tirés au sort selon un système complexe : ils prêtent serment de juger « en conscience » (Aristophane, *Assemblée des femmes*, v.1159−60). Le nom du poète vainqueur est proclamé par un héraut ; il reçoit, dans le théâtre, une couronne de lierre ; un trépied est décerné au chorège vainqueur (chapitre II).

Dionysies et vie politique − Plusieurs actes proprement politiques se déroulent dans le cadre des Grandes Dionysies ; ils montrent que les Athéniens font de cette fête une célébration à la fois de Dionysos et de leur propre puissance. A preuve la décision votée, comme le rapporte Isocrate (*Sur la Paix*, 82), de « répartir talent par talent l'argent venant du tribut (*phoros*) [des Alliés] et de le faire apporter dans l'*orchestra* aux Dionysies, quand le théâtre serait comble » : Athènes s'affichait ainsi comme puissance internationale. L'idéologie civique se manifeste également dans la coutume ancienne que décrit Eschine (*Contre Ctésiphon*, 154 ; elle n'est plus en usage à son époque, vers 330) : « Au moment où l'on allait représenter des tragédies, le héraut s'avançait, présentait les orphelins dont les pères étaient morts à la guerre, adolescents revêtus de l'armure complète » ; il les recommandait à la Bonne Fortune et les invitait à occuper le premier rang au théâtre. Enfin c'est lors des Grandes Dionysies que l'on proclame, avant les concours tragiques, les honneurs accordés aux étrangers et aux citoyens pour services rendus à la cité. Démosthène (*Sur la couronne*, 120) souligne le bénéfice qu'Athènes retire de cette cérémonie : « ainsi tous les auditeurs sont incités à rendre service à l'Etat et ils décernent à ceux qui marquent leur reconnaissance (*i.e.* les Athéniens) un éloge plus grand qu'à celui qui est couronné ».

Après la fin des Dionysies, une assemblée examinait « les plaintes à propos de la fête et des concours » (Démosthène, *Contre Midias*, 8). Des décrets honorifiques du IIIe siècle, en l'honneur de l'archonte Euthios ou de la Boulè (dont on ne connaît pas les fonctions exactes dans les cérémonies) montrent que la cité appréciait également le travail accompli par les instances responsables.

Les Grandes Dionysies, si elles honorent le dieu de la fécondité et le protecteur du théâtre, sont en même temps une véritable fête patriotique, conçue pour exalter la puissance d'Athènes devant les Alliés et les étrangers, et pour affirmer le rôle de civilisatrice, « d'école de la Grèce », que lui avait assigné Périclès (Thucydide, II,41). En dehors d'Athènes, de nombreuses cités célébraient des Dionysies aux caractères analogues, mais à l'échelle de chaque Etat.

Autres fêtes « patriotiques » — Une série de fêtes de moindre envergure que les Panathénées ou les Grandes Dionysies illustrent la gloire d'Athènes. Les *Synoikia* commémorent le 16 Hécatombaion (juillet) le synoecisme d'Athènes par Thésée ; la fête, dédiée à Athéna sur l'Acropole, est ancienne, antérieure au culte officiel de Thésée, mais elle n'a jamais connu une grande popularité. En 374 av. J.−C. une fête d'Eirénè est instituée le même jour ; elle honore la Paix personnifiée, dont Céphisodote sculpte l'effigie pour l'Agora vers 370/60, et comporte un sacrifice et des concours, comme en témoigne une inscription datée de 333 av. J.−C. (Robert, 1977).

Des *Théseia* sont célébrées à partir de 475 av. J.−C., à la suite du transfert des os de Thésée à Athènes (cf. chapitre I) et le contexte patriotique est le même. Ces *Théseia* prennent la place d'un culte familial organisé par les Phytallides (Plutarque, *Vie de Thésée,* 23,5) et comptent désormais parmi les fêtes importantes de la cité. Le 8 Pyanepsion (octobre) est offert un sacrifice « particulièrement solennel » (Plutarque, *Vie de Thésée,* 36,4), suivi d'une distribution des parts de viande. Un concours athlétique prend place avant ou après : les épreuves en sont connues seulement pour le IIe siècle (*Syll*³, 667) : parade militaire et lampadédromie, course, lutte, pancrace, lutte en armes et lancer du javelot, plus un concours hippique. La signification politique des *Théseia* est vraisemblable, même si elle n'est pas clairement exprimée dans les textes. Selon Plutarque *(Vie de Thésée,* 36,4), le sacrifice était célébré à la date « où Thésée était revenu de Crète avec les jeunes gens » ; or deux autres fêtes, les Oschophories en l'honneur de Dionysos et les Pyanepsies pour Apollon, étaient également rattachées à l'épisode crétois du mythe de Thésée : on peut être tenté, avec Cl. Calame (1990), d'expliquer la « promotion » de l'épisode crétois par l'intérêt que les Athéniens portaient au domaine maritime autour de 476/5 av. J.−C.

On citera encore, dans les fêtes instituées pour la glorification d'Athènes, les *Génésia,* célébrées par la cité le 5 Boédromion (septembre) en l'honneur de ses morts et le 6 du même mois la commémoration de la bataille de Marathon (cf. ci−dessus, p.144). Mais le rayonnement de la cité était inséparable de son bien−être matériel auquel se rattachent de nombreuses fêtes.

4 − LA SPHÈRE « FERTILITÉ − FÉCONDITÉ »

Les fêtes qui visent à promouvoir la prospérité dans les domaines de la fertilité et de la fécondité sont essentielles tant dans la ville que dans la *chôra*. Elles prennent en compte plusieurs aspects : pureté et purification nécessaires à tout développement, croissance des différents types de culture, fécondité des humains. Leur nombre, leurs recoupements, la diversité des divinités auxquelles elles s'adressent garantissent une bonne protection. On évoquera ici quelques exemples caractéristiques.

a) Les Thargélies

Les Thargélies sont célébrées à Athènes le 7 Thargélion (mai) pour Apollon, en relation avec sa fonction agraire. Le jour précédent, le 6, dont il n'est pas certain qu'il fasse partie des Thargélies proprement dites, on purifie la ville par le rituel cathartique dit des *pharmakoi* (litt. « remèdes»), analogue à l'usage palestinien du bouc émissaire. Deux hommes, dont l'un porte un collier de figues noires et l'autre un collier de figues blanches, sont poussés à travers la ville qu'ils parcourent en tous sens. Ils sont censés représenter les deux sexes (Harpocration, d'après l'historien du IIIe siècle Istros) et prendre sur eux toutes les impuretés de la cité à mesure qu'ils la traversent. A Ephèse, selon Hipponax, et sans doute aussi à Athènes, on les frappe à coup de branches de figuiers et de tiges d'oignons marins ou scilles − dont on a vu la valeur purificatrice (chap. II) ; pour les soutenir dans l'épreuve, on leur donne à manger du pain, du fromage blanc et des figues. On les chasse ensuite hors de la ville, pour éloigner définitivement les souillures dont ils sont chargés.

Lysias traduit bien cette intention dans le *Contre Andocide*, 53 : « En punissant Andocide, dit—il, en vous débarrassant de lui, c'est la ville que vous purifiez (*kathairein*), que vous libérez de la souillure ; c'est le poison (*pharmakos*) que vous rejetez ». Comme *pharmakoi* on choisissait deux hommes disgraciés, plutôt laids et pauvres, ces disgrâces rendant le rite plus efficace.

La purification prélude à une bonne croissance des fruits de la terre qui est en cause dans le rite du *thargélos*, célébré le 7 Thargélion et qui a donné son nom à la fête. On cuit ensemble dans un même pot les prémices de toutes les céréales qui commencent à mûrir. Le mot *thargélos* désigne à la fois le gâteau ou la bouillie de céréales et le pot où on les a cuits. L'offrande est apportée à l'autel du dieu, sans doute au Pythion dans le quartier S.—E. d'Athènes où ont été trouvées des inscriptions liées aux concours des Thargélies. Il s'agit de s'assurer la protection d'Apollon pour la maturation des produits cultivés (13).

A ces rites destinés à éloigner les mauvais esprits et à assurer une bonne récolte s'ajoutent des concours choraux de dithyrambes qui font des Thargélies une des grandes fêtes du calendrier athénien. Des Thargélies ont été également célébrées dans plusieurs cités d'Ionie comme Ephèse et Milet.

b) *Les Thesmophories*

Purification, fertilité et fécondité sont au centre d'une des fêtes les mieux attestées dans l'ensemble du monde grec, les Thesmophories, en l'honneur de Déméter. Elles sont documentées à la fois par des textes (Egine, Phlionte, Paros, Délos...) et par des données archéologiques (Thasos, Corinthe). Le nom de la fête dérive de l'épiclèse de la déesse, Thesmophoros, dont le sens est discuté : « qui porte les objets sacrés, *thesmoi* » ou, plutôt, « qui apporte les règles (de la culture et de la civilisation) ». Le mythe faisait de Déméter la fondatrice du culte.

La fête est réservée aux femmes de citoyens, excluant à Athènes les jeunes filles et peut—être même les concubines, mais surtout les hommes. Diverses fables illustrent l'exclusion des hommes, par exemple l'histoire de Miltiade qui, ayant pénétré dans le Thesmophorion de Paros malgré l'interdit, aurait été tout à coup saisi d'épouvante ; il se serait blessé en sautant le mur de pierres sèches pour ressortir et serait mort de ses blessures (Hérodote, VI,134—36). Les hommes « offrent au nom de leurs femmes le repas des Thesmophories » (Isée, III,80), mais celles—ci s'organisent entre elles, choisissant dans chaque dème celles qui vont « exercer le pouvoir » (*archousai*), présider aux assemblées fixées selon la tradition et accomplir « ce qui est consacré par l'usage » (Isée, VIII,19—20). On a souligné le sérieux et la dignité qui régnait aux Thesmophories, par contraste avec les Adonies (cf. ci—dessous, chap.V). C'est que la fête, qui a une tonalité agraire, doit aussi promouvoir la fécondité des femmes « bien nées » (*eugéneis*) qui donneront naissance aux nouveaux citoyens.

Les pratiques des Thesmophories ne devaient pas être divulguées aux hommes (Aristophane, *Assemblée des femmes*, v.443). Leur contenu est cependant connu par des sources tardives. A Athènes la fête se déroulait du 11 au 13 Pyanepsion (octobre) sur la Pnyx. La cérémonie du premier jour ou *anodos* (« remontée ») est décrite dans une scholie à Lucien. Certaines femmes, les « puiseuses » ou « écopeuses » (*antlétriai*), choisies pour ce rite et soumises à la chasteté depuis trois jours, vont recueillir dans des fosses consacrées (*mégara*) les restes de porcelets offerts entiers l'année précédente, peut—être lors des *Skira*, en juin, ainsi que des figures en pâte représentant des serpents et des organes sexuels. Elles placent ces restes sur les autels ; une partie sera mêlée aux semences de l'année pour assurer la fertilité du sol et les récoltes à venir. Le mythe rattachait ce rite à un épisode de l'enlèvement de Coré : l'engloutissement des pourceaux d'Eubouleus, entraînés avec Coré sous la terre (Clément d'Alexandrie, *Protreptique*, II,17). La fonction agraire du rite paraît indéniable (14).

Le second jour, appelé *Nesteia* (« le jeûne »), rappelle le deuil de Déméter. Sous des tentes dressées pour la circonstance, les femmes restent assises dans la posture de l'affliction sur des litières faites de rameaux de gattiliers, une plante « antiaphrodisiaque » (Detienne, 1974), sans manger ni boire. Cette retraite temporaire dans la chasteté devait paradoxalement induire son contraire, la fécondité procréatrice des femmes.

Le troisième jour est celui de *Kalligéneia* (« de la belle génération ») : on invoque Kalligéneia, « la déesse qui engendre de beaux enfants », et l'on offre à Déméter, en tant que déesse de la fécondité humaine, des sacrifices suivis de banquets pour célébrer le retour de Coré. Les textes de Délos donnent une idée concrète de ces cérémonies : les victimes, des cochons, étaient achetées par les hiéropes et sacrifiées par un *bouthutès* (« sacrificateur ») qui quittait le Thesmophorion aussitôt sa tâche accomplie ; puis venait le banquet rituel des femmes auquel renvoient dans les inscriptions la mention d'achat de charbon et de bois pour « faire cuire les victimes » et celle de *klinai* ou « lits » qui servaient au banquet (Bruneau, 1970).

Artificiellement rattachées au mythe de Déméter et Coré, les Thesmophories comportent donc d'une part un rite agraire, sans doute lié aux semailles, en dépit des différences de date pour la célébration des fêtes à Délos ou à Thèbes (Bruneau, 1970), et d'autre part des pratiques destinées à raviver la capacité des femmes à engendrer (15).

D'autres fêtes ont des objectifs voisins. J'évoquerai l'une de celles qui sont liées, non plus aux cultures céréalières, mais, pour partie du moins, à la végétation arbustive, sous la protection de Dionysos : les Anthestéries.

c) Les Anthestéries (16)

Comme le note Thucydide (II,15,3) à propos du sanctuaire de Dionysos « aux marais (*en limnais*) », les Anthestéries, qui se placent en Anthestérion (février) tant en Attique que chez les Ioniens, sont les Dionysies les plus anciennes. Elles se déroulaient à Athènes du 11 au 13 du mois. Leur nom viendrait de la couronne de fleurs que portaient alors les enfants, comme on voit sur certains vases de la fin du Ve siècle.

Le premier jour est appelé *pithoigia* (« ouverture des jarres »). Les citoyens se rassemblent avec leurs esclaves près du sanctuaire de Dionysos « aux marais », au Sud de l'Acropole (Thucydide, II,15,4). Son emplacement exact n'est pas connu ; il ne comportait qu'un enclos, un autel et sans doute un petit édifice réservé aux objets sacrés (Ps.− Démosthène, *Contre Nééra*, 72−77). Là, les jarres (*pithoi*) contenant le vin de l'automne précédent sont ouvertes et l'on boit après avoir versé des libations à Dionysos. Le rite vise à la désacralisation du vin : on lève l'interdit qui pèse sur le produit de la récolte jusqu'à l'accomplissement d'une consommation rituelle. Dionysos est donc honoré dans son rôle de dieu du vin, auquel se réfèrent de nombreux vases du Ve siècle (fig.18).

Le deuxième jour, les Choés ou « fête des conges », doit son nom à un vase à verser le vin (*chous*), dont le fond est plat et l'embouchure trilobée. C'est le jour des buveurs : un concours de beuverie, commencé au son de la trompette, est solennellement célébré, au Thesmothéteion selon Plutarque (*Propos de table*, I,1,2). Aristophane en dit l'enjeu dans les *Acharniens* (v.1000−1002) : « Oyez, peuples. Selon l'usage de vos pères, célébrez les Choés en buvant au son de la trompette. Celui qui le tout premier aura vidé son pichet (c'est−à−dire 3/4 de litre de vin mêlé d'eau) recevra une outre ». D'autres sources mentionnent comme prix un gâteau. La particularité de ce concours est que les convives buvaient en silence et isolément, ce qui contraste avec l'usage habituel du *symposion*. Une légende étiologique expliquait cette pratique (Euripide, *Iphigénie en Tauride*, v.947−960 et Phanodémos, *FGrH* 325 F 11) : le roi Démophon, voulant accueillir Oreste parricide sans risquer de souiller les autres buveurs, avait placé devant chacun un pot de vin (*chous*), au lieu que tous les convives se servent avec la même oenochoé dans le cratère commun ; à la suite de quoi aurait été institué le rite (17). Quel que soit le sens exact de cette inversion des traditions du banquet où l'on devise en buvant ensemble, il est clair que c'est à nouveau le dieu du vin qui est honoré.

Des banquets privés sont organisés le même jour : Aristophane évoque leur ambiance de fête, avec « tables, coussins, tapis, couronnes, friandises, galettes, gâteaux, danseuses » (*Acharniens*, v.1090−93) et, bien sûr, les *choés* remplis de vin (v.1068). Dans ces réjouissances domestiques, les enfants jouaient un rôle important : ceux qui avaient plus de trois ans étaient couronnés de fleurs et recevaient en cadeau des *choés* miniature, dont on possède de nombreux exemplaires, et des jouets ; c'était leur première participation depuis la naissance à une fête religieuse.

Le jour consacré à la fête du vin se déroule également une cérémonie d'un autre type, le *hiéros gamos* (« union sacrée ») entre la femme de l'archonte−roi, la *Basilinna*, et le dieu. Le 12 Anthestérion, le sanctuaire de Dionysos est ouvert ; c'est le seul jour de l'année, comme le précise le Ps.—Démosthène, notre source essentielle sur le sujet dans le *Contre Nééra* (la fille de Nééra, Phano, est accusée d'avoir célébré comme femme de l'archonte—roi les Anthestéries, alors qu'elle était étrangère). Ce jour là donc, la femme de l'archonte—roi qui, selon une loi affichée dans le sanctuaire, doit être athénienne, avoir été épousée vierge et pratiquer le culte du dieu « suivant la tradition » (*Contre Nééra*, 77—78), « accomplit les sacrifices secrets au nom de la cité » (*l.c.*, 73) ; elle est assistée dans cet office par quatorze prêtresses appelées *Gérarai* (« Vénérables »), dont elle a reçu un serment solennel relatif à leur pureté et à leur respect des rites ancestraux (*l.c.*, 78). Elle pénètre « là où ne pénètre personne », et accomplit des rites « nombreux, sacro—saints et mystérieux ». Ces allusions laissent entendre que la femme de l'archonte—roi exécute quelque rite secret du type de ceux qui ont rapport avec les divinités de la sphère « fertilité—fécondité », et qui sont accomplis par des femmes (cf. les Thesmophories).

Mais il y a plus, « elle est donnée en mariage à Dionysos » (*l.c.*, 73). Aucun détail n'est connu, car la cérémonie faisait partie des mystères ; il est seulement établi que cela se passait au Boukoleion, dont le nom est à mettre en relation avec Dionysos—taureau, près du Prytanée : « c'est là, dit Aristote (*Constitution des Athéniens*, 3,4), qu'ont lieu la rencontre et le mariage de la femme du roi avec Dionysos ». La question de savoir sous quelle forme s'opérait l'union de la femme et du dieu a intrigué les savants, mais les sources n'autorisent aucune réponse assurée : les textes sont muets et il est peu vraisemblable que les vases parfois invoqués aient représenté cet instant. Le plus probable est que la *Basilinna* s'unissait à l'archonte—roi qui jouait, masqué, le rôle de Dionysos. La statue du dieu était peut—être présente : si la scène d'un vase de Bologne où l'on voit Dionysos sur un char en forme de vaisseau avec des roues se rapporte aux Anthestéries, on peut conjecturer avec A.W. Pickard—Cambridge (1988) qu'un tel char servait à transporter le dieu au Boukoleion.

Le *hiéros gamos* des Anthestéries est sûrement une cérémonie ancienne. Il aurait, selon H. Jeanmaire (1970), une valeur « inaugurale et désacralisante pour les unions des couples humains » ; il a sûrement aussi pour objectif de concourir à la fertilité et à la fécondité humaine dont

Dionysos est un des garants ; enfin, il signifie peut-être en même temps l'acceptation et l'intégration du dieu anatolien — dont le bateau symboliserait l'arrivée — dans la communauté civique. Certes, une interprétation assurée est difficile : les exemples parallèles de *hiéros gamos* sont rares ; cependant d'autres manifestations comme la procession qui promenait un *phallos* dans les dèmes lors des Dionysies rustiques au mois de Posidéon (décembre), avant l'accomplissement du sacrifice, semblent, avec des modes d'action différents, avoir la même motivation essentielle, promouvoir la fertilité des champs et la fécondité des foyers.

Le troisième jour des Anthestéries s'appelle les Chytres. Il commence au coucher du soleil après les Choés et doit son nom aux « marmites » dans lesquelles on faisait cuire un genre de bouillie composée de diverses variétés de grains que l'on offrait à Hermès Chthonien. La journée est une sorte de fête des morts dans laquelle Dionysos paraît étranger. Divers rites de purification — car la journée est néfaste — s'achève par le cri rituel : « A la porte les Kères (*i.e.* les âmes), finies les Anthestéries ! ». Il paraît certain que les Chytres sont un élément ajouté à la fête en Attique : elles sont en effet absentes des cités grecques d'Asie Mineure comme Milet ou Priène qui ont des Anthestéries.

Faut-il chercher à combler le hiatus par des hypothèses ? Celles-ci passent généralement par l'analyse du mythe de la pendaison d'Erigonè, au moment de l'arrivée de Dionysos en Attique, dont la célébration, l'*aiora*, trouvait peut-être sa place lors des Anthestéries. En fait, dans la pratique religieuse des Athéniens des époques classique et hellénistique, la question ne se posait pas. Ils voyaient dans les Anthestéries une fête qui concernait aussi bien la cité que la famille, y compris les jeunes enfants et les esclaves ; la participation à cette fête était un moyen de manifester son appartenance à la communauté athénienne. Pour l'historien des religions une idée s'impose : Dionysos a pu se surimposer à des pratiques cultuelles à l'origine indépendantes de lui. Il est d'ailleurs d'autres fêtes pour lesquelles le rituel n'offre pas de rapport intelligible avec le dieu concerné. Tel est, en restant dans le domaine de la terre cultivée, le cas des Bouphonies à Athènes.

d) *Les Bouphonies*

Le rituel des *Bouphonia* (« meurtre du boeuf ») se célèbre le 14 Skirophorion (juin) dans le cadre des *Dipoleia*, en l'honneur de Zeus Polieus, dans son *téménos* du secteur oriental de l'Acropole. Cette fête, dont Porphyre rapporte d'après Théophraste le mythe étiologique (*De l'abstinence*, II,28,4 — 31,1), était considérée à l'époque classique comme une « vieillerie » (Aristophane, *Nuées*, v.985), mais elle était encore vivante à l'époque de Pausanias (I,24,4 et I,28,10), qui décrit une sorte de comédie rituelle, où le sacrificateur offre une oblation végétale, puis, après avoir abattu un boeuf d'un coup de hache, abandonne sur place l'instrument de la mise à mort et s'enfuit ; la hache est alors traduite en jugement devant le tribunal du Prytanée qui la fait jeter à la mer. Le rite, comme J.−L. Durand (1986) l'a bien précisé, résulte du heurt entre deux idées contradictoires : d'une part l'interdiction de sacrifier un boeuf de labour (interdit dont les Bouzyges étaient les garants), car le boeuf de labour « sert de médiateur entre la cité et la terre » ; d'autre part la nécessité du sacrifice communautaire du boeuf, fondé ici par Diomos, qui assure la commensalité autour des parts de viande. Le cérémonial des Bouphonies éloigne la hache, responsable de l'acte violent que le sacrifice présuppose, mais qui menace de perturber l'harmonie de la relation entre l'homme et le sol cultivé. Au total, l'ensemble du rituel — dont Pausanias se garde de donner une interprétation — n'a aucune connexion directe avec la fonction de divinité poliade qu'implique, même si le dieu fut effacé dans ce rôle, l'épiclèse de Zeus Polieus (18).

Si les rites liés à la fertilité du sol et à la fécondité des humains sont particulièrement nombreux, le calendrier des fêtes ne négligeait pas les autres ressources de la cité, comme on le verra avec l'exemple des *Chalkeia*.

5 — *LE MONDE DES ARTISANS : LES CHALKEIA*

Au moins deux fêtes, à Athènes, concernent en propre les artisans : les *Héphaisteia*, pour lesquelles sont seulement attestés des sacrifices de boeufs et une lampadédromie, et les *Chalkeia* célébrées le 30 Pyanepsion (octobre). Les *Chalkeia* sont à proprement parler la fête des travailleurs du « bronze » (*chalkos*). Une notice d'Harpocration fait état de discussions chez les auteurs anciens sur l'attribution des *Chalkeia* à Athéna ou à Héphaïstos ; en fait les deux divinités étaient vraisemblablement associées dans cette fête comme elles l'étaient dans le culte : une dédicace du IVe siècle associe Héphaïstos et Athéna Héphaistia et l'on sait que l'Héphaisteion dont le temple se dressait sur la colline de Kôlonos Agoraios, près du quartier des artisans, contenait à côté de la statue du dieu sculptée par Alcamène, une effigie d'Athéna (Pausanias, I,14,6). Pausanias explique par le mythe d'Erichthonios l'association des deux divinités, mais la parenté de leurs fonctions est la raison la plus authentique : Héphaïstos patronne les forgerons ; Athéna, à qui les Athéniens auraient les premiers donné l'épiclèse d'Erganè (« Industrieuse ») (Pausanias, I,24,3), protège les potiers au Céramique, aussi bien que le tissage sur l'Acropole où le péplos des Panathénées est commencé précisément lors des *Chalkeia*. Sur le déroulement des *Chalkeia* on n'a aucun détail.

Pour mal connue qu'elle soit, cette fête n'en porte pas moins témoignage sur la diversité des domaines concernés par les fêtes de la cité.

6 — *LES FÊTES DE LA CITÉ ET L'INDIVIDU* (19)

Il reste à envisager les fêtes que la cité célèbre pour les citoyens en tant qu'individus. Les fêtes d'Asklépios, les *Asklépieia* le 8 Elaphébolion (mars), et les *Epidauria* le 18 Boédromion (septembre), concernent aussi bien le corps social, que l'on s'efforce de garantir des épidémies collectives, que les individus. Plus personnelles sont les fêtes qui concernent le citoyen en tant que membre de cette cellule élémentaire qu'est la famille. Les *Gamélia* sont la fête du mariage (*gamos*) ; elles commémorent, le 26 Gamélion (janvier), l'union de Zeus et d'Héra. Les Apatouries, célébrées en Pyanepsion (octobre) — la date exacte n'est pas connue — intéressent les futurs citoyens ; c'est la fête de « ceux qui ont le même père » (cf. Vidal-Naquet, 1968, avec l'étude de la légende étiologique). En Attique la fête dure trois jours dans les phratries où elle honore Zeus Phratrios et Athéna Phratria (la présence d'Apollon Patrôos à leurs côtés n'est pas certaine) ; l'admission des jeunes gens dans la phratrie, sous l'égide de ces divinités, constitue l'épisode central du rituel.

A Athènes, Zeus Phratrios et Athéna Phratria possèdent un temple et un autel en bordure Ouest de l'agora, mais chaque phratrie a au moins un autel, comme la phratrie des Démotionides qui a son siège à Décélie et dont on possède une inscription relative à la remise en ordre des registres en 396/5. Le premier jour des Apatouries s'appelle *Dorpia* : il doit son nom au repas du soir qui réunit les phratères. Le deuxième jour est celui du principal sacrifice ; le terme d'*anarrhysis* qui le désigne fait allusion au « relèvement (de la tête de la victime) qu'on va égorger » (Aristophane, *Paix*, v.890). Le troisième jour, dit *Kouréotis*, est le « jour des jeunes gens » ou, d'après Eustathe, le « jour du sacrifice de la chevelure » ou encore celui de « la tonte des caprins » (Le Guen, 1991). Comme on le voit dans le décret des Démotionides, le père peut offrir deux types de sacrifice à Zeus et Athéna. Le *meion* (« le plus petit ») — sur lequel il revient au prêtre « une cuisse, une côte, une oreille, plus trois oboles d'argent » — est sans doute offert à l'occasion de la simple présentation à la phratrie des enfants nés dans l'année. Quant au *koureion*, c'est l'offrande d'une victime animale lors de l'entrée d'un adolescent dans la phratrie, après sa seizième année ; le prêtre reçoit divers morceaux de viande, du pain, du vin et une drachme. En cas d'opposition d'un des phratères à l'admission de l'enfant, il semble, d'après Isée, VI,22, que la victime puisse être retirée de l'autel. L'offrande des cheveux (qui accompagne le sacrifice ?) symbolise le passage de l'enfance à l'adolescence. Enfin un banquet commun a lieu, semble−t−il, après le vote d'admission du jeune garçon dans la phratrie et les nouveaux phratères participent à des concours de récitation (Platon, *Timée*, 21 b). Le troisième jour, les jeunes gens nouvellement mariés font des offrandes particulières (*gamèlia*) en présentant leur femme à la phratrie (Isée, III,76 et 79). Dans ces cérémonies Zeus Phratrios et Athéna Phratria apparaissent comme les garants de l'ordre social, et les Apatouries concernent autant le bon équilibre de la communauté que l'individu.

La célébration des Apatouries s'est étendue à tout le domaine ionien (Hérodote, I,147) ; elle est attestée à Samos, Chios, Cyzique. Les Doriens ont une fête équivalente avec les *Apellai* (Delphes).

7 – FÊTES CIVIQUES ET CULTES ÉTRANGERS : LES BENDIDEIA

Dans l'ensemble, le calendrier des fêtes à Athènes, comme leur organisation, est remarquablement stable pendant la période classique. Les changements viennent de l'introduction de divinités étrangères à partir du Ve siècle. Plusieurs de ces cultes nouveaux sont restés en marge de la cité, comme les Adonies (ci—dessous, chap.V), mais en l'honneur de Bendis, les *Bendideia* furent au contraire prises en charge par la cité ; elles avaient lieu le 19 Thargélion (mai). Platon évoque dans la *République,* I,327a— 328b, la première fête, instaurée en 430/29 av. J.—C. (ci—dessus, chap.I) ; il est frappant de constater que ce culte étranger se coule dans le moule des fêtes grecques, tout en conservant quelques traits originaux. Le coeur de la cérémonie est constitué par des sacrifices qui sont offerts, une inscription du IIIe siècle le précise (*LSC,* n° 46), « en accord avec les coutumes des Thraces et les lois d'Athènes ». Le prêtre et la prêtresse sont élus « parmi tous les Athéniens » (*LSS,* n° 6, vers 413), mais les orgéons, groupes de fidèles indépendants de la cité, participent aux frais du sacrifice (*LSC,* n° 45, du IVe siècle). Une procession conduit les victimes au sanctuaire de la déesse situé au Pirée sur le flanc Nord de la colline de Mounychie. Elle est double, car Thraces et Athéniens ne sont pas mêlés. Socrate dit avoir « trouvé bien belle la procession des habitants et non moins magnifique celle que menaient les Thraces ». La procession part, du moins pour les Athéniens, du « Foyer d'Hestia au Prytanée d'Athènes » (*LSC,* n° 46), ce qui marque bien l'intégration de la fête à la cité ; elle gagne le Pirée à l'abri des Longs—Murs, et les fidèles sont accueillis avec des éponges, des bassins, de l'eau et des couronnes.

Les autres manifestations connues pour les *Bendideia* sont une lampadédromie à cheval et une veillée sacrée (*pannuchis*). La course de relais avec des torches présente l'originalité d'être courue à cheval ; Socrate le souligne : « A cheval, m'écriai—je ; voilà qui est nouveau. C'est à cheval qu'ils tiendront et se passeront le flambeau et se disputeront le prix ? ». Pour expliquer cette particularité, on peut penser au rôle du cheval dans la religion thrace. Quant à la *pannuchis,* elle devait ressembler aux veillées sacrées des autres fêtes athéniennes.

Si les fêtes du calendrier attique et, avec elles, les fêtes ioniennes sont les mieux connues — Dionysies, Anthestéries, Lénéennes, Thargélies, Thesmophories, Bouphonies, *Plyntéria* (cf. ci—dessus chap.II) —, on ne saurait manquer d'évoquer d'autres régions comme la Laconie et l'Arcadie.

8 – *LA DIVERSITÉ RÉGIONALE : LACONIE, ARCADIE*

Les fêtes laconiennes sont connues à la fois par les textes et, pour des sanctuaires comme celui d'Artémis Orthia ou le Ménélaion, par les sources archéologiques ; mais ces données sont souvent partielles. Arrêtons—nous aux *Karneia*, qui sont caractéristiques du monde dorien où elles étaient répandues (Pausanias, III,13,4) ; elles sont assez bien documentées.

Les *Karneia* sont célébrées à Sparte en Karneion (août), au moment de la pleine lune, et durent neuf jours. Les Lacédémoniens observent à l'occasion de cette fête une trêve sacrée ou hiéroménie (Thucydide, V,54), et l'on sait comment, en raison des *Karneia*, les Spartiates ne purent envoyer à Léonidas aux Thermopyles des contingents supplémentaires (Hérodote, VII,206). La fête est en l'honneur d'Apollon Karneios, qui a un temple à Sparte : c'est un dieu protecteur des troupeaux, comme le montre l'étymologie de son épiclèse dérivée de *karnos,* « le bélier ». Il s'agit à l'origine, d'après la légende, d'une cérémonie expiatoire consécutive au meurtre d'un héros Karneios, aimé d'Apollon (Pausanias, III,13,3—5) : le schéma se retrouve pour les *Hyakinthia* de Sparte.

Les manifestations sont présidées par un prêtre appelé *agétès,* « le chef » assisté de cinq commissaires (*Karnéatai*), des jeunes gens recrutés après l'*agogè* (« éducation ») et avant le mariage. Le sacrifice solennel d'un bélier est attesté par Théocrite (*Idylles,* V, v.83) pour Thourioi ; il en allait sans doute de même en Laconie où le bélier est associé à Apollon dans plusieurs images du dieu.

Deux rites particuliers ont retenu l'attention des auteurs anciens. Selon Athénée (14le, d'après Démétrios de Skepsis), la fête des *Karneia* est une imitation (*mimèma*) de la vie militaire : il y a neuf emplacements appelés *skiadès* ; là se trouvent des sortes de tentes sous lesquelles

les participants prennent leurs repas, par groupes de neuf et au commandement d'un héraut. Cet aspect militaire se réfère sans doute à l'éducation des jeunes Spartiates dont Apollon apparaît ici comme le protecteur : les *Karnéatai* représentent cette classe d'âge, et des danses de jeunes gens étaient sans doute exécutées lors des *Karneia* laconiennes ; elles sont en tout cas attestées à Cyrène, et un vase italiote daté vers 410, qui porte sur un pilastre l'inscription *Karneios*, représente une danseuse et un danseur coiffés d'un *kalathiskos* (« corbeille basse »), au milieu de jeunes gens. A part ces danses, la fête des *Karneia* peut avoir donné lieu à un véritable *agôn* (« concours ») musical (Athénée, 635e) dédié à ce dieu « bien fait pour [les] hymnes » qu'a chanté Callimaque (*Hymnes*, II,v.31).

Une autre partie de la fête se rapporte plutôt au caractère agraire d'Apollon Karneios. Il s'agit d'une curieuse poursuite, connue par des récits tardifs. Un coureur part le premier, couronné de bandelettes ; puis un groupe de jeunes gens, appelés *staphylodromoi* parce qu'ils portent à la main des grappes de raisin, s'élancent derrière lui. S'ils le rejoignent avant qu'il ne touche au but, c'est un signe heureux pour la cité, sinon, c'est de mauvais augure. Le temple d'Apollon n'était pas loin de la piste de course ou *dromos*. Apparemment il s'agit d'une sorte de fête de l'été pour des paysans.

L'importance accordée aux jeunes gens lors des *Karneia* fait penser aux Gymnopédies, fête dans laquelle des choeurs de jeunes gens se mêlaient aux choeurs d'hommes pour exécuter chants et danses en l'honneur d'Apollon. Mais il s'ajoute ici un caractère agraire incontestable.

L'Arcadie — A l'écart des grands courants de migration, l'Arcadie est considérée à juste titre comme un conservatoire de vieilles pratiques : on en pourrait citer plusieurs, comme le rituel destiné à faire pleuvoir sur le mont Lycée. En revanche, il est peu de sites pour lesquels soient conservés des renseignements précis sur les fêtes périodiques. Le cas le mieux connu est celui de la fête des *Lykaia*, lors de laquelle avaient lieu des sacrifices humains ; mais elle a un caractère exceptionnel. Plus caractéristiques me paraissent les textes qui montrent comment, dans une région à dominante rurale, le calendrier sacré des cités comporte de nombreuses célébrations dans la *chôra,* qui impliquent souvent de longues processions. Ainsi les gens de Phénéos montaient chaque année au sommet du mont Cyllène, à plus de 2000 m, gravissant pas à pas les pentes abruptes de la montagne pour renouveler le sacrifice annuel dû à Hermès. Il en allait de même pour les sanctuaires des monts Kôtilion et Elaion sur le territoire de Phigalie (ci-dessus, chapitre II). Une fête symbolise la volonté de lier très fortement *polis* et *chôra* : « Lors de la fête annuelle d'Apollon Parrhasios, rapporte Pausanias (VIII,38,8), on sacrifie sur l'agora de Mégalopolis un sanglier à Apollon Epikourios ; aussitôt après, on porte la victime au sanctuaire d'Apollon Parrhasios, au son des flûtes et en cortège ; on lui coupe les cuisses qu'on fait brûler et l'on consomme les chairs de la victime sur place ». Les différentes phases du sacrifice se déroulent dans deux sanctuaires d'Apollon distants de plusieurs kilomètres et ainsi se trouvent étroitement associés dans une même fête un site urbain et un site rural.

Ce tableau général des fêtes une fois brossé, il convient de préciser les phases de l'évolution qui se marque entre le Ve et le IIIe siècle. La fête étant par définition une structure conservatrice, ce sont des phénomènes de permanence ou de réorganisation qui se laissent surtout observer. La seule vraie nouveauté à l'époque hellénistique est liée à l'apparition de nouveaux cultes, en particulier pour les souverains.

9 – *LES FÊTES CIVIQUES À L'ÉPOQUE HELLÉNISTIQUE*

Permanence – On a noté, pour Athènes, le maintien des Panathénées à l'époque hellénistique et le sens patriotique attaché à leur célébration. Cela se marque dès l'époque de Lycurgue puis, au IIIe siècle, par l'intérêt que portent les évergètes à leur bon déroulement. Des documents montrent de même le succès des Grandes Dionysies au IIIe siècle. Des interruptions dans la célébration des Panathénées ou des Dionysies, comme celles qui marquèrent les années 282 ou 234 – liées à un contexte de guerre – restent exceptionnelles. Les autres fêtes continuèrent assurément d'être vivantes. Cette vitalité des cultes civiques s'exprime dans toute la Grèce par les aménagements et réaménagements des sanctuaires (ci-dessus, chap. II). Elle s'exprime aussi par l'instauration de nouvelles cérémonies religieuses.

Nouvelles fêtes civiques — La création de nouvelles fêtes civiques est attestée sur de nombreux sites. A Thèbes, après la reconstruction de la cité en 316, sont fondées les *Agrionia,* en l'honneur de Dionysos Kadmeios. A Athènes, un décret en l'honneur de Philippidès (283/82 av. J.−C.) loue ce poète pour avoir « créé un concours supplémentaire en l'honneur de Déméter et Coré..., en commémoration de la liberté du peuple » (Pouilloux, 1960) ; ce concours s'accompagnait sûrement d'un sacrifice. A Tinos, le IIIe siècle voit la création des *Poseidaia,* en l'honneur de Poseidon qui a son sanctuaire au bord du rivage (Etienne, 1990).

Il arrive que la création d'une fête s'ajoute à une fête déjà existante pour en rehausser l'éclat. Un décret d'Ilion, au IIIe s. av. J.−C., règle l'emploi d'une donation de 15 000 drachmes, que fait Hermias, le prêtre de tous les dieux, et sur laquelle doit être organisée chaque année une fête (*héortè*) célébrée par les douze tribus, avec cortège et sacrifice, en l'honneur d'Athéna. Cette nouvelle fête s'ajoute à la fête civique des *Ilieia,* célébrée, semble−t−il, le 12 du mois Panathénaios (Vanseveren, 1936).

Dans le cadre des confédérations — un système politique qui se répand à partir du IVe siècle −, un moyen pour les cités de donner de l'éclat à leurs fêtes tout en assurant un meilleur équilibre de leurs finances est d'inviter les autres cités de la confédération à participer à une fête civique réaménagée à cet effet. Un exemple intéressant est celui des *Ptoia* étudié par P. Roesch (1982). Cette fête, avec son concours, est créée ou réorganisée par la cité d'Akraiphia à la fin du IIIe siècle, et aussitôt Akraiphia s'efforce d'en faire une fête nationale béotienne : elle consulte à Lébadée l'oracle de Trophonios qui se montre favorable, et sollicite l'approbation de l'Amphictionie delphique qui reconnaît l'asylie du Ptoion et la trêve sacrée. Dès lors, Akraiphia annonce par décret aux cités béotiennes la mise en place de *Ptoia* qui seront gérées conjointement par l'Etat fédéral et la cité, avec l'accord de l'Amphictionie ; elle invite les cités à participer largement. Une délégation de théores rapporte des décrets d'acceptation (les réponses d'Orchomène, Lébadée, Oropos et

Haliarte sont partiellement conservées). Haliarte fixe les modalités de sa participation aux *Ptoia* : désignation des magistrats délégués aux sacrifices offerts à cette occasion ; envoi d'un boeuf, dont le prix ne devra pas dépasser les 150 drachmes prévues pour la quote—part de la ville ; organisation de la procession qui se rendra d'Haliarte au Ptoion ; répartition des viandes du sacrifice revenant aux magistrats ; financement des dépenses engagées.

Bref, de même qu'Athènes avait élargi l'audience des Panathénées aux Alliés, les villes des Confédérations cherchent le soutien de l'Etat fédéral pour augmenter le prestige de leurs propres fêtes (20).

Nouveaux dieux et culte des souverains — De nouvelles fêtes sont liées à de nouveaux cultes. Pour les dieux étrangers, lorsque les fêtes sont prises en charge par la cité, elles se présentent comme des fêtes grecques : ainsi pour les *Sarapieia* attestées à Tanagra, Amorgos et Lesbos à partir de la fin du IIIe siècle ; on y trouve sacrifices de boeufs et célébration de concours. Le culte des souverains, sans précédent en Grèce, mérite qu'on s'y arrête plus longuement. On a vu (chap. I) les conditions dans lesquelles ce culte est né et s'est développé, et la difficulté que l'on éprouve à en cerner les croyances exactes ; du moins les pratiques se laissent—elles plus aisément appréhender.

Pour manifester leur gratitude aux souverains, les honneurs civiques décernés par les cités aux évergètes ne suffisaient plus. On le voit « lorsque les Mégariens accordèrent par vote le droit de cité à Alexandre » (Plutarque, *Moralia*, 826c) ; celui—ci se moqua de leur zèle, et ils durent avancer que seul Héraklès avait reçu d'eux ce privilège pour que le roi change d'avis. Les cités passèrent donc « au sommet de la gamme » des honneurs (Gauthier, 1985) : elles accordèrent désormais, en remerciement d'un bienfait capital pour la communauté, des honneurs cultuels qui jusqu'ici avaient été réservés aux plus grands bienfaiteurs, les dieux. On insiste généralement, à juste titre, sur le caractère spontané de ces honneurs.

Le premier souverain à les avoir reçus est aussi le seul à les avoir explicitement demandés aux cités : il s'agit d'Alexandre le Grand qui aurait réclamé un culte aux cités de la Ligue de Corinthe. La réaction d'Hypéride (*Oraison funèbre*, 21), qui fustige « l'abolition des lois divines par l'audace macédonienne », est caractéristique de l'époque :

l'orateur interprète la demande d'Alexandre comme celle d'une divinisation et il ne peut admettre de voir « des sacrifices institués pour de simples mortels, des autels, des temples... consacrés aux hommes avec empressement ». Sur la réalité d'un culte d'Alexandre dans les cités, les témoignages ne sont pas très concluants. Il est possible qu'à Erythrées des *Alexandreia*, instituées de son vivant, aient été célébrées le jour anniversaire de sa naissance ; de même à Thasos, des *Alexandreia* annuelles figurent dans une liste de fêtes de la fin du IVe siècle. Le détail des cérémonies n'est pas connu (Habicht, 1970).

Sous les Diadoques, les villes grecques « étaient mûres, selon Cl. Préaux (1978), pour décerner au souverain des honneurs équivalents à ceux qu'elles rendaient aux dieux ». Le décret de Skepsis de Troade pour Antigone le Borgne en 311 av. J.−C. est, à cet égard, significatif : « Attendu qu'Antigone est à l'origine de grands bienfaits pour la cité et pour le reste de la Grèce, plaise au peuple de lui accorder l'éloge et de se réjouir de ses actions ; de se féliciter de ce qu'avec les autres Grecs, les citoyens vivront désormais libres et autonomes. Afin d'honorer Antigone d'une manière qui soit digne de ses actes et de montrer sa reconnaissance (*charis*) des bienfaits reçus, le peuple décide de délimiter pour lui un *téménos*, de lui élever un autel, et d'ériger une statue (*agalma*) aussi belle que possible. Le sacrifice, le concours, le port de couronnes et le reste de la fête auront lieu en son honneur chaque année comme auparavant. On le couronnera d'une couronne d'or de cent statères d'or » (*OGIS*, 6). Le texte est très caractéristique de son époque, aussi bien dans l'exposé des attendus, où se manifeste une reconnaissance sincère et spontanée pour les clauses de la paix de 311 qui réaffirmait l'autonomie des cités grecques, que dans la série des honneurs accordés (consécration d'un *téménos* et d'un autel personnels, en plus des sacrifices et concours déjà célébrés) ; ils reparaissent avec quelques variantes locales dans les différents témoignages que l'on possède sur le culte des Diadoques.

Citons le cas des honneurs rendus par les Rhodiens à Ptolémée I, en 304 : après avoir consulté l'oracle d'Ammon pour savoir s'il convenait de « l'honorer comme un dieu » (Diodore, XX,100), ils lui font bâtir un *téménos* carré, bordé sur chaque côté d'un portique de la longueur d'un stade. Un décret de Priène (*OGIS*, 11) accorde de même à Lysimaque, en raison de l'aide militaire qu'il a apportée, une couronne d'or, une statue de bronze (*agalma*) et un autel (une lacune dans le texte peut correspondre à la mention d'un *téménos*) ; chaque année les prêtres et les prêtresses porteront des couronnes et conduiront pour lui la procession (*pompè*) avec les magistrats, et ils feront des sacrifices à la date anniversaire de sa naissance. Mentionnons enfin, entre autres exemples, un décret d'Ilion (*OGIS*, 212) décernant à Séleucos Nicator, en 281 av. J.−C., la proédrie au théâtre et aux jeux, un autel et des concours célébrés pendant un mois qui s'appellera désormais *Séleukaios*. Par ces honneurs, les Diadoques sont assimilés à des dieux.

Un cas singulier est celui de Démétrios Poliorcète qui obtint à Athènes plus encore que nous n'avons vu jusqu'ici. A Sicyone, on lui accorda, selon l'habitude, « des honneurs égaux à ceux que reçoivent les dieux (*isothéoi*), en raison des bienfaits reçus » (Diodore, XX,102), à savoir son nom donné à la ville − désormais Démétrias −, des sacrifices, des concours annuels, et « les mêmes honneurs qu'aux fondateurs de la ville » ; mais à Athènes, les documents témoignent qu'une sorte « d'enthousiasme » envers Démétrios conduisit les Athéniens à un comportement que certains, Plutarque s'en fait l'écho, jugèrent excessif. Qu'on en juge. En 307, Démétrios Poliorcète chasse le tyran Démétrios de Phalère, libère Athènes des garnisons étrangères installées à Mounychie et restaure le régime démocratique ; de plus il apporte une aide matérielle à Athènes. Cela lui vaut reconnaissance et honneurs, dès 307 dans la joie qui suit la victoire, puis en 304. Plus tard, en 294, Démétrios reprend Athènes au tyran Lacharès et reconstitue l'unité de l'Attique (le Pirée s'était révolté contre Lacharès) ; cette fois, il se montre moins soucieux des institutions démocratiques qu'en 307, mais les Athéniens le remercient de la fin de la guerre et de la famine. L'*Hymne ithyphallique*, dont il a déjà été question p.47, pourrait dater de cette période, 290 plutôt que de 297. Parmi les honneurs accordés, les uns ne sont pas différents de ceux que reçurent les Diadoques ; d'autres sont exceptionnels.

En 309, Démétrios et son père Antigone le Borgne sont proclamés dieux Sauveurs (*Sôtérès*) (Plutarque, *Vie de Démétrios*, 10,4). Les Athéniens leur accordent à ce titre un prêtre, un autel et une fête commune ; péans, processions et sacrifices sont complétés d'un *agôn* avec concours musicaux et théâtraux annuels (*Hymne ithyphallique*, Plutarque, *l.c.*, et Diodore, XX,46,2). Ces honneurs prennent un relief particulier, quand on les met en relation avec l'épiclèse Sôter : d'ailleurs un décret de 303 av. J.−C. mentionne des sacrifices conjoints aux Sauveurs, à Athéna Niké et à Agathè Tyché, après une victoire dans le Péloponnèse.

D'autre part, Antigone et Démétrios sont associés à la divinité poliade Athéna : « leur image est tissée parmi celle des dieux sur le péplos [de la déesse] » (Plutarque, *Démétrios*, 10,5). De manière plus banale, ils sont mis au rang des héros éponymes : une tribu Antigonis et une tribu Démétrias sont ajoutées aux dix tribus de Clisthène.

En 304 selon Habicht (1979), est créé un « autel de Démétrios surnommé Katabaitès ». L'épithète, connue pour Zeus et Hermès avec le sens de « qui descend [du ciel] », peut signifier ici « qui descend [de son char] », car en 304, lorsque Démétrios arriva de Béotie au secours d'Athènes, le lieu où il était descendu de son char serait devenu l'objet d'un culte (Plutarque, *Démétrios*, 23). L'indication est à rapprocher des termes de « dieu présent » qu'utilise un peu plus tard l'*Hymne ithyphallique* pour montrer les Athéniens allant à la rencontre de Démétrios qui entre dans Athènes. Mieux encore : entre 304 et 301, les Athéniens « lui assignent pour demeure l'opisthodome du Parthénon » (Plutarque, *Démétrios*, 23,5), complétant ainsi l'honneur de figurer sur le péplos d'Athéna. Démétrios qui voulait qu'on appelât la déesse sa « soeur aînée » souilla, nous dit−on, cette partie du temple en en faisant un lieu de débauche (*l.c.*, 24,1).

En 294, Démétrios se voit attribuer, ce qui est plus banal, un mois de l'année : le mois de sa naissance, Mounychion, devient Démétrion et le dernier jour du mois prend le nom du roi (Plutarque, *Démétrios*, 12,2). Un décret athénien est encore voté (*l.c.* 12,1) pour recevoir Démétrios avec les mêmes honneurs que Dionysos et Déméter quand ils arrivent, le dieu d'Eleuthères, la déesse d'Eleusis (les liens de Démétrios avec Dionysos sont évoqués par le monnayage du souverain ; quant à Déméter, le nom de Démétrios était censé en dériver) (21). L'*Hymne ithyphallique* illustre cet accueil avec offrandes, couronne, libation, procession et prière, digne d'un vrai dieu ; en même temps Démétrios est donné pour le fils de Poseidon et d'Aphrodite, et les qualificatifs qui lui sont appliqués,

« joyeux, beau et souriant » suggèrent qu'il s'agit d'une épiphanie divine. Enfin, en 290, Démétrios reçoit un honneur unique, celui d'être consulté comme un dieu oraculaire « à propos des boucliers des Delphes ». Plutarque (*Démétrios*, 13,1), qui nous l'apprend, est indigné de cet hommage qui consacre son caractère divin.

Les honneurs décernés à Démétrios tranchent sur le tout—venant des actes de culte consentis aux autres Diadoques. Ils eurent, à l'époque même, leurs opposants : dans une comédie, le poète Philippidès traitait d'impiété (*asébeia*) l'association à Dionysos — donnée pour responsable des gelées lors des Dionysies de printemps —, et l'association à Athéna — dont le péplos avait été déchiré par une bourrasque, signe du désaccord des dieux — (Plutarque, *Démétrios*, 12,7). En fait, il n'est pas exclu qu'une véritable sacralité ait été transférée des dieux habituels sur le « Démétrios Sauveur » de 307 et 304, justifiant la réaction conservatrice d'un Philippidès ; le calcul politique et l'hypocrisie durent ensuite jouer leur rôle pendant la période oligarchique de Démétrios (294—289).

Des honneurs pareils ne se retrouvent plus, de la part des cités envers les souverains, au IIIe siècle. Prenons l'exemple d'Antiochos I. Un décret du *koinon* des cités ioniennes (*OGIS*, 222) qui honore ce roi, son fils Antiochos et la reine Stratonice institue une fête annuelle le jour anniversaire de sa naissance ; il est aussi question d'un *téménos* avec un autel et d'une panégyrie. A Ilion (*OGIS*, 219), un décret un peu antérieur au milieu du IIIe siècle rappelle le titre de Sôter qui lui a été précédemment accordé et fait allusion aux honneurs qui lui ont déjà été consentis — il a un culte avec un prêtre — ; la décision de la cité est cette fois de célébrer des sacrifices en faveur d'Antiochos I, témoignage de la relation qui s'établit entre le culte des souverains et celui des dieux traditionnels. Le texte comporte deux séries de voeux et de sacrifices. Une première série de voeux pour que toutes sortes de biens arrivent au roi et à la reine, sont adressés à la grande déesse de la cité par les prêtresses de cette divinité et des magistrats ; elle se termine par la mention du sacrifice traditionnel à Athéna. Il est intéressant de noter que le roi, qui a déjà un culte à la date du décret, voit confier son destin, comme un simple mortel, à la divinité poliade d'Ilion : le sacrifice est offert à la déesse pour qu'elle veille sur la prospérité du roi. Une seconde série de voeux est prononcée par l'ensemble des autres prêtres et prêtresses, groupés autour du prêtre du roi Antiochos ; ils s'adressent à des divinités qui se rattachent tout particulièrement au roi : Apollon, son ancêtre, la Victoire et Zeus, dieu suprême. Les stratèges président au sacrifice ; les citoyens et les étrangers domiciliés (*paroikoi*) s'y associent en portant des couronnes et en célébrant des sacrifices privés. Le destin d'Antiochos est ainsi ici soumis à l'ordre des dieux.

Les reines ont leur part des honneurs cultuels décernés par les cités. Trois exemples étudiés par Ph. Gauthier (1991), concernent la reine Laodikè, épouse d'Antiochos III ; les honneurs civiques qu'elle reçoit précèdent l'institution du culte d'Etat qui n'est pas antérieur à 193. Ils présentent des variantes locales. A Sardes, à partir de 213 av. J.—C., en reconnaissance de bienfaits que nous ignorons — seule est parvenue la réponse de la reine —, les citoyens décident par un vote de consacrer un *téménos* à Laodikè (le *Laodikeion*) ; une fête annuelle en son honneur est instaurée le jour anniversaire de sa naissance, les *Laodikeia,* avec un sacrifice offert « à Zeus Généthlios, pour le salut du roi Antiochos, de la reine Laodikè et de leurs enfants ». A Téos, vers 204/203, les citoyens manifestent leur reconnaissance envers le roi, et la reine figure à ses côtés ; sa statue (*agalma*) prendra place, avec celle du roi, à côté de Dionysos, divinité principale de la cité, dans son temple. Laodikè est ainsi, sinon divinisée, du moins associée à un dieu ; chaque année des *Antiocheia* et des *Laodikeia* seront célébrées, avec un sacrifice sur l'autel « du roi Antiochos Mégas et de sa soeur la reine Laodikè », suivi d'un banquet ; enfin, la fontaine de l'agora du port sera aménagée et consacrée à la reine ; elle fournira l'eau des sacrifices ainsi que l'eau purificatoire des jeunes filles. Ainsi à Téos l'assimilation de Laodikè à une divinité est plus poussée qu'à Sardes ; mais elle n'est qu'associée à la divinité tutélaire. A Iasos en revanche, vers 195 av. J.—C. elle est honorée *en tant* qu'Aphrodite ; sa prêtresse est une vierge dont la fonction est limitée à un an ; processions et sacrifices annuels lui sont offerts le jour anniversaire de sa naissance. Selon les cas, Laodikè est donc honorée *comme* une déesse ou *en tant que* déesse. Ces divers cultes illustrent bien la complexité des rapports entre les souverains et le monde des dieux à l'époque hellénistique.

Il n'y a pas que les souverains pour être ainsi placés au-dessus de l'humanité. Au IIIe siècle, les *isothéoi timai*, « les honneurs égaux à ceux que l'on rend aux dieux » sont aussi accordés à des personnages qui ont rendu d'éminents services à leur patrie, et de même, en 183, les gens de Mégalopolis décident d'honorer Philopoimen (*IG* V 2,432), en lui faisant élever non seulement une tombe sur l'agora comme à un héros, mais aussi un *téménos* et un autel (*bômos*) « fait de marbre blanc et le plus beau possible », comme à un dieu ; un boeuf y sera immolé chaque année à l'occasion de la fête de Zeus Sôter auquel Philopoimen se trouve ainsi associé en tant que défenseur de la liberté des Grecs ; l'institution de jeux gymniques et hippiques s'ajoute au sacrifice.

Le cadre de la cité est particulièrement riche pour étudier la vie religieuse dont les fêtes sont le moment privilégié. Mais par delà la cité, certains sanctuaires ont une vocation plus large pour accueillir les membres d'une confédération, voire tous les Grecs.

NOTES

1. Sur ces cultes, voir ci-dessous, chapitre V.

2. Pour les serments militaires entre peuples, ci-dessous, p. 146

3. Cf. la fondation de Coucouville-les-Nuées dans les *Oiseaux* d'Aristophane pour l'installation des nouveaux dieux : « Il faut d'abord donner à notre ville un nom, dit Pisthétairos, puis sacrifier aux dieux » (v.809-811).

4. Le mot apparaît tard et peut-être sans rapport avec le dieu. Il dériverait de *paneion*, « le signal lumineux ».

5. Les hoplites ne bougent pas avant que le sacrifice soit achevé, même si l'ennemi attaque (Plutarque, *Vie de Phocion*, 13, 1-4).

6. Pour les cas où la guerre a comme enjeu les « choses sacrées », ce qui est une autre sorte d'intrication entre guerre et religion, cf. chapitre IV.

7. Ou « jeux », suivant une traduction fréquente mais moins exacte du grec *agôn*.

8. L'harmonisation avec l'année solaire se faisait, entre autres moyens, grâce à l'insertion de mois supplémentaires que l'on maniait de manière assez arbitraire.

9. Le monument retrouvé par les archéologues n'est pas antérieur à 400 av. J.-C. ; mais la procession partait déjà du Céramique à l'époque archaïque (cf. Thucydide, VI,57).

10. Procession des Panathénées au Ve siècle ? à l'époque de leur fondation ? avant la réforme de Clisthène ? Représentation des guerriers morts à Marathon ? Apatouries ?... De multiples interprétations ont été proposées.

11. Les pièces de Thespis antérieures à cette date auraient été jouées dans les Dionysies rurales.

12. La présence d'un autel du dieu dans l'*orchestra* est, en revanche, sujette à caution.

13. On rapprochera la fête des Pyanepsies, le 7 Pyanepsion (octobre), qui consistait à offrir à Apollon un plat de fèves (*pyanoi*) et d'autres légumineux (*panspermia*), avec de la farine de froment : on mettait sous la protection du dieu les fruits du potager.

14. Pour les analogies avec les arréphories, cf. chap. I.

15. Au cycle de Déméter se rattachent encore les *Haloa*, célébrées le 26 Posidéon (décembre) à Eleusis ; elles ressemblent aux Thesmophories par les buts recherchés, mais s'opposent à elles par leur ton licencieux (rite phallique, banquet orgiaque).

16. Je laisse de côté les Lénéennes ou Dionysies du Lénaion célébrées en Gamélion (janvier) en Attique et en Lénaion dans les pays ioniens en l'honneur de Dionysos Lénaios : une fois dressé le corpus des « vases des Lénéennes » (cette série de la céramique attique entre 490 et 420 où l'on voit des Ménades auprès d'une idole rustique de Dionysos, en train de danser ou de manipuler du vin ; cf. fig.18) — dont on sait aujourd'hui qu'ils ne représentent pas une pratique précise (cf. Ducroux—Frontisi, 1991) —, on connaît très peu de choses à leur sujet ; les textes attestent seulement l'existence d'une *pompè*, d'un sacrifice et d'un festival dramatique.

17. A l'issue du banquet de Démophon chacun portait le pot au sanctuaire où il le remettait, couronné, à la prêtresse du dieu ; celui-ci recevait une libation. Sans doute en était-il de même lors des Choés.

18. Autre fête en l'honneur de Zeus, les *Diasia* sont célébrées le 23 Anthestérion (février) pour Zeus Meilichios : Thucydide, 1,126, en atteste la grandeur et l'ancienneté.

19. Pour la religion et l'individu, voir chap.V.

20. Le cas est différent lorsqu'une cité possède le territoire sur lequel se trouve un sanctuaire fédéral : la fête ne mérite plus alors le nom de fête « civique », car la confédération en prend la charge ; sur les fêtes fédérales, voir le chap.IV.

21. Selon Plutarque (*Vie de Démétrios*, 12,2) les Dionysies furent également remplacées par des *Démétria*. En fait celles-ci furent ajoutées aux *Dionysia*.

CHAPITRE IV

AU–DELÀ DE LA CITÉ :
LE CADRE DES AMPHICTIONIES ET DES CONFÉDÉRATIONS ;
LE CADRE PANHELLÉNIQUE

L'examen des fêtes civiques a montré le rôle de la religion comme facteur de cohésion dans la vie politique des cités. Il est des cas où la religion joue un rôle similaire pour fédérer plusieurs cités ou plusieurs *ethnè*. Lorsque le but de la confédération est de nature purement religieuse, on parle d'amphictionie ; ce terme qui désigne une union de « ceux qui habitent autour » (d'un sanctuaire) s'applique à une association de communautés d'ordre cultuel. Mais il arrive aussi, en particulier en Asie Mineure, qu'une organisation uniquement religieuse au départ se transforme en organisation politique. Enfin, quand il y a une autorité politique et militaire centralisée, il s'agit d'une confédération (*koinon*), et ses éléments sont souvent attachés à un sanctuaire commun. Dans tous les cas, l'organisation de manifestations religieuses communes joue, de manière plus ou moins nette selon les cas, un rôle fédérateur.

I – LES AMPHICTIONIES

Le terme d'amphictionie était utilisé par les Grecs pour désigner une association d'Etats géographiquement groupés, établis autour d'un sanctuaire qu'ils gèrent en commun et où, périodiquement, ils se réunissent pour célébrer ensemble le culte de la divinité qui les patronne et débattre de leurs affaires communes (Roux, 1979).

1 – AMPHICTIONIES PRIMITIVES

Plusieurs amphictionies ont laissé peu de traces. A Délos, un « rassemblement » (*synodos*) des Ioniens et des insulaires voisins est évoqué par Thucydide (III,104) : « Dans les temps anciens, écrit–il, les Ioniens et les insulaires s'assemblaient en grand nombre à Délos. Ils venaient avec leurs femmes et leurs enfants pour assister aux fêtes religieuses... On organisait à cette occasion dans l'île des compétitions d'athlétisme et des concours de poésie récitée en musique ». Et Thucydide de citer les vers de l'*Hymne homérique à Apollon* (dont la date, selon les modernes, varie entre 700 et 550). Ces réunions anciennes des Ioniens à Délos laissent soupçonner l'existence d'une véritable amphictionie avec la gestion du sanctuaire, mais le terme ne figure pas dans l'*Hymne*. A l'époque de Thucydide lui–même, Délos fait partie de la Ligue maritime athénienne et si les magistrats qui administrent le sanctuaire portent le nom d'amphictions, ce n'est pas au sens propre du terme ; il n'y a pas d'amphictionie à Délos et les magistrats en question sont athéniens. Un autre sanctuaire regroupe très tôt les Ioniens, celui de Poseidon Hélikonios au cap Mycale, ou Panionion ; il fut sans doute fondé au lendemain de la colonisation de l'Asie Mineure, et autour de lui se développèrent des tentatives de collaboration politique (ci–dessous, pp.192–193).

En Béotie, Onchestos, dont on verra le rôle de « capitale » fédérale à l'époque hellénistique peut avoir été le centre d'une amphictionie archaïque ; Strabon (IX,2,33) mentionne là un ancien « conseil amphictionique » (*amphictuonikon*) qui rappelle la mention dans le *Catalogue des Vaisseaux*, parmi les contingents béotiens, de « ceux de la sainte Onchestos, magnifique domaine où règne Poseidon » (*Iliade*, II, v.506). Le même Poseidon était au centre de l'amphictionie de Calaurie dont parle Strabon (VIII,6,14) : « il existait une amphictionie de sept villes groupées autour de ce sanctuaire, qui célébraient en commun la fête du dieu : c'étaient Hermioné, Epidaure, Egine, Athènes, Prasiai, Nauplie, Orchomène la Minyenne ». Cette amphictionie, qui pourrait remonter au VIIe siècle, est encore attestée au IIIe s. av. J.–C. par une inscription (*IG* IV,842).

2 – L'AMPHICTIONIE PYLÉO-DELPHIQUE

Mais l'amphictionie la mieux connue est l'amphictionie pyléo–delphique, avec ses deux sanctuaires amphictioniques, celui de Déméter à Anthéla, près des Thermopyles ou Pyles, sanctuaire fédéral primitif, et celui d'Apollon Pythien à Delphes (Roux, 1979) (fig.20). Les principaux aspects de son organisation au IVe siècle et de son activité entre les Ve et IIIe siècles peuvent être reconstitués et permettent de définir à la fois son caractère religieux et ses incidences sur la vie politique. Il s'agit d'une association régionale de douze « peuples » (*ethnè, génè*) habitant autour des deux sanctuaires cités : les Thessaliens, les Phocidiens, les Delphiens, les Doriens de la Métropole (c'est–à–dire la Doride), et ceux du Péloponnèse (en fait, la Corinthie), les Ioniens de l'Attique et ceux de l'Eubée, les Perrhèbes et les Dolopes, les Béotiens, les Locriens de l'Est et ceux de l'Ouest, les Achéens de Phthiotide, les Magnètes, les Enianes et les Maliens. Les peuples en question sont tous limitrophes, à l'exception de Sparte qui est considérée comme une cité de Doride, « métropole des Lacédémoniens ». Au milieu des peuples énumérés, on note la présence d'une cité, Delphes, admise comme membre permanent sans doute en contrepartie de l'internationalisation de son sanctuaire au début du VIe siècle.

Chaque peuple ou cité délègue deux représentants ou hiéromnémons (« ceux qui ont en mémoire les choses sacrées ») au Conseil amphictionique ou *Synédrion*, qui compte donc 24 membres ; la durée de leur mandat varie selon les peuples. Les hiéromnémons constituent l'instance de décision qui donne force de lois aux décisions du Conseil. A leur entrée en charge, ils prêtent serment de juger les causes selon l'opinion la plus juste possible pour « les cas prévus par écrit », et selon leur propre jugement pour les autres (une loi amphictionique de 380 av. J.–C. a conservé le texte : Rougemont, 1977).

Pour instruire les affaires, préparer les dossiers et les exposer devant les hiéromnémons, des pylagores (« qui parlent à l'assemblée ») sont élus par les cités à titre d'experts, de spécialistes (Thémistocle, Démosthène, Eschine furent pylagores). Leur influence apparaît à l'occasion de plusieurs affaires ; ainsi dans le *Contre Ctésiphon*, on voit Eschine détourner d'Athènes une accusation d'impiété pour la reporter sur Amphissa. Après une séance d'information à laquelle participent les pylagores, les hiéromnémons, restés seuls « siègent, jugent et votent » (Libanios, *Discours,* 64).

Le Conseil tient deux sessions ordinaires (ou pylées), l'une à l'automne, en Boucatios, l'autre au printemps, en Byzios ; il siège chaque fois aux Thermopyles, puis à Delphes. Des sessions extraordinaires répondent aux problèmes urgents et une délégation permanente est habilitée à agir au nom du Conseil. Les séances du Conseil commencent par un sacrifice. Les délibérations portent sur le règlement de questions internationales (par exemple, au début du Ve siècle, les Thessaliens font condamner les Dolopes de Skyros à une lourde amende qu'ils ne peuvent payer, ce qui donne un prétexte à Cimon pour la conquête de l'île au nom de l'Amphictionie : Plutarque, *Vie de Cimon,* 10−11) ; elles portent aussi sur les affaires propres de l'Amphictionie : la loi amphictionique de 380 mentionne l'inspection des terres sacrées et le recouvrement des amendes infligées à ceux qui sont tentés de s'agrandir au détriment du dieu, l'entretien des édifices et l'organisation des *Pythia,* les jeux panhelléniques de Delphes. Au IVe siècle un collège temporaire de naopes (50 environ) est mis en place par les Amphictions pour « (re)construire le temple » : véritables fondés de pouvoir, ils assument à la place de l'Amphictionie l'entière responsabilité de l'entreprise.

L'influence de l'association des Amphictions sur la politique grecque par le biais de la religion est certain. Outre le serment conservé par la loi de 380 déjà citée, il semble, d'après Eschine (II,115), que les hiéromnémons aient juré, avec imprécation solennelle pour garantir leur serment, « de ne détruire aucune cité des Amphictions, de n'intercepter, ni en temps de guerre, ni en temps de paix, les eaux qui les arrosent, et, si quelqu'un violait ces prescriptions, de marcher contre lui et de renverser ses villes ». Ils promettaient enfin « si quelqu'un pillait les trésors du dieu ou se rendait complice d'une profanation ou voulait attenter aux choses sacrées, de réunir leurs mains, leurs pieds, leurs voix, toutes leurs forces pour les punir ». Ce serment est à la base de ce qu'on appelle les « guerres sacrées », qui opposent entre eux des membres de l'Amphictionie. Au Ve siècle, la « deuxième guerre sacrée » oppose les Delphiens et les Phocidiens qui ont usurpé la place des Delphiens dans la gestion du sanctuaire ; elle entraîne l'intervention de Sparte aux côtés des Delphiens et d'Athènes auprès des Phocidiens qui ont l'avantage. Au IVe siècle, la « troisième guerre sacrée » a pour origine l'accusation portée par Thèbes en 356 contre les Phocidiens d'empiéter sur le territoire sacré. Condamnés à une grosse amende, les Phocidiens refusent de payer et s'emparent du sanctuaire de Delphes. Partisans et adversaires des Phocidiens s'affrontent pendant dix ans et Philippe II de Macédoine, après la défaite des Phocidiens, en profite pour les remplacer dans l'Amphictionie. Dès lors l'Amphictionie est amenée à jouer un rôle proprement politique au service des Macédoniens (la « quatrième guerre sacrée » en 339 permet à Philippe II d'écraser les Grecs en 338), puis, au troisième siècle, des Etoliens. Mais, association religieuse, l'Amphictionie ne devint jamais une symmachie ou une confédération.

3 — ENTRE AMPHICTIONIE ET CONFÉDÉRATION

La « Confédération » d'Athéna Ilias — Entre les amphictionies et les confédérations, il faut faire une place particulière à la « Confédération » d'Athéna Ilias, connue par des monnaies et des inscriptions (L. Robert, 1966). Fondée selon les uns par Alexandre, selon les autres par Antigone Gonatas, elle est une association de « cités qui participent (*koinonousai*) au culte d'Athéna Polias à Ilion, qui entretiennent le sanctuaire et qui célèbrent ensemble les sacrifices, les concours et la panégyrie » dont parle un décret du IIIe siècle. Il s'agit donc d'une association religieuse. Malgré tout, le lien créé par une communauté de culte peut être efficace vis—à—vis d'un pouvoir extérieur : on sait que les synèdres de la « Confédération » ont envoyé une ambassade à Antigone « pour la liberté et l'autonomie des villes participant au sanctuaire et à la panégyrie » (*Syll³*, 330).

La « Confédération » déborde les limites de la Troade : en 306 av. J.—C. Lampsaque y participe (*Syll³*, 330) et une inscription du dernier tiers du IIIe siècle atteste son extension dans la Propontide au—delà de Parion. Mais elle ne comporte pas de limite territoriale : c'est le culte d'Athéna qui constitue le lien.

De l'organisation de la « Confédération » on connaît le

Synédrion qui rassemblait des délégués des villes concernées (les synèdres) et un collège d'agonothètes venus des diverses cités. Les réunions se tenaient à Ilion où étaient frappées les monnaies de la « Confédération » et qui devait ainsi à Athéna et à son temple sa primauté dans l'association. Etre le siège des Panathénées lui valait, non seulement de voir son sanctuaire entretenu par des contributions régulières — des décrets mentionnent des travaux au théâtre —, mais de bénéficier de l'aide d'évergètes généreux, tel Malousios, pour des monuments du sanctuaire (*Syll*³,330).

L'épigraphie apprend que lors des fêtes d'Ilion, Petites et Grandes Panathénées, les cités envoyaient des contributions financières, ainsi qu'une victime pour le sacrifice. Pour les concours athlétiques elles envoyaient des gymnasiarques. Dans les dernières années du IIIe siècle, un certain Kydimos, gymnasiarque d'Abydos, est honoré pour avoir à ses frais fourni de l'huile aux athlètes. Le décret qui célèbre sa générosité mentionne au passage des concours de tragédiens. Quant aux activités commerciales suscitées par la panégyrie, elles sont indiquées par la mention d'un agoranome envoyé par Parion.

Un monnayage commun était frappé au nom des cités unies dans le culte d'Athéna Ilias ; il concrétise le rôle fédérateur que peut avoir un sanctuaire.

Le Panionion ou sanctuaire de Poseidon Hélikonios, situé sur une colline au Nord du cap Mycale et d'un accès facile pour les Ioniens venant de la mer, illustre la manière dont un sanctuaire commun peut tenter de devenir le centre d'une confédération politique. « Le Panionion, écrit Hérodote (I,148), est un lieu sacré (*choros hiros*) du mont Mycale, tourné vers le Nord, que les Ioniens en commun ont réservé à Poseidon Hélikonios...; les Ioniens des douze villes s'y réunissaient pour célébrer les fêtes qu'ils avaient dénommées les *Panionia* ». Les villes en question sont Milet, Ephèse, Clazomènes, Priène, Lébédos, Téos, Colophon, Myonte, Phocée, Samos, Chios, Erythrées ; sur le déroulement des *Panionia* on ne sait rien. A l'époque d'Hérodote ces fêtes appartiennent au passé ; l'écrasement de l'Ionie par les Perses en 494 av. J.—C. a abouti à la dissolution du Panionion (Thucydide, III,104, laisse entendre que les Ioniens se réunissaient de son temps près d'Ephèse). Mais le Panionion semble avoir eu avant cette date une réelle importance politique dans la tentative d'une union panionienne. Plusieurs assemblées politiques y sont attestées. En 546, après la prise de Sardes par Cyrus, Hérodote (I,170) parle d'une assemblée « que les Ioniens tinrent au Panionion » et où Bias de Priène les engagea à fonder une ville commune en Sardaigne. Enfin, pendant la révolte ionienne en 494, les Ioniens envoyèrent au Panionion des représentants de leurs villes qui délibérèrent et décidèrent de combattre devant Ladé en faveur de Milet contre les Perses. Ces textes peuvent faire supposer l'existence d'un véritable organisme fédéral permanent. L'organisation d'une éventuelle Confédération ionienne reste mal connue : mais tout se passe en tout cas comme si les Ioniens avaient formé une fédération d'Etats autour du Panionion.

Au IVe siècle, le Panionion fut rétabli par Alexandre le Grand comme organisme purement religieux. C'était un lieu de réunion où l'on venait « planter la tente et s'assembler en panégyrie » ($Syll^3$,344 ; lettre d'Antigone le Borgne à Téos). Le sanctuaire était gardé par un prêtre nommé à Priène. Un décret du milieu du IVe siècle fait allusion à l'autel, qui a été retrouvé (il n'y avait pas de temple), aux sacrifices et aux parts de victimes (langue, peau, morceaux) ; on ne connaît pas alors de concours.

Favorisé par le renom d'ancienneté du sanctuaire, dont le culte avait été apporté par les Ioniens d'Achaïe, le rôle politique du Panionion est certain avant la défaite de Ladé, mais la structure dans laquelle il s'exprimait n'est pas établie (1). L'étude des sanctuaires de confédérations apporte de meilleurs exemples du statut de sanctuaire commun dans un cadre politique mieux défini.

II – LES CONFÉDÉRATIONS

Organisations qui regroupent des cités, des *ethnè* ou des royaumes, les confédérations impliquent l'idée d'une citoyenneté qui se superpose à l'appartenance à d'autres collectivités de dimensions plus restreintes. Dès lors, l'existence d'une confédération implique aussi l'existence de sanctuaires communs aux membres du *koinon*.

La Confédération étolienne – L'identification d'un sanctuaire comme lieu de culte fédéral n'est pas toujours aisée. Il est des cas où l'on a des documents incontestables. A propos du sanctuaire de Thermos d'Etolie par exemple, Polybe (V,8,5) écrit : « Chaque année [les Etoliens] tenaient là une foire avec des festivités très brillantes ; c'est à Thermos aussi qu'ils se rassemblaient pour élire leurs magistrats », et il évoque plus loin (XVIII,48,5) « l'assemblée qui se tenait à Thermos ». Des inscriptions concernent également la panégyrie qui se déroulait à l'automne et s'appelait *Thermika*. Les vestiges du sanctuaire — sans doute dédié à Apollon —, la présence d'une vaste enceinte fortifiée et de bâtiments importants (un édifice rectangulaire de 20 m sur 26 a été identifié avec un lieu de réunion, le *bouleutérion*) confirment les textes. Même s'ils ne permettent pas de dater les débuts du fonctionnement de Thermos comme sanctuaire fédéral, ils dénoncent clairement un type de sanctuaire commun : c'est à la fois une capitale politique et un lieu de culte regroupant les citoyens de la Confédération chaque année. Le sanctuaire d'Artémis Laphria (*Laphrion* ou *Lophrion*), situé près de Calydon, jouait quant à lui le rôle purement religieux d'un sanctuaire fédéral : le traité conclu sans doute en 301 av. J.—C. entre l'Etolie et la Béotie (*Syll*³, 366) prévoit en effet un affichage « en Etolie, à Thermos et au Laphrion » (Antonetti, 1990).

La Confédération béotienne — La Confédération béotienne est un autre cas assez bien connu pour l'époque hellénistique (voir aussi ci—dessus, p.188). Il y a un sanctuaire fédéral autour duquel s'organise la vie politique de la région, et deux autres sanctuaires fédéraux. Thèbes avait été la « capitale » fédérale de la Béotie aux Ve et IVe siècles jusqu'en 338 av. J.—C. Après sa destruction en 335, le sanctuaire de Poseidon Onchestos devient le siège légal de la Confédération hellénistique, où se réunissent désormais les organes du pouvoir fédéral ; en témoignent les documents épigraphiques qui descendent jusqu'aux premières années du IIe siècle (Strabon, IX,2,23 et P. Roesch, 1982). Le site, à la limite orientale du territoire d'Haliarte, a peut—être été retrouvé : au lieu—dit « Sténa », une salle rectangulaire de 18 m sur 7,75 m, le *bouleutérion* (?), se trouve à quelques pas d'un temple archaïque. Un décret fédéral de proxénie de la seconde moitié du IVe siècle conforte l'identification (2).

Par ailleurs, les Béotiens avaient un sanctuaire fédéral consacré à Athéna Itonia, l'Itonion, situé entre la ville de Coronée et le lac Copaïs. Un passage de Polybe (IX,34) assure cette fonction : l'historien parle d'une « agression contre les Béotiens qui célébraient leur fête nationale des *Pamboiotia* ». Or on sait par Strabon (IX,2,29) que ces fêtes se déroulaient à l'Itonion. Elles semblent avoir été organisées (ou réorganisées ?) dans le second quart du IIIe siècle ; elles comportaient des concours par équipes militaires.

Enfin le sanctuaire de l'Alalkoméneion, consacré à Athéna Alalkoménèïs entre Haliarte et Coronée (le site n'est pas identifié), fait figure de sanctuaire fédéral au même titre qu'Onchestos et que l'Itonion : le texte du traité de 301 entre l'Etolie et la Béotie devait être gravé « chez les Béotiens dans le sanctuaire de Poseidon à Onchestos, dans l'Alalkoméneion et à Coronée dans le sanctuaire d'Athéna » (3).

Ainsi, à côté d'un sanctuaire fédéral où se trouvaient vraisemblablement les bâtiments de l'administration du *koinon* hellénistique, à Onchestos, deux autres sanctuaires avaient une fonction fédérative d'ordre purement religieux. La date à laquelle remontent les liens entre ces trois sanctuaires anciens et la Confédération reste largement hypothétique. Du moins leur rôle national à l'époque hellénistique est—il certain ; le monnayage fédéral d'argent porte d'ailleurs, à partir de 338, soit Poseidon Onchestios et le trident soit Athéna.

L'Epire (Confédération des Molosses ; *koinon* des Epirotes) — Pour l'Epire, les données sont plus confuses. D'après un passage de Plutarque (*Vie de Pyrrhos,* 5,5), les rois Eacides faisaient échange de serment avec leurs sujets, après un sacrifice à Zeus Areios, à Passaron (où les restes d'un temple de la fin du IVe siècle ont été retrouvés). Le sanctuaire de Passaron joue donc le rôle de sanctuaire commun du royaume molosse. Par ailleurs il est clair que le vénérable sanctuaire de Zeus Naios à Dodone, qui est passé sous l'autorité des Molosses peut—être au tournant des Ve et IVe siècles, a joué, à partir d'une date difficile à déterminer, le rôle de sanctuaire fédéral et de centre politique du *koinon* des Molosses, puis du *koinon* des Epirotes. Un vaste bâtiment rectangulaire (32,40 m x 43,60 m) a été identifié comme *bouleutérion* : sa structure convient à un lieu de réunion et une dédicace de Charops l'Ancien à Zeus Naos, Dionè et Zeus Bouleus, gravée sur un autel à la fin du IIIe siècle, confirme sa fonction ; le monument semble dater de la fin du IVe siècle ou du début du IIIe siècle. A l'Ouest de ce bâtiment, un édifice rectangulaire de 17,30 m sur 10,70 m comportant un foyer peut avoir été le Prytanée ; sa construction correspondrait à la modification institutionnelle qui intervient dans le *koinon* des Molosses vers 330. Mais le sanctuaire peut avoir eu valeur fédérale avant de devenir le lieu de réunion du *koinon* et de supplanter Passaron : l'affichage à Dodone d'un décret des Molosses daté du roi Néoptolème I, vers 370/68, irait dans ce sens (Cabanes, 1976). Le sanctuaire fédéral est par excellence le lieu où l'on expose les décrets de la Confédération ; la Confédération des Nésiotes, créée en 314 avec Délos comme centre religieux en est un exemple : nombre de décrets des Insulaires ont été retrouvés dans le sanctuaire d'Apollon.

Au rôle plus proprement religieux du sanctuaire de Dodone se rattachent les concours fédéraux des *Naia*, qui comportent des jeux athlétiques et hippiques, ainsi que des représentations théâtrales ; ces *agônès* commencent à être attestés au début du IIIe siècle, époque de la construction d'un théâtre attribué à Pyrrhos, un des plus grands de Grèce : il pouvait accueillir quelque 18 000 spectateurs.

Au total, dans les cas examinés jusqu'ici (4), la fonction de sanctuaire fédéral peut être inférée avec certitude, mais ni la chronologie du passage à ce statut, ni le mode d'administration du sanctuaire ne sont connus avec précision. Un décret acarnanien de la fin du IIIe siècle fournit à ce point de vue un cas privilégié qui mérite qu'on s'y arrête (Pouilloux, 1960).

La Confédération acarnanienne — Le texte émane de la Confédération acarnanienne. Il concerne le transfert, vers 216 av. J.—C., de l'administration du sanctuaire d'Apollon à Actium de la cité d'Anactorion à la Confédération. Le sanctuaire, qui était déjà largement fréquenté par tous les Acarnaniens, deviendra leur propriété «commune» (*koinon hiéron*), c'est-à-dire leur sanctuaire fédéral. La cité d'Anactorion, comme le précisent les attendus du décret, « n'a plus les moyens d'organiser les concours d'Actium, par suite de la situation difficile où l'ont mise dans les années dernières les grandes guerres qui ont éprouvé l'Acarnanie » (on est au lendemain de la guerre des Alliés, dans laquelle les Acarnaniens ont combattu aux côtés des Lacédémoniens contre les Etoliens). Elle acepte donc que le sanctuaire soit pris en charge par la Confédération « pour qu'on puisse y rendre tous les honneurs dus aux dieux », qu'on « entretienne décemment [les édifices sacrés] et que l'on célèbre les concours et la panégyrie selon les coutumes ancestrales ». Au demeurant, elle impose des conditions dont les unes visent à assurer le prestige du sanctuaire (réparations et dépenses qui ne doivent pas être inférieures à celles que consentait la cité), les autres visent à garantir à la cité de substantiels bénéfices (sur les taxes et revenus provenant de la vente des esclaves, Anactorion se réserve la moitié ; les offrandes seront sa propriété). Au cas où la Confédération serait dans l'incapacité de célébrer le concours chaque année, pour raison de guerre, la cité y pourvoira.

Au total, on a là un exemple des questions qui se posaient à propos d'un sanctuaire fédéral entre la cité qui l'a sur son territoire et la Confédération dont celle-ci fait partie, et des avantages que la cité pouvait tirer de la situation. On voit aussi combien la gestion des sanctuaires fédéraux devait comporter de variantes : chaque sanctuaire est un cas particulier dont le statut dépend de l'organisation générale de la Confédération et de la plus ou moins grande autonomie laissée aux cités et aux *ethnè*.

La Confédération arcadienne — Il reste un sanctuaire dont le statut fédéral n'est attesté par aucun texte, mais qui paraît néanmoins vraisemblable, celui de Zeus Lykaios, sur le mont Lycée, en Arcadie. Dès le Ve siècle, des monnaies qui portent la légende *arkadikon* (« des Arcadiens »), à côté de Zeus assis accompagné de l'aigle, témoignent de l'audience du sanctuaire. Au IVe siècle, lors de la création de la Confédération arcadienne (370/69), la Parrhasie, où est situé le sanctuaire, joue un rôle essentiel en accueillant la nouvelle cité de Mégalopolis, et le sanctuaire de Zeus devient le centre religieux de la nouvelle Confédération : le visage de Zeus, couronné de laurier, apparaît sur ses monnaies avec, au revers, le dieu Pan, voisin de Zeus Lykaios sur le Lycée. Cette fonction de sanctuaire fédéral s'explique aisément par la réputation d'antiquité attachée au culte de Zeus Lykaios.

De fait, le choix d'un sanctuaire comme lieu de culte fédéral semble se faire principalement en fonction de son ancienneté et du prestige qui s'y attache. Sans entrer dans le détail de l'histoire de ces lieux de culte, il convient de rappeler que le sanctuaire de Thermos a connu une période particulièrement florissante à l'époque archaïque — le grand temple C, bien connu pour ses métopes peintes, est un des premiers temples doriques en Grèce. L'*artémision* du Laphrion est également bien attesté dès l'archaïsme, et il fut l'objet de réfections importantes au cours du deuxième quart du IVe siècle. Pour les sanctuaires béotiens, des textes témoignent aussi de leur ancienneté : le sanctuaire d'Onchestos apparaît dans l'*Hymne homérique à Apollon,* qui évoque « Onchestos, domaine splendide de Poseidon » (v.230) et son « bois sacré » (v.235) ; la déesse Athéna Itonia est nommée par Alcée ; quant à Athéna Alalkoménèïs (/−ia), son culte était regardé comme fort ancien par Pausanias (IX,33,5). Le sanctuaire d'Apollon à Actium en Acarnanie, qui n'est pas attesté avant le Ve siècle (Thucydide, I,29,3), paraît faire exception, mais en Epire, Zeus, « dieu lointain qui règne sur Dodone l'inclémente », est déjà chanté dans l'*Iliade* (XVI, v.233−235), avec les Selles, ses interprètes oraculaires « aux pieds jamais lavés qui couchent sur le sol ». L'Apollon délien fait l'objet de la première partie de l'*Hymne homérique* à ce dieu. Enfin, les rites effectués sur le mont Lycée (charme pour faire pleuvoir, sacrifices humains) garantissent l'ancienneté du culte arcadien. Bref les confédérations se placent sous la protection des divinités dont le culte a acquis le caractère particulièrement vénérable que confère l'antiquité ; il n'y a pas, en revanche, de divinités spécifiques des confédérations.

Une étude systématique de la vie religieuse dans les sanctuaires fédéraux devrait s'attacher aux divers cultes et concours qui y étaient pratiqués. Ainsi on a dans une inscription (vers 279−274 ; *IG,* XII,1038) la mention de sacrifices « offerts par les Nésiotes à Délos, tant aux autres dieux qu'à Ptolémée Sôter et au roi Ptolémée » ; ceci témoigne à la fois de la fidélité aux cultes traditionnels de l'île et de la volonté des Nésiotes d'honorer les Ptolémées qui contrôlent leur Confédération ; ils accordent, vers 280, un culte à Ptolémée Sôter, avec autel et *Ptolémaia* (une fête fédérale distincte des fêtes déliennes homonymes fondées par les Lagides, qui remplace les *Antigoneia* et les *Démétria* créés par les Nésiotes en 314 (?) et 306) ; Ptolémée Philadelphe est associé au culte rendu à son père.

Dans le cas d'autres sanctuaires fédéraux, les textes fournissent des indications sur la composition des concours (on l'a vu pour les *Pamboiotia* et les *Naia*) ou sur tel magistrat chargé de leur organisation (comme le naïarque de Dodone). Mais au total il n'y a pas de différence de structure entre la vie religieuse dans un sanctuaire civique et la vie religieuse dans un sanctuaire fédéral. Un seul aspect original mérite d'être noté : la manière dont Délos à l'époque de la Confédération des Nésiotes (314 av. J.−C.−milieu du IIIe siècle) a été l'objet de la piété des Lagides et des Antigonides. Cette piété se manifeste par des offrandes d'objets précieux, des monuments (portique d'Antigone Gonatas dans le troisième quart du IIIe siècle et portique de Philippe V vers 210) et par la fondation sur l'île de fêtes périodiques (trois *Ptolémaia*, des *Philadelphia*, des *Antigoneia*, des *Démétria*, etc.). Loin de concerner le culte royal, ces fêtes, soulignons−le, sont des actes de piété accomplis par les rois à l'égard de la triade apollinienne (il est vrai que la piété des souverains se manifeste en l'occurrence dans un sanctuaire situé dans une zone qu'ils cherchent à dominer : Bruneau, 1970).

III − LE CADRE PANHELLÉNIQUE

Dans le cadre des cités et des confédérations, les fêtes sont réservées à une communauté limitée et leur caractère local est très affirmé. Aristophane traduit bien cette réalité dans les *Acharniens* (v.504−508) : « Nous sommes réunis entre nous, déclare Dicéopolis ; c'est le concours du Lénaion, les étrangers ne sont pas encore là : ni les tributs n'ont été apportés ni les Alliés ne sont arrivés des villes ; mais nous sommes seuls aujourd'hui, rien que le pur froment de la cité, les métèques en étant le son, si je puis dire ». Aux Lénéennes, fête purement civique, il oppose implicitement les Grandes Dionysies qui, comme les Panathénées, accueillaient, on l'a vu, des étrangers. Le sentiment de Dicéopolis, pour être un peu frileux, n'en exprime pas moins, peut−on croire, un aspect essentiel de la religion grecque : le particularisme est de règle et le cloisonnement entre les Etats serait presque total sans l'existence de grandes panégyries panhelléniques dont un Lysias (*Discours olympique*, 1−2) ou un Isocrate (*Panégyrique*, 43− 46) ont compris les bienfaits qu'elles pouvaient procurer aux Grecs. Au début de son *Discours olympique*, Lysias célèbre Héraklès « parce que le premier, par amour des Grecs, il les rassembla à cette fête (les concours olympiques). Jusque là, les cités étaient divisées entre elles. Mais, après avoir mis fin à la tyrannie et réprimé la violence, il institua une fête qui fut un concours de force, une émulation de richesse, un déploiement d'intelligence, dans le plus beau lieu de la Grèce : ainsi les Grecs se réunissent pour voir et pour entendre ces merveilles, et ce rapprochement, pensait−il, serait propre à faire naître entre eux une mutuelle affection (*philia*) ». C'est là le rôle des fêtes panhelléniques.

L'idée n'est pas perdue au IIIe siècle où un décret honorifique du « Conseil commun des Grecs » à Platées loue le rôle de Glaucon dans l'organisation des *Eleuthéria*, un concours pentétérique et panhellénique en l'honneur de Zeus Eleuthérios (« de la liberté ») célébré « en souvenir des héros morts en combattant contre les Barbares pour la liberté des Grecs ». La célébration panhellénique de ce concours, peut−être effective dès 479 (Plutarque, *Vie d'Aristide*, 21,1−6), n'avait sans doute pas survécu aux divisions des cités. Mais vers 260, dans une période où l'exaltation de l'idée de réconciliation nationale pouvait seule désormais laisser espérer un retour à l'autonomie, le caractère panhellénique de la fête, sans doute remise à l'honneur dès l'époque d'Alexandre, est un symbole d'union (Etienne−Piérart, 1975).

Avant d'étudier les grandes fêtes « panhelléniques », quelques problèmes de définition doivent être éclaircis.

Questions de définition − Le terme de « panhellénique » n'a pas d'équivalent en grec et les historiens modernes l'utilisent dans des acceptions très différentes. Dans un sens large, « fréquenté par tous les Grecs », il s'applique aux sanctuaires dont le rayonnement a dépassé le cadre de la cité ou de la confédération, et qui acceptent des athlètes étrangers dans leurs concours, des pèlerins étrangers à leurs consultations oraculaires, à leurs initiations aux mystères ou à leurs consultations de divinités guérisseuses. Cette fréquentation « panhellénique » ne confère pas pour autant *ipso facto*, L. Robert y a souvent insisté, un statut « international ».

Celui−ci n'intervient qu'avec l'envoi de théores, ambassadeurs religieux, qui invitent toutes les cités grecques à participer à une manifestation commune, comportant ou non, en plus des actes de culte, des concours (*agônès*). Il faut une ouverture systématique vers les autres (*es anthropous*, comme on lit dans un texte de Cyzique : Robert, 1978). Les concours que l'on peut appeler panhelléniques dans ce sens étaient qualifiés par les Anciens de « sacrés » (*hiéroi*) et « stéphanites » (la couronne seule, sans argent, étant le prix de la victoire). A l'époque classique, celle de Pindare, il n'y a pas d'autres concours «panhelléniques », dans l'acception restreinte du terme, que les concours de la *périodos* (5), c'est−à−dire du cycle de quatre ans qui englobait les concours olympiques, pythiques, isthmiques et néméens. Un autre sanctuaire « panhellénique » ne comporte que des cérémonies religieuses : Eleusis, dont la trêve sacrée concerne très largement « tous ceux qui font usage du sanctuaire », selon la formule d'un règlement attique du Ve siècle (*LSS*, n°3), et a donc pour les mystères un caractère international. A l'époque hellénistique, une évolution continue fera accéder de nombreux concours au statut de concours « sacrés », « stéphanites », « isolympiques » ou « isopythiques » (égaux à ceux d'Olympie ou de Delphes), c'est−à−dire qui ont lieu suivant les mêmes règles et avec les mêmes récompenses que les concours d'Olympie ou les *Pythia* de Delphes.

On examinera donc en premier lieu les sanctuaires de la *périodos* et leur évolution, puis les nouveaux concours internationaux. Après quoi on étudiera, *agônès* mis à part, certains aspects particuliers des sanctuaires panhelléniques : fonction oraculaire, recherche de la guérison, cultes à mystères.

1 − LES SANCTUAIRES DE LA PÉRIODOS

A − Définition et caractères communs

C'est sans doute au début du Ve siècle que Delphes, Olympie, l'Isthme et Némée en vinrent à former les étapes essentielles d'un circuit de concours organisé sur le continent et appelé lui−même *périodos* comme le cycle de quatre ans. Ce circuit devait inclure également des manifestations locales dont le souvenir est souvent perdu, car au milieu du Ve siècle, Pindare nomme quelque trente concours. Les deux premiers concours auraient été les jeux olympiques, fondés selon la tradition en 776 − ce qui correspond effectivement à une époque où les ex−voto sont nombreux sur le site — , et les jeux pythiques, fondés à Delphes en 590 et réorganisés en concours stéphanites en 582 ; très tôt après leur fondation, ils avaient acquis une audience internationale — Olympie dès le VIIe siècle. Vinrent ensuite les concours isthmiques, fondés vers 582—580 par Corinthe, et les concours néméens, créés vers 573 sous le contrôle de Kléonai. Le calendrier de ces manifestations marque la volonté d'en faire un ensemble ; à partir du IIe siècle on donne d'ailleurs le nom de « périodoniques » aux athlètes qui ont remporté la victoire aux quatre concours. La première année de l'olympiade ont lieu, en été, les concours olympiques qui sont pentétériques ; la deuxième année prennent place au printemps des jeux isthmiques, triétériques, et en été des jeux néméens, également triétériques ; la troisième année, l'été, se déroulent les jeux pythiques, pentétériques. La quatrième année reviennent des jeux isthmiques et des jeux néméens. Les *Odes* de Pindare ont contribué par l'unité de ton qui est la leur à créer un lien entre les quatre sanctuaires : l'exaltation de la grandeur humaine à travers la victoire des athlètes se retrouve dans chaque poème et un héros mythique comme Héraklès se retrouve d'un site à l'autre (*Olympiques*, X,4—59 ; *Isthmiques*, VI, v.35—49). A côté des différences, certains caractères communs valent d'être dégagés.

Situation géographique — On a souvent fait observer que les sanctuaires panhelléniques sont généralement situés à l'écart de toute ville importante, leur isolement leur donnant vocation à être un lieu de rassemblement indépendant. Ainsi le nom d'Olympie ne correspond pas à une ville ; il est donné à un site d'Elide qui comporte, au pied du mont Kronion, des édifices religieux regroupés dans l'Altis (« bois sacré ») et, à l'extérieur de l'Altis, des installations athlétiques et des édifices liés à l'organisation des jeux. Elis, qui s'opposa à Pisa pour l'administration du sanctuaire, mais dont la domination ne fut plus remise en cause après 576, était distante de plus de 40 km. En Corinthie, le sanctuaire de Poseidon à l'Isthme se dresse seul, non loin du golfe Saronique, au flanc de collines doucement vallonées à quelque 15 km à l'Est de Corinthe et, en Argolide, celui de Zeus dans la plaine de Némée, se trouve, solitaire dans son bois sacré de cyprès, à 8 km environ de Kléonai dont il dépendit d'abord, et à une vingtaine de kilomètres d'Argos qui en prit la responsabilité vers

460 av. J.-C. (6). La situation du sanctuaire de Delphes en Phocide sur les pentes du Parnasse à côté de la petite cité de Delphes n'est qu'une exception apparente à cette marginalité des grands sanctuaires panhelléniques, car pour son administration il ne dépend pas d'elle, mais, on l'a vu (pp. 189−191), d'une amphictionie.

L'indépendance relative qui se traduit dans la localisation des sanctuaires de la *périodos* va souvent de pair avec une situation géographique privilégiée. Le sanctuaire de l'Isthme est sur la route qui mène du Péloponnèse à Athènes ; celui de Némée dans la région−clé de l'Argolide. Certes, Olympie paraît un peu isolée à l'Ouest du Péloponnèse, mais elle a su, de ce fait, devenir un point de convergence du bassin méditerranéen (ce que symbolise la légende d'Alphée, le dieu−fleuve d'Olympie, ressurgissant à Syracuse pour s'unir à la nymphe Aréthuse). Quant à Delphes qui était sur la route Est−Ouest de la Grèce continentale et communiquait par deux défilés avec la Béotie et la Thessalie, son ouverture vers toutes les parties du monde grec se traduit par l'idée qu'elle marquait le centre de la terre où se seraient rencontrés deux aigles lâchés par Zeus de ses extrémités.

« *Trêve sacrée* » — Pour que les pèlerins puissent se rendre sans difficulté et aux dates voulues aux grandes fêtes panhelléniques, un ensemble de pratiques internationales fonctionne de manière satisfaisante dès l'époque classique. La notion de « trêve sacrée » est ici fondamentale. Comme beaucoup de fêtes locales, les fêtes panhelléniques s'accompagnent dans la cité qui les célèbre d'une « trêve » civile et judiciaire, plus longue que la fête proprement dite ; cette période fériée porte le nom de *hiéroménia*. Mais dès lors que la fête est fréquentée non seulement par les citoyens du cru, mais aussi par des étrangers, il devient nécessaire d'assurer la sécurité des fidèles par une trêve sacrée internationale (*ékécheiria*). Cette trêve, comme l'a montré G. Rougemont (1973), est moins une suspension d'armes, un armistice, qu'une sorte de convention temporaire d'asylie (« absence de saisie ») et d'*asphaleia* (« sécurité ») (Plutarque, *Vie d'Aratos*, 28,6, pour les jeux néméens) en faveur des concurrents et des pèlerins ; la suspension des opérations militaires n'est exigée que dans la mesure où elle est nécessaire au déroulement normal de la fête : elle concerne donc le territoire de la cité qui célèbre la fête et engage les cités qui y prennent part. La trêve s'étend à l'ensemble des pays qui « font usage du sanctuaire », c'est-à-dire, au moins pour les concours olympiques et pythiques, à l'ensemble des pays grecs. Elle entre en vigueur dans les cités après le passage des théores, les ambassadeurs religieux chargés, on l'a dit, d'annoncer la fête.

A une date qui pour les *Pythia* de Delphes semble précéder de quelque six mois la célébration de la fête, les théores partent pour se présenter dans chaque ville devant les magistrats, le Conseil et le Peuple et les inviter solennellement à envoyer une délégation à la fête organisée par leur pays. Des théarodoques étaient, dans chaque ville, chargés d'organiser l'accueil des théores (logement, nourriture, transport) pendant la durée de leur séjour sur le territoire. Des listes de personnages remplissant cette charge ont été retrouvées à Delphes, Argos, Epidaure et Némée ; ils sont classés par ordre géographique, avec mention de leur cité de résidence, ce qui permet de juger du caractère authentiquement international de l'*épangélia* (« annonce ») des grandes panégyries : ainsi au IVe siècle, les théores delphiens annoncent les *Pythia* dans plus de trois-cents sites, tant en Grèce, qu'en Asie, en Occident et en Cyrénaïque. L'*épangélia* concerne les Grecs, mais les esclaves et les Barbares peuvent assister aux concours comme spectateurs (7).

B — Déroulement des fêtes

Les fêtes de la *périodos* comportent, comme toute fête, deux parties sur lesquelles on est inégalement renseigné. La procession et les sacrifices d'une part, les *agônès* de l'autre.

a) Les sacrifices publics et privés

Faisant l'éloge des panégyries et évoquant sans doute plus particulièrement la fête d'Olympie, Isocrate parle « des prières et des sacrifices mis en commun » (*Panégyrique*, 43). De fait, si la cité responsable de l'organisation d'une fête offre un sacrifice particulièrement somptueux, chacune des cités qui envoient une délégation fait aussi une offrande, sans compter les particuliers. Le sacrifice officiel est offert à la divinité majeure du sanctuaire, celle en l'honneur de qui sont célébrés les jeux ; mais des sacrifices aux divinités secondaires s'y ajoutent certainement selon les affinités religieuses de chacun.

A Olympie, Zeus est le dieu majeur. En dehors de la période des jeux, il reçoit un culte quotidien célébré par les théokoles (trois prêtres recrutés dans les grandes familles d'Elide) sur son autel de cendres (8) ; en outre un sacrifice mensuel lui est offert. Pendant le déroulement des concours pentétériques, à l'époque classique du moins, après la course de chars, donc le quatrième jour — qui coïncide avec la pleine lune —, a lieu une cérémonie très officielle : la cité d'Elis offre une hécatombe de boeufs, et les délégués des cités, puis les particuliers, offrent leurs libations et leurs sacrifices. Cela ressort du récit que fait Andocide (IV,29) du comportement orgueilleux d'Alcibiade qui, ayant emprunté aux archithéores d'Athènes des vases sacrés pour la fête qu'il allait donner en l'honneur de sa victoire à la course de chars, refusa le lendemain de les restituer, et se servit de ces récipients pour sacrifier « avant l'Etat », entendons avant la cérémonie publique de la cité tout entière, en donnant à croire que les vases lui appartenaient.

La veille peut-être, le troisième jour, était honoré le héros Pélops, fondateur mythique des jeux, représenté au fronton Est du temple et célébré dans la première *Olympique* de Pindare. Il possédait un *hérôon* qui a été retrouvé dans le secteur N-E du sanctuaire. Là, selon Pausanias (V,13,2), le magistrat de l'année sacrifiait un bélier noir. Un détail donne à penser que le culte était célébré pendant les concours : si quelque Eléen ou quelque *étranger* (on pense aux pèlerins) mangeait de la viande du sacrifice à Pélops, il ne devait pas entrer dans le temple de Zeus (9).

D'autres divinités et héros étaient honorés à Olympie. Héra (qui bénéficiait comme Zeus de jeux pentétériques, organisés par un collège de seize femmes : Pausanias, V,16,3-4) et la Mère des Dieux (Pausanias, V,20,9) possédaient chacune un temple qui a été retrouvé dans le secteur Nord de l'Altis. Hippodamie, la femme de Pélops, recevait un culte héroïque annuel (Pausanias, VI,20,7). De plus, le Périégète (V,14,4 — 15,12) n'énumère pas moins de 70 autels de divinités et héros, souvent sans rapport avec les jeux, qui faisaient l'objet d'un sacrifice mensuel accompli selon un itinéraire déterminé, qui commençait à l'autel d'Hestia pour se terminer à un autel de Pan.

Il est vraisemblable que le premier jour, avant le début des épreuves, délégations des cités, pèlerins et athlètes honoraient l'autel de quelque dieu tutélaire : Psaumis de Camarine, chanté par Pindare (*Olympiques*, V, v.4−7), avait apporté « aux dieux des six autels doubles, pendant la plus grande fête, le tribut de ses hécatombes ». Dans l'hippodrome, à la borne qui marque le tournant de la piste, se trouvait un autel de Taraxippos, le démon « qui effraie les chevaux » : les concurrents aux courses de chars lui offraient tout particulièrement « prières et sacrifices » (Pausanias, VI,20,15). Enfin on peut imaginer des sacrifices d'action de grâces offerts par les vainqueurs à la fin des jeux : Pausanias, V,9,3, parle de sacrifices après le pentathle et les concours hippiques.

Sans être connu dans son détail, le contenu proprement religieux des jeux olympiques se laisse ainsi deviner dans sa richesse. La fumée des sacrifices devait être abondante et l'on comprend qu'ait été institué le culte d'un Zeus Apomyos « qui détourne les mouches » (Pausanias, V,14,1) !

Pour les *Pythia* de Delphes, on manque de textes sur les sacrifices publics à Apollon Pythios (il faut renoncer à utiliser la l.34 du décret des Amphictions qui est obscure ; Rougemont, 1977). On se fait quelque idée de la façon dont les Etats rivalisaient entre eux de magnificence en lisant dans Xénophon (*Helléniques*, VI,4,29) la manière dont Jason de Phères en 370, cherche à faire étalage de sa puissance : « Comme les *Pythia* approchaient, il ordonna à ses villes [de Thessalie] de préparer boeufs, moutons, chèvres et porcs, en vue du sacrifice, et l'on raconte que, sans vouloir exagérer, le nombre des boeufs ne fut pas inférieur à mille ; celui des autres bêtes dépassa dix mille. Il fit aussi proclamer qu'on décernerait comme prix une couronne d'or à la ville qui aurait élevé le plus beau boeuf pour marcher en tête du troupeau destiné au dieu ». On peut aussi restituer plus ou moins le tracé de la voie sacrée que suivait la procession pour gagner le temple ; elle montait en lacets, bordée de monuments votifs élevés par les cités, jusqu'à la terrasse qui portait, outre le temple, l'autel. Dans son état actuel, l'autel, offert par les habitants de Chios, date seulement du IIIe siècle (Bommelaer, 1991), mais il a conservé l'emplacement d'un autel de la fin du VIe siècle élevé à l'Est du temple archaïque.

Pour imaginer les fêtes isthmiques et néméennes, il ne nous reste que les fondations des autels de Poseidon à l'Isthme (2,42 m x 40,58 m) et de Zeus à Némée (1,87 m x 41 m environ), mais leurs grandes dimensions témoignent de la magnificence des sacrifices. Les *hérôa* de Palémon— Mélicerte à l'Isthme et d'Opheltès à Némée peuvent également avoir reçu leur part de culte lors des panégyries panhelléniques.

b) Les concours

Les grandes fêtes des sanctuaires de la *périodos* se caractérisent par la célébration d'*agônès* ; on s'attachera à mettre en lumière leur caractère religieux et à en préciser les aspects essentiels : programme, déroulement, récompenses.

Sans remonter aux origines, d'ailleurs discutées de ces concours, le caractère religieux des *agônès* est manifeste à l'époque classique. A Olympie, sacrifices aux dieux et épreuves athlétiques s'entremêlent ; pour concourir aux jeux, il faut n'être entaché d'aucune souillure ; la première cérémonie des jeux est le serment des athlètes dans le Bouleutérion : après le sacrifice d'un sanglier, les athlètes jurent de se conformer aux règles et les hellanodices, un collège de magistrats responsables de l'organisation des jeux, jurent de se prononcer en toute impartialité. L'ensemble du concours se déroule donc sous la garantie religieuse du serment. La topographie du sanctuaire est d'ailleurs significative : le stade II en usage à l'époque classique (de 450 jusque vers 340) est ouvert à l'Ouest sur l'Altis ; son extrémité occidentale arrivait à peu près, selon Mallwitz (1990), à l'aplomb du bâtiment n° VII de la terrasse des trésors. C'est seulement la construction du portique d'Echo, accompagnée de l'édification d'un nouveau stade repoussé vers l'Est et fermé à l'Ouest par un remblai artificiel, qui rompra cette unité de l'Altis et du stade, à une époque où la fonction de spectacle des jeux rivalisera désormais fortement avec leur caractère religieux.

Le programme des *agônès* est, pour l'essentiel, identique dans les quatre sanctuaires pour les épreuves gymniques et hippiques ; à Delphes et à l'Isthme, puis plus tard à Némée, ont lieu des concours musicaux (10). A Olympie les épreuves semblent réparties au IVe siècle sur cinq jours ; ailleurs, les données précises manquent. Dans les concours gymniques — qui doivent leur nom au fait que les athlètes sont nus (*gumnoi*) —, les concurrents sont généralement répartis en trois catégories (enfants — *paidès* —, jeunes gens impubères — *agéneioi* —, hommes faits — *andrès* —), sauf à Olympie où la classe intermédiaire n'existe pas. Les épreuves sont peu variées. Les courses à pied sont particulièrement prestigieuses : la course d'un stade (*stadion*) correspond à la longueur d'un stade (192 m à Olympie, 178 m à Némée) : à Olympie le vainqueur donne son nom à l'olympiade ; le *diaulos* est un double stade ; à l'Isthme et à Némée, l'*hippios* est un double *diaulos* ; le *dolichos*, course de fond ou de demi-fond, a une longueur qui varie entre 7 et 24 stades (soit 1300 m à 3500/4000 m) ; enfin l'*hoplitodromos* est une course en armes (bouclier, casque et jambières) sur une distance de deux stades. Dans toutes ces épreuves, il n'y a pas de contrôle précis du temps : l'objectif est d'arriver le premier. Dans les sports de combat, il n'existe pas de catégories de poids ; on distingue trois spécialités : la lutte à mains nues (*palè*), dont le but est de faire tomber l'adversaire par des « prises » et de le plaquer au sol ; la boxe (*pygmè*), plus brutale, pour laquelle on s'entoure les poings avec des bandelettes ; enfin le pancrace (*pankration*) qui combine lutte et boxe et va jusqu'à épuisement de l'adversaire. Le pentathle (*pentathlon*) groupe quant à lui cinq épreuves : le stade, la lutte, le saut en longueur (*halma*, en fait un double ou triple saut, avec ou sans haltères), le lancer du disque (*diskos*, d'un poids variable) et le lancer du javelot (*akon*). En raison des qualités d'athlète complet qu'il demande, le pentathle est l'épreuve préférée des philosophes (Aristote, *Rhétorique*, I,5), mais les plus fameux athlètes de l'Antiquité sont rarement des spécialistes du pentathle. Toutes ces compétitions se déroulent dans le stade.

Les épreuves équestres se déroulent dans l'hippodrome. Le vainqueur n'est pas l'aurige, c'est-à-dire le conducteur de char, mais le propriétaire de l'attelage (homme, femme ou cité). On n'a pas fouillé d'hippodrome en Grèce, si bien que les parcours de chaque épreuve ne sont connus que de manière très approximative. Il s'agit essentiellement du *tétrhippon,* course de quadriges, sur une distance de 8400 m environ ; de la *synoris,* course de biges, introduite au début du Ve siècle à Olympie et à Némée et au IVe à Delphes, sur une distance de 5600 m ; et enfin du *kélès,* course de chevaux montés. Epreuves réservées aux riches citoyens (Alcibiade se vante de « l'éclat exceptionnel de [sa] participation aux concours olympiques » où il a lancé sept chars : Thucydide, VI, 16,2), les concours équestres valent à leurs vainqueurs une gloire particulière.

Parmi les quatre concours de la *périodos,* les *Pythia* se distinguaient par la place accordée aux épreuves musicales et artistiques, à côté des épreuves athlétiques et hippiques — des courses de chars on a la meilleure évocation dans *Electre* de Sophocle (v.680—763). Ces concours sont en accord avec la personnalité d'Apollon comme dieu de l'inspiration poétique, mais les jeux isthmiques ont également comporté, dès l'origine peut—être, des concours musicaux et à Némée ceux—ci ont été introduits à l'époque hellénistique. Les concours « thyméliques » (c'est—à—dire musicaux, distincts des concours dramatiques) comportent toujours des concours de citharèdes, d'aulodes et d'aulètes. A Delphes, les citharèdes s'affrontent dans l'épreuve du « nome citharédique » (Strabon, IX,3,10), un genre de cantate avec accompagnement de cithare, dont le plan et le thème sont imposés (la lutte d'Apollon et de Python). Un concours analogue a lieu pour les flûtistes (aulètes) avec le « nome pythique » que chantent les aulodes. Des concours de solo de cithare (*kithara*) et de solo de flûte (*aulos*) ont également lieu. A Delphes ce n'est qu'au IVe siècle, semble—t—il, que furent créés des concours de dithyrambes, avec choeur et aulète (concours « cycliques ») et des concours dramatiques, sur lesquels on est mal renseigné. Enfin à Delphes comme à l'Isthme, est attesté un concours de peinture : Panainos, le frère de Phidias y avait participé (Pline *Histoire naturelle,* XXXV,35,38).

Récompense des concours — L'ensemble des concours de la *périodos* ont un dernier caractère en commun : la récompense des vainqueurs est symbolique ; il s'agit d'une couronne. A Olympie, le cinquième jour des jeux selon l'hypothèse la plus vraisemblable, le héraut appelle les vainqueurs un à un et, dans le pronaos du temple, le plus âgé des hellanodices leur remet une palme et une couronne d'olivier sauvage. Les rameaux d'olivier sont cueillis sur « l'olivier aux belles couronnes » (*kallistéphanos*) qui est dans l'Altis derrière le temple de Zeus (Pausanias, V,15,3), et qu'Héraklès aurait rapporté du pays des Hyperboréens (V,7,7). A Delphes, le prix décerné aux vainqueurs est une couronne de laurier (Pausanias, X,7,8) d'un arbre sacré de la vallée de Tempé ; des pommes sont également données à certaines époques de l'histoire des jeux. Pour les jeux isthmiques, la récompense est aux époques classique et hellénistique une couronne d'âche (Pindare, *Néméennes,* IV, v.88) ; de même à Némée (11). Enfin dans les quatre concours, selon Pausanias (VIII,48,2), les vainqueurs reçoivent « partout dans la main droite une palme ». Des ténies de laine sont également données aux vainqueurs (Plutarque, *Propos de table,* VIII,4,1). A Olympie un banquet leur est offert dans le Prytanée (Pausanias, V,15,12).

Les honneurs accordés aux vainqueurs ne se limitent pas à la récompense décernée lors des jeux. Ils comportent en outre une série de privilèges tant dans leur cité d'origine que dans les sanctuaires, témoignage de l'importance que revêt aux yeux de tous une victoire aux concours panhelléniques. La gloire des athlètes rejaillit sur les cités et l'orgueil que tire chaque Etat de ses vainqueurs aux jeux, comparables pour Pindare aux vainqueurs à la guerre, se traduit par des honneurs officiels, fixés par des lois variables d'une cité à l'autre. A Athènes, un règlement de Solon attribuait 500 drachmes à l'olympionique et 100 drachmes à l'isthmionique. Souvent le vainqueur a droit à l'atélie, à la nourriture au prytanée, à la proédrie (Xénophane, fr.2). A Sparte le vainqueur olympique obtient d'être « placé devant le roi au combat » (Plutarque, *Vie de Lycurgue,* 22,8). L'honneur le plus exceptionnel est l'instauration d'un véritable culte. Ainsi pour le pancratiaste Théogénès de Thasos dont Pausanias a vu la statue à Olympie où il avait été couronné en 480 et 476 (Pausanias, VI,6,5) ; il avait aussi été vainqueur trois fois à Delphes, neuf à Némée et dix à l'Isthme ; à la suite d'une stérilité dont « l'exil » de sa statue de l'agora de Thasos était la cause, la Pythie conseilla de lui offrir des sacrifices « comme à un dieu » et Théogénès devint une sorte de divinité guérisseuse dont la statue était installée au centre de l'agora de Thasos.

De retour dans sa cité, le vainqueur lui-même célèbre sa victoire avec ses parents et amis dans des fêtes (*épinikia*) comportant sacrifices et repas : dans le *Contre Nééra,* 33, il est question d'une fête « chez Chabrias d'Aixioné, lorsque, sous l'archontat de Socratidès, il remporta le prix aux jeux pythiques avec le quadrige qu'il avait acheté aux fils de l'Argien Mitys, et qu'au retour de Delphes, il donna le festin de la victoire au cap Colias ». Vers la fin du VIe siècle s'établit l'usage pour les familles les plus opulentes de commander à des poètes renommés des hymnes pour célébrer la victoire (épinicies). Plutarque a conservé un fragment de l'hymne qu'Euripide avait composé en l'honneur d'Alcibiade après ses succès aux jeux olympiques (Plutarque, *Vie d'Alcibiade*, 11,3). Mais ce sont surtout Pindare (518−438) et Bacchylide, son cadet, qui illustrèrent le genre de l'ode triomphale. Les conditions dans lesquelles leurs poèmes furent chantés restent souvent mal éclaircies ; mais aussi bien pour un tyran de Sicile comme Hiéron de Syracuse (Pindare, *Olympiques*, I) que pour le pugiliste Diagoras de Rhodes (*Olympiques*, VII), l'épinicie a dû être jouée et chantée dans un banquet, peut−être en présence de Pindare. La septième *Olympique* fut ensuite gravée en lettres d'or dans le temple d'Athéna Lindia. Elle peut servir d'exemple pour un genre qui avait ses règles. Elle célèbre la victoire de Diagoras à la boxe en 464. D'abord le poète chante le vainqueur, « l'athlète gigantesque, le preux combattant », l'homme heureux « qu'une renommée glorieuse environne », et sa victoire ; cette victoire contribue à la gloire de sa famille, les Eratides, « ses nobles ancêtres » qui occupent un rang élevé à Ialysos, et en particulier son père Damagètos ; elle rejaillit aussi sur la patrie du vainqueur, Rhodes, qui est en fête et dont le poète chante une série de mythes (sa colonisation, l'histoire de Tlépolèmos, le culte d'Athéna, le culte d'Hélios). Enfin les dieux qui ont accordé la victoire sont honorés et l'ode se termine par une invocation à Zeus avec cette prière : « protège ce héros à qui son poing a conquis la victoire ; donne lui le respect affectueux de ses concitoyens et des étrangers ». Ainsi l'exploit héroïque appelle le mythe et rappelle le rôle des dieux.

Des monuments perpétuaient la gloire des vainqueurs, dans leur patrie parfois (ex. : la statue de Théogénès), mais surtout dans les grands sanctuaires (ci−dessus chap. II). A Olympie, les olympioniques avaient le droit d'ériger une statue commémorant leur triomphe dans l'Altis (Pausanias, VI,13,9) ; le Périégète a vu nombre de ces ex−voto et lu leurs dédicaces ; plusieurs de ces oeuvres ont été retrouvées dans les fouilles : citons, vers 335−330, la tête en bronze du pugiliste Satyros, oeuvre de Silanion (Athènes, Musée national) ; son visage marqué par la pratique de la boxe témoigne d'un nouveau réalisme caractéristique de l'époque.

Tout au long de leur histoire, les fêtes des sanctuaires de la *périodos* ont été un symbole de l'unité culturelle des Grecs, tant par les valeurs exaltées dans les concours que par les oeuvres d'art qu'ils ont suscitées. Pendant la durée de la panégyrie les Grecs se réunissaient pour des *agônès* pacifiques où s'exprimait leur sentiment d'appartenir à une communauté. C'est ce qu'avait bien compris Philippe II de Macédoine : à partir de 348/7, il fait figurer au revers des monnaies d'argent un cheval de course vainqueur monté de son jeune cavalier, une palme à la main et les cheveux ceints d'une ténie ; par cette allusion à sa victoire olympique de 356, il se présente comme un membre de la communauté hellénique. De même, les statères d'or qui portent au droit la tête d'Apollon et, au revers, un bige au galop rappellent le rôle que le roi tenait désormais dans l'Amphictionie delphique et qu'il entendait jouer dans le monde grec.

Pendant toute la période hellénistique, les jeux furent le refuge de l'hellénisme et rassemblèrent des foules considérables (12). On le constate en 324, lorsqu'Alexandre qui avait pourtant « de l'aversion pour l'engeance des athlètes » (Plutarque, *Vie d'Alexandre,* 4,11−5) choisit le cadre des jeux olympiques pour faire proclamer son décret sur le retour des bannis devant « plus de vingt mille personnes » (Diodore, XVIII, 8,2−5). On le voit encore en 196 lorsque Flamininus fait proclamer la liberté des Grecs aux jeux isthmiques où « une foule immense était assise pour assister au concours gymnique » (Plutarque, *Vie de Flamininus,* 10,4). Deux proclamations furent nécessaires, car lorsque le héraut annonça le message de Flamininus l'étonnement fut tel que « c'était dans tout le stade un mouvement confus et tumultueux » et une seconde audition fut réclamée !

A la vitalité des grands concours de la *périodos* à l'époque hellénistique s'ajoute le fait qu'à partir du IIIe siècle, à l'imitation de ces jeux, de nombreuses fêtes civiques ou régionales furent instaurées ou réorganisées en se faisant reconnaître « sacrées » et « stéphanites ». Ce sont ces nouveaux concours « internationaux » que l'on étudiera maintenant.

2 – DE NOUVEAUX CONCOURS « INTERNATIONAUX »

Les Sôtéria de Delphes — On prendra une idée de cette promotion de la publicité panhellénique donnée à des fêtes nouvelles en partant de l'analyse des *Sôtéria* de Delphes, exemple caractéristique car il se développe dans un grand sanctuaire panhellénique sans nuire au prestige des *Pythia* ; bien plus, il s'inspire de leur modèle et de celui des jeux olympiques, s'inscrivant ainsi volontairement dans une tradition ancestrale. Tel sera aussi le cas des autres fêtes à étudier.

Les *Sôtéria* ou « fêtes du salut » ont été fondées pour remercier les dieux Apollon et Zeus Sôter de la victoire sur les Galates qui, depuis la vallée du Danube, avaient fait irruption en Macédoine, traversé les Thermopyles et s'étaient avancés jusqu'à Delphes (Nachtergael, 1975). Plusieurs auteurs anciens rapportent que grâce aux dieux le sanctuaire ne fut pas touché. Des indices portent cependant à supposer qu'il y eut un début de saccage du site, mais en 279 les Galates sont repoussés. C'est cet événement que commémore l'institution des *Sôtéria* par l'Amphictionie, peut–être sur l'ordre d'un oracle d'Apollon. La fête n'est connue que par les inscriptions. Il s'agit d'abord d'un concours annuel, proprement delphico–amphictionique. Le programme comporte un concours musical, un concours dithyrambique et un concours dramatique. C'est un concours *chrématitès*, « dans lequel on reçoit une somme d'argent » (ou *thématikos*, ou *talantiaios*) ; mais en fait, il s'agit surtout d'une « exhibition » (une sorte de « concours sans vainqueur », selon L. Robert), avec des joutes amicales en l'honneur des dieux, dont le déroulement est assuré par l'association des Technites de l'Isthme et de Némée, des compagnies réunissant des artistes — poètes, acteurs, musiciens et chanteurs — sous le patronnage de Dionysos.

En 246/5, les Etoliens, à l'apogée de leur influence à Delphes, réorganisent les *Sôtéria* pour en faire un concours panhellénique. Ils demandent à de nombreuses cités de reconnaître ces concours comme « sacrés et stéphanites ». Des décrets ou fragments de décrets de cités donnant une suite favorable à la demande (Chios, Tènos, une Cyclade indéterminée, Smyrne, Abdère, Athènes) et des listes de vainqueurs permettent de connaître le fonctionnement de la fête au IIIe siècle. Les cités avaient été invitées par des théores à participer aux sacrifices et aux concours des *Sôtéria* en l'honneur de Zeus Sôter et d'Apollon Pythien. Il s'agit d'un concours musical « isopythique » (égal à celui de Delphes), d'un concours gymnique et d'un concours hippique « isonéméens » (égaux à ceux de Némée). La fête devait revêtir une importance égale à celle des *Pythia* ; elle était, comme elle, pentétérique et stéphanite.

La lecture, à titre d'exemple, du décret d'acceptation de Chios (246/5 av. J.−C.) montre comment les Etoliens cherchent à s'inscrire dans la tradition. Ils annoncent vouloir entretenir le souvenir d'une victoire à laquelle ils ont pris part et faire acte de « piété » (les gens de Chios leur attribuent une couronne pour leur *eusébeia*). La fête, pentétérique, se déroulera pendant cinq jours, elle commencera, comme à l'habitude dans les fêtes anciennes, par un sacrifice évoqué à la ligne 30 : les théores envoyés par Chios auront 400 (?) drachmes pour acheter un boeuf et payer les frais accessoires. Puis viendront les concours « égaux » à ceux de Delphes pour la musique et à ceux de Némée pour les épreuves athlétiques et hippiques : cette assimilation concerne, outre la nature des épreuves, de manière plus particulière, l'âge des concurrents et les honneurs décernés aux vainqueurs après la remise de la couronne. La récompense par une couronne clôturera la fête. Il ne fait pas de doute que l'acceptation des gens de Chios est dictée, autant que par la piété, par leur « amitié envers les Etoliens », c'est−à−dire surtout par leur désir de se protéger contre la piraterie étolienne endémique à cette époque ; les Etoliens utilisent Delphes pour asseoir leur puissance tout en donnant une image de piété. Régulièrement célébrées au IIIe siècle, les *Sôtéria* survécurent à la fin de la domination étolienne sur Delphes en 191 av. J.−C. Elles illustrent bien la manière dont les modèles anciens ont servi pour de nouveaux concours.

On ne sait pas si les Etoliens avaient pris des mesures pour assurer la sécurité du public qui se réunissait à Delphes pour les *Sôtéria*. Un décret amphictionique du IIIe siècle protège les personnes « contre la saisie et le pillage » ; le texte, mutilé, ne cite pas les circonstances où est donnée cette assurance. Mais une mesure similaire est attestée vers 278 pour Tènos qui offre, semble−t−il, l'exemple le plus ancien d'une demande d'asylie pour une cité et son sanctuaire : un décret des Phocidiens décide « que le sanctuaire de Poseidon et d'Amphitrite à Tènos et l'île elle−même soient déclarés inviolables (*asula*) » (Etienne, 1990) ; ils admettent qu'à l'intérieur de ces limites on ne pourra exercer aucune saisie (*sula*) sur la personne ou sur les biens des individus présents. Cette asylie qui relève du « droit international » conforte le caractère inviolable qu'a déjà le sanctuaire par « droit sacré » (Gauthier, 1972). A partir de la deuxième moitié du IIIe siècle, l'asylie va généralement de pair avec la fondation ou la réorganisation de concours qui se veulent panhelléniques, car elle est indispensable pour ces grands rassemblements où tous les Grecs doivent venir sans crainte pour concourir, assister aux concours ou commercer. Cos et surtout Magnésie du Méandre en offrent des exemples particulièrement clairs.

Le sanctuaire d'Asklépios à Cos, dont les débuts peuvent remonter au IVe siècle, ne prend une réelle importance qu'au IIIe siècle où apparaissent les premières constructions (temple et *abaton* de la terrasse médiane) et pour laquelle nous avons le *Mime II* d'Hérondas (ci−dessous, p.232). En 242 av. J.−C., la cité de Cos, qui célébrait auparavant des fêtes locales, envoie des théores dans tout le monde grec pour annoncer solennellement la réorganisation des *Asklépieia* qui comporteront, outre la procession et le sacrifice, des concours musicaux, athlétiques et hippiques, et pour faire reconnaître *asulon*, inviolable, le sanctuaire d'Asklépios. Les réponses connues proviennent de cités (de Thessalie, du Péloponnèse et de Crète) ou de rois (on a des lettres dont les auteurs sont parfois difficiles à identifier, mais parmi lesquels on remarque Ziélas, roi de Bithynie) : elles mentionnent l'acceptation de l'*épangélia* (l'annonce des jeux) et de l'*ékécheiria* (la trêve internationale), ainsi que l'asylie du sanctuaire (Sherwin−White, 1978).

Dans la fin du IIIe siècle les exemples se multiplient des sanctuaires qui veulent faire reconnaître leurs concours comme panhelléniques et se faire déclarer « asyles ». En Béotie par exemple, les *Agriania,* désormais annoncées « aux villes » par Thèbes et les Technites conjointement, sont, à partir de 230−225, une fête internationale (L. Robert, 1977). Entre 215 et 208 selon M. Feyel (1942), les *Mouseia* sont réorganisées par les Thespiens, soutenus par le *koinon* béotien, comme concours thyméliques (musicaux) à cinq épreuves, acceptés comme stéphanites et isopythiques. A Cyzique, à la fin du IIIe ou au début du IIe siècle, la cité et son territoire deviennent sacrés et « asyles » et leurs concours en l'honneur de Coré, les *Sôteira*, sont élevées au rang de concours « sacrés » et panhelléniques, conformément à un oracle de Delphes et en raison de l'ancienneté du culte de Coré (L. Robert, 1978) : les gens de Cyzique auraient été les premiers à offrir des sacrifices à Coré. Entre 210 et 200 enfin, le Didymeion de Milet instaure des *Didymeia* stéphanites et isopythiques. Mais le dossier le plus riche sur le sujet est celui de Magnésie du Méandre.

Magnésie du Méandre − Les Magnètes ont en effet, dans une chronique sacrée dont il nous est parvenu un fragment, raconté l'histoire des *Leukophryéna* qu'ils ont fait accepter dans le monde grec en 208/7 ou 207/6. En 221−220, à la suite d'une apparition de la déesse de Magnésie (Artémis Leukophryénè, dont l'épiclèse est vraisemblablement toponymique) à sa prêtresse Aristo, les Magnésiens ont consulté Apollon Pythien qui leur répondit que « les affaires iraient mieux pour ceux qui honoreraient Apollon Pythien et Artémis Leukophryénè et reconnaîtraient la cité et le territoire de Magnésie du Méandre comme sacrés et inviolables ». A la suite de cela, ils essayèrent d'instituer un « concours stéphanite pour les Grecs d'Asie », en accroissant l'importance du concours annuel attesté déjà par Anacréon, dans l'idée d'honorer ainsi Artémis Leukophryénè. Ils échouèrent et cette tentative rapportée dans la chronique n'a laissé aucune trace, sauf, peut−être, comme le suggère Ph. Gauthier (1972), le décret étolien qui interdit les saisies aux dépens des Magnètes ; il serait à mettre en rapport avec la première démarche des gens de Magnésie. Quatorze ans plus tard, en 208/7 ou 207/6, les Magnètes reprirent l'affaire : ils annonçaient la création de concours pentétériques en l'honneur d'Artémis Leukophryénè, qu'ils invitaient à reconnaître comme « stéphanites » et « isopythiques » ; ils demandaient en outre que la ville et le territoire soient déclarés « asyles ». Leurs demandes étaient justifiées par des raisons religieuses : l'apparition de la déesse et l'oracle d'Apollon Pythien. La proclamation dépassait largement le cadre de l'Asie et de nombreuses réponses sont conservées pour les années 207-205. Elles émanent soit de rois, sous forme de lettres (d'Attale I, de Ptolémée IV, d'Antiochos III, dont la campagne en Haute−Asie retarda la réponse jusqu'en 205), soit de cités dépendant des rois (ainsi Chalcis, qui dépend de Philippe V), soit de confédérations ou de cités comme les Phocidiens, les Epirotes, Céphallonie, Ithaque, Athènes, Corcyre, Epidamne, Erétrie, Mégalopolis (avec 18 autres cités arcadiennes), Paros (à laquelle sont associés 17 autres noms d'îles), etc. Cette fois les réponses sont positives, largement dictées par des considérations religieuses comme l'indique la formule très fréquente « conformément à l'oracle du dieu ».

L'ensemble des textes par lesquels les Grecs reconnaissent des concours nouveaux comme pentétériques, stéphanites et isopythiques ou isolympiques, en accordant l'asylie au sanctuaire qui les organise atteste le succès croissant des panégyries au IIIe siècle, en même temps que « l'ouverture » du monde hellénistique dans lequel les pèlerins ne craignent pas de voyager.

Au demeurant, les sanctuaires panhelléniques n'ont pas donné naissance à une authentique « pensée religieuse panhellénique », « si ce n'est, comme le note E. Will (1972), dans la mesure où les grands sanctuaires panhelléniques ont été des foyers du grand art... et où cet art, religieux dans son essence, servait l'expression et la diffusion de certaines idées, fussent−elles largement indépendantes du culte local ».

Sans être « panhelléniques » au sens strict où on l'a entendu, d'autres sanctuaires, en raison de leur orientation particulière, recevaient une clientèle qui dépassait largement le cadre de la cité ou de la confédération dont ils dépendaient : on y venait des régions avoisinantes, voire de toute la Grèce. Tel est le cas, à des titres divers, des sanctuaires oraculaires, des sanctuaires de divinités et héros guérisseurs, et des sanctuaires où se déroulaient des cultes à mystères.

3 – LES SANCTUAIRES DE DIVINITÉS ORACULAIRES, DE DIEUX ET HÉROS GUÉRISSEURS ; LES CULTES À MYSTÈRES

Plusieurs des sanctuaires panhelléniques évoqués précédemment étaient célèbres non seulement pour leur concours, mais en raison d'une vocation particulière qui y attirait, à titre privé ou au nom des cités, des Grecs de tous les horizons géographiques en dehors des périodes de jeux. C'est le cas d'un sanctuaire oraculaire comme Delphes dont l'oracle fut encore plus fameux que les *Pythia* ; parallèlement d'autres lieux oraculaires ont eu un rayonnement régional ou plus largement hellénique avant que leurs jeux ne deviennent panhelléniques : ils seront considérés ensemble, pour le phénomène oraculaire. De même pour les sanctuaires d'Asklépios : à Epidaure et à Cos une fête et des concours panhelléniques sont attestés, mais l'activité guérisseuse, entre les périodes de fête, fit essentiellement leur renom et leur valut un afflux de pèlerins. Enfin, au nombre des sanctuaires auxquels une particularité de culte confère une audience qui excède le cadre de la cité, on comptera les sanctuaires où étaient célébrés des cultes à mystères.

A – *Les sanctuaires oraculaires*

On appelle *chrestérion* ou *manteion* les sanctuaires oraculaires, dans lesquels une divinité fait connaître sa réponse (*chresmos*) à ceux qui sont en quête d'un conseil. Si l'on trouve chez Aristophane une attitude critique envers les « diseurs d'oracles » ou chresmologues (*Oiseaux*, v.860 sq.), si l'on constate chez Thucydide quelque scepticisme vis–à–vis de ceux qui interprètent les oracles (II,54, à propos de la peste), la foi dans les oracles eux–mêmes se manifeste dans toute l'oeuvre d'Hérodote, et Platon recommande de ne pas toucher « à ce que Delphes, Dodone, Ammon ou un autre des anciens oracles aura suggéré » (*Lois*, V 738 b–d) ; du reste, la fréquentation assidue des sanctuaires oraculaires est évidente lorsqu'on regarde le nombre d'ex–voto qui y furent consacrés.

Plusieurs cités possédaient des sanctuaires oraculaires à usage interne : ainsi Mantinée et son sanctuaire d'Aléa ou Argos avec son oracle d'Apollon Deiradiotès ou

Pythaeus. Une région comme la Béotie était réputée *polyphonos*, car elle comptait un nombre important d'oracles de héros (Trophonios, Amphiaraos, Héraklès à Lébadée, Thèbes et Hyettos) et de dieux (essentiellement Apollon : Apollon Isménios et Apollon Spodios à Thèbes, Apollon du Ptoion près d'Akraiphia, Apollon Tégyraios au Nord d'Orchomène, Apollon d'Hysia au flanc du Cithéron, Apollon d'Eutrésis, etc.). A l'époque classique, si l'on en croit Hérodote (VII, 133−134), un étranger voulut consulter, comme l'avait fait Crésus (I,46−48), des oracles béotiens : à la veille de la bataille de Platées, Mardonios délégua le Carien Mys pour interroger les oracles voisins au Trophonion de Lébadée, à l'Isménion de Thèbes, au Ptoion et à l'Amphiaraon. Mais le cas est particulier ; et en fait seul l'oracle de Trophonios semble avoir étendu sa renommée non seulement dans toute la Béotie, mais aussi à l'extérieur : une inscription du milieu du IVe siècle (Salviat − Vatin, 1960) donne une liste de consultants qui comprend − outre un prince macédonien − des pèlerins venus de Doride, de Locride, d'Eubée et d'Achaïe. Le Ptoion d'Akraiphia limitait quant à lui son importance à la Béotie : il semble avoir été pendant un temps l'oracle officiel de la Confédération béotienne.

Ailleurs, certains sanctuaires liés à une cité acquièrent un véritable rayonnement dans les régions voisines. Ainsi l'oracle d'Apollon Didymaios, à Milet, répond avant tout aux questions posées par la cité ou les consultants locaux ; mais il est aussi interrogé, après sa restauration à la fin du IVe siècle, par Iasos et Cyzique (colonies de Milet), par la ionienne Téos et par les îles doriennes de Rhodes et Kalymnos. L'oracle d'Apollon à Claros, qui dépendait de Colophon, dut avoir à la même époque une clientèle aussi importante. La documentation permet parfois d'assister à l'élargissement progressif de l'audience d'un sanctuaire. En Épire, le sanctuaire prophétique de Zeus Naios à Dodone fut d'abord un sanctuaire d'audience régionale. Jusque vers 400 av. J.−C., la clientèle est surtout faite de voisins, comme en témoignent les lamelles de plomb qui concernent les questions posées à l'oracle : il s'agit d'Épirotes, de Corcyréens, de Thessaliens. Mais, dès l'époque de l'expédition de Sicile, les Athéniens consultent l'oracle et au IVe siècle les textes littéraires gardent le souvenir de consultations par les Spartiates avant la bataille de Leuctres et, à plus d'une reprise, par les Athéniens.

« Panhellénique », l'oracle de Delphes le fut depuis l'origine ; dès 750 av. J.−C. il intervient à propos des premières colonies corinthiennes et sa clientèle n'a jamais cessé d'être très cosmopolite.

On n'entrera pas dans le détail des mécanismes de la consultation oraculaire : leur diversité d'un site à l'autre et même d'une époque à l'autre ne le permet pas. Mais on s'arrêtera sur les cas de Dodone et de Delphes, les deux oracles de Grèce propre les plus respectables selon Platon (*Lois*, V,738). Dans le *Phèdre* (244 a−d), le philosophe pose les principes d'une distinction appelée à un succès durable et souvent reprise entre deux modes de divination, l'un intuitif et d'essence divine, l'autre savant et fondé sur l'art et l'étude. Platon établit entre les deux une hiérarchie : « On le voit en effet ; la prophétesse de Delphes et les prêtresses de Dodone, en proie au transport divin (*maneisai*), ont rendu de nombreux services à la Grèce, tant aux particuliers qu'aux cités ; de sang−froid, elles n'ont été que d'un secours limité ou nul ». Mais, comme l'a souligné P. Amandry (1950), cette opposition est une vue philosophique étrangère aux croyances courantes qui ne font pas de distinction entre la qualité de la révélation selon l'un ou l'autre procédé ; par ailleurs, Platon gauchit la réalité à propos de Dodone : pour les besoins de sa théorie, il renvoie au passé « les premières révélations divinatoires issues d'un chêne » (*Phèdre*, 275 b), pour valoriser la révélation extatique qui n'est pas en fait sérieusement attestée pour cet oracle. L'examen des modes de divination dans les deux sanctuaires aux époques classique et hellénistique montre que ni la hiérarchie, ni même le cloisonnement entre deux procédés divinatoires, divination intuitive et divination inductive, ne sont vérifiés par les faits.

Oracle de Dodone − L'oracle de Zeus Naios et de Dioné à Dodone était un des plus anciens de Grèce et les poèmes homériques font allusion au « feuillage divin du grand chêne de Zeus », auquel Ulysse part demander conseil (*Odyssée*, XIV, v.327 sq.), et aux *Selloi*, les « interprètes aux pieds jamais lavés » (*Iliade*, XVI, v.236), dont le lien est très fort avec la terre et le monde chthonien. Une version locale rapportée par Proxénos, un historien de la cour de Pyrrhos, (*FGrH* 703 F7), mettait en relation avec l'arbre sacré, dont le bruissement portait réponse aux consultants, une colombe qui était intervenue pour défendre le chêne contre un berger mécontent.

A l'époque classique, on constate en lisant Hérodote (II,53—55) que les *Selloi* sont remplacés par trois « prêtresses de Dodone », les Péliades, suivantes consacrées au dieu, dont le nom est encore attesté chez Pausanias (13). Selon Parke (1970), ce remplacement pourrait remonter à l'époque archaïque ; il correspondrait à un changement dans le mode de mantique : on aurait abandonné le chêne et la colombe — auxquels Hérodote ne donne aucun rôle oraculaire — et adopté un autre procédé, peut—être le tirage au sort. Il faudrait alors admettre que les auteurs qui, de l'époque classique à l'époque romaine (Sophocle, Denys d'Halicarnasse, Strabon), parlent du chêne et de la colombe, le font à partir des vers homériques, ce qui n'est pas certain. De plus, il convient d'accorder plus de poids que ne fait Parke au témoignage des monnaies de bronze de la Confédération épirote qui représentent, vers 370 av. J.—C., un chêne au branchage feuillu sur lequel est perché un oiseau ; à ses pieds figurent deux colombes : ce monnayage donne assurément une vision locale de l'oracle de Dodone, symbolisé pour ses propriétaires par l'arbre et la colombe qui devaient, avec les prêtresses, former le noyau cultuel du sanctuaire oraculaire.

Cela n'exclut pas d'autres modes de divination : les textes relatifs à des oracles par incubation, hydromancie ou par exaltation prophétique sont trop suspects pour être retenus (14) ; un oracle par les « sorts » est possible, encore que la banalité du procédé ne permette pas de le rattacher spécifiquement à Dodone. A partir du IVe siècle, plusieurs textes mentionnent des chaudrons de bronze (Ménandre, Callimaque) ; Démon parle de trépieds de bronze placés si près les uns des autres que si on touche l'un d'entre eux les vibrations les atteignent tous ; enfin, au IIIe siècle, Polémon parle de deux colonnes offertes par les Corcyréens portant l'une un chaudron, l'autre un enfant de bronze ; celui—ci tient un fouet qui, mu par le vent, frappe le trépied. Ces objets avaient—ils seulement un rôle apotropaïque contre les mauvais esprits que chasse le bruit ou étaient—ils des instruments de divination ? La seconde hypothèse n'est pas impossible : comme dans le cas du chêne, on aurait affaire à une méthode acoustique mettant en jeu l'effet du vent ; une allusion de Callimaque dans l'*Hymne à Délos*, v.286, où les Pélasges de Dodone sont qualifiés de « servants du lébès de bronze jamais muet », irait dans ce sens, mais il est vrai qu'il faut attendre Clément d'Alexandrie (*Protreptique*, II,1,1), au II/IIIe siècle, pour voir le « chaudron de Thesprotie » symboliser clairement l'oracle de Dodone.

Cette brève évocation de la mantique à Dodone démontre le caractère aléatoire de notre documentation, trait que l'on retrouvera à Delphes : les Anciens étaient au courant de ces choses et les auteurs ne parlent que de manière allusive de ce qui touche au fonctionnement des oracles. On aura également noté comment un sanctuaire de grande renommée (Euripide ou Aristophane placent Dodone en parallèle avec Delphes) répondait aux questions des cités et des particuliers en utilisant des procédés qui relèvent de l'interprétation des phénomènes de la nature, sans que ceux—ci aient été accueillis avec moins de respect que les arrêts de la Pythie. « En un endroit élu, comme l'écrit M. Delcourt (1955), toute méthode est assurée de la collaboration divine ».

L'oracle de Delphes — La manière dont la Pythie de Delphes exprimait les oracles n'exclut pas les éléments naturels (15). A l'arbre sacré de Dodone répondent la faille du sol (*chasma gès* ou *stomion*) et une source sacrée, à quoi s'ajoute le laurier, arbre sacré d'Apollon qui était peut—être dans l'*adyton* du temple. Le *chasma gès* désigne une ouverture dans le sol (ainsi la fosse où l'on jette les porcelets lors des Thesmophories) — il n'a pas été retrouvé dans le temple de Delphes ; la présence d'une source sacrée, ici Cassotis, est fréquente dans plus d'un sanctuaire et l'absorption de son eau devait comporter une double signification purificatrice et inspiratrice, tout comme le laurier, en fumigation ou mastiqué.

Mais ces éléments ne sont que le contexte et les conditions extérieures de la consultation. Le *chasma gès* est donné par Strabon (IX,3,5) comme le lieu d'où s'échappe le *pneuma*, mais c'est ce « souffle » prophétique qui inspire directement la réponse de la Pythie : « Au—dessus de l'ouverture est placé un haut trépied sur lequel monte la Pythie ; elle reçoit le 'souffle' et rend des oracles ». Le *pneuma* oraculaire ne correspond sans doute pas à une exhalaison ; il n'avait probablement aucune existence matérielle, sa réalité n'en était pas moins assurée, abstraite et insaisissable. Car la divination à

Delphes est directement inspirée par le dieu. Non seulement la divination orale, mais aussi la cléromancie — seul autre mode de divination bien attesté à Delphes —, en particulier quand la Pythie puise parmi des fèves, « pleine de l'esprit divin » (Nonnos).

Dans les deux cas, la Pythie est soumise à l'inspiration divine. Quel est son comportement lorsque, après avoir fait des ablutions rituelles à Castalie, après s'être parée et couronnée et avoir fait brûler sur l'autel d'Hestia quelques pincées de farine et quelques feuilles de laurier, elle prend place, dans l'*oikos* (édicule) de l'*adyton*, séparée du consultant, sur le trépied qui lui sert de siège ? Les textes anciens, à la suite de Lucain (*Pharsale*, V, v.169), et surtout les Pères de l'église donnent la description impressionnante d'un véritable état de « névrose hystérique » (Amandry, 1950). En revanche sur une coupe du peintre de Codros qui, vers 440−30, la représente en train d'officier, la Pythie apparaît tout à fait calme et sereine. La vérité se trouve sans doute entre les deux extrêmes. La prêtresse d'Apollon devait être saisie d'une manière de délire, qui est une des formes de l'*enthousiasmos* (« possession par le dieu »), et cette possession pouvait s'exprimer par un comportement dans lequel frissons et mouvements saccadés témoignaient de son contact avec Apollon.

Vue du côté du consultant, la consultation d'un oracle comportait un ensemble de rites souvent mal connus : tantôt en effet le récit sur lequel on s'appuie est tardif (ainsi pour l'antre de Trophonios, où Pausanias est descendu) — dans ce cas, il n'est peut−être pas valable pour les Ve−IIIe siècles —, tantôt la restitution proposée doit trop à l'étude, toujours susceptible d'interprétations différentes, des vestiges architecturaux (ainsi pour Didymes). Pour le sanctuaire de Delphes on a quelques certitudes sur les dates de consultation de l'oracle et leur fréquence, sur l'ordre dans lequel passaient les consultants, sur leur accueil par des « prophètes », sur l'offrande préalable (*pélanos* ou « taxe ») qui était exigée, sur le sacrifice préliminaire d'une chèvre qui devait garantir que la consultation pouvait avoir lieu (?), sur l'offrande supplémentaire qu'il fallait, dans certains cas (?), déposer sur la table sacrée, etc. (G. Roux donne un tableau d'ensemble de ces pratiques dans *Delphes, son oracle, ses dieux,* 1976). Mais il importe de souligner que si sur certains points la documentation est nombreuse et précise, sur d'autres points elle reste fragmentaire et incertaine.

Concernant les dates de consultation de l'oracle, un texte de Plutarque (*Questions grecques,* IX, 292 e−f) indique le passage, à une date indéterminée, d'une consultation annuelle, le 7 Byzios, à une consultation mensuelle, le 7 de chaque mois. Pour le reste, si plusieurs épisodes historiques, dans la période des Guerres médiques notamment, impliquent l'existence de séances extraordinaires, on ignore quand elles furent introduites et l'on ne sait décider si les consultations étaient interrompues l'hiver, lorsque le dieu était absent. Pour les préliminaires à la consultation, on possède de nombreux textes épigraphiques sur la « promantie » ou droit de consulter l'oracle en priorité, accordé par Delphes soit à des cités soit à des particuliers, et sans doute assorti d'un tirage au sort : ce privilège amendait et précisait l'ordre protocolaire (Delphiens, membres de l'Amphictionie, autres Grecs, Barbares). On dispose pour le *pélanos* de textes précis (Rougemont, 1977) comme l'inscription qui fixe à 7 drachmes delphiques et deux oboles la taxe à acquitter par la cité de Phasélis et à 4 oboles la taxe pour les particuliers ; de même la convention entre les Delphiens et les gens de Skiathos, dans la première moitié du IVe siècle, stipule que le *pélanos* public sera d'un statère éginétique et qu'il en coûtera deux oboles pour les particuliers. Un détail précis comme le privilège accordé aux Skiathiens de garder, moyennant rachat, les peaux des victimes du sacrifice préliminaire montre que la coutume habituelle était différente ; de fait, un texte d'Andros interdit d'emporter la peau des victimes de consultation et de purification : à Delphes la peau devait être normalement laissée au prêtre, selon un usage fréquent (Rougemont, 1977), ou bien elle était brûlée avec la victime entière (Amandry, 1950) : les deux hypothèses ont chacune leur vraisemblance. D'autres aspects, comme une « taxe de tirage au sort » dans le texte de Skiathos, ont donné lieu à des restitutions si différentes qu'il est plus prudent de renoncer à en parler.

Si les préliminaires de la consultation se laissent en gros cerner, l'*adyton,* le lieu de la consultation proprement dit, qui n'a pas été retrouvé lors de la fouille du temple de Delphes au siècle dernier, ne peut faire l'objet que de reconstitutions hypothétiques à partir des textes. La Pythie était en tout état de cause cachée, semble—t—il, au regard du consultant. Celui—ci, lorsqu'il était étranger, ne pouvait être introduit sans le parrainage d'un Delphien.

Sur la manière dont la Pythie rendait sa réponse, les hésitations tiennent à la fois à la faiblesse de notre information (sur le rôle respectif de la Pythie et du prophète, qui selon les scholiastes met en forme et communique la réponse, par exemple), et aux contradictions que recèlent les sources. Les réponses étaient—elles données en prose ou en vers, consignées par écrit ou transmises oralement ? Etaient—elles précises et claires, comme certains documents le laissent supposer (en particulier les inscriptions qui ont conservé des réponses) ou énigmatiques et ambiguës comme l'affirme une bonne partie de la tradition littéraire ? Autant de questions auxquelles des réponses divergentes ont été données et pour lesquelles il n'est pas possible de trancher avec certitude (16). On s'est efforcé de déceler parmi les réponses qui nous ont été transmises les oracles authentiques et les faux ; on a voulu en établir le classement chronologique (Parke et Wormell, 1956). Autant de tentatives qui profitent à l'exégèse des textes, mais restent incertaines dans leurs conclusions.

Questions posées aux oracles — Si l'on s'interroge sur la « double dimension d'attitude mentale et d'institution sociale » (Vernant, 1975) qui est en jeu dans la consultation oraculaire, sur la façon dont elle « s'insère de façon cohérente dans l'ensemble de la pensée sociale », l'intérêt se déplace des réponses aux questions posées à l'oracle, à travers lesquelles s'expriment les croyances des interrogateurs.

Alors qu'on a retrouvé à Dodone un nombre important de lamelles de plomb portant le texte des questions posées à l'oracle, rien de tel n'existe pour Delphes : le texte des réponses permet seul de restituer les questions. Toutefois une comparaison avec les questions posées à Dodone peut s'autoriser du témoignage de Xénophon (*De vectigalibus*, VI,2), selon qui les questions étaient posées sous la même forme aux deux oracles ; on décèle ainsi dans la masse des documents delphiques les questions les plus typiques.

Dans la majorité des cas le consultant n'attend pas de l'oracle qu'il lui prédise l'avenir, mais qu'il lui indique dans un cas précis, ce qu'il doit faire ou ne pas faire pour que les choses tournent à son avantage. Le principe est le même pour une communauté et pour un individu. Très souvent, on soumet à l'oracle un projet précis et on lui demande un avis, un conseil, en lui présentant le choix entre deux termes d'une alternative. A Dodone (Parke, 1970), une tablette du IVe siècle demande : « Dieu, Bonne Fortune. Le dieu conseille—t—il à Phainylos de continuer le métier de son père, la pêche ? » et dans un autre texte, « les Dodonéens demandent à Zeus et à Dioné si c'est à cause de l'impureté d'un individu que le dieu leur envoie le mauvais temps ». Un formulaire analogue est attesté à Delphes pour les consultations d'ordre privé : Plutarque (*Sur l'Epsilon de Delphes*, 5,386 b) rapporte que l'on demande à l'oracle « *si* l'on se mariera, *si* l'on fait bien de s'embarquer, *si* l'on doit cultiver la terre, s'il est bon d'entreprendre tel voyage ». Il évoque aussi les questions, moins nombreuses à son époque, posées par les cités (en particulier « *si* l'on sera vainqueur ? »). A l'époque classique déjà les questions des cités concernent souvent les guerres : dans Thucydide (I,25,1), les Epidauriens demandent à l'Apollon de Delphes, avant la guerre du Péloponnèse, « s'ils doivent remettre leur ville aux mains des Corinthiens, tenus pour fondateurs, et tâcher de trouver auprès d'eux quelque protection » ; la réponse est de le faire. Les consultations peuvent aussi concerner les autres domaines publics : en 352/1 av. J.—C., Athènes consulte la Pythie sur la mise en culture de l'*orgas* (« terre consacrée ») éleusinienne au moyen de deux lamelles, portant, l'une une réponse affirmative, l'autre une réponse négative, enfermées dans deux hydries scellées entre lesquelles la Pythie doit choisir (*LSC*, n° 28). En 335/4, la cité interroge sur la réorganisation de ses cultes en demandant « s'il sera meilleur pour le peuple » d'agir [de telle ou telle manière] (le texte est mutilé).

Une seconde question, qui parfois suit la première, est particulièrement fréquente : on interroge le dieu sur le meilleur moyen d'obtenir le succès, c'est—à—dire sur les divinités à se concilier. Par exemple, à Dodone, « Callicratès demande au dieu : aurai—je une descendance si je reste avec Niké, ma femme actuelle ? et quel dieu dois—je prier pour cela ? » ; entre 450 et 404 av. J.—C., « les Corcyréens demandent à Zeus et à Dioné à quel dieu, à quel héros ils doivent adresser sacrifices et prières pour rétablir la concorde civique ». Les cas de ce type sont particulièrement nombreux. Pour les particuliers, il s'agit surtout de la santé et de la stérilité (« Thrasyboulos demande quel dieu il doit apaiser par ses sacrifices pour que l'état de ses yeux s'améliore » ; Anaxippos consulte l'oracle « pour avoir une descendance mâle de Philista, sa femme, et demande à quel dieu adresser des prières »). Pour les cités, toutes sortes de circonstances peuvent être à l'origine d'une consultation : Platon (*Lois,* VIII, 828 a) souhaite que pour établir une cité on demande à Delphes « quels sacrifices il sera profitable et salutaire d'offrir et à quelle divinité » ; mais d'autres consultations peuvent être consécutives à une guerre (après la victoire de Platées, les Grecs interrogent l'oracle sur les sacrifices à faire : Plutarque, *Vie d'Aristide,* 10,4), à une épidémie (ainsi pour l'érection de la statue d'Apollon Alexikakos de Calamis sur l'Agora : Pausanias, I,3,4), ou à quelque prodige (« le peuple athénien demande, au sujet du signe apparu dans le ciel, ce qu'il doit faire et à quel dieu il se trouvera bien d'adresser des sacrifices ou des prières à la suite du présage » : Ps.—Démosthène, *Contre Macartatos,* 66).

Tels sont les deux principaux types de questions posées à Dodone et à Delphes aux époques classique et hellénistique (les oracles qui demandent une information, comme au VIe siècle pour la colonisation, sont plus rares). Un examen des réponses des autres oracles, à Lébadée (*Syll³*, 635 b), Argos (*Syll³*, 735), Claros (pour une époque plus récente) ou Didymes, montre que les problèmes que l'on soumet aux oracles sont partout les mêmes : il n'y a pas d'oracles spécialisés dans un domaine ou un autre. Dans l'ensemble, pour la période qui nous intéresse, mis à part les oracles liés aux Guerres médiques (ci—dessus, chap.IV) et à la Guerre du Péloponnèse, les cités attendent surtout des prescriptions d'ordre religieux (fondations de cultes divins et héroïques, réglementations de sacrifices, procédés de purification ; voir ci—dessus, pp.137—138).

Dans tous les cas envisagés jusqu'ici, comme le souligne J.—P. Vernant (1975), « on ne demande pas à l'oracle de prédire le futur, d'énoncer l'avenir : on l'interroge avant de s'engager dans la voie qui paraît la bonne, pour savoir si elle est libre ou interdite et, au cas où elle serait interdite, sur ce qu'il convient de faire pour avoir des chances de s'en ouvrir l'accès. On attend donc du dieu, non une prédiction, qui rendrait l'événement en quelque sorte réel avant même qu'il se soit produit, mais une caution, un engagement attestant, au seuil de l'entreprise, qu'elle ne va pas à l'encontre de l'ordre institué par les puissances surnaturelles ». Le plus souvent, « on attend de l'oracle qu'il fixe, en tenant compte dans son appréciation des facteurs que l'intelligence humaine est incapable d'évaluer, un ordre de préférence entre des possibles » ; le processus est celui—là même que pour les cas les plus simples les Grecs adoptent dans leurs assemblées.

Il existe pourtant un autre modèle de divination (Vernant, 1975) qui est attesté dans toute la littérature écrite, d'Hérodote aux philosophes en passant par les tragiques, et ne saurait être considéré comme une création artificielle, c'est celui où il y a pré—diction du futur au sens propre : la divination y vise l'avenir ; elle repose sur l'idée d'une omniscience divine, d'un savoir supra—humain qui aboutit à une formulation du destin pour les individus et les groupes. Ces oracles ont lieu dans des conditions exceptionnelles : c'est le cas pour le VIe siècle des consultations fameuses de Crésus, mais aussi, dans la première moitié du Ve siècle, de la consultation des Argiens « sur le salut de leur cité », ou, au IVe siècle, de celle de Philippe II de Macédoine qui demande à la Pythie s'il s'emparera du royaume des Perses. Celle—ci lui répond : « le taureau est couronné, il détient l'issue ; il existe, celui qui sera le sacrificateur » ; Philippe croit à tort que « le taureau » désigne le Perse, alors qu'il s'agit de lui : il sera égorgé au cours d'un sacrifice, couronné comme le taureau (Diodore, XVI, 91,2). L'exemple est caractéristique ; suivons les analyses du phénomène par J.—P. Vernant (1975). Ce que demande Philippe, c'est cette « signification secrète du destin, écrite du point de vue des dieux dès la naissance, accessible du point de vue des hommes seulement après la mort. Mais si l'oracle énonçait l'avenir aussi clairement qu'il dispense des conseils pratiques, l'ignorance qu'ont les hommes de leur futur et qui les distingue des dieux, disparaîtrait. C'est pourquoi, comme l'indique la fameuse formule d'Héraclite, l'oracle signifie (*sèmainei*) seulement : il donne [le destin] à voir en le dissimulant, il le laisse deviner par le moyen d'une parole énigmatique », en réintroduisant cette « opacité foncière », ce « caractère hasardeux » du destin pour les hommes. Les oracles obscurs existaient donc dans des cas particuliers, mais dans la pratique courante les consultations oraculaires étaient faites pour être des recours quotidiens face aux problèmes pratiques ; il n'y avait pas de questions indignes d'elles.

Aux sanctuaires oraculaires on rattache parfois les sanctuaires des divinités guérisseuses qui pratiquaient effectivement, pour une partie de leur art, l'oniromancie, la divination par les rêves, les songes reçus dans le sanctuaire devant assurer la guérison des malades. Le lien était déjà affirmé par les Anciens (l'initiation à la guérison des malades et le recours aux oracles sont conjointement attribués à Musée dans les *Grenouilles* d'Aristophane, v.1032). Cependant le caractère « spécialisé » de l'action des héros et dieux guérisseurs nous a conduite à l'examiner à part.

B — LES SANCTUAIRES DES HÉROS ET DES DIEUX GUÉRISSEURS

Les cités possédaient, pour répondre aux problèmes de la santé, des sanctuaires de héros guérisseurs (Amynos à Athènes, Amphiaraos dans le dème de Rhamnonte) et, à partir de la fin du Ve siècle, des sanctuaires d'Asklépios, en l'honneur de qui étaient rendus des cultes civiques (ainsi à Athènes ou à Corinthe, mais aussi dans presque toutes les agglomérations comme en témoigne Pausanias). La fréquentation privée de tous ceux qui venaient y chercher la guérison en assurait le succès. Une étude de l'Asklépieion d'Athènes a montré son caractère local (Aleshire, 1989) et tel devait être le cas ordinaire. Mais il arrivait que, déçu par les ressources médicales des hommes ou moins confiant dans une filiale que dans un haut−lieu du culte d'Asklépios comme Epidaure, on décidât de se rendre dans ce sanctuaire majeur. De l'orateur Eschine on a conservé le poème suivant (*Anthologie Palatine,* VI,330) : « Ne comptant plus sur l'art des mortels, j'ai mis tout mon espoir dans la divinité ; j'ai quitté Athènes aux nobles enfants ; je suis venu, Asklépios, dans ton bois sacré ; et j'ai été guéri en trois mois (ou « trois nuits » [correction de Stadtmüller]) d'une plaie que j'avais à la tête depuis un an ».

Deux sanctuaires panhelléniques ont surtout attiré les pèlerins ; celui d'Epidaure et celui de Cos ; tous deux sont situés dans la *chôra,* l'un à 12 km, l'autre à 2 km de la ville dont ils dépendent. Notons aussi la popularité d'un sanctuaire régional comme l'Amphiaraion d'Oropos.

Epidaure, où Asklépios est associé à Apollon, célébrait un concours « sacré » pentétérique appelé *Asklépieia,* pour lequel elle envoyait des théores dans les cités grecques. Comme le note Strabon (VIII,6,15) au Ier siècle de notre ère, « Epidaure est une grande ville ; elle doit son importance avant tout au rayonnement de son Asklépios qui inspire confiance pour la guérison de toutes sortes de maladies : son sanctuaire est rempli en permanence de malades et de tablettes votives portant mention des traitements, comme à Cos et Tricca ». Tel était déjà le cas au IVe siècle. Deux siècles relatant des guérisons miraculeuses (*Syll³*, 1168−9), sont datées de la seconde moitié du IVe siècle ; elles ont été découvertes dans le portique où les pèlerins venaient attendre l'apparition d'Asklépios et donnent une idée de l'audience du dieu d'Epidaure à cette époque. Parmi les malades, on compte deux Epidauriens et plusieurs habitants d'Argolide (Halieus, Hermioné, Trézène, Argos), mais la clientèle vient aussi de tout le Péloponnèse : de Pellana en Achaïe, de Kaphyai en Arcadie, de Messène (qui possédait pourtant un Asklépieion très important) et de Laconie ; on note aussi la guérison d'une femme d'Athènes et de malades venus de Thèbes, « de Thessalie » et de Phères, de Macédoine (Toroné) et d'Epire ; un personnage vient même de Lampsaque, sur la rive asiatique de l'Hellespont, en Mysie. A côté d'une majorité d'hommes sont mentionnées quelques femmes, il y a même un esclave : c'est un des caractères du dieu que son large accueil à tous les humains.

Au IIIe siècle, le sanctuaire de Cos connaît son premier grand développement monumental. Des *Asklépieia* pentétériques sont instituées en 242 (ci− dessus, p.215) ; mais surtout l'importance des installations du sanctuaire et le témoignage des textes montrent que, comme à Epidaure, les aspects médicaux sont au premier plan.

Même chose, à l'échelon régional, pour l'Amphiaraion d'Oropos : les *Amphiaraia,* dont les listes de vainqueurs attestent le grand rayonnement, ne doivent pas faire sous− estimer la place des activités liées à la santé : en 332/31, les Athéniens accordent une couronne d'or à Amphiaraos pour avoir pris soin « des Athéniens et des autres qui viennent dans le sanctuaire pour la santé et le salut de tous les gens de la région ».

Le mode de consultation d'Asklépios ne semble pas avoir été très différent d'un *asklépieion* à l'autre. L'organisation matérielle des sanctuaires d'Asklépios comporte deux particularités : la présence de constructions en relation avec le rôle éminent qui était accordé à l'eau (fontaine, bassin rituel, voire édifices de bain comme à Gortys d'Arcadie) ; et, souvent, complétant ce premier ensemble, la présence d'un vaste édifice, généralement un portique, pour accueillir les pèlerins qui devaient passer la nuit dans le sanctuaire. Ces monuments s'ajoutent au temple et à l'autel du culte. Quelques textes épigraphiques et une scène parodique d'Aristophane dans le *Ploutos*, v.643–747, éclairent et complètent les données de l'archéologie. Pour être admis à consulter le dieu, il faut remplir certaines conditions de pureté : à Epidaure, « avoir la conscience pure » (ci-dessus, p.75), à l'Amphiaraion d'Oropos, avoir jeûné un jour complet et n'avoir pas bu de vin pendant trois jours. Un droit d'entrée est perçu (à Oropos, dans la première moitié du IVe siècle, une *éparchè* de 9 oboles versée dans une sorte de tronc ou *thésauros* : *Syll*[3],1004) ; le néocore remet alors au malade un ticket d'admission — dont on a retrouvé des exemplaires. Puis le malade doit se purifier par des ablutions ; dans le *Ploutos* d'Aristophane, qui dépeint sans doute l'Asklépieion de Zéa au Pirée, Ploutos est « baigné dans une source d'eau salée » ; à Oropos, il y a pour les ablutions un puits différent de la source sacrée. Une fois purifié, le fidèle sacrifie à la divinité. A Epidaure, c'est d'abord un sacrifice préliminaire (*prothusia*) en l'honneur d'Apollon Maléatas dans un sanctuaire voisin de celui d'Asklépios, puis les « rites d'usage » (*Syll*[3], 1168) ; à Asklépios on offre des gâteaux (Aristophane) et l'on sacrifie de petits animaux — cochons de lait, coqs — ; à Oropos, Amphiaraos reçoit un bélier dont le consultant garde la peau. Faut-il, à Epidaure, imaginer un rite supplémentaire, celui du passage par la « tholos » ou « thymélè », bâtiment rond dont le sous-sol forme un labyrinthe ? Rien n'est moins sûr et la destination de cet édifice du IVe siècle à l'architecture raffinée est incertaine.

Les étapes préliminaires une fois franchies, le patient est admis dans l'*abaton* (ou « lieu fermé ») à Epidaure, dans le *koimétérion* (« lieu pour dormir ») à Oropos (hommes et femmes y sont, semble-t-il, séparés). Aristophane donne un plaisant tableau des patients couchés sur des lits de feuillage, avec couvertures et provisions (une vieille femme a une marmite de bouillie), que le serviteur du dieu invite à dormir après avoir éteint les lampes. C'est pendant le sommeil dans l'*abaton* ou « incubation » qu'intervient le dieu. La cure donne lieu, d'après un des textes d'Epidaure, au paiement d'un montant de frais médicaux (*iatra* : *Syll*³, 1169).

Après la guérison chacun selon ses moyens offre sacrifice et ex−voto (une stèle, ex.: fig.9, ou une représentation de l'organe guéri). Le *Mime II* d'Hérondas décrit vers 270 av. J.−C., sans doute pour le sanctuaire de Cos, deux femmes qui viennent sacrifier un coq et consacrer un tableau votif en remerciement d'une guérison ; leur visite faite, le sacrifice accompli, elles se retirent après avoir déposé leur obole « dans la gueule du serpent » de bronze qui sert de couvercle au tronc à offrandes et emportent avec elles le reste du coq après en avoir prélevé une cuisse pour le néocore.

Du processus de la guérison, il est malaisé de se faire une idée précise. Les récits d'Epidaure montrent que, dans chaque cas, le malade « est venu au dieu en suppliant, a dormi dans l'*abaton* et a été guéri ». Le malade retrouve la santé le plus souvent à la suite d'un rêve où il « a la vision » du dieu (la formule est la même dans Hypéride, *Pour Euxénippos,* 14 et 16, pour l'Amphiaraion) ; celui−ci vient à lui pour toucher et traiter la partie malade (Hérondas parle de « l'imposition de ses mains douces ») ou lui dicter une prescription qu'il suivra à son réveil (à un boîteux, il demande de monter le plus haut possible dans le sanctuaire : n° 35 des stèles d'Epidaure citées plus haut). Généralement, le dieu guérit par sa seule puissance : « N'admirez pas la grandeur de l'offrande, dit un patient, mais la puissance du dieu ». Il intervient personnellement ou, plus rarement, par l'intermédiaire des serpents ou des chiens sacrés. Avant tout, le dieu réclame du malade une grande confiance, et la foi devait jouer un rôle considérable dans la guérison. A un homme qui ne pouvait remuer les doigts de la main, sauf un seul, et qui était venu en suppliant, mais « mettait en doute les guérisons et ridiculisait les inscriptions », il accorde la guérison, mais l'homme portera désormais le nom d'Apistos (« Incrédule »). Ambrosia d'Athènes, qui a elle aussi douté des guérisons devra « suspendre dans le sanctuaire un cochon de bronze en mémorial de son ignorance » (n° 34). Le malade ne doit pas non plus être craintif (n° 35, 37). Mais si ces dispositions d'esprit sont à la base des guérisons « miraculeuses », dans quelques cas, le dieu, servi par un prêtre médecin (?), pratique des traitements énergiques dont on trouve des parallèles dans les écrits médicaux : remède versé dans l'oeil d'un aveugle (n° 9 et Aristophane, *Ploutos*, v.721), application d'un baume (n° 19) ; voire opération chirurgicale : ventre ouvert et recousu (n° 13), tête recousue sur le corps (n° 23 : le prêtre, précise l'inscription, a vu de ses propres yeux la tête détachée !). Des instruments chirurgicaux retrouvés à Epidaure et Corinthe sont peut-être en relation avec les interventions, à moins qu'il ne s'agisse d'ex-voto de médecins.

A côté des guérisons par incubation pour lesquelles le pouvoir du dieu est l'élément déterminant, il faut ajouter en certains lieux le rôle actif de l'eau, non seulement pour sa vertu purificatrice lors de l'incubation, mais comme moyen de cure. A Gortys d'Arcadie, près de la rivière Gortynios, un édifice thermal, dont le premier état remonte au IVe siècle, fut doté au IIIe siècle d'une piscine pour les bains par immersion dont les vertus thérapeutiques étaient affirmées : l'idée de bien-être trouve ici sa place dans la guérison, bien avant l'époque où d'autres *asklépieia* comme Cos ou Epidaure devinrent des centres de remise en forme où un Apellas au IIe siècle après J.-C. venait chercher les conseils d'une vie saine.

Que venait-on faire guérir par Asklépios ? A Epidaure, les inscriptions du IVe siècle déjà citées mentionnent huit cas de grossesse inespérée ou d'heureux enfantement, douze cas de plaies ou tumeurs, douze cas d'ophtalmie, trois aphasies. Sont encore guéris neuf boîteux, un phtisique, un homme atteint de goutte, deux autres de maux d'oreille, une femme affligée de convulsions, une autre d'empoisonnement par piqûre de tarentule, une d'infection produite par des poux, une de maladie du cuir chevelu, deux de migraine, une d'épilepsie. Six guérisons enfin ont lieu, semble-t-il, par intervention chirurgicale. Au total, ce ne sont pas des maux différents de ceux que soignaient les médecins publics dans leurs cabinets (un vase du musée du Louvre, daté vers 470, représente un médecin et des malades) et l'on sait comment, à partir de la fin du Ve siècle surtout, des médecins publics, souvent itinérants, mettaient en pratique les préceptes d'Hippocrate : beaucoup d'inscriptions en leur honneur vantent leur valeur humaine et leur efficacité. Deux voies parallèles coexistaient, la médecine rationnelle et la médecine miraculeuse.

Face à des décisions graves ou atteints dans leur intégrité physique, les Grecs consultaient donc, en plus des dieux de leur cité, des divinités attachées à des sites particulièrement sacrés vers lesquels ils confluaient de tous les points du monde. Un autre besoin a poussé les Grecs vers des lieux de culte régionaux ou panhelléniques, le besoin de l'expérience mystique et de l'émotion qui l'accompagne ; ainsi s'explique le rayonnement d'un sanctuaire comme Eleusis (17).

C – *LES SANCTUAIRES À MYSTÈRES*

Des cultes à mystères ont été célébrés dans le cadre de la cité (au Kabirion de Thèbes, à Lykosoura), voire à l'échelle plus réduite des familles (mystères de Phlya, aux mains des Lycomides). Mais, comme pour la divination ou la guérison, certains sanctuaires ont bénéficié d'une audience plus large, régionale (Samothrace), voire panhellénique (Eleusis). La notion même de cultes à mystères, ajoutée au prestige que valaient à des sites particuliers de vieilles traditions mythiques ou des conditions historiques favorables, explique cet élargissement.

Les cultes à mystères (*mustéria*) (18) se définissent par leur caractère secret ; d'où l'appellation d'*arrhètos télétè* au Ve siècle à propos d'Eleusis (« cérémonie dont on ne parle pas »), et l'architecture fermée du Télestérion, la salle de réunion à Eleusis, ou du Hiéron à Samothrace. D'autre part, les mystères sont des cérémonies d'initiation, des cultes pour lesquels admission et participation sont soumises à des conditions de préparation rituelle des candidats à l'initiation (ou mystes). Par l'initiation, généralement, l'individu change de statut ; ici c'est sa relation à la divinité qui est concernée, le myste acquérant une plus grande proximité avec un dieu ou une déesse. Enfin, participer à des célébrations de cultes à mystères relève d'un choix individuel et personnel. L'expérience, que l'on peut renouveler, n'est pas incompatible avec d'autres cultes et, à la différence des cultes civiques, elle n'a aucun caractère obligatoire ; elle n'implique aucune intégration à une quelconque secte ou communauté cultuelle ni aucun genre de vie particulier. Dès lors on comprend que dès le VIe siècle, avec la découverte de l'individu à côté de l'homme politique, les mystères, auxquels on choisissait de se rendre à la suite d'une décision intime et qui faisaient espérer un lien plus personnel avec la divinité, aient connu un succès remarquable. Ces cultes furent liés à des sites où la présence du divin paraissait particulièrement sensible. Sans se dissimuler que le secret qui pesait sur les mystères rend la documentation fiable assez rare, on s'efforcera de préciser la nature de ce qu'en attendaient les fidèles.

Mystères de Samothrace — Certains cultes à mystères semblent être restés assez près de ce que W. Burkert (1987) appelle la « religion votive », c'est-à-dire qu'il y a un lien d'interdépendance entre voeux des fidèles et initiation. Cette orientation « pratique » des *télétai* dut prévaloir à Samothrace où les Grands Dieux protégeaient les marins et les voyageurs, comme le montrent, entre autres textes, les inscriptions votives que Diagoras a vues sur le site au Ve siècle avant J.-C. (Diogène Laerce, 6,59).

Les mystères des Grands Dieux sont attestés pour le Ve siècle par Hérodote (II,51) et par Aristophane (*Paix*, v.277-78) qui suggère que, parmi les spectateurs, certains peuvent avoir été initiés à Samothrace. Déjà fréquenté par des étrangers, le sanctuaire devait être alors très rudimentaire, avec des autels et des bâtiments de bois (?). C'est au IVe siècle, à partir de 340 seulement, qu'il prend une allure monumentale avec la construction de bâtiments pour l'initiation. A l'époque hellénistique le développement architectural se poursuit (ci-dessus, p.127) et le rayonnement des mystères atteint son apogée : des listes de théores délégués pour assister aux fêtes des Grands Dieux montrent à partir du IIIe siècle que la clientèle du sanctuaire concerne, outre la Thrace, la Macédoine et la Grèce du Nord, l'Asie Mineure et les îles de l'Egée ; l'installation d'un culte des Dieux de Samothrace à Délos témoigne aussi du succès de ces divinités.

Si l'on peut juger du rayonnement des mystères, en revanche les dieux célébrés lors des cérémonies et le contenu de celles-ci nous échappent pour l'essentiel. Leur identité et leur nature faisaient partie du secret des mystères ; les dédicants s'adressent aux *Théoi* (« Dieux »).

Depuis Hérodote (II,51), certains ont voulu les assimiler aux Cabires, mais le nom n'est pas attesté à Samothrace et la fonction des Grands Dieux est bien différente de ces personnages qui sont ailleurs associés au travail du métal et au vin. Un texte de Mnaséas (IIIe/IIe s. av. J.—C.) et l'assimilation qui s'opère à l'époque hellénistique avec les Dioscures donnent à imaginer une triade. Quant au déroulement des mystères, leur restitution à partir de la structure des monuments attribués à l'initiation (l'Anaktoron et le Hiéron) et d'après des textes tardifs, est évidemment hasardeuse (Cole, 1984). On peut tout au plus assurer, d'après les listes de mystes et d'époptes datées du IIe siècle av. J.—C., qu'à cette époque et sans doute dès la première période hellénistique, il y avait deux degrés dans l'initiation. Mais leur contenu nous échappe et il est difficile d'interpréter, dans leur isolement, tel ou tel détail comme le port d'un vêtement pourpre ou un anneau de fer au doigt lors de la *muèsis* (« initiation »). Retenons que, selon Diodore (V,49,6), les initiés devenaient « plus pieux, plus justes et meilleurs » après leur approche des Grands Dieux, mais avouons que le succès de ces dieux sauveurs échappe à notre compréhension.

Les Mystères d'Eleusis — A Eleusis, si les avantages matériels, comme c'est le cas à Samothrace, ne sont pas absents puisque Déméter donne le grain aux hommes, l'espoir d'une vie privilégiée au-delà de la tombe pour ceux qui ont « vu » les mystères est déjà attestée dans l'*Hymne homérique à Déméter* ; d'où un contenu plus riche, car une forme de spiritualité différente s'ajoute à la conception habituelle de la faveur divine. Isocrate dans le *Panégyrique,* 28, résume ce double aspect en rappelant que la déesse a accordé aux Athéniens « deux sortes de récompenses qui sont précisément les plus grandes : les récoltes... et l'initiation qui, à ceux qui y participent, donne pour la fin de la vie et pour toute l'éternité de plus douces espérances ».

Au début du Ve siècle au moins, « tout Grec qui le souhaite » peut, selon Hérodote (VIII,65), se faire initier aux mystères d'Eleusis. Il n'y a pas de distinction d'âge ou de sexe et les esclaves sont admis. Seuls les Barbares sont exclus, ainsi que les meurtriers (Isocrate, *Panégyrique,* 157) ; c'est en effet une condition nécessaire pour s'inscrire comme myste que d'avoir les mains pures et de n'être pas sacrilège.

Depuis la fin du VIe ou dès la fin du VIIe siècle av. J.−C., Eleusis fait partie de l'Etat athénien et l'organisation des Mystères des Deux−Déesses (Déméter et Coré) relève de l'archonte−roi, les deux familles sacerdotales éleusiniennes des Eumolpides et des Kéryces gardant le privilège de veiller sur les aspects proprement religieux (ci−dessus chap.II). Mais les Athéniens tiennent au caractère panhellénique de la célébration des Grands Mystères dont la cité d'Athènes tire gloire et tente à l'occasion de faire un instrument politique. Par un décret pris vers 422 av. J.−C. sur la collecte des prémices des récoltes de céréales pour les Déesses en Attique (*Syll*³,83), ils stipulent « que le hiérophante et le dadouque lors des Mystères demandent aux Grecs de participer à l'offrande des prémices conformément aux coutumes ancestrales et à l'oracle de Delphes ». Le caractère panhellénique de la cérémonie se marque par l'envoi dans les cités grecques, avant les Grands Mystères, de spondophores qui proclament la trêve sacrée. Un règlement attique du Ve siècle prévoit « qu'il y ait trêve pour les mystes, pour les époptes et pour leur suite et pour les biens des étrangers » ; il invite toutes les cités intéressées à offrir les mêmes garanties sous peine, semble−t−il, de n'être plus comptées au nombre de celles qui « font usage du sanctuaire » (Rougemont, 1973). Le succès sans cesse grandissant d'Eleusis se lit dans le développement architectural du sanctuaire comme dans la diffusion de l'imagerie éleusinienne hors d'Attique (ci−dessus, chap.I et fig.5) ; il faut aussi noter l'existence en Grèce de plusieurs sanctuaires de Déméter Eleusinia (pourtant aucun ne fait concurrence à Eleusis). Pour expliquer ce succès, plusieurs raisons différentes interviennent et se confortent : le caractère éminemment sacré du lieu, l'organisation rigoureuse de la cérémonie dans le cadre du calendrier religieux athénien et, surtout, la nature de cette cérémonie.

Ce qui fait d'Eleusis un lieu irremplaçable, c'est qu'il a été choisi par la déesse elle−même : dans l'*Hymne homérique à Déméter* (v.270−274), elle demande aux gens d'Eleusis de lui élever un temple et un autel et annonce qu'elle fondera elle−même les Mystères ; dès lors, résume Isocrate (*Panégyrique*, 28), l'Attique fut « aimée des dieux ». Les Grecs célèbrent donc à Eleusis une cérémonie fondée par Déméter, pour se « rendre propice la déesse ». L'ancienneté de la tradition accroît son prestige.

Le déroulement matériel de la fête est à peu près connu. Après une longue préparation individuelle (19) comportant toute sorte de purifications, se déroulent, au mois d'Anthestérion (février), les Petits Mystères célébrés à Agra, un faubourg d'Athènes, sur la rive gauche de l'Ilissos en l'honneur de Déméter et Coré : il s'agit d'une initiation préalable (*muèsis*), obligatoire, semble—t—il, pour participer aux Grands Mystères, mais dont le contenu n'est pas connu ; on sait seulement que les actes de purification sous la direction d'un mystagogue, avec ablutions dans l'Ilissos, y étaient importants.

Les Grands Mystères prennent place huit mois plus tard : ils sont célébrés chaque année au mois Boédromion (septembre) ; tous les quatre ans on leur donne un faste particulier. Ils durent dix jours. Le 14 Boédromion, une procession apporte d'Eleusis les « objets sacrés » (*hiéra*), cachés dans des corbeilles d'osier (ou cistes), et les dépose dans l'Eleusinion d'Athènes. Ce transfert des *hiéra* à Athènes, le cortège d'éphèbes venus d'Athènes qui les escorte et l'annonce solennelle de leur arrivée à la prêtresse d'Athéna Polias illustrent la mainmise d'Athènes sur le culte. Le 15 Boédromion est le jour de l'*agyrmos*, c'est—à—dire du « rassemblement » des mystes par l'archonte—roi (20), en présence du hiérophante, du dadouque et du héraut sacré, dans la Stoa Poikilè. Une proclamation officielle (*prorrhésis*) faite par le héraut marque le début de la cérémonie des Mystères, en rappelant les conditions de pureté requises pour les mystes ; ceux—ci versent la taxe pour l'initiation. Le 16 Boédromion est appelé *Haladé mustai* en raison du cri (« A la mer les mystes ») qui accompagne une lustration générale : chacun des mystes se jette à la mer, près du Phalère, avec un porcelet qu'il doit ensuite sacrifier (Aristophane, *Grenouilles*, v.337—8) ; l'ensemble du rite a une valeur de purification. Le jour suivant, mal connu, semble être le jour du sacrifice officiel offert aux Déesses par l'archonte—roi devant le peuple athénien et les théores envoyés par les cités. Le 18 Boédromion, les mystes se retirent chez eux (Aristote, *Constitution des Athéniens*, 56,4) et la journée est consacrée à Asklépios, dont on a vu les liens avec les Déesses (ci—dessus, chap.I et fig.8). Le 19 Boédromion est le jour de la grande procession (*pompè*) qui reconduit à Eleusis les *hiéra*. Les mystes, revêtus de vêtements de fête et couronnés de myrte, se mettent en cortège, précédés de la statue en bois de Iacchos sur un char, du chariot portant les *hiéra*, des prêtres, des magistrats et des théores. Normalement la procession va à pied, mais une loi de Lycurgue qui prescrit le retour à cette coutume (Plutarque, *Vie de Lycurgue, Moralia*, 842 a) montre qu'au IVe siècle l'usage de chariots avait dû se répandre (voir aussi Démosthène, *Contre Midias*, 158, et, en 388 déjà, Aristophane, *Ploutos*, v.1012−1014). Le cortège s'avance lentement — le chemin comporte quelques haltes —, avec un enthousiasme et une animation qu'évoquent le choeur des *Grenouilles* ou la tablette dédiée par Niinion à Eleusis qui montre les Déesses accueillant la jeune femme coiffée d'un *kernos* (c'est-à-dire un vase pour les prémices). Après avoir franchi le Céphise éleusinien, les pèlerins parviennent à Eleusis à la lueur des torches, le 20 Boédromion. Les informations, qui ne manquent pas sur les aspects qui précèdent, deviennent très rares lorsqu'on pénètre dans le sanctuaire.

Les cérémonies célébrées les 20, 21 et 22 sont donc mal connues. Le 20 est, semble−t−il, consacré à des rites de sacrifice et de purification. Peut−être faut−il faire intervenir ici la formule rapportée par Clément d'Alexandrie (*Protreptique*, 21,2) : « J'ai jeûné, j'ai bu le *kykéon*, j'ai pris dans la ciste et après avoir agi, j'ai remis dans le *calathos* (corbeille) ; j'ai repris dans le *calathos* et remis dans la ciste » (21). Le jeûne, interrompu par l'absorption d'un mélange d'eau, de grain, d'orge et de menthe, reproduirait la conduite de Déméter à son arrivée chez le roi Kéléos à Eleusis ; mais la formule sur le maniement des objets, malgré de nombreuses hypothèses, reste obscure. Le 21 Boédromion, les mystes s'assemblent dans le Télestérion, un bâtiment fermé, pour la *télétè*, premier degré de l'initiation, que suit (dans la même cérémonie ? l'année suivante ?) l'époptie (la « vision »), degré supérieur de l'initiation ; l'ensemble de ces rites est secret. Le 22 Boédromion semble comporter des sacrifices, des danses et le rite des *plémochoai* (du nom d'un type de vase), diversement interprété.

Quel était le contenu de l'initiation ? Les reconstitutions n'ont pas manqué depuis l'Antiquité tardive. Elles sont d'autant plus aléatoires qu'une des particularités essentielles des Mystères d'Eleusis paraît avoir été l'absence de caractère doctrinal : un fragment d'Aristote dit qu'il est inutile « que les initiés apprennent quelque chose, mais il faut qu'ils ressentent et soient mis dans un certain état ». Cet état de réceptivité du myste varie d'un individu à l'autre, si l'on en croit la description de Proclus, qui a connu la fille d'un hiérophante au Ve siècle de notre ère (*Commentaire de la République de Platon*, II, 108, 17−30) : « Les mystères déclenchent une 'sympathie' des âmes avec le rituel (les *droména*), dont le mode d'expression est inintelligible pour nous et divin ; certains des initiés, pleins du divin, sont frappés de peur ; d'autres s'identifient aux objets sacrés... et font l'expérience de la possession divine ». La « sympathie » de l'âme et la résonance qu'éveillent en elle les rites peuvent donc aller jusqu'à l'extase (aussi Platon, *Phèdre*, 250a, sur la «possession divine » liée au souvenir des « objets sacrés »). Au bout de cette *sumpatheia* avec les rites se trouve la béatitude, le bonheur qu'évoque Sophocle (fr. 837 Radt) : « Trois fois heureux sont ceux des mortels qui descendent chez Hadès après avoir contemplé cela », ou encore Aristophane (*Grenouilles*, v.745) qui emploie le verbe *épopteuein* par métaphore pour signifier le plaisir suprême.

La nature formelle des rites est quant à elle impossible à préciser. Pour ces choses que l'on «faisait» (*ta droména*), un texte de Clément d'Alexandrie (*Protreptique*, II,12,2 : « Déo et Coré sont devenues le sujet d'un drame mystique, et Eleusis célèbre aux flambeaux, en leur honneur, la course errante, le rapt et le deuil ») a fait supposer l'existence d'une sorte de drame sacré montré aux mystes. Il est certain qu'à Eleusis le mythe de Déméter et Coré fournissait un support au culte : on l'a dit pour le jeûne des mystes et le *kykéon* ; c'est aussi vrai des torches que tiennent les mystes, à l'instar de Déméter dans ses courses errantes ; à Eleusis, le puits Callichoros évoque l'arrivée de la déesse et la grotte du Ploutonion rappelle la terre s'entrouvrant pour engloutir Coré. Une sorte de « passion de Déméter » constitue donc l'un des éléments possibles de la cérémonie.

Deux autres moments importants sont évoqués par Lysias (VI,51) à propos d'Andocide qui est accusé d'avoir parodié les mystères : « Il a dévoilé les objets sacrés devant les non initiés ; il a prononcé de sa propre bouche des paroles interdites ». Des choses dites on ne sait rien. S'il faut exclure un enseignement doctrinal, des formules sacrées devaient bien être prononcées. Faut-il compter parmi elles la phrase que rapporte Hippolyte au IIIe siècle de notre ère : « La déesse Brimo a enfanté un fils sacré ; Brimo a enfanté Brimos » ? Mais que désigne cette formule ? Autant de questions insolubles. Pour ce qui était « montré » (*ta deiknuména*), les objets sacrés (*hiéra*) enfermés dans l'Anaktoron, au milieu du Télestérion, et dont l'hiérophante (« celui qui fait apparaître les objets sacrés ») faisait la révélation aux mystes au point culminant de la cérémonie, ils demeurent inconnus. Si on laisse de côté les hypothèses modernes, seul un texte d'Hippolyte (*Réfutation des hérésies*, 5,8,39 sq.), qui mentionne l'épi de blé mûr que l'on montrait en silence lors de l'époptie, pourrait fournir une indication acceptable.

Comment faire le lien entre les bribes de cérémonies entrevues et l'idée de bonheur divin accordé aux hommes qui seront bienheureux (*makarès*) quand ils mourront en ayant vu les mystères : « à eux seuls il sera donné de vivre là-bas, alors que les autres n'y trouveront que tristesse », affirme Sophocle (fr. 837 Radt) et Pindare (fr. 137) note : « Heureux qui, ayant vu, descend sous terre : il y connaît son divin début ». Il faut sans doute songer, comme le suggère Burkert (1987), que les spectacles présentés aux mystes constituaient une sorte de code pour exprimer le paradoxe d'une vie après la mort. Ainsi peut être compris le mythe de Coré enlevée par Hadès, la mort personnifiée, et revenant pour apporter la joie chez les dieux, ou celui de l'enfant divin qu'évoque Démophon plongé dans le feu pour acquérir l'immortalité. Un sens analogue se dégagerait de l'épi de blé coupé pour fournir la graine des semailles suivantes. La multiplicité de ces images simples conduisait naturellement à l'idée d'un statut heureux après la mort. Mais la notion de nouvelle naissance qui se trouve chez Pindare n'entraînait sûrement pour autant aucune dévaluation de la vie terrestre, dont Déméter fournissait aussi, avec la « vie de farine » (Théophraste, dans Porphyre, *De l'abstinence*, II,6,2), les moyens immédiats.

NOTES

1. Autre exemple apparenté, le sanctuaire d'Apollon dans la péninsule de Triopion, près de Cnide, où les Cinq cités doriennes (Lindos, Ialysos, Camiros, Cos et Cnide) célébraient une fête commune. Halicarnasse avait été exclue à la suite d'une impiété d'un de ses habitants (Hérodote, I,144).

2. Pour une autre identification possible à 1 km de là, cf. Schachter (1986).

3. Sur le sanctuaire du Ptoion, qui tend à devenir l'oracle officiel de la Confédération, cf. chap. III.

4. Le sanctuaire fédéral des Achéens n'a pas été retrouvé. Il était consacré à Zeus Homarios/Hamarios qui figure sur plusieurs émissions monétaires achéennes.

5. Au IVe siècle s'ajoute Epidaure, cf. ci-dessous, p. 230.

6. Les jeux furent célébrés à Argos depuis la fin du Ve siècle jusqu'en 330, avant leur retour à Némée sous l'influence du pouvoir macédonien.

7. A Olympie, les femmes mariées n'étaient pas admises dans l'assistance des jeux, à l'exception de la prêtresse de Déméter Chamynè (Pausanias, VI,20,9).

8. L'autel de Zeus, situé dans le secteur Nord du sanctuaire, était une sorte de tertre monumental de 30 m de circonférence environ et de 7 m de haut à l'époque de Pausanias (V,13,8–11), précédé d'une prothysis, plate-forme où se tenait le prêtre, et constitué par les cendres des sacrifices mêlées aux eaux de l'Alphée (chaque année on y adjoignait les cendres de l'autel d'Hestia).

9. Pour des rites funèbres accomplis « au début de la panégyrie » auprès du cénotaphe d'Achille dans le gymnase, voir Pausanias, VI,23,3.

10. Des concours de hérauts et de trompettes sont également attestés à Olympie, Delphes et Némée.

11. On a argué, à partir de Pausanias (VIII,48,2) du caractère funèbre de cette plante, en relation avec les *héroa* de Mélicerte et d'Opheltès pour supposer aux jeux une origine funéraire qui n'est plus aujourd'hui unanimement acceptée. A l'Isthme, l'usage du pin a précédé et suivi celui de l'âche.

12. Sur le développement monumental des sanctuaires à cette époque, voir chap. II.

13. L'origine de l'appellation Péliades (« Colombes ») est discutée depuis Hérodote. Quant au passage des *Selloi* aux Péliades, Strabon (VII,7,12) le met en rapport avec le moment où le sanctuaire devint commun à Zeus et à Dioné, mais rien n'assure que Dioné ne soit pas un élément ancien dans le sanctuaire.

14. L'idée d'incubation est liée à l'image des *Selloi* aux pieds non lavés : il n'y a pas de source à Dodone ; on a vu le parti pris de Platon – dont le témoignage est unique – sur les prêtresses inspirées.

15. Sur la Pythie et son recrutement, voir chap. II.

16. Les mêmes problèmes se posent pour l'oracle de Didymes.

17. Pour le « dionysisme » qui reste inscrit dans le cadre de la cité, voir chap. V.

18. Autres termes pour les cérémonies des cultes à mystères : *orgia* et *télétè* (ce dernier mot s'appliquant aussi à d'autres cérémonies).

19. Aussi certains auteurs identifient-ils préparation individuelle et Petits Mystères.

20. Sous la conduite de leurs mystagogues qui doivent diriger leur conduite pendant la durée de la cérémonie.

21. Certains rattachent cette formule aux Petits Mystères. Pour la nature des objets, on a pensé à des représentations d'organes sexuels, en

relation avec la sphère « fertilité−fécondité » où se meut Déméter. Mais la « pureté » des Mystères d'Eleusis (Burkert, 1987) où le symbolisme phallique n'est pas sûrement assuré rend l'hypothèse incertaine. On a également pensé au travail du grain, d'après un texte de Porphyre (*De l'abstinence,* II,6), disant que les hommes couvrirent du « voile des mystères » les instruments qui apportaient à leur existence une aide divine, « lorsqu'ils surent broyer le blé ».

CHAPITRE V

LA RELIGION ET L'INDIVIDU

La participation aux fêtes de la cité ou aux panégyries panhelléniques constitue l'aspect le mieux connu de la vie religieuse du citoyen. Mais elle ne se limite pas à cela. Elle comporte également des aspects individuels, voire des aspects personnels. Individuels : les cultes rendus par le citoyen dans le cadre de sa maisonnée (ou *oikos*), et les actes religieux qui marquent les étapes de la vie de chacun ; il y a aussi les démarches de piété individuelle envers les dieux officiels. Par religion personnelle, on entendra l'adhésion à des cultes qui relèvent d'un choix personnel : les mystères d'Eleusis en ont donné un exemple ; les formes de culte marginales par rapport à la cité en fourniront d'autres. Pour ces divers aspects, la documentation est souvent pauvre et la part des hypothèses très importante ; on s'en tiendra à ce qui paraît assuré.

I – LA RELIGION DANS LA MAISON

Des petits autels domestiques de terre cuite ou de pierre, portatifs ou fixes — érigés dans la cour ou dans la pièce la plus importante de la maison — ont été retrouvés tant à Olynthe pour l'époque classique, qu'à Délos à partir du IIe siècle. Ils étaient utilisés pour tous les dieux qui protégeaient la maison ou pour les dieux auxquels les habitants de la maison portaient une dévotion particulière. Les textes confirment l'importance qu'accordaient les Grecs aux cultes domestiques. Le discours d'Isée *Sur la succession d'Astyphilos,* 7, montre qu'à Athènes l'idée de l'adoption d'un fils entraîne, comme un corrélatif naturel, la volonté « de lui transmettre la possibilité de se présenter devant les autels de la famille ». En Arcadie Cléarque de Méthydrion, désigné par la Pythie comme l'homme qui sait le mieux honorer les dieux, ne manque pas d'offrir en privé « aux dieux de ses ancêtres » encens, pâte et galettes (Théopompe, chez Porphyre, *De l'abstinence,* II,16,4). M.P. Nilsson (1954) a brossé le tableau de ce culte familial ; nous en reprendrons ici les sources.

Parmi les dieux de la maison, Zeus, qui joue un rôle secondaire dans le culte civique, exerce sa puissance souveraine pour veiller sur la cellule familiale. Zeus Ktésios, « protecteur des biens acquis », est évoqué par plusieurs textes et représenté, sous la forme d'un serpent, sur une stèle de Thespies inscrite à son nom. Dans les *Suppliantes* d'Eschyle (v.443—45), le choeur évoque son rôle tutélaire : « Que des richesses soient arrachées à une maison, d'autres peuvent y entrer, d'une valeur qui dépasse la perte, jusqu'à faire le plein, par la faveur de Zeus Ktésios ». Son culte regroupe la famille ; dans le discours d'Isée *Sur la succession de Kiron,* 16, l'un des petits— fils rappelle sa participation, alors qu'il était enfant, au rituel célébré par son grand—père : « Lorsqu'il sacrifiait à Zeus Ktésios, sacrifice auquel il donnait un soin particulier, où il n'admettait ni esclave ni homme libre étranger à la famille, mais où il faisait tout de ses propres mains, nous y participions, nous touchions avec lui les victimes et les déposions avec lui sur l'autel ; avec lui nous accomplissions tous les rites et il demandait pour nous la santé (*hygieia*) et la prospérité ». Ce récit d'un sacrifice qui rassemble la famille (la femme, sans participer au rite, devait être présente) montre que l'on peut demander toute sorte de biens au dieu, et la santé s'ajoute ici à la richesse. Ailleurs la « maisonnée » apparaît élargie aux esclaves ; dans *Agamemnon* d'Eschyle (v.1038—40), Cassandre est admise à la célébration du culte : comme le lui indique Clytemnestre (qui participe elle—même à la cérémonie), « Zeus clément a voulu que dans ce palais tu eusses part à l'eau lustrale, debout au milieu de nombreux esclaves, près de l'autel qui protège nos biens (*ktèsios bômos*) ». Dans un discours d'Antiphon (I,16—20), le sacrifice en l'honneur du dieu et le banquet qui suit ont lieu en présence de la concubine de celui qui célèbre le culte.

Zeus Ktésios semble avoir été plus particulièrement un protecteur de la chambre à provisions. Un fragment d'Hypéride apprend « qu'on avait l'habitude d'ériger un Zeus Ktésios dans les magasins », et un texte d'Athénée dans les *Deipnosophistes,* XI, 473 c, décrit en quoi consistaient les *sèmeia* (« signes visibles ») du dieu : une sorte d'hydrie (*kadiskos*) aux anses ornées de bandelettes de laine, qu'on remplissait d'eau, d'huile et de toute espèce de fruits. Zeus est ainsi associé avec les produits que garde le cellier ; malheureusement le détail et la nature de l'association nous échappent : Zeus Ktésios était-il la jarre ? Était-il érigé dessus ? Le texte, lacunaire, n'est pas clair sur ce point. Quoi qu'il en soit, Zeus Ktésios veille essentiellement sur les biens matériels de la maison, et le plus souvent ce sont des produits de la terre : cela suffit à expliquer la relation du dieu avec le serpent ; point n'est besoin de faire intervenir le culte des morts pour interpréter Zeus Ktésios. Son culte semble avoir fait partie des obligations de chacun (dans le discours d'Antiphon, I, 16−20, Philonéos rentre chez lui au Pirée pour le célébrer) ; il ne s'ensuit pas que le rite ait toujours comporté un sacrifice.

On a coutume de placer à côté de Zeus Ktésios, Zeus Herkeios, Zeus « protecteur de l'enclos ». Son statut apparaît pourtant différent. Dans la dokimasie décrite par Aristote (*Constitution des Athéniens*, 55,3), on demande au magistrat « s'il participe à un culte d'Apollon Patrôos et de Zeus Herkeios et où sont ces sanctuaires ». La formule n'implique pas l'existence d'autels individuels et l'on admet généralement qu'il s'agit à l'époque classique de cultes de phratries, le dieu protégeant, de manière large, l'enceinte de la communauté. Certes Euripide (*Troyennes,* v.16−17) associe l'autel de Zeus Herkeios, sur lequel est massacré Priam, avec une demeure royale ; mais cette tradition, reprise par Pausanias (IV,17,4), ne suffit pas à prouver que le culte ait été pratiqué habituellement dans la maison des simples citoyens. De même pour Zeus Katabaitès (« celui qui descend », c'est−à−dire la foudre) que l'on invoquait à l'occasion de la menace d'un orage sur la maison ; il est attesté par des mentions épigraphiques, mais ne semble pas avoir eu de culte domestique régulier.

De nombreuses circonstances fournissaient l'occasion de chercher à se rendre favorable tel ou tel autre dieu dans la maison, entre le lever et le coucher, deux moments où Hésiode (*Travaux*, v.338−339) recommandait déjà d'offrir des libations. Indépendamment des agapes qui suivaient un sacrifice, le repas commençait par une *aparchè*, une offrande préliminaire aux dieux, en particulier à Hestia. Lorsqu'on buvait, c'était après avoir offert du vin au Bon Génie (*Agathos Daimon*), et le *symposion* (banquet) commençait par trois libations dont la dernière au moins était offerte à Zeus Sôter (« Sauveur » ; Platon, *Lettres*, VI, 340 a).

Reste, pour la maison, à évoquer un lieu sacré essentiel, le foyer (*hestia*). Rentrant chez lui, Héraklès commence par saluer son foyer (Euripide, *Héraklès furieux*, 599−600) et Xénophon (*Cyropédie*, VII,5,56) qualifie l'*hestia* de « lieu dont rien au monde ne dépasse la sainteté ». Le foyer peut être sous la protection de « tous les dieux » (Platon, *Lois*, XII, 955 e) ou sous celle de Zeus (Sophocle, *Ajax*, v.492). Sa relation avec Hestia, la déesse du foyer commun de la cité, est affirmée par l'*Hymne homérique à Hestia* ; la déesse, y est−il dit, « siège » à jamais « dans les hautes demeures des hommes et reçoit, lors de chaque festin, une libation ». Pourtant à l'époque classique, seule une prière d'*Alceste* d'Euripide (v.162−163) qui, devant le foyer, s'adresse à Despoina (« la Maîtresse du foyer » ?) témoigne de ce lien entre Hestia et le foyer.

De toute façon, le foyer est par excellence le lieu près duquel on adresse des prières, on fait des libations (Sophocle, *Electre*, v.269−70) et des sacrifices (Eschyle, *Agamemnon*, v.1055−56). C'est aussi le lieu d'accueil du suppliant (*hikétès*) qui se tient assis près du foyer en attendant d'être accueilli comme hôte. Dans Thucydide (I,136,3 et 137,1), Thémistocle, ostracisé puis accusé d'intriguer avec la Perse, se réfugie chez Admète, le roi des Molosses : « Thémistocle se présente en suppliant à sa femme et celle− ci lui indique qu'il doit s'asseoir, avec l'enfant d'Admète et de sa femme dans les bras, auprès du foyer... Admète, après l'avoir entendu, le relève avec son propre fils dans les bras, dans l'attitude qu'il avait prise avec l'enfant et qui constituait la supplication la plus pressante ». Zeus Xénios peut favoriser l'accueil du suppliant dans une communauté (Eschyle, *Suppliantes*, v.626−28).

En tant que symbole de cette communauté fermée qu'est l'*oikos*, le foyer est au centre des rites par lesquels on intègre à la maisonnée un nouvel enfant (ci−dessous, p.250), une nouvelle épousée ou un nouvel esclave. Ils sont conduits près du foyer et l'on répand sur leur tête figues sèches et friandises (*katachysmata*). Ainsi le fait—on pour Ploutos lorsqu'il entre pour la première fois, ayant retrouvé la vue, chez Chrémyle (Aristophane, *Ploutos*, v.790 sqq) ; pour l'esclave, un texte du Ps.—Démosthène (XLV, 74) indique que le rite d'intégration au foyer est accompli par la femme.

A l'entour de la maison, à l'extérieur, devant les portes, dans la rue ou dans le vestibule (Sophocle, *Electre*, v.1374—75), on trouve certaines images d'apparence particulière. Apollon Agyieus, qu'un personnage des *Guêpes* d'Aristophane (v.875—76) invoque comme « gardien de [son] vestibule », et qui est aussi le « protecteur de la rue », est honoré, nous le savons par les lexicographes, sous la forme d'un bétyle apotropaïque. Les *hermès*, piliers quadrangulaires surmontés d'une tête et dotés d'un *phallos* sur la face antérieure, sont fréquents, selon Thucydide (VI,27,1), « devant les demeures particulières ». Ce sont des symboles de prospérité et de bonheur, qu'ils soient consacrés à Hermès, dont ils portent généralement la tête, ou à une autre divinité. Enfin, dans le vestibule des maisons, on rencontre souvent un emplacement consacré à Hécate ; Aristophane y fait allusion dans les *Guêpes* (v.800—804) : Philocléon fustige la manie procédurière des Athéniens en imaginant le jour où « dans son vestibule chacun se fera construire un petit tribunal, un tout petit, comme une niche d'Hécate, partout devant sa porte ». Hécate, sous sa triple forme, protège les carrefours, mais elle est aussi gardienne de la porte.

A côté des protections plus générales qu'offrent les dieux de la cité, le citoyen et sa maisonnée accordent donc un culte à des divinités chargées de garantir leur cadre de vie matériel au plan individuel. De même, les grandes étapes de la vie sont placées sous l'égide de divinités qui sont liées aux changements de statut que chacun peut avoir à connaître.

II — LA RELIGION ET LES GRANDES ÉTAPES DE LA VIE

L'étude de ces « passages » et des rites qui les accompagnent a fait l'objet de mises au point récentes (Bruit—Schmitt, 1990). On s'en tiendra ici à quelques aspects caractéristiques, en soulignant que si, globalement, il faut les interpréter comme la traduction « sur le plan symbolique des changements de statut de l'individu », dans le détail, leur déroulement, qui n'a pas connu la publicité des rites collectifs de la communauté, est souvent mal connu.

1 — LES AMPHIDROMIES

Tel est le cas des Amphidromies. Cette fête (lors de laquelle « on court autour ») suit la naissance d'un enfant (1). A son sujet les informations, surtout issues des lexicographes à part quelques mentions chez les écrivains classiques, sont contradictoires. Sur la date de la fête les données sont inconciliables : cinquième, septième ou dixième jour ? Supposer des variations locales ou une différence suivant qu'il s'agit de garçons ou de filles, voire étendre sur plusieurs jours la durée de la fête ne règle rien. Faut—il penser à une célébration unique ou à une cérémonie séparée pour donner son nom à l'enfant le dixième jour (après l'amphidromie proprement dite) ? (2). Même incertitude quant au déroulement exact de la cérémonie. Examen de l'enfant par une femme qui « marche autour », *puis/ou* déambulations d'homme(s) autour du foyer ; position de l'enfant porté dans les bras *ou* déposé sur le sol ; sacrifice (à quelle divinité ?) et banquet pour lequel on a envoyé des cadeaux ; désignation de l'enfant et présentation au groupe des voisins le même jour *ou* plus tard : autant d'hésitations que suscitent les sources. Au demeurant, après avoir longtemps, comme Frazer, insisté sur la notion de purification en raison de la proximité du feu, on s'accorde aujourd'hui à souligner l'aspect de reconnaissance officielle que revêt cette fête : elle marque l'intégration de l'enfant dans le cadre de l'*oikos* (Vernant, 1971 ; Paradisio, 1988).

2 — AUTRES « PASSAGES » : L'ÉPHÉBIE ; LES BRAURONIES

On a traité, dans le cadre de la cité, des Apatouries, fête d'intégration des nouveaux membres de la phratrie, qui se déroulait collectivement (ci—dessus, chap.III). L'accès à la pleine citoyenneté pour les jeunes Athéniens était encore précédé du passage par l'éphébie, système d'entraînement militaire selon une classe d'âge, dont Sparte et la Crète offrent des parallèles ; entre 335 et 294 env. av. J.—C. l'éphébie est obligatoire, prise en charge par la cité et dure deux années. Cette période marque une première approche de la vie civique pendant laquelle les éphèbes, qui séjournent un an aux frontières du territoire, se trouvent encore en position marginale par rapport à la cité où ils s'apprêtent à s'intégrer, et un premier accès aux cultes civiques, car (hormis la participation de certains d'entre eux à des concours gymniques ou à des chœurs), ces nouveaux citoyens n'avaient guère été jusqu'ici associés qu'aux cultes de leur famille et de leur phratrie : le spectacle, évoqué par Platon (*Lois*, 887 c) est « une joie pour les yeux et les oreilles des jeunes ». Après avoir prêté serment dans le sanctuaire d'Aglaure, sur les pentes Est de l'Acropole (ci—dessus, p.99), en invoquant les divinités protectrices de l'Attique, les éphèbes font la tournée des sanctuaires (ceux de l'Acropole, de l'Agora et du héros éponyme de leur tribu). Pendant le temps de leur service, comme on le voit par plusieurs dédicaces du IVe siècle et par leur présence dans le cortège des Mystères d'Eleusis et aux *Amphiaraia*, ils participent à la vie religieuse de la cité. Aspects civiques et aspects religieux s'entremêlent ainsi dans ce « passage » par l'éphébie, tant il est vrai que, pour les garçons, la vie de l'individu se confond largement avec celle du citoyen.

La situation est différente pour les jeunes filles, qui ne sont pas destinées à la vie politique, mais peuvent effectuer auprès d'une déesse un séjour à l'issue duquel elles seront intégrées dans le monde des femmes. Dans *Lysistrata* d'Aristophane (v.540—546) sont évoquées plusieurs des fonctions que les jeunes filles de bonne famille pouvaient avoir à remplir : « Dès l'âge de sept ans j'étais arréphore ; à dix ans, je broyais du grain pour notre patronne ; puis, revêtue de la crocote, je fus ourse aux Brauronies ; enfin, devenue grande et belle fille, je fus canéphore et portai un collier de figues sèches ». « Arréphore », la petite fille participait au tissage du péplos d'Athéna ou au rite de l'arréphorie (ci—dessus, p.32) ; « alétride », elle broyait le grain pour les galettes sacrificielles ; « ourse », elle se retirait à Brauron au service de la sauvage Artémis avant le mariage ; canéphore, elle portait le *kanoun*, la corbeille du sacrifice, lors des fêtes de la cité. De semblables services existaient dans d'autres régions de Grèce : Callimaque évoque, par exemple, dans l'*Hymne pour le bain de Pallas*, le rite accompli par les jeunes Argiennes en l'honneur d'Athéna. Il faut toutefois observer qu'un très petit nombre de jeunes filles, appartenant sans doute aux familles « bien nées » (*eugéneis*) de la cité, devait être concerné : il y avait quatre arréphores par an et les Brauronies étaient pentétériques.

Le cas des Brauronies est le mieux documenté ; pourtant les difficultés d'interprétation dans le détail des témoignages, fragmentaires, divers et malaisés à confronter les uns aux autres, rendent un peu aléatoire toute présentation d'ensemble. Du reste, l'*arcteia*, le rite central des Brauronies, est donné comme étant un « mystère » (*mustérion* selon un scholiaste d'Aristophane et *télétè* selon Hésychius) ; certains aspects de la cérémonie devaient donc être tenus secrets.

Il apparaît nettement, en tout cas, à travers les offrandes à Artémis retrouvées dans le sanctuaire de Brauron ou enregistrées dans les inventaires épigraphiques, que sur ce site la fonction de chasseresse et de déesse de la nature n'est pas le caractère principal d'Artémis. C'est surtout une déesse qui veille sur la naissance et une courotrophe. Des statuettes la représentent, elle ou une fidèle, serrant contre son sein une fillette, et de nombreuses statues votives de jeunes garçons et, un peu moins nombreuses, de petites filles témoignent de son rôle de protectrice des enfants. Par ailleurs, on remarque la fréquence des offrandes faites par des femmes d'objets en relation avec la parure (bijoux, miroirs) et d'objets en relation avec le tissage (vêtements et tissus, ustensiles textiles). Des représentations de femmes en train de filer apparaissent sur une tablette d'argile votive et sur un relief en pierre, ainsi que sur les vases décorés. L'importance de la dévotion féminine est donc essentielle à Brauron, et plus particulièrement celle des femmes mariées, dont les activités dans l'*oikos* sont évoquées avec insistance. C'est dans ce contexte qu'il faut situer l'*arcteia*, la cérémonie où les jeunes filles « font l'ourse » : ce rite de passage de l'enfance féminine, accompli avant le mariage, se place sous la protection d'une déesse qui les conduit du monde sauvage de la jeunesse à la vie « cultivée » de femme mariée (Vernant, 1990a).

Examinons les données essentielles. Un texte de la *Souda* donne les explications suivantes : « Les ourses étaient des petites filles, âgées de cinq à dix ans, qui, revêtues de la crocote (manteau couleur safran), célébraient une fête en l'honneur d'Artémis, pour apaiser la déesse. Car une ourse sauvage avait pris l'habitude de fréquenter régulièrement le dème et d'y passer son temps. Devenue apprivoisée, elle se mit à partager la compagnie des hommes. Or il advint qu'une jeune fille (*parthénos*) entreprit de jouer avec elle. La jeune fille se montrant impudente, l'ourse s'excita et la griffa. Sur ce, les frères de la fillette, en colère, abattirent l'ourse à coup d'épieux. A cause de cela, un fléau pestilentiel frappa les Athéniens. L'oracle consulté répondit qu'ils obtiendraient la délivrance de leurs maux s'ils obligeaient leurs filles à « faire l'ouse »(*arkteuein*) pour expier le meurtre de l'ourse (*arktos*). Alors les Athéniens décrétèrent qu'aucune fille n'aurait le droit de se marier si auparavant elle n'avait fait l'ourse pour la déesse ». L'*arcteia* était donc une cérémonie au cours de laquelle des jeunes filles appelées « ourses » portaient des vêtements de couleur safran. Un mythe étiologique expliquait le rite par le meurtre d'une ourse sacrée (3). Ajoutons que si la *Souda* laisse entendre que l'*arcteia* était célébrée par toutes les jeunes filles, une scholie à Aristophane (*Lysistrata*, v.645) parle de jeunes filles « choisies », ce qui est plus vraisemblable. On sait enfin que l'*arcteia* était célébrée lors des Brauronies ; des cérémonies analogues sont attestées à Mounychie pour Artémis Mounychia.

Autres données sur les rites de Brauron, celles de l'archéologie. Les données topographiques sont peu utilisables. Il faut certainement renoncer à voir avec Kontis dans le portique en *pi* de Brauron un « dortoir » ou « couvent » des ourses consacrées à Artémis ; les *oikoi* (pièces) de la stoa étaient des salles de banquet. Il n'est pas possible non plus, en l'état actuel de la publication du site, d'identifier avec certitude le *parthénon*, « salle des vierges » cité par un texte épigraphique du IIIe s. av. J.−C.

L'iconographie offre des données plus fiables. Sur des cratérisques à figures noires publiés par L. Kahil (1977 et 1988), on voit des fillettes, torches ou couronnes à la main, vêtues d'un petit chiton avec ou sans ceinture, courant ou dansant autour d'un autel sur lequel une flamme est allumée ; à l'arrière il y a souvent un palmier. Sur un certain nombre de documents ce sont des fillettes nues qui sont figurées et elles semblent plus âgées : ont−elles rejeté la crocote à la fin de leur noviciat comme le suggère C. Sourvinou−Inwood (1988), qui propose de lire dans le vers 645 de *Lysistrata* non pas « revêtant sa crocote », mais « rejetant sa crocote », selon la leçon de l'un des manuscrits ? Il semble en tout cas assuré que ces vases représentent les ourses de Brauron célébrant un rite nocturne ; mais sans doute ne s'agit—il pas du moment crucial de la cérémonie que le caractère secret du mystère de l'*arcteia* interdisait de représenter. A ces documents, il faudrait ajouter des fragments de cratérisques à figures rouges d'une collection privée, provenant de Brauron. L'un d'eux montre un ours ; des jeunes filles nues s'éloignent de l'animal sacré ; elles auraient achevé leur période d'initiation. Un autre vase paraît représenter une prêtresse d'Artémis portant un masque d'ours, peut—être Iphigénie (Kahil, 1988), accompagnée d'un acolyte ; il suggérerait qu'une mascarade faisait partie de la cérémonie.

Les nombreuses études consacrées à l'*arcteia* soulignent son rôle de « rite de passage » précédant le mariage. Après une période de ségrégation dans le sanctuaire — qui n'est à la vérité pas mentionnée par les sources — et après un « passage » rituel au cours des Brauronies, les jeunes filles seraient devenues, nous dit—on, prêtes à se marier. Les désaccords portent sur les détails : l'âge des ourses par exemple, ou la signification de la crocote ; la couleur safran est—elle une imitation du pelage de l'ours ou un symbole d'attrait sexuel, évoquant l'inverse du rôle vertueux dévolu à la femme mariée ? Pour l'interprétation d'ensemble, on tend à mettre l'accent sur le passage de l'état de « sauvagerie », qui est celui de la vierge, à l'état « civilisé » où elle s'apprête à entrer. L'ourse est considérée comme une très bonne métaphore rituelle, car elle est à la fois tenue par les Anciens comme capable d'être apprivoisée et de vivre parmi les hommes, et comme remarquablement portée à assumer les devoirs qu'entraîne la maternité. Ainsi les jeunes filles à Brauron « devenaient métaphoriquement des ourses », et elles imitaient les ourses afin d'évacuer leur « sauvagerie » par des rites divers ; la fête accomplie, la jeune fille était « apprivoisée » et préparée à son futur mariage (4).

Le passage au rôle de femme ne revêtait une dimension religieuse que pour un petit nombre des filles. En revanche, toutes devaient un jour connaître le mariage qui, sans comporter de cérémonie religieuse, s'accompagne malgré tout d'une série de rites auxquels président des divinités diverses.

3 − LE MARIAGE

Par le mariage, la jeune fille change de statut, en même temps qu'elle change d'*oikos*. Le passage se fait sous la protection de plusieurs divinités. Une notice de Pollux (*Onomasticon*, III,38) indique que les jeunes filles sacrifient à Artémis et aux Moires avant leurs noces et que l'union se fait sous la protection d'Héra. De fait, Eschyle (*Euménides*, v.956−964) évoque les Moires, que le choeur des Erinyes prie d'accorder aux vierges aimables de vivre aux côtés d'un époux, car, « associées à tous les foyers, elles font sentir en tout temps leur présence de justicières ». Une épigramme anonyme de l'*Anthologie Palatine* (VI,280) s'adresse à Artémis Limnatis en Laconie comme à la déesse qui préside au passage à l'état de femme : « Au moment de se marier, déesse Limnatis, Timaréta t'a consacré ses tambourins, le ballon qu'elle aimait, la résille qui tenait ses cheveux ; et ses poupées, elle les a dédiées, comme il convenait, elle vierge, à la déesse vierge, avec les vêtements de ces petites vierges. En retour, fille de Léto, étends la main sur la fille de Timarétos et veille pieusement sur cette pieuse fille ». En tant que protectrice de l'union légitime, Héra se voit dédier par Alkilla « le voile qui enveloppait ses cheveux, après la célébration du mariage » (*Anthologie Palatine*, VI,133 ; IIIe s. av. J.−C.). Ajoutons, dans Théocrite (*Epithalame d'Hélène*, v.49−50), l'invocation à Cypris (c'est−à−dire Aphrodite) à qui l'on demande « l'égalité d'un amour réciproque », et l'on voit que les protections divines ne manquent pas pour le mariage. D'ailleurs Héra Téleia (« qui préside à l'accomplissement [*télos*] du mariage ») et Zeus Téleios, son pendant, reçoivent à l'occasion un culte de la cité.

Les rites des jours de noce proprement dits (*gamoi*) font suite à l'*engyèsis* ou contrat par lequel le *kyrios* donne la femme à son futur époux ; ils ont valeur à la fois sociale et religieuse. Essentiels sont les aspects liés à la pureté et à la fécondité. La *Samienne* de Ménandre, qui s'ouvre sur les préparatifs d'un mariage qui est retardé jusqu'à la fin de la pièce, nous permettra d'évoquer les moments essentiels. Avant que la jeune fille soit conduite chez son époux, « tout a été fait, résume Nicératos − bain, sacrifice préliminaire (*protéleia*), repas nuptial −, si bien qu'il peut venir...; il partira avec la fille » (v.885−886). Pour le bain nuptial, des vases de forme allongée, ou loutrophores, sont destinés à porter l'eau qui a valeur purificatrice et fécondante. Le sacrifice et le banquet, auxquels la mariée assiste voilée, se déroulent dans la maison du père de la mariée. Nicératos en parle une première fois (v.572−576) : « Le mouton que voici, une fois sacrifié, fournira aux dieux tout ce que les rites exigent d'une victime, et aux déesses aussi ; il y a du sang, du fiel en suffisance, des os superbes, une rate de belle taille, toutes les choses dont les Olympiens ont besoin ». Plus tard (v.845−846), le sacrifice a effectivement lieu : « Ils sont en train de célébrer tes noces (*gamoi*), dit Parménion à Moschion, on mélange le vin, on brûle de l'encens, la corbeille est prête et les entrailles sont embrasées au feu d'Héphaïstos ». Il doit s'agir des *protéleia*, dont Nicératos annonce ensuite qu'ils ont été faits (v.885). Le sacrifice est suivi d'un banquet auquel les lexicographes rapportent plusieurs coutumes liées à la fécondité du couple. Puis l'épousée est remise au jeune homme (v.897−900). Un cortège va la conduire la nuit venue (?) dans son nouveau foyer. « Qu'un esclave nous donne ici une torche et des couronnes, afin que nous nous joignions au cortège », demande Déméas (v.731−32). La céramique du Ve siècle offre des représentations de cette *pompè* : sur une pyxis du British Museum datée vers 430 av. J.−C., les mariés sont en char, la jeune femme couronnée et voilée ; derrière, un jeune homme tient une torche et des femmes portent des objets offerts à la mariée ; devant, marche Hermès qui préside au « passage » (Lissarrague, 1990). Des chants d'hyménée sont évoqués par les textes (Euripide, *Iphigénie à Aulis*, v.693). Dans la nouvelle maison des rites de purification ont eu lieu : on a « procédé à l'aspersion d'eau lustrale, offert des libations, mis de l'encens » (v.284−85). La nouvelle épousée y est accueillie par la mère du jeune homme (Euripide, *Médée*, v.1027) ; de nouveaux rites de fécondité accompagnent son arrivée (ci−dessus, p.248−249).

Au total, si deux individus sont en cause dans les rites du mariage, l'aspect social l'emporte sur l'aspect personnel. Le mariage a pour fonction d'intégrer les jeunes gens à la cité ; « la divinité en a fait des associés pour avoir des enfants » (Xénophon, *Economique*, VII,30).

4 – LA MORT ET LES FUNÉRAILLES

Ultime passage, la mort s'accompagne, comme les autres étapes de la vie, d'une série de rites où les aspects religieux et la dimension sociale sont à nouveau liés.

A la différence des autres « passages » qui jalonnent la vie humaine, la mort n'est généralement pas placée, dans les textes, sous la responsabilité d'un dieu ; elle est imputable au destin (Antiphon, VI,15 ; Démosthène, IV,12) ou à un démon (Xénophon, *Helléniques*, VII, 4,3). Chez les auteurs tragiques, il arrive qu'un héros, sachant sa mort prochaine (Zeus Chthonien gronde pour avertir Oedipe dans *Oedipe à Colone* de Sophocle, v.1606), adresse une prière à une divinité infernale : Ajax demande à Hermès Chthonien de « l'endormir doucement » (Sophocle, *Ajax*, v.832) ; puis il invoque la mort personnifiée, Thanatos (« O mort, mort, jette un regard sur moi », v.854). Mais généralement les divinités infernales ne se manifestent qu'après la mort. Sur les vases, on voit Thanatos qui transporte, avec Hypnos, le corps d'un guerrier mort, tandis qu'une petite figure ailée qui vole au−dessus du corps symbolise son âme. Quant à Hadès − si l'on met à part le rapt de Coré −, il est confiné dans son royaume souterrain, où il « reçoit des hôtes innombrables » (Eschyle, *Suppliantes*, v.157) ; sur terre, il est exceptionnel que des honneurs lui soient rendus. Hermès Pompaios ou Chthonios conduit les âmes ; il est représenté sur quelques lécythes funéraires, moins souvent que Charon, le passeur des morts, à qui le mort paie son voyage (5).

Le deuil est un « malheur domestique » (Sophocle, *Antigone*, v.1187) et la cité n'intervient pas dans l'accomplissement des derniers devoirs (sauf pour les soldats morts à la guerre : ci−dessous, p.262). C'est pourquoi « tous les hommes à l'article de la mort prennent des mesures de prévoyance dans leur intérêt propre, afin... qu'il reste après eux quelqu'un pour accomplir les sacrifices funèbres et tous les rites dus aux défunts » (Isée, VII,30) : ce sont normalement les enfants qui s'occupent du mort. Ils doivent, selon l'expression de J.−P. Vernant (1982), « transformer sa disparition, son absence à l'univers des vivants, en un statut positif stable : le statut de mort ». Cela passe par une série de rites dictés à la fois par des contraintes matérielles et par la volonté d'honorer le mort et d'en perpétuer la mémoire. On évoquera ici quelques documents significatifs.

La toilette du mort est souvent mentionnée par les auteurs tragiques. Ainsi Alceste, avant de mourir, accomplit les gestes qui s'adressent d'ordinaire au cadavre : « Quand elle a senti que le grand jour était venu, d'eau courante elle a baigné son beau corps, et tirant d'une chambre de cèdre vêtements et joyaux, s'en est parée avec décence » (Euripide, *Alceste*, v.158−161).

L'exposition du mort (*prothésis*) sur un lit d'apparat, « à l'intérieur de la maison », est représentée sur plusieurs vases de l'époque classique : ils visent surtout à décrire la douleur des vivants − dont les manifestations sont aussi notées par les auteurs tragiques − et à célébrer leur piété envers les morts. Une loutrophore du musée du Louvre à figures rouges (vers 490/80) porte trois scènes complémentaires. Sur le col, où la scène est répétée de chaque côté, on voit deux femmes : l'une tient une loutrophore qui contient l'eau pour la toilette du mort ; l'autre porte une main à sa tête, s'arrachant sans doute les cheveux en signe de deuil (chez les Tragiques, les femmes se coupent les cheveux : ainsi dans *Alceste*, v.215−217, le choeur demande : « Faut−il couper ma chevelure, et le noir appareil du deuil, devons−nous le revêtir déjà ? »). En bas du vase, une série de cavaliers évoque le statut social du défunt et son cortège funéraire (Lissarrague, 1990). Sur la panse, un jeune homme au visage imberbe est étendu sur un lit ; ses yeux sont clos, sa mâchoire est maintenue par une mentonnière ; le reste du corps est enveloppé dans un linceul ; une femme lui soutient la nuque ; trois autres femmes font des gestes de douleur, tirant leurs cheveux. Au revers, quatre hommes et un enfant élèvent la main en signe de salut : ils rendent un dernier hommage au mort dans une attitude qui contraste avec celle des femmes, dont Hélène rappelle la spécificité : « Je te lamenterai, dit−elle à Ménélas, à la mode des femmes, avec thrènes et cheveux coupés » (Euripide, *Hélène*, v.1053). Du moins depuis Solon était−il interdit de se meurtrir la peau (Plutarque, *Vie de Solon*, 21,6), coutume que s'apprête pourtant à mettre en pratique Hélène (v.1089) : après s'être coupé les cheveux et avoir changé son habit blanc en noir, elle veut « d'un ongle sanglant marquer [sa] joue ».

La *prothésis* dure un jour, comme l'atteste le Ps.− Démosthène (*Contre Macartatos*, 62) : « Le mort sera exposé à l'intérieur de la maison comme le voudra la famille. Il sera enlevé le lendemain, avant le lever du soleil ». L'*ekphora*, le « cortège funèbre », accompagne le mort jusqu'à la nécropole située hors les murs. A Athènes une loi de Solon voulait déjà réduire la pompe du convoi funèbre. De même, un texte épigraphique gravé sur un cippe par la phratrie des Labyades à Delphes, au début du IVe siècle, tend à limiter dans cette phase publique des funérailles à la fois l'étalage de luxe et les manifestations extérieures de deuil : la « couverture épaisse », celle que l'on voit lors du transport, « sera brune » ; on placera sous le mort « un seul matelas et on ajoutera un seul oreiller » ; « on portera le mort voilé, en silence ; on ne le déposera nulle part (au tournant du chemin ?) et on ne fera pas de lamentations hors de la maison avant d'arriver au tombeau » (Rougemont, 1977) ; les haltes qui étaient prétexte à manifestations bruyantes sont ainsi empêchées. Ces mesures ont pour but à la fois d'assurer le maintien de l'ordre, en faisant appel à la raison contre les excès de l'émotion, et de réduire les prétentions ostentatoires des grandes familles. Elles témoignent d'une ingérence de la communauté dans les rites qui concernent l'individu, tant il est vrai que les cérémonies strictement privées sont exceptionnelles en Grèce.

La mise au tombeau est le dernier acte des funérailles. A l'époque classique, inhumation et incinération sont pratiquées concurremment ; à l'époque hellénistique, l'inhumation semble prédominer. Les deux modes s'accompagnent des mêmes rites. On place dans la tombe des offrandes au mort : divers types de vases (vases à boire, vases contenant de la nourriture, lécythes à parfum), des objets familiers du mort (strigiles, miroirs, bijoux, figurines en terre cuite, armes miniatures ou jouets pour les enfants) ; les offrandes se font plus modestes à l'époque hellénistique. Sur la tombe, recouverte d'un tertre individuel ou collectif, on n'offre pas dans l'Athènes classique de sacrifices sanglants — ils sont interdits depuis Solon —, mais un *prosphagion* (sacrifice) est autorisé à Kéos au Ve siècle. Les libations (*choai*) sont l'usage normal, libation d'eau pure, à valeur cathartique, ou « triple libation », comme celle que verse Antigone en l'honneur de Polynice (Sophocle, *Antigone*, v.429—31). L'eau, le lait, le miel et parfois le vin sont utilisés (Euripide, *Oreste*, v.112—116). Des rites de lamentation qu'évoque Eschyle (*Choéphores*, v.22) accompagnent l'offrande.

Sur la tombe est enfin placée une stèle ou un grand lécythe de pierre qui porte souvent l'image du mort idéalisé et vise à perpétuer son souvenir. L'usage en est attesté à Athènes pour les époques classique et hellénistique à partir du troisième quart du Ve siècle et jusqu'à la loi somptuaire de Démétrios de Phalère en 317−315 av. J.−C. Le mort est généralement représenté dans une scène qui rappelle un moment de sa vie sur terre (ainsi Déxiléos figuré au combat ou Hégéso assise sur un siège, avec sa servante qui lui apporte son coffre à bijoux : fig.21 ; stèles du Musée national d'Athènes) ; le recueillement et la sérénité des visages sont de règle à l'époque classique ; une émotion contenue apparaît sur la stèle dite de l'Ilissos (2ème moitié du IVe siècle ; Musée national d'Athènes) dans l'attitude et l'expression du jeune homme, de son père et du petit esclave. Un lécythe de marbre conservé à Munich, sculpté vers 375, illustre un autre thème très fréquent sur les stèles, celui de l'adieu du mort à sa famille : un ultime serrement de main (*déxiosis*) entre le ou la morte et un proche en présence parfois d'autres parents et, à l'occasion, d'un bébé dans les bras d'une servante.

La séparation étant accompagnée des mêmes gestes, il faut penser que le choix entre inhumation et incinération relevait d'une décision familiale, mais n'impliquait aucune différence dans la conception de la mort et de l'au−delà dont l'image reste d'ailleurs très floue aux époques classique et hellénistique. La plupart des épitaphes attiques de la période ne disent rien de la vie dans l'au−delà ; elles se bornent à célébrer les vertus personnelles du mort pendant sa vie, à se lamenter sur sa mort ou à évoquer le deuil de sa famille. Quelques−unes seulement se réfèrent en termes vagues à Perséphone, à Coré ou à Plouton. La croyance dans l'Hadès apparaît aussi dans les *Grenouilles* d'Aristophane (v.117−548), où sont nommés Charon et sa barque, le Styx, l'Achéron et la plaine du Léthé, et où sont mentionnés, une fois l'eau franchie qui borne les Enfers, les parricides et les parjures, puis le choeur des initiés à Eleusis. Mais pour d'autres c'est l'*éther* qui reçoit l'âme des morts, comme on le voit par l'épitaphe des Athéniens morts à Potidée, et l'idée est suffisamment familière pour être déjà évoquée par Aristophane dans la *Paix*, v.827−829.

Enfin, Platon présente comme une « opinion commune » l'idée qu'au moment précis où on meurt « l'âme se dissipe et c'est pour elle la fin de l'existence » (*Phédon,* 77 b) (6).

Au total, rien de bien net sur la survie de l'âme, et c'est sans doute l'une des explications du succès des mystères d'Eleusis. Dans ces conditions, la signification exacte des offrandes et des rites qui accompagnent la mise au tombeau (besoin pour le séjour dans l'au—delà ? simple hommage ?) ne saurait être précisée. A Hécube qui affirme : « à mon avis, les morts se soucient peu de la richesse des offrandes qu'ils reçoivent ; il n'y a là que vaine gloriole des vivants » (*Troyennes,* v.1234—38), s'oppose l'idée exprimée dans les *Choéphores* (v.91—95) qu'envers ceux qui lui adressent des offrandes, le mort peut avoir une action bénéfique. Recherche d'une protection ou simple désir de perpétuer la mémoire du mort, toujours est—il que les hommages ne s'arrêtent pas avec le banquet (*pérideipnon*) qui est célébré dans la demeure du mort, purifiée après l'enlèvement du cadavre.

Des cérémonies commémoratives sont attestées par le décret de la phratrie des Labyades qui cherche à limiter les excès auxquels elles pouvaient donner lieu : « Ni le lendemain, ni le dixième jour, ni les jours anniversaires on ne gémira ni ne se lamentera ». Une loi d'Ioulis interdit la cérémonie du troisième jour. A Athènes, des cérémonies du neuvième jour (*ta énata*) sont citées par Isée (II,36 et VIII,39), sans que l'on sache en quoi elles consistent. Le même orateur fait aussi allusion à des sacrifices anniversaires qui ont lieu chaque année (II,46).

A côté des fêtes des morts inscrites dans le calendrier cultuel de la cité (*Génésia, Epitaphia,* dernier jour des Anthestéries), chacun vient aux jours anniversaires ou selon son inspiration honorer le défunt. Les lécythes funéraires sont assez souvent ornés de scènes qui représentent des femmes venues déposer sur la stèle funéraire et devant elle des bandelettes ou des vases à parfum ; le mort est parfois figuré près de la stèle. A cela, il faut ajouter, les auteurs tragiques en témoignent, libations et prières : ainsi Electre dans les *Choéphores* (v.84—166) s'adresse à son père en versant de l'eau lustrale et le prie de lui envoyer le bonheur.

Il resterait à évoquer deux cas particuliers : le culte des héros — qui a été examiné plus haut (chap.II) — et celui des soldats morts à la guerre, dont la cité prenait en charge les funérailles et les cérémonies du souvenir. Enterrés sur place, les soldats morts à Marathon recevaient un culte placé sous la responsabilité de l'archonte—roi et, en l'honneur des morts de Platées, furent institués, là où ils étaient tombés, une procession annuelle et des concours (ci—dessus, p.144). Habituellement, les morts sont rapportés dans la cité. On le voit pour les soldats athéniens tués dans la première année de la Guerre du Péloponnèse (431/30 av. J.—C.), dont Thucydide relate les funérailles (II,34, sq.) ; celles—ci sont collectives et anonymes, mais le nom de chacun prend place dans une liste dressée par tribu avec les autres morts de l'année et sa famille peut lui apporter des offrandes personnelles au cours de la *prothésis*. Tout est fait pour exalter la gloire de ceux qui sont morts pour la patrie : *prothésis* plus longue que pour les morts ordinaires, utilisation de chars pour l'*ekphora*, dépôt des ossements dans des cercueils en cyprès, un bois imputrescible, symbole d'immortalité, et surtout éloge funèbre, prononcé en l'occurrence par Périclès, pour conférer une renommée immortelle à ces soldats (Loraux, 1981).

III — LA DÉVOTION PERSONNELLE

Les rites pratiqués aux différents âges de la vie concernent l'individu, mais ils sont liés à des fêtes qui concernent la famille, voire un cercle plus large ; ils préludent le plus souvent à une intégration dans la cité. La dévotion n'est—elle donc jamais affaire personnelle ? Et s'il existe une dévotion personnelle, que peut—on en appréhender ?

1 — MANIFESTATIONS DE PIÉTÉ PERSONNELLE

Si l'on réserve les cas particuliers d'un Hippolyte chez Euripide et d'un Socrate, il ne paraît guère possible de remonter, pour l'homme du commun, de l'étude des pratiques cérémonielles jusqu'au secret des croyances, car, pour l'*homo religiosus* grec, comme le résume Euthyphron dans le dialogue de Platon (*Euthyphron*, 14 b), « savoir dire et faire ce qui est agréable aux dieux, soit en priant, soit en sacrifiant, c'est là ce qui est pieux (*hosion*) ». Cette idée qui est à la base des cultes civiques et panhelléniques, comme on l'a vu, s'applique manifestement aussi bien aux individus et elle occulte l'expression de sentiments religieux plus intimes. La relation d'un individu avec le divin passe par la pratique cultuelle, par les mêmes actes que pour les cités, et l'individu a confiance que ses humbles offrandes lui attirent le même type de protection que procurent les hécatombes communautaires. On le voit par exemple dans le *Mime* IV d'Hérondas où Cynno s'adresse « au Seigneur Péan qui règne sur Tricca [Asklépios] » et à tous ceux qui l'entourent : « Venez ici avec bienveillance accepter la dînette de ce coq que j'immole... [Nos ressources sont restreintes], sans quoi c'est bien un boeuf, ou une truie lourde de lard, au lieu d'un coq que nous aurions offert pour la guérison des maladies que tu as enlevées, seigneur ». Le thème de la modestie de l'offrande revient également plusieurs fois dans les épigrammes de l'*Anthologie Palatine* (ci−dessus, p.92).

C'est que la notion de don est pour tout un chacun, comme on l'a dit plus haut (chapitre II), un mode d'action privilégié envers les dieux. Comme le note Platon (*Lois,* 909 e), « il est habituel aux femmes en général, comme à toute personne qu'inquiète une maladie, un danger, une difficulté, ou quand au contraire un peu d'aise leur survient, de consacrer la première chose qu'elles auront sous la main, de vouer des sacrifices, de promettre des fondations de temples ». Le don cherche à susciter la réciprocité ; d'où l'attente de l'individu, légitime tant que les dons restent des « marques de respect, des honneurs... une manière d'être agréable au dieu » (Platon, *Euthyphron,* 15 a), mais choquante pour Socrate si la piété devient « technique commerciale, réglant les échanges entre dieux et hommes » (*ibid.,* 14 e). Des sentiments divers s'ajoutent évidemment à la notion d'échange : dans une épigramme de l'*Anthologie Palatine* (VI,4), un pêcheur retiré dédie « un hameçon bien recourbé, de longues gaules, une ligne, ses paniers à poissons... un rude trident et la paire de rames retirée de sa barque..., car ce sont les reliques d'un ancien service ». Simple remerciement, crainte obscure d'un maléfice de ces objets abandonnés ou intention de ne pas mourir tout entier, les motifs de cette humble offrande peuvent avoir été complexes. Quoi qu'il en soit, le don sous ses différentes formes, sacrifice ou offrande, est l'acte par lequel se manifeste, indépendamment de l'assiduité aux fêtes publiques, la dévotion privée envers les dieux des cités.

Ces manifestations de piété personnelle sont indépendantes de tout calendrier ; elles tiennent au type de vie que mène chacun et aux événements qui le rythment. Nilsson (1954) évoque le paysan qui, en chemin, ajoute une pierre à l'un de ces tas de pierres (*herma*) servant à jalonner les routes, puis qui passe devant d'autres petits sanctuaires qu'il honore. Il est vrai que la piété des individus devait s'adresser essentiellement aux divinités et aux héros locaux. En Arcadie, tel petit sanctuaire situé sur un contrefort du Lycée illustre bien, avec ses ex−voto qui figurent des bergers engoncés dans leur pèlerine, la clientèle qui le fréquentait (fig.11) : des gens qui vivaient tout près, sous la protection de Pan. En Attique, le nombre des offrandes trouvées dans les grottes de Vari ou de Phylé, dédiées aux Nymphes et à Pan, s'explique de la même façon : au dieu de Phylé, Sostratos dans le *Dyskolos* de Ménandre « ne manque jamais d'adresser une prière au passage » (v.572−73), tandis que la fille de Cnémon met le plus grand soin dans « ses dévotions et ses hommages aux Nymphes » (v.36−39).

Dans la clientèle privée des sanctuaires, on aimerait savoir la part des hommes et celle des femmes. Mis à part certains lieux de culte orientés vers un type de clientèle défini, comme Brauron pour les femmes, les enquêtes systématiques manquent sur le sujet et les données sont rares ; l'Asklépieion d'Athènes, par exemple, paraît plus fréquenté par les femmes que par les hommes. Les offrandes individuelles se rattachent aux occasions les plus diverses de la vie. Le pinax de Niinion, qui représente la procession des mystes, puis les montre devant Déméter et Coré, commémore sans doute l'initiation de la dédicante aux mystères d'Eleusis. A côté de cette terre cuite peinte assez exceptionnelle, maint ex−voto était inspiré par la vie courante, et en particulier par le métier. Athéna Ergané (« Industrieuse »), sur l'Acropole d'Athènes, semble avoir joui d'un culte privé très important. Une certaine Mélinna lui dédie, dans un texte épigraphique du IVe siècle, l'*aparchè* (les « prémices ») des biens « qu'elle a assemblés grâce à un dur travail » ; un relief daté vers 475−450 montre un artisan qui tend à Athéna, représentée dans l'atelier, un objet de sa fabrication : la proximité de la déesse qui reçoit le don est ici matérialisée par sa présence (van

Straten, 1981). La vie privée trouve aussi son reflet dans le statuaire. A partir du IVe siècle, la fierté familiale est à l'origine d'offrandes par les parents d'effigies de leurs enfants. La maladie dont on a guéri est une occasion particulièrement fréquente de témoigner sa reconnaissance par des stèles qui rappellent la guérison (tel l'ex—voto d'Archinos dans l'Amphiaraion d'Oropos : fig.9) ou par des ex—voto anatomiques.

2 – *LA RELATION PERSONNELLE AVEC LE DIVIN*

A côté de ces manifestations de piété personnelle, la littérature présente quelques cas où s'exprime l'idée d'une relation plus intime avec la divinité. Euripide peint en Hippolyte un fidèle d'Artémis. « Nulle divinité n'est pour lui aussi grande » (*Hippolyte*, v.16), se plaint Aphrodite jalouse, et le héros, qui apporte à la déesse une couronne tressée par ses soins, venant d'une « prairie sans tache » et la lui offre d'une « main pieuse », déclare : « Seul entre les mortels, j'ai le privilège de vivre à tes côtés (*xuneimi*) et de converser avec toi ; j'entends ta voix si je ne vois ton visage » (v.84—86). De la même manière dans une épigramme de l'*Anthologie Palatine* (VI,266) d'Hégésippos, au IIIe siècle, Hagélocheia, « fille de Démérètos, vierge qui habite encore la maison de son père », offre avec fierté une robe à Artémis, « car la déesse en personne lui est apparue près de son métier à tisser, sous la forme d'un rai de feu ».

Le cas de Socrate — La possibilité d'avoir une relation personnelle avec la divinité est affirmée de manière systématique par Socrate. Sur plusieurs points sa croyance rejoint la religion populaire : pour lui la divinité peut se manifester à l'homme par la voie des oracles ou des songes. Dans l'*Apologie* (33 c), l'obligation de Socrate de se soumettre à un constant examen et d'y soumettre les autres est présentée comme une « mission » que lui a confiée la divinité « par des oracles, des songes, par tous les moyens dont une puissance divine quelconque a jamais usé pour prescrire quelque chose à un homme » (33 c). De même, au moment de mourir, il compose des vers (*Phédon*, 61 a) pour répondre à un songe : « il est plus sûr, dit—il, de ne point s'en aller avant d'avoir acquitté ce devoir religieux par la composition de tels poèmes pour obéir au songe ». Ce type de contact avec la divinité, par le songe, est assez banal : les *Vies* de Plutarque en fournissent de nombreux exemples, tant pour l'époque de Périclès, annoncé à sa mère en songe comme un lion (Plutarque, *Vie de Périclès*, 3,3), que pour les périodes suivantes : l'interprétation du songe est plus ou moins immédiate ; elle peut requérir la science de devins ; mais le songe est toujours présenté comme une intervention divine (7).

L'intervention auprès de Socrate du fameux « démon » qui est décrit par les textes comme une « voix » (*phonè*) (Platon, *Apologie*, 31 d) qui s'est fait entendre à lui dès son enfance, manifestation d'un dieu (*theion*) ou d'un esprit divin (*daimon*), est plus originale. Elle aboutit surtout à une conséquence grave pour la cité, car Socrate avertit les Athéniens : « j'obéirai au dieu plutôt qu'à vous » (*ibid.*, 29d, 2—3). Comme le note D. Babut (1974), le lien essentiel entre les dieux et la cité se trouve ainsi rompu ; le rapport entre l'homme et la divinité ne passe plus par l'intermédiaire obligé de la communauté civique, mais devient direct et personnel.

La possession dionysiaque — D'autres expériences que celle de Socrate pouvaient conduire le citoyen à avoir un rapport direct avec la divinité, indépendamment des cadres de la cité sinon hors de ces cadres. Ainsi la « possession par le dieu » peut revêtir l'aspect négatif de la folie (*mania*) inspirée par Héra, Artémis ou Dionysos. Mais elle présente dans le cas de « l'enthousiasme » dionysiaque le cas d'une « relation fascinée » (Vernant, 1990a) entre le fidèle et son dieu. Le dieu descend ici—bas pour posséder un mortel et le faire danser — car quand il y a possession, c'est le dieu qui « choisit » l'homme selon son mode divin —, et le fidèle, entré dans la danse se trouve en « élu, comme seul à seul avec le dieu, tout entier soumis au—dedans de lui—même à la puissance qui le possède et qui le mène à sa guise ». Comme on l'a dit plus haut (chapitre I), le dionysisme n'est pas un mysticisme, dans la mesure où il n'a aucun souci de l'âme, de sa séparation du corps, aucune perspective eschatologique. Certes il comporte des *télétai* et des *orgia*, des initiations et des rites secrets dont le contenu nous échappe, mais il offre surtout au sein de la vie de la cité une expérience d'une dimension qui lui appartient en propre : une libération, une évasion du quotidien, la plénitude de l'enthousiasme allant de pair avec l'exaltation de la vie dans ce qu'elle a de jaillissant et d'imprévu (Vernant, 1990a). Le caractère personnel et néanmoins civique du dionysisme a déjà été évoqué pour l'époque classique (ci-dessus, chap.I). Les témoignages plus récents ne vont pas dans un sens différent. Un texte de Magnésie du Méandre datant sans doute du IIIe siècle raconte comment, à la suite d'un prodige — une effigie de Dionysos ayant été découverte à l'intérieur d'un platane brisé par le vent —, l'oracle de Delphes recommanda au peuple de fonder un temple du dieu et d'aller chercher à Thèbes des Ménades (Parke-Wormell, 1956) ; « elles vous transmettront, dit-il, les *orgia* et les bonnes traditions et fonderont des thiases de Bacchos dans la ville ». Les Magnésiens reçurent les Ménades qui fondèrent des thiases, collèges féminins officiels, et reçurent à leur mort des funérailles nationales. Un autre texte provenant de Milet (*LSS*, n° 48), daté vers 276/5, concerne la vente de la prêtrise de Dionysos ; il précise que personne ne peut entreprendre un rite d'*omophagia* — où l'on dévore cru (*omos*) un faon — avant que la prêtresse en ait accompli un au nom de la cité ; personne ne peut non plus réunir un thiase, avant que le thiase public ne l'ait été. La prêtresse détient les objets pour l'initiation (*télestra*) et toute femme qui veut organiser des *orgia* devra lui verser un statère. La cité gère donc l'extase dionysiaque ; mais elle exprime ainsi sa reconnaissance officielle d'une religion qui procure à l'individu une expérience bénéfique. Déjà dans les *Bacchantes* d'Euripide, Dionysos exige de figurer à part entière parmi les dieux de la communauté et le thiase des Bacchantes n'a rien d'une secte fermée : tous peuvent être « fortunés », parce qu'instruits du mystère divin (v.72-73). Bref, dans le culte de Dionysos s'exprime « la nostalgie d'une union complète avec le divin » (Vernant, 1990) que le citoyen cherchait aussi peut-être, on l'a vu, dans les cultes à mystères.

La dévotion personnelle pouvait encore trouver à s'exprimer dans des cultes qui étaient en marge de la cité, cultes étrangers, d'une part, pratiques magiques et superstitieuses de l'autre.

Le courant orphique — L'adhésion à ces formes de culte célébrées en marge de la cité est assez mal connue. Certaines religions, comme le courant orphique, peuvent avoir été relativement clandestines et leur portée, dans la période qui nous concerne, limitée. On s'attachera pourtant à voir ce qu'elles offraient à l'individu.

La pratique de la religion orphique semble avoir été diversement jugée dès l'Antiquité. A côté de textes respectueux (Pindare, IIe *Pythique*, v.62 sq.; Platon, *Phédon* 69 c), on voit dans *Hippolyte* d'Euripide (v.948−957) Thésée s'en prendre à travers son fils à l'orphisme : « Avec ton régime végétarien, fais étalage de ta nourriture ; sous la direction d'Orphée, joue l'inspiré ; tiens en honneur la fumée de ces grimoires... Les gens de cette espèce, qu'on les fuie ». Le courant avait donné lieu à des formes populaires que fustigent Platon, puis Théophraste : de soi−disant initiateurs se réclamant de l'orphisme, les orphéotélestes avec leurs « livres d'Orphée » (Platon, *République*, II 365a), renouvelant chaque mois l'initiation du *Superstitieux* de Théophraste (*Caractères*, 16,11), sont dépeints comme de vrais charlatans et Platon les met sur le même plan que les prêtres errants et les devins.

Sur les formes les plus élevées de l'orphisme, mis à part les passages qu'on trouve dans Platon et les lamelles d'or inscrites conçues pour accompagner le mort dans son voyage dans l'au−delà, les sources sont le plus souvent tardives. Toutefois on sait depuis la découverte en 1960 à Dervéni (Macédoine), dans une tombe du IVe siècle, d'un papyrus qui commente un poème orphique, que le contenu des fragments du poème les *Rhapsodies*, cité par Proclus et Damascius, étant très similaire, remonte à l'époque classique. De l'ensemble de ces documents, il ressort que l'orphisme avait une forme « doctrinaire » qui contraste avec les autres formes de la religion grecque. Les théogonies orphiques, à l'opposé de la théogonie hésiodique qui part du Chaos, admettent à l'origine un principe, Temps ou Nuit, d'où sort un oeuf primordial qui exprime l'unité parfaite. Mais à partir de là se produisent, avec l'apparition d'individus séparés, une suite de dégradations qui aboutit au meurtre de Dionysos et à l'origine de l'humanité. « [Dionysos] était encore enfant... quand les Titans s'insinuèrent par ruse et, l'ayant trompé à l'aide de jouets enfantins, le dépecèrent tout bambin qu'il était », faisant bouillir, puis rôtir ses membres. C'est Clément d'Alexandrie qui le rapporte (*Protreptique*, II,17,2), mais le récit semble avoir déjà figuré dans le poème des *Rhapsodies*. Les Titans sont foudroyés par Zeus et de leurs cendres naît la race humaine. De ce mythe anthropogonique découle l'idée que l'homme, qui a gardé en lui une parcelle de Dionysos, peut, en se purifiant de la faute des Titans, faire retour à l'unité perdue et retrouver dans l'au-delà une vie d'âge d'or. La lamelle d'or de Pharsale indique au mort comment se diriger dans l'autre monde : « Tu trouveras, aux demeures de l'Hadès, sur ta droite, une source et, se dressant tout près, un cyprès blanc. De cette source ne t'approche pas de près ; en t'avançant tu trouveras l'eau fraîche qui coule du lac de Mémoire (8) ; au-dessus se trouvent des gardiens qui te diront vers quoi tu dois t'approcher ; dis-leur toute la vérité. Dis : 'je suis enfant de la terre et du ciel étoilé. Mon nom est étoilé. Je suis desséché de soif. Ah ! donnez-moi à boire de cette source' » (Bernand, 1991). Là s'arrête le texte. Une lamelle de Pételia dans le Bruttium conclut : « ils te donneront à boire de l'eau de la source divine, et ensuite avec les autres héros tu règneras ».

Pour accéder à ce bonheur, l'homme doit avoir mené une vie pure, marquée d'interdits ; il rejettera, en particulier le sacrifice sanglant et la consommation de viande, qui évoquent le meurtre des Titans, et il adoptera le végétarisme. Après une période de rachat et de rédemption par le cycle d'épreuves et de purifications qu'est la vie, l'âme obtiendra d'être libérée du tombeau qu'est le corps pour arriver à la félicité dernière.

Les idées des orphiques les écartent de la pratique communautaire du sacrifice, et l'ascétisme de leur vie — qui refuse toutes les joies de l'extase dionysiaque — renforce leur caractère asocial. Pour eux, « la quête individuelle du salut se situe hors de la religion civique » (Vernant, 1990), elle comporte un « refus mystique » (Sabattuci, 1982) du monde ; le statut humain véritable ne s'atteint qu'après la mort au monde. Cette élaboration savante sut-elle séduire ? Il semble qu'en fait l'expérience religieuse à laquelle elle invitait ne se soit pas développée tant que vécut la cité.

D'autres formes de culte plus accessibles, en marge de la cité, étaient d'ailleurs offertes par les cultes étrangers.

Les cultes étrangers — Aux époques qui nous intéressent, aucun des cultes étrangers ne manifeste d'aspect à proprement parler « mystique ». Plusieurs d'entre eux ne comportent même aucune initiation (ainsi Bendis ou Isis). Mais ils ont en commun le fait que — célébrations officielles mises à part, comme les *Bendideia* — on y adhère par un libre choix, que le culte soit individuel ou organisé avec des associations cultuelles. Ils se caractérisent également par une participation très ouverte : citoyens, étrangers, femmes, esclaves y sont admis, et s'ils ont souvent mauvaise presse — un scholiaste à Démosthène (403,19) parle, à propos de Sabazios, de « mystères populaires, ouverts à tout le monde et peu respectables (*ou semna*) » —, ils n'en connaissent pas moins une large faveur dont témoignent les textes.

Les Adonies — Pour les manifestations privées, on prendra l'exemple des Adonies. Ce culte privé en l'honneur d'Adonis, jeune dieu oriental de la végétation dont on a vu l'introduction en Grèce au milieu du Ve siècle (ci—dessus, chap.I), était célébré par des femmes. Culte oriental et féminin ! Il n'en faut pas plus à Aristophane pour qu'un des conseillers du peuple, dans *Lysistrata* (v.387— 398), se plaigne de cette « fête d'Adonis se déroulant sur les toits » qu'il entendait un jour qu'il était à l'Assemblée : derrière l'orateur qui parlait, on percevait la voix de sa femme qui criait en dansant « hélas ! hélas ! Adonis », et, « à moitié saoûle sur son toit, 'pleurez Adonis' » ; et de conclure : « Voilà le genre de dérèglements dont les femmes sont capables ». Le « vacarme » des femmes lors des Adonies est aussi ce que retient Ménandre dans la *Samienne* (v.75— 80), où Moschion ne peut pas fermer l'oeil : « Sur le toit en effet, [les femmes] montaient des jardins d'Adonis, elles dansaient, elles célébraient la fête de nuit, dispersées de tous côtés » ; c'est au cours de la cérémonie que la « jeune fille [Plangon] est devenue enceinte » de ses oeuvres.

La fête des Adonies a un caractère privé : elle se déroule à la maison, et si elle n'est pas réservée aux courtisanes — *Lysistrata* et la *Samienne* le montrent —, du moins celles—ci lui donnent—elles souvent un ton de dévergondage qui choque les Athéniens. Elle est célébrée au coeur de l'été, à la mi—juillet. Le rite central consiste, après avoir fait pousser en quelques jours, dans de petits pots de terre exposés en plein air, des céréales et des plantes potagères, à les transporter sur les terrasses ; tel vase à figures rouges évoque le rite : il figure une femme montée sur le premier barreau d'une échelle, à qui Eros tend une amphore brisée à moitié, qui contient de jeunes pousses. Soumises à l'ardeur du soleil, ces cultures dépérissent aussitôt.

On considère traditionnellement que la fête symbolise la mort et la renaissance d'un Adonis dieu de la végétation, garant de sa croissance et de son dépérissement. Néanmoins pour M. Detienne (1972), si les Adonies célèbrent bien la fin prématurée d'Adonis par des « jardins » qui évoquent sa mort, il ne s'agit pas d'un rite destiné à favoriser l'abondance des récoltes, mais plutôt d'une inversion des fêtes de Déméter : stériles et inféconds, les jardins d'Adonis s'opposent à l'agriculture labourée des champs de Déméter, et la licence des Adonies s'oppose d'ailleurs à la gravité solennelle des Thesmophories (ci—dessus, chap.III). Négative du point de vue de la cité qui ne fait que la tolérer, la fête comporterait, selon le même auteur, un autre aspect positif : les femmes, tout en festoyant, opéraient un simulacre de récolte d'aromates, grains d'encens ou pains de myrrhe, évoqué sur plusieurs vases des Adonies par la représentation de brûle—parfums. Ces aromates, destinés à être consumés pour Adonis, seraient en même temps rattachés à l'idée de la séduction féminine et des jeux amoureux de la fête. Bref, liées à l'exaltation de la sensualité, par contraste avec le mariage civique, les Adonies remettraient à un dieu étranger, Adonis, le pouvoir d'afficher ouvertement les raffinements de la vie orientale et l'image de volupté que les Grecs en avaient, cela au sein d'une société où dominaient les valeurs représentées par Déméter.

A travers les fêtes privées, la dévotion personnelle peut à la fois s'attacher à des aspects plus affectifs du culte, par le biais de la musique et de la danse, et à des valeurs négligées par les cultes civiques.

Les Adonies ont un caractère privé, mais collectif. La tendance à satisfaire des aspirations individuelles dans un cadre communautaire explique que la pratique de plusieurs cultes étrangers ait donné naissance à des associations cultuelles, thiases ou orgéons (9) ; ceux—ci subsistèrent même lorsqu'il y eut reconnaissance officielle du culte. Les témoignages sont tantôt littéraires, tantôt épigraphiques ; plusieurs permettent de connaître d'assez près l'existence et le fonctionnement de ces associations.

Des thiases de Sabazios — Démosthène (*Sur la couronne*, 259—60), à propos de la naissance d'Eschine, dépeint avec malveillance les activités des adorateurs d'une divinité orientale, constitués en thiases ; il s'agit sans doute de Sabazios, en tout cas d'un culte d'origine phrygienne (10). « Devenu homme, accuse Démosthène, pendant que ta mère pratiquait ses initiations (*téleîn*), tu lui lisais les livres et tu collaborais à toutes ses manigances. La nuit tu revêtais la peau de faon, tu répandais sur les initiés l'eau du cratère, tu les barbouillais de boue et de son, tu les faisais lever après l'initiation, tu leur faisais dire : 'j'ai échappé au mal, j'ai trouvé le bien'... Pendant le jour, tu conduisais par les rues ces beaux thiases couronnés de fenouil et de peuplier blanc, tu maniais les serpents joufflus et les élevais au-dessus de la tête, tu criais 'Evohé ! Sabohé !' ; les vieilles femmes t'appelaient coryphée, premier guide, porte-lierre, porte-van : tu recevais en récompense des miettes de gâteaux frais ; ce qui vraiment doit vous faire juger heureux ainsi que votre destin ».

Une partie de la cérémonie était publique ; les dévots étaient dans la rue, couronnés d'un feuillage qui avait un sens mystique et une coloration bachique, au même titre que les cris des initiés et la nébride, ou peau de faon, du purificateur (11). L'initiation, célébrée avec des livres sacrés, ici par une prêtresse (12), était précédée de divers rites de purification accomplis par un assistant du culte qui faisait aussi répéter une formule rituelle. Les serpents joufflus que Démosthène décrit dans les mains d'Eschine peuvent avoir joué un rôle dans la cérémonie : si l'on en croit un passage de Clément d'Alexandrie (*Protreptique*, II,16,2), « dans les mystères de Sabazios la désignation symbolique pour ceux qu'on initie est 'le dieu qui passe par le sein' : c'est un serpent qu'on fait passer par leur sein, témoignage de l'inconduite de Zeus » (celui-ci s'est uni sous forme de serpent à Phéréphatta, sa fille, pour engendrer Sabazios).

Le culte de Sabazios avait d'abord été interdit et la prêtresse Ninos aurait été mise à mort pour avoir conduit des thiases en son honneur. Mais ensuite, dit un scholiaste, « l'oracle ayant prescrit l'autorisation, la mère d'Eschine put pratiquer les initiations ». A l'égard de Sabazios, les uns s'indignaient (Aristophane souhaitait qu'il soit expulsé d'Athènes), d'autres, comme le *Superstitieux* de Théophraste (*Caractères*, 16) au IIIe siècle, ne manquaient pas de l'invoquer s'ils avaient vu chez eux un serpent joufflu.

Des orgéons de la Mère des dieux — Une inscription du Pirée émanant des orgéons de « la Déesse », (*IG* II^2, 1315) datée de 211/10 av. J.-C., confirme l'idée que les associations conservaient aux dieux orientaux leurs caractères originaux. A Athènes, le culte civique de la Mère des dieux semble avoir ignoré Attis, son parèdre phrygien, qui, l'esprit égaré, s'était émasculé. La cité célèbre pour la déesse la fête des *Galaxia*, citée par Théophraste (*Caractères*, 21) et centrée sur l'offrande d'un gâteau à base de lait et d'orge ; mais Attis, dont le nom apparaît dans un fragment du poète comique Théopompos, n'est pas associé au culte, et lorsqu'au moment de l'expédition de Sicile, en 415, on vit un homme, sans doute un prêtre de la déesse (ou galle), un adorateur de la déesse en tout cas, sauter sur l'autel des Douze dieux et se couper, avec une pierre, les parties génitales (Plutarque, *Vie de Nicias*, 13), cet acte de piété fut considéré comme un signe de démence présageant la colère des dieux et des malheurs pour Athènes. En revanche, les orgéons honorent une prêtresse de la déesse qui a « dressé le lit » pour la « double fête d'Attis ». Qu'il y ait eu deux fêtes ou une fête de deux jours, ce n'est pas clair, mais la célébration d'Attis dans une fête des orgéons est hors de doute et la mention d'un lit fait allusion à quelque usage oriental (en relation avec la déploration du jeune dieu mort ?).

Un autre texte du Pirée (*LSC*, n° 48 : vers 183/2) mentionne un *thronos*, un « trône » qui peut avoir joué un rôle dans des cérémonies d'initiation qui sont évoquées dès le Ve siècle par Aristophane (*Nuées*, v.254 sq.). Platon (*Euthydème*, 277 d) parle en effet de la « cérémonie de l'intronisation (*thronosis*) qu'on organise autour du futur initié » ; on procède alors à des rondes et à des jeux, dit Socrate à son interlocuteur, comme tu dois le savoir si tu as reçu l'initiation. Les danses en l'honneur de la déesse — à l'imitation des Corybantes ou acolytes armés de Cybèle bondissant au son des tambourins et des cymbales — étaient rapprochées par les Anciens des danses célébrées sous l'effet de la *mania* (folie) dionysiaque. Ainsi le choeur des *Bacchantes* d'Euripide (v.71−87) met sur le même plan celui qui accomplit sur les montagnes les « rites bachiques » et celui qui célèbre « le culte orgiaque de la Grande Mère Cybèle », comme également « bienheureux » après avoir connu l'initiation divine.

Le même texte épigraphique du Pirée fait par ailleurs mention d'une pratique fréquente dans les sectes, l'*agermos*, la « quête » ou « collecte » pour les besoins du culte, pratiquée ici par des desservantes de la déesse et de ses mystères. Le nombre des métragyrtes, prêtres mendiants qui, au nom de la déesse et de ses mystères, quêtaient dans la foule selon un usage insolite en Grèce, a sûrement nui à l'image du culte de la Mère des dieux : Platon (*République*, II,364 b) s'en prend aux pratiques des *agyrtai* qui exploitent la crédulité des gens.

On le voit, les orgéons de la Mère des dieux honorent une déesse dont les caractères orientaux ne sont pas affadis comme dans le culte de la cité.

En ce qui concerne l'organisation de ces orgéons — qui se nomment aussi thiasotes dans un décret du IIIe siècle —, les textes mentionnent, à la tête du culte, des prêtresses élues pour un an assistées par un *zakoros* ; on connaît aussi l'existence d'un trésorier et d'un secrétaire, ainsi que d'épimélètes ; l'assemblée de tous les membres de l'association prend les décrets ; l'administration des orgéons reproduit ainsi celle d'une cité grecque.

Des orgéons de Bendis — D'un culte à l'autre l'organisation devait être assez semblable. Au Ve siècle déjà un texte des orgéons du culte de Bendis (*IG* II², 1361) organisé en marge du culte de l'Etat (ci—dessus, chap.III) mentionne le prêtre et la prêtresse pour les aspects religieux, et met en évidence le rôle de l'assemblée qui, réunie le deuxième jour de chaque mois dans l'enceinte du sanctuaire, désigne l'épimélète et prend des décrets ; elle s'occupe de la gestion des ressources du sanctuaire et veille au respect de la loi ; le recouvrement des dettes et amendes lui incombe ; elle est chargée d'assurer les besoins matériels du culte.

3 — SUPERSTITION ET MAGIE

Si certaines aspirations personnelles trouvent à se satisfaire dans le cadre communautaire des thiases et des orgéons, le besoin d'être assuré que la divinité ne sera pas hostile aboutit de bonne heure à des conduites marquées d'excès, qu'il s'agisse du recours sans mesure à la divination, de démarches purificatrices incessantes qui relèvent de la superstition ou encore des pratiques magiques.

En 415, le stratège athénien Nicias suit sans autre examen le conseil des devins qui, en raison d'une éclipse de lune, lui recommandent d'attendre, alors même que l'ordre de rembarquer de Syracuse était déjà donné : dès le Ve siècle, Thucydide (VII,50) voit là un acte de superstition (*theiasmos*) et, par la suite, Plutarque (*Vie de Nicias*,

23,7—9) imputera l'erreur de Nicias au fait que son devin habituel Stilbidès, un « devin expérimenté », « qui lui enlevait beaucoup de sa superstition », était mort peu de temps auparavant (Plutarque signale l'interprétation favorable qui pouvait être donnée d'une éclipse de lune pour des gens qui voulaient fuir). Nicias était, comme le dit Plutarque (*ibid.*, 4,1), de « ceux qui tremblent devant les choses divines » et il avait attaché à sa maison un devin auquel il confiait ses affaires privées.

Rarement dénoncée pour un homme politique, une telle attitude était certainement loin d'être exceptionnelle. Aristophane, en 414, dans les *Oiseaux* (v.959—991), tourne en dérision les « diseurs d'oracles » de toute sorte, ces charlatans dont le nombre dut se multiplier au moment de la Guerre du Péloponnèse, qui offraient leurs services aux gens inquiets. Un « chresmologue » arrive dans la cité nouvelle de Coucouville—les—Nuées, un texte du prophète Bacis à la main, et commence à demander pour le devin qui expliquera ces vers « un manteau propre et de neuves chaussures » ; Pisthétairos le traite « d'imposteur » avide de participer au banquet du sacrifice et le prie de déguerpir. Platon (*République*, 364 b) s'en prend à son tour aux devins qui « viennent assiéger la porte des riches », et Théophraste (*Caractères*, 16,11) montre son Superstitieux se rendant « chez les devins... pour apprendre d'eux quel dieu ou quelle déesse il doit invoquer après un rêve ».

Mais la confiance aveugle dans le premier devin venu n'est pas seule en cause dans la superstition. Toute la conduite religieuse en est affectée, car la superstition est une « crainte à l'égard du divin » (*deisidaimonia*) qui conduit le superstitieux à voir dans le dieu une puissance qui peut lui nuire et à vouloir s'en protéger par de multiples précautions. Ses croyances, et même ses pratiques, ne sont pas différentes de celles des autres, mais il y a chez lui une crainte exagérée, presque névrotique, des dieux qui le pousse à accumuler les pratiques du culte avec une extrême fréquence. Ainsi la mère de Sostratos, dans le *Dyskolos* de Ménandre (v.261—263) a—t—elle pour occupation quotidienne d'offrir des sacrifices aux quatre coins du dème.

Le Superstitieux de Théophraste (*Caractères*, 16) pratique quant à lui une dévotion totalement exaltée. « Le jour de la fête des [Choés ?], s'étant purifié les mains et aspergé d'eau lustrale, il sort du sanctuaire avec une branche de laurier entre les dents et se promène *toute la journée* en cet état ». « Il est homme à faire *sans cesse* purifier sa maison, prétendant qu'elle est hantée par Hécate ». De tels actes de purification ne sont pas le propre du superstitieux ; leur multiplication en revanche est liée à une peur excessive des dieux. Aussi n'est-on pas étonné de voir le superstitieux pratiquer toutes les formes de dévotion. Certains des rituels qu'il observe sont apotropaïques et proches de la magie : si une belette a traversé la route, signe funeste, il lance trois pierres de manière qu'elles croisent le trajet de l'animal et recréent un espace « pur ». S'il entend le cri de la chouette, il prononce une formule pour détourner le mauvais présage. S'il voit un aliéné ou un épileptique, il crache dans son vêtement pour rejeter la souillure. D'autres comportements ne sont que l'exagération de pratiques banales : verser de l'huile sur les pierres ointes au carrefour (mais le superstitieux y vide sa fiole, tombe à genoux et fait le geste d'adoration) ; offrir un sacrifice expiatoire (mais le superstitieux le fait quand un sac de farine a été rongé par une souris et malgré le sage conseil d'un exégète de faire rapiécer le sac) ; couronner les images divines (mais le superstitieux y passe tout le jour) ; se purifier par l'eau (mais le superstitieux ajoute toute sorte de rites s'il rencontre un de ces nettoyeurs couronnés d'ail qui risque de le souiller). Dans d'autres cas il s'ingénie par peur de souillures à éviter des actes que les autres font, quitte à s'en purifier : marcher sur une tombe, approcher d'un mort ou d'une femme en couche. A ces craintes incessantes le personnage ajoute la préoccupation d'un dieu étranger, Sabazios, et il se fait initier par des prêtres orphiques.

A l'époque de Théophraste, et sans doute depuis Ménandre, le *deisidaimon* est celui qui a une peur excessive des dieux qui le conduit à un comportement de «bigot ». Par la solitude dans laquelle il s'enferme généralement, le superstitieux se place en marge de la religion civique dont les cérémonies se passent généralement en plein jour et en présence de tous. La superstition reste pourtant distinctes de la magie « qui opère dans l'ombre et généralement sans témoin » (Bernand, 1991). « Que le superstitieux, note A. Bernand, ne s'en tienne plus à la crainte, mais qu'il cherche à agir, qu'il essaie de se ménager l'aide de dieux ou de démons, qu'il mette en oeuvre des recettes éprouvées, qu'il fasse confiance en ses seules forces pour détruire le bonheur du voisin, alors il deviendra sorcier ».

La pratique de la magie est largement évoquée en Grèce par les poètes, depuis Homère et son portrait de Circé. A l'époque classique, la *Médée* d'Euripide, écrite en 431, et les *Colchidiennes* de Sophocle, pièce perdue, faisaient de Médée l'émule de Circé et de Calypso : l'utilisation de procédés magiques à des fins malfaisantes et la connaissance des plantes en particulier la caractérisent ; il est notable toutefois que son origine barbare soit soulignée ; Jason lui dit, après le meurtre de ses enfants : « Jamais il ne se fût trouvé de Grecque pour oser ce forfait, et c'est elle que j'ai préférée comme épouse ». Mais le recours à la magie est bel et bien attesté à Athènes à la fin du Ve siècle avec les tablettes de « défixion » (envoûtement), et il ne fait que se développer aux IVe et IIIe siècles. Ces procédés sont évoqués par Platon (*République*, 364 c) : « Veut-on faire du mal à un ennemi, ils [les devins et les prêtres mendiants] s'engagent pour une légère rétribution à nuire à l'homme de bien tout comme au méchant par des évocations (*épagogai*) et des liens magiques (*katadesmoi*), car, à les entendre, ils persuadent les dieux de se mettre à leur service ». En fait, si la magie est en marge de la cité et de la religion par son caractère secret et par la relation directe de l'individu avec des puissances capables de l'aider, sans la médiation de la cité, elle se sert néanmoins de la religion, « car le sortilège a besoin des dieux » (Bernand, 1991).

Dans la poésie grecque, la sorcellerie est l'apanage des femmes qui sont douées de pouvoirs spécifiques et que leur place marginale dans la cité incline à user de sorcellerie. Le texte littéraire qui décrit de la manière la plus précise des opérations magiques de sorcières, avec leur matériel, leurs gestes et leurs intonations est l'*Idylle* de Théocrite II (« Les magiciennes »), petit tableau en vers écrit au IIIe siècle avant J.−C. (13) ; il met en scène une certaine Simaitha qui, avec l'aide de sa servante Thestylis, essaie de reconquérir l'amour de Delphis qui l'a quittée ; si elle échoue, elle l'empoisonnera : « Maintenant donc, je veux l'enchaîner par des philtres. Mais s'il m'afflige encore, c'est à la porte de l'Hadès qu'il frappera, par les Moires ! Telle est, je le déclare, la puissance des poisons que je garde pour lui dans un coffret ». La première partie de l'*Idylle* décrit une scène de sorcellerie amoureuse.

Armée de laurier, de philtres et de substances utilisées pour les charmes, Simaitha va « enchaîner » son amant, le lier par la magie. Elle invoque d'abord Séléné et Hécate, déesses de la magie dont elle réclame l'aide. Puis neuf quatrains évoquent des opérations magiques ; ils sont séparés par un vers−refrain qui constitue une prière : « Iynx, attire dans ma demeure cet homme mon amant » ; l'incantation s'accompagne, à chaque refrain, d'un tour de la roue (iynx) dans laquelle était attaché un oiseau, lui− même appelé iynx ; ce mouvement contribue à l'action magique.

La plupart des actes magiques consistent à traiter l'objet utilisé comme un symbole de l'objet qu'il s'agit d'atteindre. Simaitha commence par des offrandes au feu. Elle fait consumer de la farine qui symbolise les os de Delphis réduits en poudre ; la formule « ce sont les os de Delphis que je répands » accompagne le geste. Elle fait brûler une branche de laurier à la place de la chair de Delphis (« puisse la chair de Delphis s'anéantir dans la flamme », demande−t−elle). Elle fait enfin fondre de la cire pour qu'il fonde d'amour. Puis une triple libation accompagne le voeu que Delphis oublie la personne qui l'a détourné d'elle. Elle jette au feu une frange du manteau de Delphis, afin d'agir sur le corps même du jeune homme qui doit s'enflammer progressivement. Comme pour les deux premières offrandes, il s'agit en même temps d'une menace : amour et vengeance sont présents simultanément. Pour finir Simaitha prépare un philtre : il contiendra de l'hippomane, une plante d'Arcadie, et une salamandre écrasée que Thestilys doit pétrir, tout en écartant le mauvais esprit par un crachat selon un rite apotropaïque connu. Les recettes de Simaitha viennent, dit−elle, d'Asie. Elles ont en tout cas des parallèles dans des papyrus magiques et certaines inscriptions (Bernand, 1991).

Une catégorie d'inscriptions apporte en effet un témoignage direct sur la magie entre la fin du Ve et la fin du IIIe siècle, ce sont les tablettes de « défixion ». Ces plaquettes de plomb portant un texte d'envoûtement, pliées et transpercées d'un clou qui fixe sur elle−même l'imprécation, étaient placées dans les tombes. Le sortilège se trouve de la sorte attaché au pouvoir d'un être intermédiaire, le mort, qui fera intervenir la divinité invoquée en faveur de la réalisation du voeu formulé. Ainsi est effectuée la « ligature » (grec : *katadésis* ; latin : *defixio*) qui remet l'adversaire pieds et poings liés à un démon dépositaire du charme incantatoire. Une authentique violence verbale se manifeste dans les imprécations ; une tablette de plomb d'Athènes (fin du IVe siècle) conclut la liste des personnages que l'auteur veut « enchaîner » par cette phrase : « Tous, je les enchaîne, je les supprime, je les enterre, je les empale ; qu'au tribunal et devant l'arbitre, s'ils entrent en contestation avec moi, ils ne comptent pour rien, ni en parole ni en fait ». Une énumération des organes de l'adversaire que l'on maudit n'est pas rare : « seins, poumons, coeur, foie, hanches, colonne vertébrale, ventre, sexe, cuisses, anus, jambes, talons, extrémités, doigts de pieds, et toutes les parties du corps » (Bernand, 1991).

Les dieux infernaux sont chargés d'exécuter la malédiction ; une tablette d'Attique précise : « j'inscris et je dépose ceci auprès des messagers infernaux, d'Hermès infernal, d'Hécate infernale, de Pluton, Coré, Perséphone, des Moires infernales, de tous les dieux et de Cerbère le gardien d'Hadès ». Les occasions de ces déchaînements de haine sont diverses : jalousie amoureuse, agressions et vols de toute sorte, affaires concernant le monde des esclaves, des petits artisans et petits commerçants. Une tablette attique du IV/IIIe siècle déclare : « Je lie ce qui appartient à Ophélion, Ophélion et sa boutique, ainsi qu'Olympos. Je lie tout ce qui appartient à Mélanthios et sa boutique, ainsi qu'Agathon, etc. » (les deux premiers noms reparaissent sur une autre tablette). Dans le monde des plaideurs, d'illustres noms apparaissent dans les documents, par exemple sur une tablette attique du IVe siècle, ceux de Démosthène et de Lycurgue, sans doute les orateurs bien connus ; la perte de la parole figure parmi les maux que l'on souhaite à ses ennemis dans les affaires de justice.

En somme la magie offre à chaque individu, quel que soit son statut social, un exutoire et un moyen d'expression : d'où son succès dans la vie quotidienne des plus humbles. Dans la cité idéale, Platon (*Lois*, X, 909 a−b) préconise en revanche de châtier sévèrement ceux qui prétendent pouvoir séduire jusqu'aux dieux qu'ils «ensorcelleraient (*goèteuein*) par des sacrifices, des prières et des incantations ». De fait, il y a un réel antagonisme entre la religion de la cité, avec son réseau de fêtes publiques, et l'utilisation de sortilèges que pratiquent dans l'ombre les amateurs de magie ; et si Démosthène obtint la condamnation à mort de la sorcière Théoris de Lemnos, c'est en l'accusant de constituer une souillure pour Athènes.

L'étude de la vie religieuse dans les cités et dans les sanctuaires panhelléniques, puis l'étude de la dévotion privée dans le cadre de la cité ou en marge de celle−ci, à titre privé ou dans des associations, invitent à se demander pour finir ce qu'était, à travers ses manifestations diverses, la piété pour les anciens Grecs. Puisque la cité apparaît comme le cadre essentiel de la vie religieuse, voyons comment elle définit l'impiété, comment elle réagit à son encontre et jusqu'où va sa tolérance vis−à−vis des conduites marginales.

IV − PIÉTÉ ET IMPIÉTÉ

Définir la piété (*eusébeia*) est ce que tente de faire Socrate avec le devin Euthyphron. Celui−ci propose l'approche suivante : « Savoir dire et faire ce qui est agréable aux dieux, soit en priant, soit en sacrifiant, voilà ce qui est pieux, ce qui assure le salut des familles et des cités » (Platon, *Euthyphron*, 14 b). La réponse ne satisfait pas Socrate, car, souligne−t−il, ce qui est agréable à un dieu peut être désagréable à un autre et donc un même acte peut être pieux et impie. Il enferme son interlocuteur dans une argumentation subtile d'où se dégage l'idée que la piété est l'hommage d'une conscience pure à une justice supérieure. En fait, la définition d'Euthyphron devrait correspondre à la pensée commune des Athéniens : la piété grecque consiste bien d'abord dans un ensemble de conduites rituelles, dans l'observance des règles de culte, et toutes ne concernent pas les dieux.

L'*eusébeia*, en effet, a un contenu plus large ; Lycurgue, dans le *Contre Léocrate*, 94, parle d'*eusébeia* « envers les parents, envers les morts et envers les dieux » ; de fait, la piété concerne aussi bien les morts, la communauté familiale ou la cité que les dieux. Les manifestations rituelles dans ces domaines sont en même temps des actes de piété à l'égard des dieux. Dans *Ajax* de Sophocle (v.1342−44), Ulysse prévient Agamemnon de ne pas laisser Ajax sans sépulture : « tu ne saurais l'outrager sans crime, car ce n'est pas lui, ce sont les lois divines que tu offenserais ». Au IVe siècle, Aristote à son tour (*De virtutibus et vitiis,* 1251 a 30) insiste sur la correspondance qui lie entre eux pour un Athénien les sentiments familiaux, civiques et religieux.

Pour être pieux, les actes accomplis doivent suivre les « traditions ancestrales », comme le déclare un oracle de la Pythie « au sujet des sacrifices, des honneurs à rendre aux ancêtres et de tout autre objet de cette nature » : « quiconque agit sur ce point conformément aux lois de la patrie agit pieusement » (Xénophon, *Mémorables,* 1,3,1). Ces principes ancestraux établissent un lien entre justice, moralité et religion et supposent ainsi une certaine disposition intérieure, un « respect » pour les dieux (*timè* : *Euthyphron,* 14), associé à une sorte de « crainte révérencieuse » (notions de *phobos* et de *sébas* dans *Lois,* 798 b). L'accomplissement d'un certain nombre de rites selon la lettre et l'esprit de la tradition des ancêtres et de la cité est, avec l'idée de respect confiant envers les dieux, à la base de la notion de piété pendant toute l'histoire de la cité grecque.

Concernée au premier chef par la pratique de la piété, la cité a défini de manière précise la notion d'impiété en tant que délit juridique (Rudhardt, 1960), et l'étude des cas d'espèce confirme les relations étroites entre la vie religieuse et la vie politique dans la Grèce ancienne. Plusieurs sujets qui touchent à la religion ne relèvent pas du délit d'impiété, mais de chefs d'accusation particuliers : ainsi maltraiter ses parents constitue un délit particulier (*kakosis gonéon*) ; voler des offrandes, des objets rituels ou des ex—voto constitue un sacrilège (*hiérosulia*) ; arracher des oliviers sacrés est un crime particulier, anciennement soumis à l'Aréopage (ci—dessus, chap. III). Le délit d'impiété (*asébeia*) est pour la loi athénienne un délit précis dont plusieurs exemples permettent de définir le contenu.

Un texte de Plutarque (*Vie de Périclès,* 32) rapporte qu'un certain Diopeithès, devin et chresmologue fameux, fit voter en 433/32 av. J.—C. un décret « prescrivant de poursuivre par voie d'*eisangélia* (donc pour crime contre l'Etat) ceux qui ne croient pas aux dieux et qui enseignent des doctrines relatives aux phénomènes célestes ». La rédaction du texte a dû être un peu modifiée sous l'archontat d'Euclide en 403, car la procédure prévue pour les procès d'impiété est désormais la *graphè,* l'action publique en justice, intentée par le premier citoyen venu. Quoi qu'il en soit, le décret de Diopeithès a servi de support dans les deux seuls procès de philosophes pour lesquels la tradition est bien établie (14), celui d'Anaxagore et celui de Socrate.

Procès d'Anaxagore et de Socrate — En faisant voter le décret sur l'impiété, Diopeithès visait Anaxagore (ci-dessus, chap.I) et derrière lui Périclès dont il était l'ami. Le philosophe fut accusé pour avoir osé dire que « le soleil était une pierre incandescente et que la lune était une terre » (Platon, *Apologie de Socrate*, 26 d), ce qui revenait à nier les personnalités d'Hélios et de Sélénè. En fait le décret de Diopeithès institue un véritable délit d'opinion, la croyance aux dieux étant somme toute la base de l'ensemble des rites dont l'accomplissement définit la piété. Mais comme une opinion est incontrôlable tant qu'elle ne s'affiche pas, le texte lui associe, avec l'enseignement des choses célestes, une manifestation objective et tangible. Le critère est propre à convaincre les juges, car aux yeux du plus grand nombre le mépris des dieux est directement lié aux théories sur les phénomènes célestes : les *Nuées* d'Aristophane (v.224—311) portent là-dessus un témoignage très net ; on y voit les dieux habituels niés au profit des nuées. L'issue du procès d'Anaxagore n'est pas connue avec certitude ; quoi qu'il en soit, il se retira à Lampsaque.

Passons au procès de Socrate. L'accusation d'*asébeia* portée contre lui en 399 est double. Anytos, Mélétos et Lycon lui reprochent « de ne pas croire aux dieux reconnus par la cité et d'introduire de nouvelles divinités ». A cela s'ajoute comme un délit distinct le fait de « corrompre la jeunesse ». Le premier chef de l'accusation d'*eusébeia* s'appuie sur le décret de Diopeithès et la formule « les dieux reconnus par la cité » souligne bien l'enjeu réel des procès d'impiété : il s'agit — mis à part les motivations plus ou moins personnelles — de défendre la religion officielle de la cité. L'accusation se fondait, selon E. Derenne (1930), sur les études physiques et astronomiques de Socrate et jouait de la vieille prévention du peuple athénien contre ce genre d'études. Il était en effet impossible de soutenir que Socrate ne pratiquait pas les cultes traditionnels.

Le grief d'introduction de nouvelles divinités trouve sa base juridique dans un texte législatif connu par Flavius Josèphe (II,267) : celui-ci rapporte que « les Athéniens mirent à mort la prêtresse Ninos parce qu'on l'avait accusée d'initier au culte de dieux étrangers » (15). La loi interdisait les cultes étrangers, sauf lorsqu'ils avaient obtenu une autorisation ou qu'ils devenaient tolérés après une période d'interdiction (ci−dessus, pour Sabazios, p.272). A l'encontre de Socrate, la loi est utilisée par extension, en arguant du fait que Socrate avait l'habitude de parler de son « démon » (*daimonion* ou « génie »). C'est ce que déclare Euthyphron (Platon, *Euthyphron,* 2 b) : « J'y suis, Socrate ; c'est à cause de cette voix divine (*daimonion*) que tu déclares entendre en toute circonstance ; [Mélétos] en déduit que tu introduis de nouvelles croyances ».

Il est fréquent dans les procès d'impiété que les accusateurs ajoutent un grief supplémentaire : Ninos aurait fabriqué des philtres, Socrate aurait corrompu la jeunesse. Le délit confirme l'accusation d'immoralité implicitement contenue dans l'accusation d'impiété, et il est de nature à impressionner les juges. Les *Nuées* d'Aristophane montrent très clairement que le mépris des dieux est ressenti comme menant directement et nécessairement à la dissolution de la moralité ; de plus, Socrate enseignait aux jeunes gens à remettre en question certaines des valeurs établies, au risque de voir la famille se désagréger.

On s'accorde à considérer que l'attitude de Socrate lors de son procès, et son refus de rien renier de cette attitude, expliquent pour une large part le verdict de culpabilité qui fut rendu. De fait la cité, si elle était tolérante pour les croyances intimes − le délit d'opinion ne suffit pas à entraîner une condamnation −, ne pouvait pas admettre une attitude affirmée qui, à ses yeux, sapait les fondements de son système religieux et politique ; ceci surtout dans la période qui suit la Guerre du Péloponnèse (ci−dessus, chap.I).

Autres procès relatifs à des impiétés − Aux procès d'Anaxagore et de Socrate, où l'accusation d'impiété est fondée sur des décrets connus, il faut ajouter une série de procès intentés à des impies pour des infractions rituelles ou des fautes commises contre la dignité des cultes. Une série de textes législatifs devaient, selon J. Rudhardt (1960), envisager ces cas.

Pour l'accomplissement des rites prescrits, il semble qu'aucune sanction ne soit prise contre les citoyens qui négligent leurs devoirs religieux ; on laisse aux dieux le soin de les punir (de même pour les sacrilèges commis envers les suppliants ou les hérauts et pour les parjures). En revanche, comme le note J. Rudhardt (1960), « si la loi ne contraint personne à l'accomplissement des rites, elle pourvoit à ce que les rites soient accomplis conformément aux règles établies ». Les infractions aux rites sont le plus souvent punies d'amendes prélevées sans jugement. Toutefois des poursuites devant les tribunaux sont évoquées par plusieurs textes pour des manquements aux règles. Ainsi, au Pirée, il est interdit d'élever dans le Thesmophorion un édicule religieux et interdit d'accomplir des purifications, de s'approcher de l'autel ou de pénétrer dans le *mégaron* sans la prêtresse (*LSC*, n° 36) ; toute infraction au rite devient donc une impiété ; comme il est normal, elle est punie, et de manière plus sévère pour les prêtres que pour les simples particuliers.

Deux procès d'impiété concernant des personnages revêtus de fonctions sacerdotales sont attestés par les textes du IVe siècle. Le discours du Ps.—Démosthène *Contre Nééra*, 116—117, rapporte le cas du hiérophante Archias « convaincu d'impiété (*asébein*) devant le tribunal pour avoir accompli des sacrifices en contravention avec la tradition. Entre autres griefs, on lui reproche d'avoir immolé pour la courtisane Sinopé une victime qu'elle lui avait amenée, lors des *Haloa*, auprès de l'autel qui est dans la cour à Eleusis ; or il n'est pas permis de sacrifier des victimes ce jour—là et, en outre, ce n'est pas à lui qu'il appartenait de sacrifier, mais à la prêtresse ». L'impiété d'Archias réside dans la violation des usages ancestraux. De même, l'orateur Lycurgue (fragm., VI,1—2) intente un procès d'impiété à Ménésaichmos qui, envoyé à Délos comme théore, a accompli un sacrifice sans respecter les formes rituelles. La transgression des interdits liés aux cultes peut entraîner une accusation : Andocide aurait, pendant les mystères, déposé sur l'autel en plein Eleusinion un rameau de suppliant, ce qui est défendu et puni de mort (Andocide, *Sur les mystères*, 110) ; une accusation est portée contre lui par Callias et il doit se justifier.

Les fautes commises contre la dignité des cultes sont également l'occasion de procès. La mutilation des *hermès* de marbre (ci—dessus, p.249) qui se trouvaient dans la ville d'Athènes à la veille de l'expédition de Sicile fut tenue pour un acte impie (*asébèma* ; Thucydide, VI,27,2) et considérée comme un mauvais présage pour l'expédition ;

elle fut aussi associée à l'idée d'un complot visant au renversement de la démocratie. L'interprétation politique est caractéristique du lien que les Grecs établissent entre la religion et la vie de la cité ; mais elle est quand même difficile à comprendre : elle implique que l'hétairie d'Euphilétos, dénoncée par Andocide, avait une couleur oligarchique, ce que ne confirme aucun témoignage. L'idée d'un simple acte de vandalisme accompli par des « jeunes gens qui s'amusaient et qui avaient bu » (Thucydide, VI, 28,1) a eu également cours dès l'Antiquité. A l'heure actuelle l'hypothèse qui prévaut est que la mutilation des *hermès* était le fait d'une hétairie désireuse de s'enchaîner par un gage de solidarité (*pistis*) en lançant ce défi aux traditions les plus vénérables. Quoi qu'il en soit, la réaction du *démos* est intéressante : l'affaire des *hermès* crée dans la cité une atmosphère de soupçon et quand Andocide dénonce les hermocopides, les Athéniens, « heureux de trouver là, du moins le croyaient—ils, une certitude... traduisent en justice ceux qu'il a mis en cause et les font exécuter » (Thucydide, VI, 60,4—5). Si Thucydide émet des réserves sur le jugement rendu, du moins constate—t—il que la cité y a trouvé un soulagement manifeste. Tant il est vrai que toute atteinte aux traditions religieuses est ressentie comme une atteinte à la cité et que l'objectif de celle—ci est un retour à l'ordre religieux par le châtiment des coupables qui sera aussi un retour à l'ordre civique.

A l'occasion de l'enquête menée sur la mutilation des *hermès*, on apprit que « dans quelques demeures privées se déroulaient des imitations outrageantes des mystères ; ces accusations atteignaient, entre autres, Alcibiade » (Thucydide, VI, 28,1). Voici Alcibiade accusé en *eisangélia* d'avoir « commis un sacrilège envers les Deux—déesses » (Plutarque, *Vie d'Alcibiade*, 22,4) et de comploter contre la démocratie. « Sachant que ce qui pouvait le plus irriter les citoyens, c'était dans les affaires religieuses que l'on soit convaincu d'avoir commis un crime à propos des Mystères, et dans les autres questions que l'on ait eu l'audace d'attenter au pouvoir du peuple, ses adversaires — fait dire Isocrate au fils d'Alcibiade (*Sur l'attelage*, 16) — associèrent les deux accusations et firent une dénonciation au Conseil ».

La nature du délit religieux a été récemment éclairée par une analyse de O. Murray (1990). Cet auteur souligne qu'aucun des textes relatifs au sacrilège sur les Mystères ne mentionne une « parodie » ; au contraire, tout indique une «imitation» (*apomimouménai*), une «réplique» des mystères. Le texte de l'acte d'accusation conservé par Plutarque (*Vie d'Alcibiade*, 22,4) en fait foi : « [Alcibiade] a imité les mystères et les a montrés aux membres de sa coterie (*hétairoi*) dans sa propre maison » ; il ne les a pas ridiculisés, mais, « revêtu d'une robe pareille à celle que porte le hiérophante quand il montre les objets sacrés, il s'est intitulé lui-même hiérophante, il a nommé Poulytion dadouque, Théodoros, du dème de Phégaia, héraut, et il a appelé les autres compagnons mystes et époptes, en violation des règles instituées par les Eumolpides, les Kéryces et les prêtres d'Eleusis ». Le sacrilège ne réside pas dans une parodie injurieuse, mais précisément dans l'imitation fidèle du rituel des mystères chez un particulier, hors d'Eleusis et de son clergé gardien des traditions relatives aux cérémonies, et devant des non-initiés. Il y a dans cette usurpation des fonctions et dans cette divulgation de quoi choquer les Athéniens, autant, sinon plus, que dans une mascarade.

Telle était sans doute l'intention de ceux qui se livraient à de telles imitations. Dans le contexte de « l'affaire » de 415, les sources permettent d'identifier jusqu'à cinq réunions — lieux et participants diffèrent — au cours desquelles les Mystères furent représentés ; trois d'entre elles comportaient la présence d'Alcibiade. Ces profanations répétées tiennent de la provocation ; comme la mutilation des *hermès*, elles pourraient être le fait de groupes qui, adoptant un style aristocratique, agissent (comme dit Thucydide, VI,28,2) de manière « peu démocratique » (*ou démokratikè*) « avec la volonté d'outrager » (*éph'hubrei*). Les réunions se déroulaient en privé et en secret, et les cérémonies sacrilèges devaient avoir pour intention de créer un lien entre ceux qui y assistaient par un engagement solidaire. Leur caractère de bravade, de défi à la société n'en est pas moins indéniable : dans une cité dont la religion est le fondement, les *hétairoi* choisissaient de bafouer l'un des interdits les plus traditionnellement sacrés. Cela n'implique pas qu'ils aient été athées, mais cela témoigne d'une incontestable volonté de s'inscrire contre les usages et les valeurs ancestrales de la cité.

La réaction des Athéniens à ces provocations fut extrêmement vive, d'autant qu'ils associaient — à tort sans doute, mais de manière significative — l'affaire des mystères avec l'idée d'un complot oligarchique et tyrannique. « Sans regarder à la qualité des dénonciateurs, écrit Thucydide (VI,53,2), et accueillant d'un esprit soupçonneux tous les dires, ils arrêtaient et jetaient en prison, sur la foi d'individus tarés, des citoyens d'une parfaite honorabilité ». Bref, ce fut une sorte de chasse aux sorcières. Pour finir, Alcibiade que l'on était allé chercher en Sicile pour le juger s'enfuit et gagna Sparte ; « les Athéniens prononcèrent alors par contumace une sentence de mort contre lui et les autres fugitifs » (Thucydide, VI,61).

La cité ne pouvait tolérer les « esprits forts », car l'*eusébeia* est une composante du sens civique, de l'*arétè* politique. Toucher ouvertement aux cultes de la cité, c'était attaquer les fondements de la cité. L'absence de dogme et d'orthodoxie assurait dans la pratique une réelle liberté de pensée : les incrédules ne furent jamais inquiétés. Mais ceux qui bafouaient le système religieux provoquèrent toujours une réaction conformiste très ferme de la part de la cité, et à la réaction de défense spontanée que déclenchait chez le peuple l'impiété s'ajoutait souvent la passion politique, car impiété et penchant oligarchique étaient associés dans l'esprit des Athéniens.

A partir du IVe siècle, après la condamnation de Socrate, les procès d'impiété se font moins retentissants (Ninos, Phryné, Démade, Aristote, Théophraste, Stilpon, Théodore de Cyrène). Mais le sentiment d'un lien très fort entre civisme et respect des cultes reste toujours aussi vif. On le voit à l'époque de Lycurgue : en 331, Léocrate est accusé de trahison pour avoir quitté Athènes au lendemain de Chéronée ; il a en même temps, lui reproche Lycurgue (*Contre Léocrate*, 147), commis un crime d'impiété (*asébeia*), puisqu'il a, en quittant Athènes, laissé ravager le domaine des dieux. Au IIIe siècle encore, le maintien des valeurs civiques et celui des valeurs religieuses ne cessent d'aller de pair. Les grands bienfaiteurs d'alors, comme Philippidès à Athènes, se préoccupent aussi bien de la « célébration traditionnelle des dieux » que du « salut de la cité » (Pouilloux, 1960).

CONCLUSION

On ne reviendra pas en conclusion sur le lien profond qui unit le domaine religieux et les différents domaines d'activité de l'homme ; on y a suffisamment insisté dans ce qui précède. Nous préférons souligner un phénomène qui fait en partie l'originalité de l'expérience religieuse grecque : dans un cadre politique et social très structuré, où l'esprit communautaire l'emporte sur l'initiative individuelle et où les pratiques religieuses sont très stables, s'épanouit une vie religieuse qui est marquée, en ce qui concerne le champ des puissances divines, du sceau de la diversité et de l'ouverture aux nouveautés.

La vie religieuse a pour cadre l'*oikos*, la phratrie, le dème, le village (*kômè*), la cité ou la confédération, voire tel sanctuaire panhellénique : dans tous les cas elle est insérée dans un milieu dont l'organisation est rigide et où elle même a une place qui a été définie au cours des temps par les « coutumes ancestrales » ; quiconque néglige ces coutumes ou les bafoue se met en marge de la communauté. Quelques expériences particulières, comme celle des mystères d'Eleusis ou de certains autres cultes soucieux de la personne, pourraient être mises au compte de l'individualisme religieux ; mais il est frappant de voir la tendance naturelle qu'ont ces autres dévotions à s'organiser elles— mêmes de manière communautaire, soit dans le cadre officiel de la cité, soit dans celui d'associations. L'individualisme religieux, l'aspiration personnelle vers un dieu en dehors du monde ne sont guère des notions païennes.

Enfermée dans un cadre communautaire, l'expérience religieuse est en même temps contrainte par un ensemble de rites à accomplir et de prescriptions cultuelles qui laissent peu de place à l'initiative. Le conservatisme en matière de rituel garantit en effet la cohésion de la communauté et même les penseurs, s'ils critiquent telle ou telle conception des dieux, recommandent d'obéir aux usages cultuels. Lorsque de nouveaux cultes s'introduisent ils se coulent dans les moules anciens : les nouveaux concours sont « isopythiques », « isolympiques », etc.; les monarques, qui sont *isothéoi*, reçoivent les mêmes honneurs que les anciens dieux (sacrifices, concours). Le conservatisme des rites s'observe bien à la lecture de la *Périégèse* de Pausanias qui au IIe siècle de notre ère décrit nombre de coutumes alors incomprises, mais qui continuent à être célébrées depuis l'époque classique (Bouphonies) et peut-être même plus longtemps.

Cette « armature » solide de la vie religieuse va de pair avec une grande diversité des panthéons et une ouverture à « tous les dieux » (ceux-ci sont même honorés sous ce vocable collectif). La diversité, qu'autorise l'absence de dogme, se marque selon les régions : les divinités que l'on invoque ne sont pas les mêmes en montagne et en plaine, dans une région urbanisée et dans un district pastoral, car il y a un lien étroit entre les fonctions attribuées aux dieux et les besoins immédiats des communautés ; l'histoire des cités explique aussi leur lien privilégié avec telle ou telle divinité et avec les héros qui les ont protégées. Pour restituer à la vie religieuse grecque toute son « épaisseur », il convient donc, loin de pratiquer l'« épuration » des dieux préconisée par certains penseurs de l'Antiquité, de prendre en compte cette multiplicité, ce foisonnement et les incohérences qu'ils entraînent, avant de dégager de grandes tendances communes. La diversité en question a pour corollaire l'adoption facile de nouveaux dieux : croit-on qu'un dieu arcadien, Pan, a aidé les Athéniens ? on n'hésite pas à lui offrir désormais un culte. Cette tendance, qui s'observe à toutes les époques de l'histoire grecque, culmine avec le développement du cosmopolitisme à l'époque hellénistique ; son champ géographique s'élargit et elle trouve une illustration particulièrement originale dans le culte des souverains.

La vie religieuse est ainsi organisée en Grèce qu'il y a entre les communautés un langage commun constitué par le respect des rites ; le sacrifice, qui en est la base, est en général conçu de façon similaire d'un endroit à l'autre ; il existe des cultes communs et, entre les dieux des différentes cités, les Anciens établissaient des « équivalences ». Pourtant chaque communauté a *ses* dieux et *ses* héros auxquels s'adresse plus particulièrement la piété de chacun de ses membres.

NOTES

1. L'accouchement s'est effectué sous la protection d'Artémis et d'Ilithyie.
2. La « cérémonie du dixième jour » est fréquemment évoquée chez

les auteurs attiques des Ve/IVe siècles, y compris à propos des filles (Isée, III,30 et 70).

3. Une autre version, conservée par une scholie à Aristophane, mettait en relation l'*arcteia* avec la légende d'Iphigénie, dont le culte est attesté à Brauron (Kearns, 1989) : Agamemnon aurait accepté de sacrifier Iphigénie à Brauron ; une ourse aurait été sacrifiée à la place de la jeune fille ; depuis lors on pratiquerait des mystères.

4. C'est au prix d'un détour par les croyances des peuples chasseurs— cueilleurs que P. Brulé (1987) propose une interprétation de l'*arcteia* comme initiation sexuelle. Il ne s'agirait pas à proprement parler de « faire l'ourse », mais plutôt de subir l'ours. En l'état actuel des données grecques, l'interprétation reste hypothétique.

5. La coutume, évoquée dans les *Grenouilles* d'Aristophane (v.139—140), n'est cependant pas attestée par l'archéologie avant l'époque hellénistique.

6. L'existence de l'Hadès est également mise en doute dans une épigramme de Callimaque (n° 13) ; mais celle—ci voisine, il est vrai, avec une autre parlant d'Hadès « qui tout ravit » (n° 1).

7. Pour le songe dans « l'incubation », voir chap.IV.

8. Il n'est pas question « d'oubli » chez les Orphiques, car il n'y a pas de réincarnations successives.

9. Les deux termes s'appliquent à des associations constituées pour célébrer un culte. Le mot orgéon, qui dérive de *orgia* (cérémonies qu'on accomplit), désigne en propre chaque membre de l'association, puis, par dérivation, l'ensemble de l'association. Son emploi à propos des associations cultuelles est plus ancien que celui de thiase. On n'examinera pas ici les *éranoi*, type d'associations religieuses dont les exemples les plus significatifs sont plus récents.

10. Démosthène ne prononce pas le nom du dieu, mais Strabon (X,3,8), qui fait clairement allusion au passage du discours *Sur la couronne*, mentionne une partie des pratiques évoquées par l'orateur en ajoutant que ce sont des rites de Sabazios et de la Mère des Dieux.

11. Dionysos et Sabazios ont des traits en commun, ce qui explique qu'ils aient pu être identifiés par certains dans l'Antiquité (Diodore, IV,4).

12. Théophraste (*Caractères*, 27) parle d'un prêtre pour des mystères de Sabazios.

13. Des mosaïques de Mytilène inspirées par Ménandre illustrent également le thème de la magicienne.

14. Autres procès mentionnés par les sources pour le Ve siècle : Eschyle, Aspasie, Phidias, Protagoras d'Abdère, Diagoras de Mélos. Pour le IVe siècle, ci—dessous, p.287.

15. Le même chef d'accusation fut utilisé contre Phryné, puis contre Démade.

Fig.1 et 2 — Les dieux combattant les Géants avec l'aide d'Héraklès: extérieur d'une coupe décorée par le « Peintre de Brygos », 490—480 av. J.—C. (Berlin, Staatliche Museen).

Fig.3 et 4 — Gigantomachie : extérieur d'une coupe décorée par Aristophanès, vers 425 av. J.-C. (Berlin, Staatliche Museen).

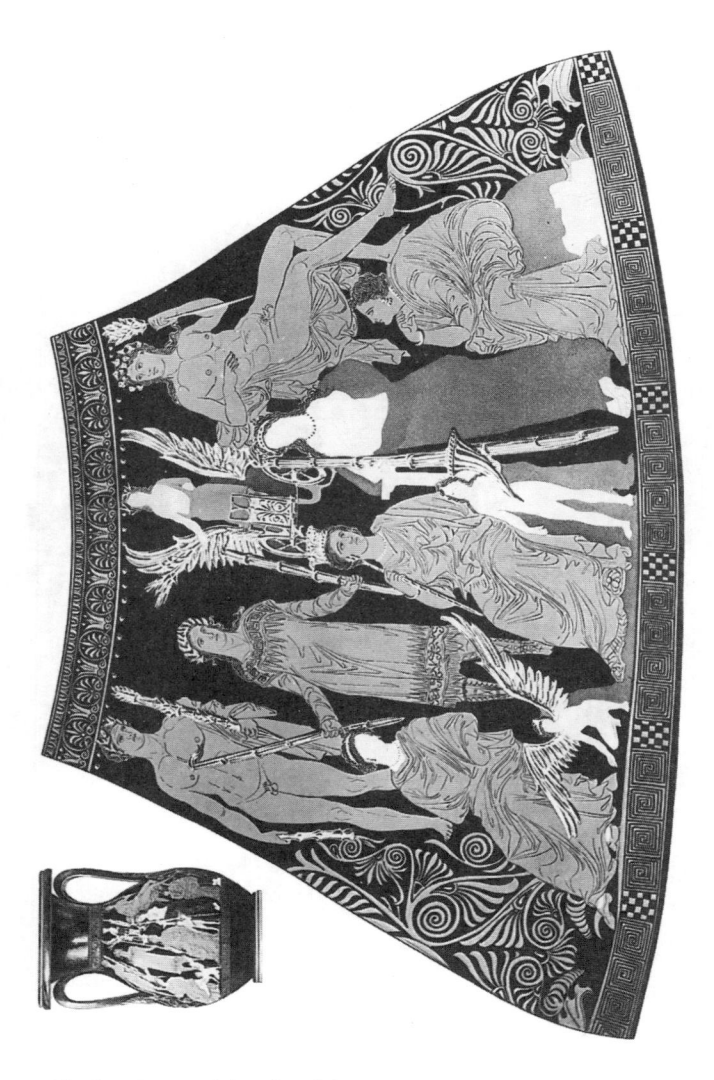

Fig.5 — Le panthéon éleusinien : péliké du « style de Kertch »,
IVe siècle. (Musée de Saint-Pétersbourg).

Fig.6 — Les exploits de Thésée : intérieur d'une coupe décorée par le « Peintre de Codros » (laie de Crommyon, Cercyon, Procruste, Sciron, taureau de Marathon, Sinis ; en médaillon, le minotaure) (Londres, British Museum).

Fig.7 — Artémis accueillant ses fidèles devant l'autel du sacrifice : relief votif de Brauron, 2e moitié du IVe siècle (Athènes, Musée National).

Fig.8 — Coré, Déméter et Asklépios accueillant les fidèles : relief votif de l'Asklépieion d'Athènes, 2e moitié du IVe siècle (Athènes, Musée National).

Fig.9 — Amphiaraos guérissant un malade : relief votif de l'Amphiaraion d'Oropos, IVe siècle (Athènes, Musée National).

Fig.10 — Bendis accueillant ses fidèles : relief votif du Pirée, 2e moitié du IVe siècle (Londres, British Museum).

Fig.11 — La clientèle des sanctuaires ruraux d'Arcadie : ex—voto en bronze (Athènes, Musée National).

Fig.12 — Libation d'un guerrier sur un autel : fond de coupe attique du Ve siècle (Athènes, Musée de l'Agora).

Fig.13 — La libation : avant son départ, Triptolème s'apprête à faire une libation : décor extérieur d'une coupe décorée par Makron, vers 500—480 (de g. à dr., Déméter, Triptolème, Coré—Perséphone, Eleusis personnifiée) (Londres, British Museum).

Fig.14 — Scène de sacrifice devant un hermès : cratère du « Peintre de Pan », vers 460 av. J.−C. (Naples, Museo Nazionale).

Fig.15 — Le sacrilège d'Ajax arrachant Cassandre à la statue d'Athéna : hydrie du « Peintre de Kléophradès », vers 480 av. J.−C. (Naples, Museo Nazionale).

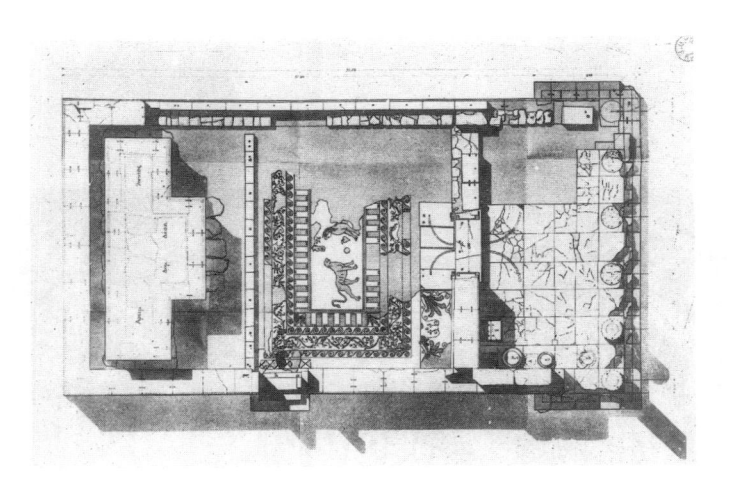

Fig.16 — Plan du temple de Lykosoura.

Fig.17 — Restitution du groupe cultuel de Lykosoura.

Fig.18 — Fête dionysiaque : stamnos décoré par le « Peintre du dinos », vers 420−410 av. J.−C. (Naples, Museo Nazionale).

Fig.19 — Dionysos au IVe siècle : détail du cratère de Dervéni (Musée de Thessalonique).

Fig.20 — Apollon sur l'omphalos : statère amphictionique, Delphes, 336−334 av. J.−C. (Londres, British Museum).

Fig.21 — Hégéso se pare pour son voyage vers l'au-delà : stèle funéraire, vers 400 av. J.-C. (Athènes, Musée National).

LISTE DES ÉTUDES CITÉES

Des indications bibliographiques sont données dans le texte de l'ouvrage, par l'indication d'un nom d'auteur et d'une date de publication : on trouvera ici la liste alphabétique des études citées.

Pour des ouvrages généraux sur la religion grecque et ses divers aspects, voir L. Séchan et P. Lévêque, *Les Grandes Divinités de la Grèce*, éd. augm. Paris, 1990, le manuel de L. Bruit Zaidman et P. Schmitt Pantel ou l'ouvrage de synthèse de W. Burkert (cités ci-dessous), avec leurs bibliographies ; pour l'époque hellénistique, F. Chamoux, *La civilisation grecque hellénistique*, Paris, 1981. Pour plus de détails consulter aussi la bibliographie méthodique de Cl. Vial dans *Historiens et géographes*, n° 332, 1991, pp.173-183.

Aleshire (S.B.), *The Athenian Asklepieion. The People, their dedications and their inventories*, Gieben, 1989.

Amandry (P.), *La mantique apollinienne à Delphes*, Paris, 1950.

Antonetti (C.), *Les Etoliens. Image et religion*, Paris, 1990.

Babut (D.), *La religion des philosophes*, Paris, 1974.

Bernand (A.), *Sorciers grecs*, Paris, 1991.

Bommelaer (J.-F.), *Guide de Delphes. Site*, Paris, 1991.

Brelich (A.), *Gli eroi greci*, Rome, 1958.

Bruit Zaidman (L.) et Schmitt Pantel (P.), *La religion grecque*, Paris, 2e éd., 1991.

Brulé (P.), *La fille d'Athènes. La religion des filles d'Athènes à l'époque classique*, Paris, 1987.

Bruneau (P.), *Recherches sur les cultes de Délos à l'époque hellénistique et impériale*, Paris, 1970.

Burkert (W.), *Griechische Religion der archaischen und klassischen Epoche*, Stuttgart, 1977. Trad. angl. *Greek Religion*, Cambridge Mass., 1985.

Burkert (W.), *Ancient Mystery Cults*, 1987 (trad. franç., *Les cultes à mystères dans l'Antiquité*, 1992).

Cabanes (P.), *L'Epire de la mort de Pyrrhos à la conquête romaine (272−167)*, Besançon−Paris, 1976.

Calame (C.), *Thésée et l'imaginaire athénien*, Paris, 1990.

Cole (S.), *Théoi Mégaloi. The Cult of the Great Gods at Samothrace*, Leyde, 1984.

Connor (W.R.), « City Dionysia and Athenian Democracy », *Classica et Mediaevalia* 40 (1989), pp.7−32.

Debord (P.), *Aspects sociaux et économiques de la vie religieuse dans l'Anatolie gréco−romaine*, Leyde, 1982.

Delcourt (M.), *L'oracle de Delphes*, Paris, 1955.

Derenne (E.), *Les procès d'impiété*, Liège−Paris, 1930.

Detienne (M.), *Les jardins d'Adonis. La mythologie des aromates en Grèce*, Paris, 1974.

Detienne (M.) et Vernant (J.−P.), *Les ruses de l'intelligence, la mètis des Grecs*, Paris, 1974.

Detienne (M.) et Vernant (J.−P.), *La cuisine du sacrifice en pays grec*, Paris, 1979.

Deubner (L.), *Attische Feste*, Berlin, 1932.

Dodds (E.R.), *Les Grecs et l'irrationnel*, Paris, 1965 (trad. de l'anglais *The Greeks and the Irrational*, Berkeley, 1959).

Dontas (G.S.), « The true Aglaurion », *Hesperia* 52 (1983), pp.48−63.

Dugas (Ch.) et Flacelière (R.), *Thésée, Images et récits*, Paris, 1968.

Dunand (F.), *Le culte d'Isis dans le monde méditerranéen*, Leyde, 1973.

Durand (J.−L.), *Sacrifice et labour en Grèce ancienne*, Paris, 1986.

Durrbach (F.), *Choix d'inscriptions de Délos I : Textes historiques*, Paris, 1921−1923.

Etienne (R.) et Piérart (M.), « Un décret du koinon des Hellènes à Platées en l'honneur de Glaucon, fils d'Etéoclès d'Athènes », *BCH* 99 (1975), pp.51—75.

Etienne (R.), *Tènos, II, Tènos et les Cyclades du IVe av. J. —C. au IIIe ap.*, Paris, 1990.

Farnell (L.R.), *Greek Hero—cults and Ideas of Immortality*, Oxford, 1921.

Festugière (A.J.), *Etudes de religion grecque et hellénistique*, Paris, 1972.

Feyel (M.), *Contribution à l'épigraphie béotienne*, Le Puy, 1942.

Frontisi—Ducroux (F.), *Le dieu—masque, une figure du Dionysos d'Athènes*, Paris, 1991.

Garland (R.), « Religious Authority in Archaic and Classical Athens », *BSA* 79 (1984), pp.75—123.

Gauthier (Ph.), *Symbola*, Nancy, 1972.

Gauthier (Ph.), *Les cités grecques et leurs bienfaiteurs*, Paris, 1985.

Gauthier (Ph.), *Nouvelles inscriptions de Sardes*, II, Paris, 1989.

Gernet (L.), *Anthropologie de la Grèce ancienne*, Paris, 1968.

Habicht (Chr.), *Gottmenschentum und griechische Städte*, Munich, 2e éd., 1970.

Habicht (Chr.), *Untersuchungen zur politischen Geschichte Athens, im 3. Jht v. Chr.*, Munich, 1979.

Helly (B.), *Gonnoi, II, Les inscriptions*, Amsterdam, 1973.

Jeanmaire (H.), *Dionysos, histoire du culte de Bacchus*, 2e éd., Paris, 1970.

Jost (M.), *Sanctuaires et cultes d'Arcadie*, Paris, 1985.

Kearns (E.), *The Heroes of Attica*, Londres, 1989.

Kroll (J.H.), « The Ancient Image of Athena Polias », *Hesperia*, suppl.20, 1982.

Kahil (L.), « L'Artémis de Brauron », *Antike Kunst* 1977, pp.86—98.

Kahil (L.), « Le sanctuaire de Brauron et la religion grecque », *CRAI* 1988, pp.799— 813.

Launey (M.), *Recherches sur les armées hellénistiques*, éd. augm., Paris, 1987.

Lefkowitz (M.K.), « Impiety and 'Atheism' in Euripides Dramas », *Classical Quaterly* 39 (1989), pp.70−82.

Le Guen−Pollet (B.), « La rémunération du prêtre en Grèce ancienne », *Inf. historique*, 1988, pp.149−156.

Le Guen−Pollet (B.), *La vie religieuse dans le monde grec du Ve au IIIe siècle avant notre ère. Choix de textes épigraphiques traduits et commentés*, Toulouse, 1991.

Le Roy (Chr.), « Un règlement religieux au Létôon de Xanthos », *RA*, 1986, 2, pp.279−300.

Lissarrague (F.), dans G. Duby et M. Perrot (éd.), *Histoire des femmes en Occident, l'Antiquité*, Paris, 1991.

Long (Ch. R.), *The Twelve Gods of Greece and Rome*, Leyde, 1987.

Lonis (R.), *Guerre et religion à l'époque classique*, Paris, 1979.

Loraux (N.), *L'invention d'Athènes. Histoire de l'oraison funèbre dans la cité classique*, Paris, 1981.

Mallwitz (A.) dans W.J. Raschke (éd.), *The Archaeology of the Olympics*, 1988.

Marcadé (J.), *Au musée de Délos*, Paris, 1969.

Mauss (M.), « Essai sur le don », dans *Sociologie et anthropologie*, Paris, 1950.

Metzger (H.), *Les représentations dans la céramique attique du IVe siècle*, Paris, 1951.

Mossé (Cl.), dans E. Will, Cl. Mossé et P. Goukowsky, *Le IVe siècle et l'époque hellénistique*, Paris, 1975.

Moulinier (L.), *Le pur et l'impur dans la pensée et la sensibilité des Grecs jusqu'à la fin du IVe siècle av. J.−C.*, Paris, 1952.

Murray (O.), dans *Sympotica, A Symposium on the Symposium*, Oxford, 1990.

Nachtergael (G.), *Les Galates en Grèce et les Sôtéria de Delphes*, Bruxelles, 1975.

Nilsson (M.P.), *La religion populaire dans la Grèce ancienne*, trad. franç., Paris, 1954.

Paradisio (A.), « L'agrégation du nouveau−né au foyer familial : les amphidromies », *Dial. d'hist. anc.* 14 (1988), pp.203−218.

Parke (H.W.), *Festivals of the Athenians*, Londres, 1977.

Parke (H.W.) et Wormell (D.E.W.), *The Delphic Oracle*, 1956.

Parke (H.W.), *The Oracles of Zeus, Dodona, Olympia, Ammon*, Oxford, 1970.

Parker (R.), *Miasma, Pollution and Purification in Early Greek Religion*, Oxford, 1983.

Pickard—Cambridge (A.W.), *The Dramatic Festivals in Athens*, Oxford, 1988.

Polignac (F. de), *La naissance de la cité grecque. Cultes, espaces et sociétés, VIIIe—VIIe siècles av. J. — C.*, Paris, 1984.

Pouilloux (J.), *Choix d'inscriptions grecques*, Paris, 1960 et *Nouveau choix d'inscriptions grecques*, Paris, 1971.

Préaux (Cl.), *Le monde hellénistique*, Paris, 1978.

Pritchett (W.K.), *The Greek States at War*, t.3, Berkeley—Los Angeles—Londres, 1979.

Rhodes (P.J.), *A Commentary on the Aristotelian Constitution*, Oxford, 1981.

Robert (L.), « Un décret d'Ilion et un papyrus concernant les cultes royaux », dans *Essays in honor of C. Bradford Welles*, New—Haven, 1966.

Robert (L.), *Monnaies antiques de Troade*, Genève, 1966.

Robert (L.), « Les fêtes de Dionysos à Thèbes et l'Amphictionie », *Arch. Ephém.* 1977, pp.195—210.

Robert (L.), « Une fête de la Paix à Athènes », *Arch. Ephém.* 1977, pp.211—216.

Robert (L.), Une fête de Cyzique et un oracle de Delphes », *BCH* 102 (1978), pp.460—477.

Robert (J.) et (L.), *Claros : décrets hellénistiques*, I, Paris, 1990.

Roesch (P.), *Etudes béotiennes*, Paris, 1982.

Romilly (J. de), *La tragédie grecque*, Paris, 1973.

Rougemont (G.), « La hiéroménie des Pythia », *BCH* 97 (1973), pp.75—106.

Rougemont (G.), *Corpus des Inscriptions de Delphes, Lois sacrées et règlements religieux*, Paris, 1977.

Roux (G.), *Delphes, son oracle et ses dieux*, Paris, 1976.

Roux (G.), *L'Amphictionie, Delphes et le sanctuaire d'Apollon*, Paris, 1979.

Rudhardt (J.), *Notions fondamentales de la pensée religieuse et actes constitutifs du culte dans la Grèce ancienne*, Genève, 1958 (rééd., Paris, 1992).

Rudhardt (J.), « La définition du délit d'impiété d'après la législation attique », *Museum Helveticum* 17 (1960), pp.87–105.

Sabatucci (D.), *Essai sur le mysticisme grec*, Paris, 1982.

Salviat (F.) et Vatin (Cl.), *Inscriptions de Grèce centrale*, Paris, 1960.

Schachter (A.), *Cults of Boiotia*, 2 vol., Londres 1981 et 1986.

Shear (L.), *Kallias of Sphettos and the Revolt of Athens in 286 B.C.*, (Hesperia, suppl.17), Princeton, 1978.

Sherwin–White, *Ancient Cos*, Göttingen, 1978.

Simon (E.), *Festivals of the Attica*, Madison, 1982.

Sourvinou–Inwood (C.), *Studies in Girl's Transition*, Athènes, 1989.

Straten (F.T. van), dans H.S. Versnel (éd.), *Faith, Hope and Worship*, Leyde, 1981.

Vanseveren (J.), « Inscription d'Ilion », *Rev. de Philologie* 62 (1936), pp.242–267.

Verbank–Piérard (A.), « Le double culte d'Héraklès : légende ou réalité », dans *Lire les polythéismes*, II, 1989, pp.38–65.

Vernant (J.–P.), *Mythe et pensée chez les Grecs*, 1965 (éd. augm. en 1971 et 1985).

Vernant (J.–P.), *Mythe et société en Grèce ancienne*, Paris, 1974.

Vernant (J.–P.), dans B. Grange et O. Reverdin (éd.), *Le sacrifice dans l'Antiquité*, Vandoeuvres–Genève, 1980.

Vernant (J.–P.), dans G. Gnoli et J.–P. Vernant, *La mort, les morts dans les sociétés anciennes*, Paris, 1982.

Vernant (J.–P.), dans *L'association dionysiaque dans les sociétés anciennes*, 1986.

Vernant (J.–P.), *Mythe et religion en Grèce ancienne*, Paris, 1990.

Vernant (J.-P.), *Figures, idoles, masques*, Paris, 1990 (cité 1990a).

Vian (F.), dans *Histoire des religions*, t.I, la Pléiade, Paris, 1968.

Vidal-Naquet (P.), *Le chasseur noir*, 2e éd., Paris, 1983.

Weill (N.), « Adoniazousai ou les femmes sur le toit », *BCH* 90 (1966), pp.664-694.

Will (E.), *Le Monde grec et l'Orient, I, Le Ve siècle*, Paris, 1982.

LISTE DES ILLUSTRATIONS

Couverture — Consultation oraculaire : médaillon d'une coupe décorée par le « Peintre de Codros », 440–430 av. J.–C. (Berlin, Staatliche Museen).

Fig.1 et 2 — Les dieux combattant les Géants avec l'aide d'Héraklès: extérieur d'une coupe décorée par le « Peintre de Brygos », 490–480 av. J.–C. (Berlin, Staatliche Museen).

Fig.3 et 4 — Gigantomachie : extérieur d'une coupe décorée par Aristophanès, vers 425 av. J.–C. (Berlin, Staatliche Museen).

Fig.5 — Le panthéon éleusinien : péliké du « style de Kertch », IVe siècle. (Musée de Saint–Pétersbourg).

Fig.6 — Les exploits de Thésée : intérieur d'une coupe décorée par le « Peintre de Codros » (laie de Crommyon, Cercyon, Procruste, Sciron, taureau de Marathon, Sinis ; en médaillon, le minotaure) (Londres, British Museum).

Fig.7 — Artémis accueillant ses fidèles devant l'autel du sacrifice : relief votif de Brauron, 2e moitié du IVe siècle (Athènes, Musée National).

Fig.8 — Coré, Déméter et Asklépios accueillant les fidèles : relief votif de l'Asklépieion d'Athènes, 2e moitié du IVe siècle (Athènes, Musée National).

Fig.9 — Amphiaraos guérissant un malade : relief votif de l'Amphiaraion d'Oropos, IVe siècle (Athènes, Musée National).

Fig.10 — Bendis accueillant ses fidèles : relief votif du Pirée, 2e moitié du IVe siècle (Londres, British Museum).

Fig.11 — La clientèle des sanctuaires ruraux d'Arcadie : ex–voto en bronze (Athènes, Musée National).

Fig.12 — Libation d'un guerrier sur un autel : fond de coupe attique du Ve siècle (Athènes, Musée de l'Agora).

Fig.13 — La libation : avant son départ, Triptolème s'apprête à faire une libation : décor extérieur d'une coupe décorée par Makron, vers 500−480 (de g. à dr., Déméter, Triptolème, Coré−Perséphone, Eleusis personnifiée) (Londres, British Museum).

Fig.14 — Scène de sacrifice devant un *hermès* : cratère du « Peintre de Pan », vers 460 av. J.−C. (Naples, Museo Nazionale).

Fig.15 — Le sacrilège d'Ajax arrachant Cassandre à la statue d'Athéna : hydrie du « Peintre de Kléophradès », vers 480 av. J.−C. (Naples, Museo Nazionale).

Fig.16 — Plan du temple de Lykosoura.

Fig.17 — Restitution du groupe cultuel de Lykosoura.

Fig.18 — Fête dionysiaque : stamnos décoré par le « Peintre du dinos », vers 420−410 av. J.−C. (Naples, Museo Nazionale).

Fig.19 — Dionysos au IVe siècle : détail du cratère de Dervéni (Musée de Thessalonique).

Fig.20 — Apollon sur l'*omphalos* : statère amphictionique, Delphes, 336−334 av. J.−C. (Londres, British Museum).

Fig.21 — Hégéso se pare pour son voyage vers l'au−delà : stèle funéraire, vers 400 av. J.−C. (Athènes, Musée National).

TABLE DES MATIERES

AVANT—PROPOS 9

CHAPITRE I : LE MONDE DES DIEUX ET DES HÉROS... 15

I — QU'EST—CE QU'UNE DIVINITÉ ? L'IMAGERIE COMMUNE 17
1 — *Traits communs* 17
2 — *L'individualisation des dieux* 20

II — LES PERSONNALITÉS DIVINES DANS LE CULTE... 23
1 — *La notion de personnalité divine* 24
2 — *La notion de fonction divine* 32
3 — *La notion de panthéon local* 35

II — L'ÉVOLUTION DU MONDE DES DIEUX, DU DÉBUT DU Ve A LA FIN DU IIIe S. AV. J.—C. 36
1 — *Le cinquième siècle jusqu'en 431* 36
2 — *Le dernier quart du Ve siècle et le IVe siècle* 39
a) La crise religieuse liée à la guerre du Péloponnèse.. 39
b) Les suites de la guerre du Péloponnèse et le IVe siècle 40
3 — *L'époque hellénistique* 45
a) Le maintien de la conception traditionnelle des dieux.. 46
b) Les nouveaux cultes...................................... 48

IV – LES DIEUX DES POETES ET DES PENSEURS ... 51
1 – Les poètes de l'époque classique ... 51
2 – Les penseurs de l'époque classique ... 57
3 – Poètes et penseurs de l'époque hellénistique ... 60

V – LE MONDE DES HÉROS ... 62
1 – Origine et nature des héros ... 63
2 – Eléments pour une définition du statut héroïque 63
3 – L'évolution du monde des héros ... 68

CHAPITRE II : LES ACTES, LES ACTEURS ET LES LIEUX DU CULTE ... 73

I – UN PRÉALABLE : LA NOTION DE PURETÉ RITUELLE ... 73
II – LES ACTES DU CULTE ... 76
1 – La prière ... 76
2 – La libation ... 79
3 – Le sacrifice ... 81
a) La *thusia* ou « sacrifice sanglant » ... 81
b) L'*énagismos* ... 88
c) Les sacrifices non–sanglants ... 89
4 – L'offrande ... 92

III – LES ACTEURS DU CULTE ... 96
1 – Les fidèles ... 96
2 – Les prêtres ... 98
   A – Les fonctions des prêtres ... 98
   B – Désignation et statut des prêtres ... 102
a) Les familles sacerdotales ... 102
b) Les sacerdoces ordinaires ... 104
3 – Chresmologues, devins, exégètes ... 108
4 – Prophétesses et prophètes ... 109
5 – Autres responsables des charges religieuses ... 110

IV – LES LIEUX DU CULTE..........................112
1 – Définition religieuse..............................112
2 – Définition matérielle.............................115
3 – Composantes architecturales des sanctuaires..117
a) L'autel...117
b) *Le temp*le..118
c) Autres monuments.................................120
*4 – Du Ve au IIIe siècle : la vie des sanctuaires ;
créations et réaménagements*........................ 121
a) Création de nouveaux sanctuaires 121
b) Réaménagements de sanctuaires existants........123

CHAPITRE III : LA VIE RELIGIEUSE DANS
LA CITÉ ; LES CULTES CIVIQUES 131

I – RELIGION ET ACTIVITÉS POLITIQUES....132
*1 – La prise en charge des activités politiques
et le serment*...132
*2 – Le fonctionnement des institutions de la cité
et la religion* 134

II – LA RELIGION DANS LES GRANDES
DÉCISIONS DE LA CITÉ............................135
1 – L'établissement d'une cité........................135
2 – Les réglementations religieuses..................136
*3 – La défense du territoire et la conduite
de la guerre*...138
4 – Les relations internationales 146

III – LA VIE DE LA CITÉ ET LE CYCLE
DES FETES CIVIQUES...............................147
1 – Définitions..147
*2 – La fête de la divinité poliade ; l'exemple
des Panathénées à Athènes*...........................150
*3 – Fêtes et vie politique : l'exemple
des Grandes Dionysies*................................157
4 – La sphère « fertilité – fécondité ».................164

a) Les Thargélies...164
b) Les Thesmophories 165
c) Les Anthestéries..167
d) Les Bouphonies...171
5 — Le monde des artisans : les Chalkeia............171
6 — Les fêtes de la cité et l'individu 172
7 — Fêtes civiques et cultes étrangers................174
8 — La diversité régionale : Laconie, Arcadie.......175
9 — Les fêtes civiques à l'époque hellénistique......177

CHAPITRE IV : AU–DELÀ DE LA CITÉ :
LE CADRE DES AMPHICTIONIES ET
DES CONFÉDÉRATIONS ; LE CADRE
PANHELLÉNIQUE...187

I – LES AMPHICTIONIES............................187
1 — Amphictionies primitives.........................188
2 — L'amphictionie pyléo–delphique.................189
3 — Entre amphictionies et confédérations...........191

II – LES CONFÉDÉRATIONS.......................193

III – LE CADRE PANHELLÉNIQUE...............199
1 — Les sanctuaires de la périodos...................201
    A — Définition et caractères communs........201
    B — Déroulement des fêtes.....................204
a) Les sacrifices publics et privés....................204
b) Les concours..207
2 — De nouveaux concours « internationaux »......213
3 — Les sanctuaires de divinités oraculaires, de dieux
et héros guérisseurs ; les cultes à mystères..........218
    A — Les sanctuaires oraculaires...............218
    B — Les sanctuaires des héros et des dieux
        guérisseurs...................................229
    C — Les sanctuaires à mystères...............234

CHAPITRE V : LA RELIGION ET L'INDIVIDU... 245

I — LA RELIGION DANS LA MAISON........... 245

II — LA RELIGION ET LES GRANDES ÉTAPES DE LA VIE 249
1 — Les amphidromies....................................250
*2 — Autres « passages » : l'éphébie ;
les Brauronies*..250
3 — Le mariage..255
4 — La mort et les funérailles..........................257

III — LA DÉVOTION PERSONNELLE..............262
1 — Manifestations de piété personnelle..............262
2 — La relation personnelle avec le divin............265
3 — Superstition et magie 274

IV — PIÉTÉ ET IMPIÉTÉ............................. 280

CONCLUSION..288

DOCUMENTS..291

LISTE DES ÉTUDES CITÉES 303

LISTE DES ILLUSTRATIONS........................311

Composé par C.D.U. et SEDES

Achevé d'imprimer par Corlet, Imprimeur, S.A.
14110 Condé-sur-Noireau (France)
N° d'Éditeur : 1389 - N° d'Imprimeur : 6946 - Dépôt légal : novembre 1992

Imprimé en C.E.E.